齐梁文化研究丛书

萧统评传

陈延嘉　王大恒　孙浩宇　著

上海古籍出版社

图书在版编目(CIP)数据

萧统评传 / 陈延嘉,王大恒,孙浩宇著. —上海:
上海古籍出版社,2018.10
(齐梁文化研究丛书)
ISBN 978-7-5325-8763-6

Ⅰ.①萧… Ⅱ.①陈… ②王… ③孙… Ⅲ.①萧统(
501-531)—评传 Ⅳ.①K825.6

中国版本图书馆 CIP 数据核字(2018)第 046172 号

齐梁文化研究丛书
萧统评传

陈延嘉　　王大恒　孙浩宇　著
上海古籍出版社出版发行
(上海瑞金二路 272 号　邮政编码 200020)
(1) 网址：www. guji. com. cn
(2) E-mail：guji1@guji. com. cn
(3) 易文网网址：www. ewen. co
常熟市文化印刷有限公司印刷
开本 635×965　1/16　印张 18　插页 4　字数 234,000
2018 年 10 月第 1 版　2018 年 10 月第 1 次印刷
ISBN 978-7-5325-8763-6
Ⅰ·3256　定价：65.00 元
如有质量问题,请与承印公司联系

根植榮深

枝葉唆戔

劉彥和語

毘陵束行帝甫題

总　序

一

齐、梁，是金粉东南的符号；诗性文化的象征。

在中国思想史上，六朝与春秋战国、晚明、近代五四时期都是思想大爆发的时代，中国的哲学与宗教、历史与文学，中国人的文化精神，都在这些时代得到涅槃。文学的火凤凰，也在六朝的齐梁翩翩起舞，美轮美奂。

齐梁文化是以江南为核心的文化，因为历史、河山、家族、王朝和文学都孕育于锦绣成堆的江南。

——那是从旧石器时代就开始孕育的力量；是延陵季子季札播种文明，并派生出毗陵、毗坛、晋陵、南兰陵开发进取的力量；是从西晋末年"八王之乱"后，山东兰陵人萧整率族迁居晋陵武进县东城，即今江苏常州市孟河镇以后，在这片以古吴文化为中心的锦绣土地上萌发出来的力量；是春风化雨、催生万物的力量；是物华天宝、人杰地灵、南北文化融合的力量。这使东晋、宋、齐、梁、陈王朝在江南相继建立，并形成齐梁文化的中心。

位居长江之南、太湖之滨的常州，是一座具有三千二百多年历史的文化古城,而一千五百年前繁衍生活在这片土地上的萧氏家族,创立了齐、梁王朝,书写了崭新的历史,创造了灿烂的文化。

二

中国文学的河流,在经历建安的险滩和激流以后,在齐梁萧氏家族那里出现了平静开阔的景象。从齐高帝萧道成开始,萧家出现了不少天才诗人、理论家、编纂家、书画家、文学领袖等仰之弥高的世界文化名人。

曹操和他的儿子曹丕、曹植以及"建安七子",在鞍马间为文、横槊赋诗,反映社会动乱和人民痛苦的同时,抒发自己统一天下、建功立业的理想,形成建安文学"彬彬之盛"的局面。

曹氏家族创造了灿烂的文化,历史到了齐梁,任务落到萧氏家族肩上。比起建安曹氏,齐梁萧氏无论在诗歌创作,还是诗歌理论方面,同样锦绣成堆,各有千秋,毫不逊色。可以说,在中国诗歌史上,萧家和曹家是旌旗相望、前后相续的两个伟大家族。

在萧家的文化根据地——常州,重视历史,弘扬传统是一种使命和伟大的目标。在常州市领导的支持、组织下,应运而生的《齐梁文化研究丛书》编委会开始着手进行齐梁文化的研究。

他们召开会议,组织全国专家,编写丛书,交付出版,像打一场场战役一样,井井有条,成绩斐然,令人钦佩。这种形式和做法,让我想到一千五百多年前,昭明太子萧统成立"《文选》编委会"召集一批才学之士编纂《文选》,简文帝萧纲命徐陵编《玉台新咏》,那种相似的使命感。人类学和基因学告诉我们,今天生活在常州齐梁故地的人,很多是当年以萧氏为中心的齐梁子孙,身上流淌着他们的血液,有着他们的基因链——那是性格的基因,勤劳勇敢的基因,真、善、美的基因;那是齐梁文化的基因,一种对文化事业的渴望,希冀以文化承载自己生命的自觉,是历史的责任感在他们身上的复制。

三

丛书第一辑已出版的有八部：

一是庄辉明先生著《南朝齐梁史》；二是龚斌先生著《南兰陵萧氏家族文化史稿》；三是陈蒲清、曹旭、王晓卫、丁福林、李华年、杨旭辉等先生合著《南兰陵萧氏人物评传》；四是刘志伟先生等著《齐梁萧氏文化概论》；五是曹旭先生等的《齐梁萧氏诗文选注》；六是张敏编审编著《南兰陵萧氏著作综录》；七是常州齐梁文化研究课题组薛锋、储佩成先生主编《齐梁故里与文化论集》；八是薛锋、储佩成先生主编《常州齐梁文化遗存》（修订本）。

第一辑八部著作，天经地纬，分别从历史学、目录学、文献学、文化学、诗学，以及实地文化遗迹等方面，全面考察了齐、梁两朝近八十年的政治生态、文化发展、思想状况和社会生活的各个侧面。以《南朝齐梁史》为指南，《南兰陵萧氏家族文化史稿》《齐梁萧氏文化概论》为要领，《齐梁故里与文化论集》《常州齐梁文化遗存》为展示，《南兰陵萧氏著作综录》为地图，《齐梁萧氏诗文选注》见诗心：每一种著作对齐梁历史、文化、文学都作了全方位的挖掘和研究。作为地方历史文化研究，其地方性和专门性，都以当代学者最新成果的方式，构建出高品位的文化丛书系列，具有越来越大的影响力。

据笔者所知，欧美、日本，特别是中国台湾研究机关及高校图书馆，很多都收藏了这些著作。尤其在台湾高校，成为他们开设本科生课程，指导研究生的重要参考教材。其中常州市齐梁文化研究课题组薛锋、储佩成主编的《常州齐梁文化遗存》，载建康京畿物质遗存照片，以及台湾省的齐梁文化遗存照片，引起了他们很大的兴趣。

比较而言，第一辑《南兰陵萧氏人物评传》每人不到四万字的评传还是粗陈梗概，如龙屈鱼池，松盘瓦盆，比较拘谨，不能施展，应该放大；每一个人物，尤其是齐、梁两代重要的标志性人物，均有独立撰写一本专著的必要。

同时,齐、梁的文化元勋自己做了什么巨大的贡献?当我们需要零距离地阅读齐、梁文学本身的时候,和前面的动因合在一起,《齐梁文化研究丛书》第二辑八部著作就应运而生了。

四

第二辑八部著作包括五部评传、三部译注。

五部评传是:庄辉明先生撰写的《萧衍评传》;陈延嘉等先生撰写的《萧统评传》;曹旭、田鸿毛先生撰写的《萧纲评传》;林晓光先生撰写的《萧赜评传》;陈志平、熊清元先生撰写的《萧绎评传》。

第一辑《南兰陵萧氏人物评传》中的《萧赜评传》由王晓卫先生撰写,本辑由林晓光先生撰写。两者颇有不同,各有千秋;但在文献资料和观点的提升上,譬如积薪,后来居上。

齐武帝萧赜(440—493),字宣远,是齐高帝萧道成的长子,南朝齐第二任皇帝。评传分别以"盛世风云:元嘉时代诞育的寒门将种""宋末乱局:同筑开国基业的父子""建元宫斗:权力与亲情旋涡中的皇太子""永明天下:齐武帝和他缔造的时代(上、下)""亲友群从:围绕在武帝身边的镜子""永明之夜:武帝病榻旁的骨肉相残"展开。章节生动,思想活泼,语言跳跃,很好地刻画和评述了齐武帝作为英明君主矛盾的一生。萧赜和他父亲齐高帝萧道成一样感情丰富细腻,精明强干,具有领袖风范;他崇尚节俭,主张休养生息,富国强兵,并逐步改变了中国长期以来南弱北强的经济格局,外交上与北魏通好,使政治、经济、社会有一个比较安定的环境。

历史书上的齐代帝王,因为在位时间短,通常被匆匆略过,即使被提及,也多讲开国的萧道成。现在有一本专门研究齐武帝萧赜的书,这无论如何都是一个创举。和第一辑的评传一起,填补了齐梁历史文化的空白。

　　庄辉明先生在《南朝齐梁史》的基础上，再接再厉，撰写《萧衍评传》。梁武帝萧衍(464—549)，字叔达，是兰陵萧氏的世家子弟，父亲萧顺之是齐高帝的族弟。代齐建梁，在位四十八年。在政治、经济、军事、管理、文学方面都卓有成就，他喜欢文学，大量拟作民歌，通过学习民歌推动文学新潮；他融合儒、释、道三教，开创了后世文化发展的新方向。

　　庄著《萧衍评传》，导论后分八章展开，即"名门之后""覆齐建梁""治国方略""南北和战""博学多才""皇帝菩萨""暮年悲剧""余祉绵延"。辨析了萧氏谱系，揭示先人萧整率族南迁的历史；以及萧衍在对魏作战中崭露头角，并在宫廷变局中做出抉择，英明果断，多才多艺，代齐建梁；令人信服地展现了萧衍重视教育、发展生产、繁荣经济的治国方略和弘扬文化的丰功伟绩。后论梁朝由盛而衰的过程及原因，昭明太子的早逝，叔侄之间的相争；末尾追述萧衍绵延的余祉，后梁政权的存废，后裔纷散的结局，不免令人感叹唏嘘。

　　对于萧衍，本评传可谓写尽他一生的变故和重要的节点。因为作者是研究六朝的历史学家，故本评传不仅文献丰富翔实，所有的评判、议论都具有历史的高度，大而能化，具体精微，在研究萧衍的生平、思想的著作中，我以为是最好的一部。

　　第一辑中的《萧统评传》，由李华年、严进军先生撰写；此辑改成陈延嘉、王大恒、孙浩宇三位先生撰写。展开的六章是："时代与萧统""萧统生平与文学活动""《昭明文选》""萧统与陶渊明""《文选》学简介""萧统后裔及其成就"。从萧统家世所处的历史背景、萧统的时代写起，重视吴地历史文化底蕴对萧统的影响。然后深入描述萧统的泛文学创作和泛文学活动；对萧统主编的《昭明文选》进行了细致地分析；尤其对《文选》编撰动因与目的、"事出于沉思，义归乎翰藻"的选录标准，都有实事求是的评析；在对萧统与陶渊明的问题上，也寻根究底，作了中肯评价。应该说，在这五部评传中，萧统资料最少，最难写，但作者对《文选》学了如指掌的介绍，对读者理解萧统其人,多有裨益。

关于萧统的后裔,《萧统评传》写了后梁三帝及萧欢、萧誉。后梁三帝是中宗宣帝萧詧、世宗明帝萧岿、惠宗靖帝萧琮。公元 587 年,隋文帝废除西梁国号,征召萧琮入朝,存在三十三年的西梁,因此灭亡。和整个齐梁一样,其人、其史、其事有足悲者。如萧统的儿子萧詧,亦善属文,长于佛理,其《愍时赋》述及作者在梁末诸王混战、异族攻陷江陵背景下的人生经历,杂陈古今,场面宏大,类似史诗,远超乃父。就中国传统学问而言,集部诗文对某事件的记述,比历史的记载更具当时性,史料价值甚至胜过史部著作。但在第一辑中,萧詧、萧岿、萧琮三人的评传已由奚彤云先生写过,而且写得很精彩;故此评传于此三人忽略带过。

《萧纲评传》原由曹旭撰写,这次组合他的学生林宗毛博士以及在复旦大学戴燕教授指导下专门研究萧衍、萧绎的田丹丹、孙鸿博二位博士合力著述。包含"生在偏安江南的帝王之家""在父亲的羽翼下成长""萧纲和他的兄弟们""文学友于胜过曹丕、曹植兄弟""儒佛道糅杂的信徒""通向东宫艰难的道路""帝王之家的幸福与不幸""宫体诗的旗手""文学放荡论的理论家""诗人皇帝悲惨的结局""千年的拒斥与接收"。

本传不只是萧纲一个人的评传。因为萧纲不仅代表他自己,还代表了萧家在中国诗学史上的贡献,代表六朝帝王在文学史上的引领、组织作用。作者研究"宫体诗"有年,在《文学评论》《文学遗产》发表多篇论文,心得体会,熔铸于内。在中国诗歌史上,萧纲已是"宫体诗"的代言,本评传主要从诗人和皇帝两方面交叉撰写:萧纲七岁成为诗人;诗人皇帝终成傀儡;兰陵正士的结局;诗人皇帝之殇。今天我们要搬掉压死萧纲、也压在宫体诗上的"土囊",对宫体诗作新的评价。即从建安"风骨美"—陶渊明"田园美"—谢灵运"山水美"—齐永明"咏物美"—梁宫体诗写女性"人体美"的中国诗学链条,证明宫体诗是中国诗歌审美意识重要的一环。萧纲除了自己的诗歌实践,还提出了一系列的诗歌理论,这两者,都使他成了诗歌史上一个绕不过去的人物。他的创造，具有重大意义。

　　第一辑中，《萧绎评传》由陈蒲清、钟锡南、陈祥华先生撰写，此辑则由陈志平、熊清元先生完成。萧绎(508—555)，即梁元帝，字世诚，自号金楼子。萧绎早年封湘东王，是梁武帝萧衍第七子。后即帝位。谥元皇帝。《梁书·元帝本纪》称赞他："既长好学，博总群书，下笔成章，出言为论，才辩敏速，冠绝一时。"评传分九章展开，分别是"联华日月，天下不贱""湘东郡王""承制勤王""梁元帝""性格与行事""吟咏风谣，流连哀思""获麟于《金楼》之制""亡国之君，多有才艺""短命帝王，千古文士"，把萧绎一生的行事，他的家庭，他的才华，他的读书与著述等一网打尽。本评传对萧绎一生经学、史学、佛学、玄学、方术、兵法、绘画与书法方面的成就和巨大贡献，都作了精到的评论。像李后主和宋徽宗一样，当学者、诗人、画家是专业的萧绎，当政治家是业余的。江陵陷落，萧绎焚古今图书十四万卷，有人问他为什么要烧？他回答说，读书万卷，犹有今日，故焚之。真是书呆子。本评传语言简洁生动，很有表现力地再现了这一段江山历史。

　　这五本评传之所以有意思，因为对象是四个皇帝一个太子；写的人必须根据史料揣摩皇帝、太子的心思，披露他们的内心世界和感情独白。皇帝是怎样炼成的？太子有什么样的思想感情？我们很感兴趣。因为六朝中的多位帝王，经常自己就是一个优秀的诗人，而且是一个诗歌群体、一种诗歌流派的开创者和领导人。

　　五部评传丰富翔实，角度新颖，既传且评；考据鞭辟入里，论证深刻精到，文字大多清畅、简洁、生动而富有表现力。高屋建瓴地展现了萧氏家族兴起、发展、隆盛、衰败的过程，揭示其意义和对后世的影响，填补了研究上的空白。

　　根据常州方面的撰写要求，五部评传各附传主年谱；这些年谱，大都是新写或经修订的，年谱的缜密和实事求是，保证了评传的精彩可靠：这是非常正确的要求和举措。

五

三部译注,分别是《文选译注》《玉台新咏译注》和《金楼子译注》。

萧统《文选》是现今我们能见到的中国古代第一部文学总集,是塑造后世文化人格的重要教科书。萧统不仅在齐梁著名,在唐宋更是无人不知,无人不晓。唐宋的读书人,可以不知道前朝某个皇帝叫什么名字,但不能不知道昭明太子萧统。因为他们的科举考试,就从萧统的《文选》里出题目。

《文选译注》我见过几种版本,1994 年贵州人民出版社的《文选全译》,由张启成、徐达等先生译注,就译注而言是最早的一部,有开创之功;2000 年华夏出版社的《昭明文选》,由于平等人注释;2007 年吉林文史出版社的《昭明文选译注》,由陈宏天、赵福海、陈夏兴等先生译注:都各有特色,各有胜义。

本丛书的《文选译注》由张葆全、胡大雷先生共同完成。张葆全先生是广西师范大学文学院教授、广西师范大学前校长,长期从事中国古代文学教学研究工作。胡大雷先生是著名的六朝文学研究专家,尤其在《文选》研究上成绩斐然,出版过多部优秀的学术专著和高质量的论文。由他们合作是本译注质量的保证。

本译注原文据胡克家刻《文选》,因为译注,一般不作考辨与探本溯源;成语典故指明出处;今译与原文对应,文字以直译为主,兼顾韵脚。注、译简明扼要,条分缕析,释义精当,文字清丽优美,在许多方面均有出蓝之胜。

第二部《玉台新咏译注》由张葆全先生译注。2007 年广西师范大学出版社曾出版有一个译注本,译注者正是张葆全。今大幅修订后列入《齐梁文化研究丛书》,注释、译文均有新的体会感想,达到新的学术高度。

《玉台新咏》是继《文选》后,于公元六世纪编成的一部诗歌选集,上继《诗经》《楚辞》,收录汉代至梁代诗歌八百余首。按编者徐陵自序说,所选为"艳歌",绝大部分作品描写女性与爱情,是一部关于女性的诗集、爱情的宝典、唯美的乐章,就认识当时的文化和文学来说,是《文选》重要的补充,现同列一部丛书,可谓合璧。

葆全先生在《文选》《玉台新咏》译注上不辞辛劳,精益求精。他充分认识到这些诗篇在文学史和审美史上的价值,故每每有新的视角和新的发现。译注分导读、正文、注释、译解展开;注释精审详明,译文准确流畅,保持了诗作原有的韵律和韵味,当可满足社会上一般读者的需要,也为学界研究提供了可以参考的文本,深可信赖。

第三部《金楼子译注》由熊清元、陈志平先生译注。萧绎生平著述甚多,最重要的有《金楼子》。他从小聪悟俊朗,五岁即能诵《曲礼》上篇。既长,工书善画,雅好文学,下笔成章,才辩敏速,冠绝一时。博综群书,又通佛典,世人称奇。承圣末,魏师袭荆州,城破之际,乃聚古画、法书、典籍十四万卷,欲与己俱焚,宫嫔牵衣得免。他的样子,完全不像皇帝,像有书生意气的诗人。

萧绎在《金楼子序》和《立言篇》里,提出了比萧纲更先进、更前卫的诗歌理论,提出了"文"(诗)应该是"绮縠纷披,宫徵靡曼,唇吻遒会,情灵摇荡",即文学作品需具备文采、音律、感情等因素,突破了前人"文笔说"囿于有韵无韵的局限,在文学理论史上具有重要意义。

《金楼子》最早由台湾学者许德平做过《金楼子校注》,作为台湾嘉新水泥公司文化基金研究论文第一〇三种,1969年出版。虽是硕士论文,粗陈梗概,但受到学界关注,填补《金楼子》校注的空白。沉寂四十多年后的2011年,中华书局许逸民先生出版《金楼子校笺》,以清鲍廷博刻《知不足斋丛书》本为底本,校以《文渊阁四库全书》本等众多版本,运用他校和理校,对书中文字逐条考索史料来源,校定是非,大大有功于《金楼子》的研究。2014年11月,陈志平、熊清元《金楼子疏证校注》由上海古籍出版社出版,更钩稽群籍,探究原书,疏通文字,彰显意义,附录《永乐大典》存《金楼子》

文、《金楼子》佚文、《南史·梁本纪·元帝》及历代《金楼子》著录、评论辑要,后出转精。此次出版的《金楼子译注》,把以前古籍整理型的专著,改成普及型的读物,注释方式也有变化,按原文、注释、今译顺序,加了全译,学术质量绝对高端,也更简明扼要,便于阅览。

《齐梁文化研究丛书》第一、二两辑,共十六册,从文献史料出发,全面展开,前后相继;筚路蓝缕,以启山林。在断代史学、断代文学、断代思想史,家族文化和目录学诸方面,都为地方性、家族性、集成性的研究,展示了一个高标,具有保存精神文献和还原历史的意义。

六

我是常州人,有家谱证明是曹彬的后代。曹彬是宋太祖赵匡胤手下带兵灭了南唐的大将军。曹彬死后二十年出生的司马光在他的《涑水记闻》卷三中,记载曹彬破金陵城时,对金陵百姓和李煜仁至义尽的史实,并深情地说,因为曹彬的德行,所以南京、常州等地,"(曹)彬之子孙贵盛"。我不"贵盛",但作为曹彬的后人,参与家乡《齐梁文化研究丛书》两辑的撰写工作,在编委会的建议下,为丛书第二辑作序,幸甚至哉。

曹　旭

于上海伊莎士花园

2018 年 7 月 30 日

目 录

总序 / 1

绪言 / 1

第一章　时代与萧统 / 5

　　第一节　萧统家世及其所处的历史背景 / 5

　　第二节　萧梁前期——萧统所处的时代 / 13

　　第三节　吴地历史文化底蕴对萧统的影响 / 29

第二章　萧统生平与文学活动 / 39

　　第一节　萧统生平 / 39

　　第二节　萧统的泛文学创作和泛文学活动 / 49

第三章　《昭明文选》 / 67

　　第一节　萧统主编之地位屹如泰山 / 69

　　第二节　中国人思维的独特性与《文选》审美的"贵族
　　　　　　性" / 87

　　第三节　《文选》简介 / 98

　　第四节　《文选序》之有关问题 / 113

　　第五节　《文选》是泛文学总集 / 121

　　第六节　《文选》选录标准是"事出于沉思，义归乎翰
　　　　　　藻" / 127

　　第七节　《文选》之根及其思想之包容性 / 139

　　第八节　《文选》编撰动因与目的 / 149

第四章　萧统与陶渊明 / 157

　　第一节　萧统：陶渊明之先知先觉者 / 158

　　第二节　萧统高度赞美陶渊明的退隐之路 / 166

第三节　陶渊明诗文语言"独超众类" / 172

第四节　陶渊明的性格与其志向和时代的矛盾 / 178

第五节　对陶渊明的评价与《文选》之关系 / 185

第六节　萧统是演奏陶渊明交响乐的总指挥 / 193

第七节　对陶渊明的两个误解 / 196

第五章　《文选》学简介 / 202

第一节　《文选》学创始 / 203

第二节　《文选》注 / 212

第三节　《文选》版本 / 219

第四节　"选学"简史 / 225

第五节　现当代研究《文选》学 / 238

第六节　《文选》与常州 / 246

第六章　萧统后裔及其成就 / 250

第一节　后梁三帝及萧欢、萧誉 / 250

第二节　隋唐五代 / 254

代结语：昭明太子赞 / 260

参考文献 / 261

萧统年谱 / 266

后记 / 274

绪　言

　　梁昭明太子萧统(501—531)在中国文化传承中是一位重要人物,我们称之为"选圣"。这个评价是有充分根据的。

　　中华民族是伟大的民族,有五千年的文明史。不论经历了多少朝代更替,也不论经历了多少磨难,优秀独特的文化传统从未中断,这在世界历史上是独一无二的。我们为此自豪!正由于我们的文化传统有极为深厚的积淀,才能从积贫积弱的晚清,走到繁荣富强的今天。在这个历史文化传承中,萧统是一个节点。他编选的《文选》(又称《昭明文选》),从唐朝起,就成为一个专门学问——《文选》学。作为一部泛文学总集而成为专门学问,在中国历史上"前不见古人",在世界文学史上也是罕见的。为什么会这样?因为《文选》不仅仅是一部泛文学总集。如果从李善为解读《文选》征引的一千六百多部文献的角度看,它就是至梁代为止的百科全书。文化昆仑钱锺书对《文选》和《文选》学的介绍和评价能证明这一点:

　　　　昭明《文选》,文章奥府,入唐尤家弦户诵,口沫手胝。《旧唐书·吐蕃列传》上奏"请《毛诗》、《礼记》、《文选》各一部";敦煌《秋胡变文》携书"十袟"——《孝经》《论语》《尚书》《左传》《公羊》《穀梁》《毛诗》《礼记》《庄子》《文选》。正史载远夷遣使所求,野语称游子随身所挟,皆有此书,俨然与儒家经籍并列。《旧唐书·武宗本纪》李德裕且以"不于私家置《文选》"鸣高示异。《文宗本纪》下又《裴潾传》记潾撰集《太和通选》三〇卷,以"续梁昭明太子《文选》",而"所取偏僻",文士"非素与潾游者,文章少在其选",为"时论"所"薄",后亦不传,《经籍志》并未著录。盖欲追踪萧《选》而望尘莫及;故陆龟蒙《袭美先辈以龟蒙所献五百言,既蒙见和,复示荣唱,至于千字,再抒鄙怀,用申酬谢》深叹无继昭明而操选政者:"因知昭明前,剖石呈清琪,又嗟昭明后,败叶埋芳薿。"词人衣被,学士钻研,不舍相循,曹宪、李善以降,"《文选》学"专门名家(参观阮元《揅经室二集》卷二《扬州文选楼记》)。词章中一书而得为"学",堪比经之有《易》学、《诗》学等或《说文解字》之蔚成"许学"者,惟《选》学与《红》学耳。寥落千载,俪坐俪立,莫许参焉。"千家注杜","五百家注韩、柳、苏",未闻标立"杜学"、"韩学"等名目。考据言"郑学"、义理言"朱学"之类,乃谓郑玄、朱熹辈著作学说之全,非谓一书也。[1]

钱锺书以广阔的历史视野证实了《文选》成为经典的过程,从比较中论述了"词章中一书而得为'学'"的价值。而萧统的贡献不止于此,他编辑的《陶渊明集》,是文学史中的宝贵遗产。

就文学艺术言,《文选》卷十一所收东汉王延寿《鲁灵光殿赋》,所描写的雕画"飞禽走兽""奔虎虬龙"之奇,"圆渊方井""反植荷蕖"之美,不亚于欧洲文艺复兴时期米开朗基罗之西斯廷教堂的著名穹顶油画,遗憾的是灵光殿不存。单藉此赋也可以得知,中华民族智慧的无与伦比和美术建筑之发达。再如卷三十二收录屈原

---

① 钱锺书:《管锥编》,北京:中华书局 1986 年版,第 1400 - 1401 页。

《离骚》。《离骚》大美，非人人能遍诵，但其"路漫漫其修远兮，吾将上下而求索"的精神，永远激励着我们前行。屈原赍志以没，却获得中国人经久不息的同情和哀思，还有专门纪念他的节日端午。此节日又溢出国门，成为东亚文化的组成部分，在世界各民族的文学家中亦罕有这样的情况。这就不仅是文学，而且是文化。这也可以证明，中国文学、文化深得人心，且历久弥新。

从语言文字看，现在仍在使用的不少词语来自或化自《文选》。如"变本加厉"，来自《文选序》："盖踵其事而增华，变其本而加厉。"如王勃《杜少府之任蜀州》"海内存知己，天涯若比邻"，化自曹植《赠白马王彪》："丈夫志四海，万里犹比邻。"

萧统是幸运的。他生活在一个王朝的初创期，正处于上升阶段，社会由动乱转为安定繁荣；还有一个对他寄予厚望的父亲。

梁武帝萧衍能文能武。他以武力逼迫萧齐"禅让"，成为梁朝的开创者。又多才多艺，文化修养之高在帝王中罕见。他三教兼综，而以儒术治国，不仅熟悉三教经典，而且能诗能赋。其他方面，如书法、弈棋都有很高造诣。取代萧齐后，萧衍接受前朝教训，励精图治，力图变革。既拉拢士族，又重用寒士，推行一系列安定社会、有利于经济和文化发展的政策。在武帝的政策和自身的影响下，皇家的文化氛围很浓厚，萧统、萧纲是代表；整个梁朝的文化氛围也很浓厚，出现了一大批杰出的文人。武帝不愧是一个在各方面都有作为的君主。有"梁武之治"的赞誉。武帝对萧统充满期待，精心培养。不论是社会环境，还是生活学习条件，萧统之优越无人能比。这为他顺利成长、取得卓越成就打下了坚实的基础。

萧统身为太子，生活于深宫之内，但深知梁朝创立之不易。自幼接受儒家思想教育，仁义礼智信融于血脉。南朝走马灯似地改朝换代就在目前，使他认识到创业和守业之不易，自己肩负重任，所以对自己要求极其严格，决不像帝室中某些人之忘乎所以，道德、才华、修养之高为皇子中所罕有。微行以体察民情，遇灾而赐衣备棺，亦储君中之少见者。弘慈救世，仁声远播。

萧统天资聪颖,加上十分勤奋,沉潜于经史百家,"心游目想,移晷忘倦",既有渊博的文化修养,又有很高的审美能力。萧统又是文坛领袖,身边有众多才俊,或宴饮赋诗,或商榷篇籍,君臣互动,良师益友。这些都为其文化贡献提供了保证。张燮对《昭明太子集》有如下评价:"情韵谐秀,体骨高迈。"又说:"读《文选》而溯是编,取人以身之义,亦略可睹矣。"①是我们研究《文选》学的好材料。

萧统又是不幸的。他英年早逝,没有当上皇帝,所以政治作为很少。如果他能继承帝位,也许会成为一个好皇帝,梁朝的历史也可能改写。但一切都不以人的意志为转移。《文选》卷十三贾谊《鵩鸟赋》曰:"祸兮福所倚,福兮祸所伏。忧喜聚门兮,吉凶同域。"又曰:"天不可预虑兮,道不可预谋。迟速有命兮,焉识其时?……忽然为人兮,何足控抟。化为异物兮,又何足患。"贾谊作为一代才子与萧统的享年几乎相等,对萧统的早亡,也只能用上面的一段话来理解了。

由于《文选》"品盈尺之珍,搜径寸之宝",故"后进英髦,咸资准的"(李善《上文选注表》),成为总集冠冕上一颗最明亮的珍珠,闪耀至今。这固然有外因科举的推动,而其自身的杰出则是流传至今的内因。《文选》以儒家元典的核心价值观为指导思想,又兼收并蓄;作为泛文学总集,有《阳春》《白雪》之高雅。读《文选》既可以净化、升华我们的灵魂,又可以享受"贵族性"的高雅的审美快乐。而《文选》及李善注又是一部百科全书,是取之不竭的文化源泉。读《文选》可以使我们体会到,为什么说中华民族优秀的传统文化是"更基本、更深沉、更持久的力量",可以增强我们的文化自信。

现在,《文选》发行量越来越大,已经不是象牙塔中少数学者的专用品,而成为一般读者涉猎、浏览的案头书。随着我们祖国更加繁荣昌盛,阅读《文选》必将成为风气,我们期待着这一天早日到来。

---

① [明] 张燮撰,王京州笺注:《七十二家集题辞笺注》,上海:上海古籍出版社2016年版,第216-217页。

第一章 时代与萧统

在我国中古时期,萧氏是名副其实的世家大族。这一家族人才济济,不仅齐梁两代的皇帝都出自这一家族,而且其家族成员之中还出现了不少泛文学家。武帝萧衍统治时期采取了一系列正确的政策,不仅极大地促进了当时政治、经济、文化的繁荣与发展,而且对身处其中的萧统产生了重大的影响。

第一节 萧统家世及其所处的历史背景

为了更加深入地了解萧统其人,有必要先介绍一下南兰陵萧氏家族的源流,及其皇舅房在刘宋王朝的崛起与齐梁房在齐梁两朝的创立等历史背景。

一、南兰陵萧氏家族的源流

"萧"本为国名,帝喾之后,即殷人的后裔。据《新唐书·宰相世系表》载:

萧氏出自姬姓,帝喾之后。商帝乙庶子微子,周封为宋公,弟仲衍八世孙戴公生子衍,字乐父,裔孙大心平南宫长万有功,封于萧,以为附庸,今徐州萧县是也,子孙因以为氏。其后楚灭萧,裔孙不疑为楚相春申君上客,世居丰沛。①

欧阳修等认为萧氏祖先是商帝次子微子启的后裔。微子启是商纣王的庶兄,因在平定武庚叛乱中立下大功,被封于宋地,并建立宋国。后宋戴公后裔乐大心因平南宫长万有功,封于萧地,子孙因以"萧"为氏。大概在春秋时期,萧国附庸于宋,后被楚国所灭。从这个记载可以确定的是,萧氏一族早在殷商时就已经存在了,南兰陵萧氏应当即为其一支。然而,在上述记载中,因为微子启是子姓,萧叔大心也应为子姓,所以"萧氏出自姬姓"的记述显然是错误的。②

萧氏此后的发展,相传最广的是南兰陵萧氏是萧何与萧望之之后。最早对其进行记载的是萧子显的《南齐书·高帝纪》:

太祖高皇帝讳道成,字绍伯,姓萧氏,小讳斗将,汉相国萧何二十四世孙也。何子酂定侯延生侍中彪,彪生公府掾章,章生皓,皓生仰,仰生御史大夫望之,望之生光禄大夫育,育生御史中丞绍,绍生光禄勋闳,闳生济阴太守阐,阐生吴郡太守永,永生中山相苞,苞生博士周,周生蛇丘长矫,矫生州从事逵,逵生孝廉休,休生广陵府丞豹,豹生太中大夫裔,裔生淮阴令整,整生即丘令儁,儁生辅国参军乐子,宋昇明二年九月赠太常,生皇考。萧何居沛,侍中彪免官居东海兰陵县中都乡中都里。晋元康元年,分东海为兰陵郡。中朝乱,淮阴令整字公齐,过江居晋陵武进县之东城里。寓居江左者,皆侨置本土,加以南

① [宋]欧阳修、宋祁撰:《新唐书》,北京:中华书局 1975 年版,第 2277 页。
② 此观点论述详见刘志伟、史国良、李永祥:《齐梁萧氏文化概论》,上海:上海古籍出版社 2015 年版,第 2-3 页。

名,于是为南兰陵兰陵人也。①

这里萧子显直言齐高帝萧道成是汉相国萧何的第二十四世孙,并列举了其后的世系迁徙过程。《梁书·武帝纪》中的记载与萧子显基本相同。但与之不同的是,《南史》作者李延寿依据颜师古的《汉书注》考证,认为萧何与萧望之不是一个世系,所以在叙述萧道成先世的时候,不仅没有提到萧何与萧望之,而且还在《南史·齐本纪》后的"论曰"中云:

> 据齐、梁纪录,并云出自萧何,又编御史大夫望之以为先祖之次。案何及望之于汉俱为勋德,而望之本传不有此陈,齐典所书,便乖实录。近秘书监颜师古博考经籍,注解《汉书》,已正其非,今随而改削云。②

李延寿即是据此将萧何与萧望之从《南史》中删除的。同时,《汉书·萧望之传》中并没有记述萧何与萧望之为同族,按理来说,如果二人是同族,以萧何在汉代的地位名气,定该会有记载的。关于这一点,颜师古的《汉书·萧望之传》注云:

> 近代谱牒妄相托附,乃云望之萧何之后,追次昭穆,流俗学者共祖述焉。但酂侯汉室宗臣,功高位重,子孙胤绪具表、传。长倩钜儒达学,名节并隆,博览古今,能言其祖。市朝未变,年载非遥,长老所传,耳目相接,若其实承何后,史传宁得弗详?《汉书》即不叙论,后人焉所取信?不然之事,断可识矣。③

---

① ［梁］萧子显撰:《南齐书》,北京:中华书局1972年版,第1页。
② ［唐］李延寿撰:《南史》,北京:中华书局1974年版,第127页。
③ ［汉］班固撰、［唐］颜师古注:《汉书》,北京:中华书局1962年版,第3271页。

颜师古已经将萧何与萧望之不是同一世系的理由,表述得十分清楚。萧何即为功高位重的汉室宗臣,其子孙世系在表、传中记载得比较详细,但却没有萧望之的记载,且萧望之作为博览古今的巨儒,也应该能够记述下自己的先祖。汉代人也应该能够弄清萧何与萧望之的关系,然而却不见记载,可见两人之间应该没有世系联系。①

西晋末年,八王之乱,异族入侵,最后导致永嘉南渡。在动乱之中,世家大族纷纷率宗族乡里南渡长江。兰陵萧氏所处的兰陵郡属于东海王司马越的辖区,永嘉元年(307)七月,司马越派琅玡王司马睿为安东将军,移镇建康。琅玡、东海附近的世家大族纷纷随之开始了大规模的南渡。这其中就包括萧望之后裔淮阴县令萧整,其带领整个家族渡江南迁,过江后居于晋陵武进县,即今之常州市西北。南兰陵的"南"字,即是在北方地名的州县前冠以"南"字,称之为南兰陵萧氏。萧整即是南兰陵萧氏的始迁祖。但是,萧整当时只是淮阴令,政治社会地位并不高。

二、皇舅房在刘宋王朝的崛起

南兰陵萧氏的发迹,应当是从"皇舅房"在刘宋王朝的崛起开始的,据《新唐书·宰相世系表》载:

> (萧)苞九世孙卓,字子略,洮阳令,女为宋高祖继母,号皇舅房。卓生源之,字君流,徐、兖二州刺史,袭封阳县侯。生思话,郢州都督,封阳穆侯。六子:惠开、惠明、惠基、惠休、惠朗、惠蒨。惠蒨,齐左户尚书。生介。②

萧苞的九世孙萧卓有女萧文寿,嫁与刘裕的父亲刘翘为继室,刘裕

---

① 此观点详见刘志伟、史国良、李永祥:《齐梁萧氏文化概论》,上海:上海古籍出版社 2015 年版,第 5 - 6 页。

② [宋]欧阳修、宋祁撰:《新唐书》,第 2277 - 2278 页。

出生当日即丧母,萧氏视其如己出。因此刘裕一直对萧皇后甚为恭孝。"及即大位,春秋已高,每旦入朝太后,未尝失时刻。"①刘裕建立刘宋政权,登上帝位之后,封萧文寿为孝懿皇太后,其父为金紫光禄大夫,又追封为封阳县侯。萧卓还有一子萧源之,袭父爵,历任徐、兖二州刺史。在萧皇后得到刘裕一族的尊重信任之后,其弟萧源之的军事地位也不断提高,因其是刘裕舅舅,故被称为"皇舅房"。《宋书·萧思话传》记载:

> (思话)父源之字君流,历中书黄门郎,徐、兖二州刺史,冠军将军、南琅玡太守。永初元年卒,追赠前将军。②

萧源之从徐、兖二州刺史、冠军将军,一直做到南琅玡太守,最后被追赠为前将军。南兰陵"皇舅房"这一支,因为刘萧姻亲关系,开始在刘宋的军事舞台上逐渐强大起来。其中的代表人物是萧源之的儿子萧思话,因其姑母是刘裕的继母,所以刘裕对其也是颇为照顾。在这样的因缘际会之下,萧思话获得了极好的发展机会。

萧氏乃北人中不以学术擅长,而以武勇善战著称的一支。萧思话即能骑善射,元嘉五年(428),二十七岁时,便迁中书侍郎,督青州、徐州之东莞诸军事、振武将军,青州刺史。元嘉八年(431),为竟陵王义宣左军司马,南沛郡太守。但在该年的宋、魏交战中,萧思话因惧怕索虏大至,弃镇奔平昌,因此丢了官。元嘉九年(432)仇池大饥,而益州、梁州丰收,氐人杨难当帅军掠夺梁州储粮,引起了益州、梁州的民乱。朝廷于是起用萧思话为横野将军、梁、南秦二州刺史,督梁、南秦二州军事,进行平叛。萧思话率领宋军,击败杨难当,平定了汉中。实际上,萧思话个人才能并不十分突出,此次战争的胜利,主要是萧道成之父萧承之等族人的功劳。

---

① [梁]沈约撰:《宋书》,北京:中华书局1974年版,第1281页。
② [梁]沈约撰:《宋书》,第2011页。

因为是姻亲关系,宋文帝刘义隆对萧思话颇为优待。萧思话平定梁州之事被载入史册,说明宋文帝十分重视这次战争,萧思话也由此得到了宋文帝的赏识与信任,后被任命为中书令、丹阳尹,最后官至都督郢湘二州诸军事、镇西将军、郢州刺史。孝建二年(455)卒时追赠征西将军、开府仪同三司,谥曰穆侯。《宋书·萧思话传》称其:"宗戚令望,蚤见任待,凡历州十二,杖节监都督九焉,所至虽无皦皦清节,亦无秽默之累。爱才好士,人多归之。"[1]萧思话既是宗戚,又有令望,且爱才好士,其身边聚集的才能之士也越来越多。同时,萧氏非常注重与刘宋皇族的婚姻联系,不断加以巩固,萧思话之女即嫁与宋文帝之子桂阳王刘休范,其子萧惠开之女则嫁给宋孝武帝之子。南兰陵萧氏"皇舅房"在刘宋时期开始崛起,并获得了十分牢固的权势与地位。

三、齐梁房在齐、梁两朝的创立

萧氏"皇舅房"在刘宋时期崛起后,不仅使其嫡系子孙获得了一定的权势与地位,而且为"齐梁房"走向权力中心提供了必要的阶梯。南兰陵萧氏之"齐梁房",即"齐皇房"和"梁皇房"两支宗脉。据《梁书·武帝纪上》记载,萧整有萧俊、萧辖、萧烈三子,其中史书中有记载的只有萧辖。整生济阴太守辖,辖生州治中副子,副子生道赐,道赐任济阴太守和州治中、南台治书。

"齐梁房"中"齐皇房"的兴起始于萧道成之父萧承之,萧承之早年即被萧源之所看重,其颇有胆识,既勇武又有计谋。东晋初为建威府参军,义熙年间又被升为扬武将军,安固、汶山二郡太守,官职升迁较快。之后,为萧思话部下的时候,在平谯纵、抗北魏、战杨难当等过程中屡立战功。在萧思话的推举之下,获封为晋兴县五等男,邑三百四十户。萧承之所取得的功绩,提高了"齐皇房"的社会地位,奠定了其后代发展的基础。同时,萧承之还特别重视子女

---

[1] [梁]沈约撰:《宋书》,第 2016 页。

的教育,无战事便"留家治事教子孙",其子萧道成很早就掌握了一定的战争理论,并积累了一定的战争经验。

萧道成十三岁即随父从军,十五岁时已成长为一名年轻的将领,并受到了宋文帝的赏识。元嘉二十三年(446)被提拔为左军中兵参军,泰始初年(465)任右将军,并在平叛晋安王子勋叛乱中,一战成名,逐渐成长为镇定自若、指挥有方的实战将军,深得刘宋皇室的信任。萧道成走向权力巅峰的转折点是出镇淮阴。泰始初年,由于徐州刺史薛安都等将领降于北魏,致使青、冀、兖、徐州皆陷于魏。泰始三年(467),宋明帝任命萧道成为假冠军将军、持节、都督北讨前锋诸军事,帅军出镇淮阴,身份也转化成为具有一定军事实权的镇边大吏。次年七月,转任南兖州刺史镇广陵。泰始六年(470)九月,萧道成从广陵再次转镇淮阴,直至泰始七年(471)七月被召回朝。这样算下来,萧道成两次出镇淮阴,前后加起来有两年左右的时间。在这段时间中,他开始安集荒余、营缮城府,并吸纳青、徐二州豪俊之士,为以后的称雄做准备。

泰始七年,宋明帝驾崩,遗诏萧道成与"尚书令袁粲、护军褚渊、领军刘勔共掌机事",[①]由此进入到政权的核心位置,开始参与朝政决策,实力发展很快。元徽二年(474),桂阳王休范反,萧道成果断布置兵力,组织迎战,平定了这场几乎颠覆皇位的叛乱。之后,萧道成迁升为中领军,留卫建康。由此掌握了禁军兵权和调动淮南各州军队的权力,他的地位已经在袁粲、褚渊等人之上,成为刘宋朝政的权力中心。此后,萧道成又帅军平定了建平王刘景素的叛乱,其军事实力不断提升,并赢得了更多人的拥护,形成了自己的军事集团力量。这引起了苍梧王(后废帝)的疑心,萧道成也感到了危险,便密谋废立,派人刺杀苍梧王,迎立顺帝刘准。其官职由骠骑大将军、竟陵郡公晋升为太尉、齐王,最后在宋顺帝升明三年(479),篡宋建齐。"齐皇房"一支由此兴盛。

---

① [梁]萧子显撰:《南齐书》,北京:中华书局1972年版,第7页。

　　"齐梁房"的另一支"梁皇房"的兴起较晚,《梁书·武帝纪》所列萧整以后的世系中少有仕宦发达之人。"梁皇房"中较早取得高位的是萧衍之父萧顺之。萧顺之能力较强,深得萧道成器重,最后官至太子詹事,领军将军、丹阳尹。值得注意的是,萧顺之晚年,卷入了齐王朝的宫廷斗争之中。据《南史·齐武帝诸子·鱼复侯萧子响传》载,永明八年(490),齐武帝萧赜第四子萧子响为荆州刺史时,"私作锦袍绛袄",要与蛮族"交易器仗",长史刘寅等人连名密奏武帝,武帝命人查看,子响大怒,将刘寅及司马席恭穆等人杀死。武帝于是震怒,派胡谐之、尹略、茹法亮等人去逮捕子响身边的"群小",并嘱咐说"子响若束手自归,可全其性命"。胡谐之等人奉命来到荆州后,萧子响多次自我狡辩,尹略不听,骂他为"反父人"。子响的手下王冲天不胜愤怒,于是带人攻杀了尹略,胡谐之、茹法亮两人逃遁。齐武帝于是派萧顺之带兵马上赶到,子响迫于压力,认罪归降。然而萧顺之却在文惠太子萧长懋的暗授机宜之下,杀死了萧子响。因此,当萧顺之回京之后,齐武帝怪罪于顺之,令其十分惶恐,并"惭惧感病,遂以忧卒"。虽然萧顺之作为外人卷入齐王朝的宫廷斗争,定难得到好的下场,但作为"梁皇房"第一个比较杰出的人物,他依附萧道成,虽未登上台辅之位,但已历显宦,他为"梁皇房"继"齐皇房"之后的崛起揭开了序幕。

　　萧顺之有十子,在政治地位上升之后,也开始注意子弟的文化教育。其十子中长子萧懿起家邵陵王行参军,后袭父爵为临湘县候,一生以军功见称,并无诗文存世,保持兵家子的本色。除萧懿外,萧顺之其他各子都有一定的文化修养。萧衍在十子中排行第三,年轻时就博学多通,弓马娴熟,深通武艺,显示出不凡的文才武干。

　　萧衍进入仕途之初做的是卫将军王俭的东阁祭酒,不到一年又转入竟陵王萧子良幕中,为司徒西阁祭酒,并成为"竟陵八友"之一。一直到永明七年(489),才转任巴陵王南中郎法曹行参军。也就是说,在五年左右的时间里萧衍都在竟陵王的府邸之中,而竟陵王萧子良府中召集了大量的文学之士,有着浓郁的文学氛围。这使得萧衍有机会能够与西邸文士们相互切磋,扩大了其学术文化视野。同时,这些文士又大多都是当时比较重要的政客,他们常常也会参与一些重要的政治活动。永明十一年(493)齐武帝萧赜病重之际,王融本想倚重萧衍发动政变,辅佐萧子良继承皇位,但是,萧衍却在关键时刻倒戈,投靠了西昌侯萧鸾,直接导致政变失败,王融被杀。后来萧衍又支持萧鸾篡权,并因此进入皇权中枢,入直殿省。此后,齐魏间战争频发,萧衍先后镇守过寿春、石头,转战于襄阳等军事要塞,屡立战功,升任雍州刺史。雍州乃是南朝军事前沿要塞,此时东昏侯乱政,萧衍便想在襄阳组建一支武力,夺取政权。于是他想把自己的兄弟调配到雍州,以便加强自己的实力。但是他的兄长萧懿却在此时被调回朝廷辅政,并在回去不久就与其弟萧融一起被东昏侯所杀。萧懿、萧融被杀害后,萧衍便私下加紧制造兵器、战船。永元二年(500)冬,以为兄复仇为由起兵,历时一年便攻克建康,于第二年(502)四月,萧衍篡位,是为梁武帝,年三十八。

兰陵萧氏中的"梁皇房"正式登上了皇族的舞台,这个家族经过两代人的势力积蓄,终于腾飞起来,萧氏主宰政权的时代即将到来。

第二节　萧梁前期
——萧统所处的时代

在南朝历史中,梁武帝萧衍是统治时间最长,也是南朝政权不断更迭中,较有作为的一代帝王。在统治前期,他励精图治,经济和文化的发展都出现了昌盛、繁荣的局面。

一、政治社会状况

(一) 宽容政敌、倚重宗室

萧梁政权建立之后,梁武帝并没有像刘宋和萧齐两朝那样,对前朝宗室大加杀戮,而是采取拉拢的手段,争取人心为己所用,以达到迅速稳定政局的目的。如对萧道成的嫡系子孙萧子恪等人,采取的就是宽大为怀的拉拢手段,《梁书·萧子恪传》云:

> 我初平建康城,朝廷内外皆劝我云:"时代革异,物心须一,宜行处分。"我于时依此而行,谁谓不可! 我政言江左以来,代谢必相诛戮,此是伤于和气,所以国祚例不灵长。所谓"殷鉴不远,在夏后之世"。此是一义。二者,齐梁虽曰革代,义异往时。我与卿兄弟虽复绝服二世,宗属未远。卿勿言兄弟是亲,人家兄弟自有周旋者,有不周旋者,况五服之属邪?齐业之初,亦是甘苦共尝,腹心在我。①

因此,萧子恪兄弟中,子恪在梁至吴郡太守,子范为秘书监,子显为侍中吏部尚书,子云为国子祭酒,子晖为中骑长史。萧衍对前代帝室予以拉拢利用,这既有利于稳固新王朝的统治,又能化敌为友,增强其政治统治力量。

在宽容政敌的同时,梁武帝为了强化皇权,开始重用甚至纵容宗室。重用宗室主要表现在一些大州、重地,如益梁地区、荆襄地区、江州、扬州、南徐州等地,其最高军政长官都由萧姓子弟来担任,这样便有效地加强了皇族的实力地位,使得梁代皇室成员始终处在当时社会权力的最高峰。梁武帝纵容宗室突出表现在他对待临川王萧宏及其子萧正德的态度上。萧宏是萧衍的六弟,此人除了"美须眉,容止可观"之外,并无其他能力。天监四年(505),萧宏为都督统军北伐,"所领皆器械精新,军容甚盛,北人以为百数十年所未之有"。② 但萧宏在洛口之战中,"部分乖方,多违朝制,诸将欲乘胜深入,宏闻魏援近,畏懦不敢进,召诸将欲议旋师"。③ 之后其

---

① [唐]姚思廉撰:《梁书》,北京:中华书局1973年版,第508页。
② [唐]姚思廉撰:《梁书》,第340页。
③ [唐]李延寿撰:《南史》,北京:中华书局1974年版,第1275页。

更是胆小如鼠,率先望风而逃,导致北伐失败,造成梁在军事上的重大损失,但是萧衍却没有对其进行处罚。

梁武帝对萧宏的第三子萧正德更是优容有加。起初,梁武帝无子,正德曾过继给萧衍为子,昭明太子萧统出生后,萧正德便回到其父家里。然而,萧正德认为自己应该被立为太子,一直心怀怨恨。普通六年(525),其叛国投北魏,"有司奏削封爵。七年,又自魏逃归,高祖不之过也。复其封爵,仍除征虏将军"。①其后萧正德变本加厉,"中大通四年,特封临贺郡王。后为丹阳尹,坐所部多劫盗,复为有司所奏,去职。出为南兖州,在任苛刻,人不堪命。广陵沃壤,遂为之荒,至人相食噉。既累试无能,从是黜废,转增愤恨,乃阴养死士,常思国衅。聚蓄米粟,宅内五十间室,并以为仓。自征虏亭至于方山,悉略为墅。蓄奴僮数百,皆黥其面。"②对于这个十恶不赦的养子,梁武帝却一次一次地纵容原谅他,实在是让人比较费解。也许这位开国皇帝一方面想要稳定皇室内部的政局,一方面也是要将自己树立成豁达大度的忠厚帝王形象。

(二) 优待士族、重用寒门

梁武帝建国之后,在用人方面,采取的是既尊重士族,又重用寒门的策略。魏晋以来的高门士族,虽然在东晋末年受到了很大打击,但仍拥有很高的社会地位,士庶之别观念仍然很强。在这种情况下,梁武帝对士族给予很多优待和礼遇,如下诏曰:"凡诸郡国旧族邦内无在朝位者,选官搜括,使郡有一人。"③并于天监七年(508)二月,"诏于州郡县置州望、郡宗、乡豪各一人,专掌搜荐"。④但是,东晋以来士族们一直养尊处优,崇尚放达之风,已经逐渐丧失了军事与政治能力。因此,梁武帝对他们的尊重,实质上是一种笼络政策,是为了得到士族们的拥护。虽赐给其高官厚禄,但却有

---

① [唐]姚思廉撰:《梁书》,第828页。
② [唐]李延寿撰:《南史》,第1281页。
③ [唐]姚思廉撰:《梁书》,第43页。
④ [唐]姚思廉撰:《梁书》,第47页。

其名,而无其实。

在优待礼遇士族的同时,梁武帝对寒门庶族采取的则是自刘宋王朝便开始的重用政策。萧衍代齐之前即曾上表云:"且闻中间立格,甲族以二十登仕,后门以过立试吏,求之愚怀,抑有未达。何者?设官分职,惟才是务。"①在选拔和任用人才方面,梁武帝唯才是用,重视寒门子弟的入学和试吏。梁代已经将录取国子学的资格,降到三品或以下,"旧国子学生,限以贵贱,帝欲招来后进,五馆生皆引寒门俊才,不限人数"。② 也就是说,寒门才华之士都有了成为五馆生的机会。这不仅有助于提高梁代的文学风气,同时也极大地提高了寒门之士入仕的机会。梁武帝还曾下诏:"虽复牛监羊肆,寒品后门,并随才试吏,勿有遗隔。"③到天监九年(510)四月,明文规定"革选尚书五都令史用寒流"。④ 唯才是用使梁代统治前期,很多寒门之士登上了政坛要位。

梁武帝在培养选择人才时,不分门第、名分的这种态度,的确为其选拔了一批人才,也促进了梁代前期繁荣局面的到来。

(三) 严明吏治、提倡清廉

一个国家的富强稳定与否,关键在于吏治的好坏。梁武帝登上帝位之后,吸取了前齐灭亡的教训。不仅自己身体力行,勤于政务,同时非常重视吏治,知人善任,任人唯贤。梁武帝思贤若渴,先后多次下诏在全国大规模选拔官员。选拔官员的主要标准是才能与廉洁,晋升官员则依据政绩与清廉。

梁武帝统治期间,形成了表彰廉洁官员的固定制度。如其在天监元年、十五年、普通七年各下诏奖善罚恶,有效地促进了萧梁政治内部吏治的清明。同时,梁武帝还赏罚分明,对清正廉洁、政绩突出之官,大加褒奖。如阳羡令刘潜政绩突出,便提拔为建康

① [唐]姚思廉撰:《梁书》,第23页。
② [唐]魏徵等撰:《隋书》,北京:中华书局1973年版,第724页。
③ [唐]姚思廉撰:《梁书》,第49页。
④ [唐]姚思廉撰:《梁书》,第50页。

令。同时,对违法乱纪的官员,梁武帝一贯严惩不贷,给予降职、撤职、削爵、除名、禁锢、流放、罚作奴、处死等惩罚。

梁武帝统治前期的尊贤使能与赏罚严明,培育出一大批勤政廉洁的官员,这也是其前期出现繁盛局面的重要政治保障。

二、经济状况

(一) 减轻剥削、救济困穷

刘宋政权建立以来,君昏臣贪。因此在萧梁建国之初,梁武帝便吸取前代灭亡的经验教训,推行了一系列较为开明的政策措施。如天监元年(502)登基当天就下诏曰:

> 宋氏以来,并恣淫侈,倾宫之富,遂盈数千。推算五都,愁穷四海,并婴罹冤横,拘逼不一。抚弦命管,良家不被蠲;织室绣房,幽厄犹见役。弊国伤和,莫斯为甚。凡后宫乐府,西解暴室,诸如此例,一皆放遣。若衰老不能自存,官给廪食。[1]

梁武帝不仅下诏将后宫乐府、西解暴(pù)室(宫廷内织作之所)中的宫女全部放还回家,而且还给那些年老无法生活者发放粮食。天监十六(517)年,武帝继续下诏对下层普通百姓减轻剥削,救济困穷:

> 尤贫之家,勿收今年三调。其无田业者,所在量宜赋给。若民有产子,即依格优蠲。孤老鳏寡不能自存,咸加赈恤。[2]

普通二年(521)正月,梁武帝又下诏曰:

---

① [唐]姚思廉撰:《梁书》,第35页。
② [唐]姚思廉撰:《梁书》,第56-57页。

凡民有单老孤稚不能自存,主者郡县咸加收养,赡给衣食,每令周足,以终其身。又于京师置孤独园,孤幼有归,华发不匮。若终年命,厚加料理。尤穷之家,勿收租赋。①

这种频繁的对贫困家庭免除租赋,并为"单老孤稚"人员设立孤独园的措施,不仅有利于社会的稳定,而且能够起到保护人口流失,保障农业生产的作用。

(二) 重视农业生产、安顿流亡人口

自魏晋以来,由于士族地主荫庇人口、兼并土地,再加之战乱、天灾等原因,导致很多百姓穷困潦倒,破产流亡。因此服役纳税人口锐减,劳动力资源极度短缺。萧梁建国之初,灾害不断,叛乱频发,社会状况非常严峻。梁武帝清醒地认识到,社会要稳定,首先就应该大力发展农业,进而解决人民的吃饭穿衣问题,所以他非常重视农业生产。其在位期间,曾经先后十次"亲耕籍田",十三次对力田者"赐爵一级"。这在历代帝王中都是很少见的。普通四年(523)二月,梁武帝在"亲耕籍田"的当日,下诏曰:

夫耕籍之义大矣哉!粢盛由之而兴,礼节因之以著,古者哲王咸用此作。春言八政,致兹千亩,公卿百辟,恪恭其仪,九推毕礼,馨香靡替。兼以风云叶律,气象光华,属览休辰,思加奖劝。可班下远近,广辟良畴,公私畎亩,务尽地利。若欲附农而粮种有乏,亦加贷恤,每使优遍。孝悌力田赐爵一级,预耕之司,剋日劳酒。②

从诏书可以看出,梁武帝不仅"亲耕籍田",认识到农业生产的重要意义,而且要通过"思加奖劝"、"赐爵一级"等有力措施,达到促进

---

① [唐]姚思廉撰:《梁书》,第64页。
② [唐]姚思廉撰:《梁书》,第66-67页。

农业生产发展的目的。

为了解决农业生产中劳动力极度短缺的问题,梁武帝于天监元年(502)开始,多次下诏鼓励流亡人口返乡。天监元年四月下诏:

> 大运肇升,嘉庆惟始,劫贼余口没在台府者,悉可蠲放。诸流徙之家,并听还本。①

天监十七年(518)正月,为召集流亡,下诏:

> 凡天下之民,有流移他境,在天监十七年正月一日以前,可开恩半岁,悉听还本,蠲课三年。其流寓过远者,量加程日。若有不乐还者,即使著土籍为民,准旧课输。若流移之后,本乡无复居宅者,村司三老及余亲属,即为诣县,占请村内官地官宅,令相容受,使恋本者还有所托。②

此后,梁武帝又多次下诏颁布优待流亡人口返乡的政策。这些安抚流亡人口的优惠政策,在使百姓切实得到好处的同时,有效地增加了服役纳税人口,促进了经济的恢复与发展。

在奖劝农耕,安抚流亡人口返乡的同时,梁武帝还大力兴修水利,天监十五年(516)正月下诏:"长吏劝课,躬履堤防,勿有不修,致妨农事。"③农田水利设施的修建,必将促进农业的发展。据民间传说,古时西泾河两岸因地势太高,常连年缺水,颗粒无收。梁武帝派昭明太子亲自到东舜(长泾镇古名)实地考察,研究御旱之术、引水之法。昭明太子因势利导,根据地势分段筑堰,分层蓄水,在西泾河上分别垒筑18座坝,有效地解决了当地少水的问题。这就

---

① [唐]姚思廉撰:《梁书》,第35页。
② [唐]姚思廉撰:《梁书》,第57-58页。
③ [唐]姚思廉撰:《梁书》,第55页。

是现在位于江苏无锡的"梁武堰"。

由于萧衍在经济上采取的一系列利民措施,使得萧梁前期社会经济始终保持着较为繁荣的局面。

三、文化状况

(一)重教崇儒、开设学校

儒学在南朝呈现出逐步复兴的趋势,以"梁代儒学最兴盛"。[①]梁武帝青少年时期接受的就是儒家教育,曾受业于当时博通五经的大儒刘瓛。《南史·刘瓛传》载:"瓛姿状纤小,儒业冠于当时,都下士子贵游,莫不下席受业,当世推其大儒,以比古之曹、郑。……梁武帝少时尝经伏膺,及天监元年下诏为瓛立碑,谥曰贞简先生。"[②]这样的求学经历奠定了梁武帝在儒家经学方面的基础,他后来在《会三教诗》中自述云:"少时学周孔,弱冠穷六经。孝义连方册,仁恕满丹青。"

永明元年(483),萧衍踏上仕途之初,担任的是卫军将军王俭的东阁祭酒。王俭本琅玡王氏,《南史·王昙首传附孙俭传》载:"(王)俭弱年便留意《三礼》,尤善《春秋》,发言吐论,造次必于儒教,由是衣冠翕然,并尚经学,儒教于此大兴。"[③]萧衍虽为王俭东阁祭酒时间大约不到一年,但受其儒学影响较大,并得到了王俭的赏识。《梁书·武帝纪上》载:"帝及长,博学多通,好筹略,有文武才干,时流名辈咸推许焉……俭一见深相器异,谓庐江何宪曰:'此萧郎三十内当作侍中,出此则贵不可言。'竟陵王子良开西邸,招文学,高祖与沈约、谢朓、王融、萧琛、范云、任昉、陆倕等并游焉,号曰八友。"[④]萧衍能以文学之士的身份,成为"竟陵八友"之一,这应该与其自身所具有的良好儒学修养有着密切关系。

---

①　曹道衡、沈玉成:《南北朝文学史》,北京:人民出版社1991年版,第6页。

②　[唐]李延寿撰:《南史》,第1237—1238页。

③　[唐]李延寿撰:《南史》,第595页。

④　[唐]姚思廉撰:《梁书》,第2页。

梁武帝萧衍登基之初,针对魏晋以来儒学衰微的现状,试图以两汉为榜样,大力提倡儒学,借儒家纲常名教来维护其封建统治秩序。他清醒地认识到教育对振兴儒学和国家发展的重要性,于天监四年(505)下诏在朝中置五经博士,开设五馆授徒,诏曰:

> 二汉登贤,莫非经术;服膺雅道,名立行成。魏、晋浮荡,儒教沦歇,风节罔树,抑此之由。朕日仄罢朝,思闻俊异,收士得人,实惟酬奖。可置五经博士各一人,广开馆宇,招内后进。①

开馆授徒早在宋文帝时期就已经开始,宋文帝创办了儒学、玄学、史学、文学这"四学",梁武帝的"五馆",即是在其基础上开设而成,但"五馆"教授的都是儒家的经学。五经博士开馆授业,不仅能够形成研习儒学的良好氛围,而且馆生们集中学习,互相讨论交流,也能够活跃当时的学术氛围。同时,值得注意的是,梁武帝打破了等级森严的门阀制度,国子学生不限贵贱,"五馆生皆引寒门俊才,不限人数"。这一规定,使大批的"寒门俊才"获得了教育的机会,在很大程度上促进了儒学的传播和教育的发展。

随后,针对以往学校儒学教育废弛的状况,梁武帝开始大力创办各级官学,并强调要以经术取士。天监七年(508),梁武帝下诏建立国子学:

> 建国君民,立教为首。不学将落,嘉植靡由。朕肇基明命,光宅区宇,虽耕耘雅业,傍阐艺文,而成器未广,志本犹阙,非所以镕范贵游,纳诸轨度。思欲式敦让齿,自家刑国。今声训所渐,戎夏同风,宜大启庠教,博延胄子,务彼十伦,弘此三

---

① [唐]姚思廉撰:《梁书》,第662页。

德,使陶钧远被,微言载表。①

梁武帝对国子学的教育非常重视,在天监九年(510)三月,"车驾幸国子学,亲临讲肆,赐国子祭酒以下帛各有差",同年十二月,再次"舆驾幸国子学,策试胄子,赐训授之司各有差"。并下诏"王子从学,著有礼经,贵游咸在,实惟前诰,所以式广义方,克隆教道……皇太子及王侯之子,年在从师者,可令入学"。② 一年之内两次亲自驾幸国子学,并赐以物质性的奖励,并下诏让皇族子弟入国子学从师学习,可见梁武帝非常重视学校的儒学教育。

除五经学馆和国子学外,梁武帝还设置了其他学馆。天监五年(506)五月,"置集雅馆以招远学",大同七年(541)十二月,"于宫城西立士林馆,延集学者"。集雅馆和士林馆都是为了延集学者,不仅为当时的学者们提供了讲学交流的场所,而且也促进了官学教育的发展。

梁武帝在大力兴办官学的同时,对地方私学也高度重视与支持。如天监四年(505)下诏置五经博士,广开馆宇,并明确提到"选遣学生如会稽云门山,受业于庐江何胤。分遣博士祭酒,到州郡立学"。③ 何胤为齐代大儒刘瓛之弟子,其思想儒、玄、释兼综,并曾隐居于会稽若邪山云门寺,其所学儒学尤为梁武帝所看重,称其为"儒宗",因此派遣生徒向其求学。此外,诸葛璩、伏挺等人的私学,在当时也都具有较大影响力,并成为宣扬传播儒学的主要途径之一。

(二) 三教同源、自由讨论

儒、道、佛三教融合是两晋南北朝时期思想发展的主要趋势,作为南朝开国帝王,梁武帝崇信佛教,曾三次舍身寺庙,后被臣子

---

① 〔唐〕姚思廉撰:《梁书》,第46页。
② 〔唐〕姚思廉撰:《梁书》,第49-50页。
③ 〔唐〕姚思廉撰:《梁书》,第662页。

赎回。然而,这位被称为"菩萨皇帝"的帝王,在佞佛的同时,不仅没有忽视儒学和道教,而且在儒、道、佛三教关系上,主张三教同源论和三教会通论,这一点充分体现在他的《会三教诗》中:

> 少时学周孔,弱冠穷六经。孝义连方册,仁恕满丹青。践言贵去伐,为善存好生。中复观道书,有名与无名。妙术镂金版,真言隐上清。密行贵阴德,显证表长龄。晚年开释卷,犹日映众星。苦集始觉知,因果乃方明。示教惟平等,至理归无生。分别根难一,执着性易惊。穷源无二圣,测善非三英。大椿径亿尺,小草裁云萌。大云降大雨,随分各受荣。心想起异解,报应有殊形。差别岂作意,深浅固物情。

从这首诗可以看到萧衍思想的发展历程,其从小接受的是正统的儒家思想教育,中年开始又受道家与道教思想影响颇深,晚年则"开释卷"全面接受佛教思想。关于萧衍的儒学思想,上面已经论述,这里重点探究一下其道、佛思想。

中年之后,萧衍在重视儒学的同时,又开始关注和研究道家的典籍。萧衍抓住了道家思想的关键点,"有名与无名",这来自于其"观道书"中的老子《道德经》:"道可道,非常道;名可名,非常名。无名,天地之始;有名,万物之母。故常无欲,以观其妙;常有欲,以观其徼。此两者,同出而异名。同谓之玄,玄之又玄,众妙之门。"同时,萧衍还比较重视道家的道术。"妙术镂金版,真言隐上清",道家道术常被刻在珍贵的金版之上,并以此虚拟出一个清空缥缈的神仙世界。

梁武帝崇信道教,主要是受其家族"历叶相承"的天师道的影响。天师道也称五斗米道,东汉时形成于西南巴蜀汉中地区,是道教的一个民间组织。在魏晋时期,天师道发展很快。西晋建国之后,天师道逐渐由民间底层社会传入门阀世族大家。在《舍道事佛诏》中,梁武帝自述:"耽事老子,历叶相承。"①生活在一个世代信奉道教的家族环境中,其必然会受到道教思想的影响。《隋书·经籍志》即云:"武帝弱年好事,先受道法,及即位,犹自上章,朝士受道者众。三吴及边海之际,信之逾甚。"②由此可见,梁武帝萧衍自幼便受到道教思想的熏染,且热衷于上章的天师道信徒。关于这一点,从他与上清派著名道士陶弘景的交往中即可看出。

陶弘景,字通明,生于南朝宋孝武帝孝建三年(456),卒于梁武帝大同二年(536),一生历经宋、齐、梁三代。陶弘景学识渊博,开创了道教的上清派茅山宗,是道教历史上极其重要的人物。萧衍建立梁朝前后,陶弘景与其交往甚密。据《梁书·处士传》记载,陶弘景在萧衍平定建康之后,便"援引图谶,数处皆成'梁'字,令弟子进之"。③ 这是运用图谶为齐梁禅代制造舆论。梁武帝即位后,对陶弘景更是恩礼有加,甚至"国家每有吉凶征讨大事,无不前以咨询。月中常有数信,时人谓为山中宰相"。④ 在信奉道教的过程中,梁武帝对道教的炼丹长生之术十分痴迷,他相信陶弘景能炼制出可以长生不老的"神丹",为其提供黄金、朱砂、曾青、雄黄等材料,助其炼丹,并亲自服用了其炼制出来的飞丹,以求长生。即使在宣布舍道事佛之时,梁武帝仍要求陶弘景为其炼丹。天监十五年(516),又为陶弘景建太清玄坛。终其一生,都与陶弘景保持着密切的关系。

舍道事佛是梁武帝晚年思想的一次重大变化,即《会三教诗》中所说的"晚年开释卷,犹日映众星",其对佛教倍加推崇,赞美它就像光耀的太阳,使众星黯然失色,映照着众多的星辰。这里所说的"众星",应该包括儒、道在内,这当然是一种夸张。"舍道"也不是将道教思想完全抛弃,而是在以佛教为核心的基础上,融合儒、

---

① [唐]释道宣撰:《广弘明集》,上海:上海古籍出版社 1991 年版,第 116 页。
② [唐]魏徵等撰:《隋书》,北京:中华书局 1973 年版,第 1093 页。
③ [唐]姚思廉撰:《梁书》,第 743 页。
④ [唐]李延寿撰:《南史》,第 1899 页。

道两家思想,共同为其统治服务。从这个意义上来说,梁武帝是一位不折不扣的宗教调和论者。只不过在晚年时期,他表现出了对佛教的狂热推崇。"苦集始觉知,因果乃方明",点明他已经开始觉悟到人生众苦聚集的根源所在,并已理解佛教所揭示的生死轮回的因果。"示教惟平等,至理归无生",体会到真正永恒存在的是众生平等,无生无灭的涅槃才是最高的真理。在这个时期,佛教几乎已经成为梁的国教。作为最高统治者,他在各地大建佛寺,并曾亲自多次讲经,召开佛法大会。梁武帝一生之中还曾经三次舍身同泰寺,后被臣子们用巨额钱财赎回,臣子们则称他为"皇帝菩萨"。在中国历史上,还从没有像梁武帝这样疯狂地痴迷于佛教的皇帝。可能他确实体会到佛教具有其他宗教无法比拟的优越性,才日益沉溺于其中不能自拔。

梁武帝统治后期的舍道事佛,并不是灭道崇佛。实际上,他认为"分别根难一,执着性易惊",即儒、道、佛三教在本源上是相同的,而且三教可以会通。"穷源无二圣,测善非三英",如果穷究根源的话,三教的根源是一个,不要执着于佛陀和孔子这两位圣人。推测和考察他们教诲信徒的善行,也不要执着于孔子、老子、佛陀这三教精英。他反对将三教分别对立,认为三教是同源同善的,只不过因为"差别岂作意,深浅固物情",这也就是任继愈所说的"三教虽有深浅而均善"。①

当然,梁武帝的三教会通思想,是建立在儒、道、佛存在优劣差别的基础之上,将儒、道融入佛教之中,而以佛为主。这既符合魏晋南北朝三教关系的总体发展趋势,也会促进三教融合的进一步深入发展。

(三) 提倡诗文创作

1. 雅好雕虫,有大量诗文问世。

梁朝帝王大多爱好泛文学,赏接文士,且能亲自创作诗文。梁

① 任继愈主编:《中国哲学发展史》,北京:人民出版社 1985 年版,第 897 页。

武帝萧衍即"雅好虫篆",①并有大量诗文问世。据《梁书·武帝纪》载,其"天情睿敏,下笔成章,千赋百诗,直疏便就,皆文质彬彬,超迈今古。诏铭赞诔,箴颂笺奏,爰初在田,洎登宝历,凡诸文集,又百二十卷"。②《梁书》中的评价比较准确,从中足以看出萧衍对文学创作的热爱及创作之丰。另据《隋书·经籍志》载,萧衍所著文集有《梁武帝集》二十六卷(梁三十二卷)、《梁武帝诗赋集》二十卷、《梁武帝杂文集》九卷、《梁武帝别集目录》二卷、《梁武帝净业赋》三卷、③《历代赋》十卷、《围棋赋》一卷、④《梁武连珠》一卷(沈约注)、《梁武帝制旨连珠》十卷(梁邵陵王纶注)、《梁武帝制旨连珠》十卷(陆缅注)。⑤可见,萧衍"博学能文,著作之多,帝王之中或可推第一"。⑥

历经千年战火之后,现存的梁武帝文集主要是后世学者从各种选集、类书中辑佚出来的。清末严可均《全上古三代秦汉三国六朝文》辑有梁武帝文七卷,丁福保《全汉三国晋南北朝诗》辑有梁武帝诗一卷,现代学者逯钦立《先秦汉魏晋南北朝诗》亦辑有梁武帝诗一卷。从现存的作品来看,梁武帝的文学成就主要体现在诗、文、赋三个方面,其中诗歌成就最高。他的现存诗作大多作于齐和梁天监年间,内容主要为乐府、君臣唱和、写景咏物、宣扬佛法等。诗歌之中,最能够代表其文学成就的是乐府诗。

现存梁武帝的乐府诗主要保存在徐陵编的《玉台新咏》中,共四十一首。内容大多描写的闺中思妇的相思情怀,形式多为五言和杂言。如拟汉乐府的《有所思》:

---

① [唐]姚思廉撰:《梁书》,第480页。
② [唐]姚思廉撰:《梁书》,第96页。
③ [唐]魏徵等撰:《隋书》,第1076页。
④ [唐]魏徵等撰:《隋书》,第1083页。
⑤ [唐]魏徵等撰:《隋书》,第1087页。
⑥ 曹道衡、沈玉成著:《南北朝文学史》,北京:人民文学出版社1991年版,第246页。

谁言生离久,适意与君别。衣上芳犹在,握里书未灭。腰间双绮带,梦为同心结。常恐所思露,瑶华未忍折。

与汉乐府中的《有所思》重在抒发强烈的情感不同,梁武帝的这首拟作重在叙述离别之情。质朴自然的文字,细腻的抒情,都具有南方民歌的特点。

萧衍称帝前曾在荆州、雍州及建业一带生活过,这些地区是吴歌、西曲的发源地。精通音律的萧衍曾仿吴歌、西曲作了很多拟诗。如拟吴歌的乐府诗《子夜四时歌》:

阶上香入怀,庭中花照眼。春心一如此,情来不可限。（《春歌四首》之一）

江南莲花开,红光覆碧水。色同心复同,藕异心无异。（《夏歌四首》之一）

绣带合欢结,锦衣连理文。怀情入夜月,含笑出朝云。（《秋歌四首》之一）

果欲结金兰,但看松柏林。经霜不堕地,岁寒无异心。（《冬歌四首》之一）

诗里少女的情感随着时序节气的变化而变化。春天少女萌动的春心就像初开的鲜花;夏天少女炽热的感情如同盛开的荷花;秋天少女收获了爱情;冬天傲雪凌霜的松柏,代表的是少女对爱情的忠贞不渝。五言四句的体式和双关隐语"莲"谐"怜"、"藕"谐"偶"、"丝"谐"思"的运用,正是吴声歌曲中的常见方式。清新自然、活泼生动的语言极具表现力。

梁武帝拟西曲的乐府诗有《杨叛儿》、《襄阳蹋铜蹄歌》三首等。襄阳是萧衍发迹之地,萧衍即位之后,模拟荆襄一带流行的西曲,作《襄阳蹋铜蹄歌》三首:

陌头征人去,闺中女下机。含情不能言,送别沾罗衣。

草树非一香,花叶百种色。寄语故情人,知我心相忆。

龙马紫金鞍,翠眊白玉羁。照耀双阙下,知是襄阳儿。

关于此组诗的写作动机,《隋书·乐志》云:"初武帝之在雍镇,有童谣云:'襄阳白铜蹄,反缚雍州儿。'识者言,白铜蹄谓马也。白,金色也。'及义师之兴,实以铁骑。扬州之士,皆面缚,果如谣言。故即位之后,更造新声,帝自为之词三曲,又令沈约为三曲,以被管弦。"①《古今乐录》:"襄阳蹋铜蹄者,梁武西下所制也。沈约又作,其和云:'襄阳白铜蹄,圣德应乾来。'天监初,舞十六人,后八人。"②《隋书》的解释比较合理,因为历代帝王都比较喜欢在称帝之时出现一些谶语,所以萧衍即位之后,亲自写就了这三首拟作。

除乐府诗之外,梁武帝的君臣唱和、写景咏物、宣扬佛法等诗作,大多社会意义不大,在此不再论及。

2. 对他人诗文创作"赏赐不殊"。

梁武帝不仅自己喜爱文艺,创作颇丰,而且对文学之士的诗文创作常常加以奖赏。《梁书·文学传序》云:

> 高祖聪明文思,光宅区宇,旁求儒雅,诏采异人,文章之盛,焕乎俱集。每所御幸,辄命群臣赋诗,其文善者,赐以金帛。诣阙庭而献赋颂者,或引见焉。其在位者,则沈约、江淹、任昉,并以文采,妙绝当时。至若彭城到沆、吴兴丘迟、东海王僧孺、吴郡张率等,或入直文德,通宴寿光,皆后来之选也。③

---

① [唐]魏徵等撰:《隋书》,第 305 页。
② [宋]郭茂倩:《乐府诗集》,北京:中华书局 1979 年版,第 708 页。
③ [唐]姚思廉撰:《梁书》,第 685 - 686 页。

从这段记载可以看出,梁武帝的周围聚集了大批文学之士,其中沈约、范云、任昉等是由齐入梁的萧衍的西邸故友,到沆、丘迟、王僧孺、张率等是因文学才华见达于武帝的后进文学之士。梁武帝不仅奖赏礼遇文士,而且"赏赐不殊"。《梁书》卷四十九《刘苞传》云:"自高祖即位,引后进文学之士,苞及从兄孝绰、从弟孺,同郡到溉,溉弟洽、从弟沆,吴郡陆倕、张率并以文藻见知,多预谦坐,虽仕进有前后,其赏赐不殊。"①对于后进的这些文学之士,武帝赏爱他们的文思敏捷,不论其身份与地位,都一律给予赏赐。且更为吸引文士们的是,赏赐不仅限于金帛,同时还会赐予官职。袁峻、周兴嗣、陆云公等都曾因此被赐予官职。

帝王的奖赏既迅速扩大了其在文坛上的影响,也使当时文坛创作之风异常活跃。萧衍实际上已经成为了当时文坛领袖,在他身边一时文人云集,并形成齐梁年间一个重要的文学集团。同时,梁武帝和各藩王们还经常举行各种文学活动,产生了大量的唱和之作。刘师培在《中古文学史讲义》中认为:"齐梁文学之盛,虽承晋、宋之绪余,亦由在上者之提倡。"②这句话直接指出了齐梁文坛兴盛的直接原因。无论是作为帝王的政治影响,还是诗歌创作实践,梁武帝都有着不容忽视的地位和意义,对萧统的影响不言自明。

第三节　吴地历史文化底蕴
对萧统的影响

自距今约 3100 年前的商朝末年,太伯与仲雍南奔自立句吴国以来,中原文化与长江下游及太湖流域的土著文化相融汇整合,形成了早期的吴文化。经过历代的发展,这种文化具有了儒、道、佛三家思想的兼容并包性。

---

① 　[唐]姚思廉撰:《梁书》,第 688 页。
② 　刘师培:《中国中古文学史讲义》,上海:上海古籍出版社 2000 年版,第 79 页。

一、太伯与句吴国的建立

（一）太伯的谦让精神

太伯，亦作"泰伯"，是周太王古公亶父的长子。古公有三子，太伯、仲雍、季历。据《史记·吴太伯世家》载：

> 吴太伯，太伯弟仲雍，皆周太王之子，而王季历之兄也。季历贤，而有圣子昌，太王欲立季历以及昌，于是太伯、仲雍二人乃犇荆蛮，文身断发，示不可用，以避季历。季历果立，是为王季，而昌为文王。太伯之犇荆蛮，自号句吴。荆蛮义之，从而归之千余家，立为吴太伯。①

在《史记·周本纪》中，司马迁对太伯奔吴一事交代得更为清楚：

> 古公有长子曰太伯，次曰虞仲。太姜生少子季历，季历娶太任，皆贤妇人，生昌，有圣瑞。古公曰："我世当有兴者，其在昌乎？"长子太伯、虞仲知古公欲立季历以传昌，乃二人亡如荆蛮，文身断发，以让季历。②

按照我国古代的嫡长继嗣制度，王位由长子继承，周太王古公亶父应将王位传给太伯。但是，由于"季历贤"，又有"有圣子昌"，"有圣瑞"，古公亶父认为"兴王业者，其在昌乎"，因此古公亶父想将王位传给季历以及昌。太伯谦和仁德、深明大义，他知道父亲的想法后，主动放弃了自己合法的王位继承权，和二弟仲雍一起出走，躲避到了遥远的江南，并建立了句吴国。周朝建立后，其子孙被封为

---

① ［汉］司马迁撰：《史记》，北京：中华书局 2014 年版，第 1747 页。
② ［汉］司马迁撰：《史记》，第 149 页。

吴国国君。这样,太伯就成了吴国的始祖。

对于太伯的谦让精神,孔子予以高度赞扬,《论语·泰伯》:"子曰:泰伯其可谓至德也已矣,三以天下让,民无得而称焉。"[1]这里孔子所称颂的"至德",应该是太伯没有凭借长子的地位,去争夺王位,而是从宗法的角度与父亲的心愿以及家国的利益出发,带着自己的弟弟远奔吴地。正如钱穆在《晚学盲言》中所说:

> 尧以天下让舜,舜以天下让禹。让之一德,亦永为中国后代重视。吴太伯三以天下让,周初有吴太伯,即犹尧、舜之复活。伯夷、叔齐之让国,让有大小,而从一让德,是伯夷、叔齐亦即尧、舜、吴太伯之复活。孔子论伯夷、叔齐"求仁得仁,又何怨",仁之为德,惟在心生活大生命中始见。重视个体小生命必有争,重视心生活大生命则始有让。[2]

由于太伯的深明大义,谦和礼让,使周王室避免了一场内部权力斗争,保持了和谐团结,最后得以灭商纣而统一天下。

(二) 太伯对句吴国发展的贡献

太伯与仲雍南奔之时,处于太湖流域的荆蛮地区,在经济、文化方面,相对于黄河流域的北方中原地区,还都很落后。为了消除当地土著居民的敌意,太伯与仲雍入乡随俗"文身断发",亲民爱民,很快就融入到了当地人们的生活之中,并受到吴地民众的拥戴,"从而归之千余家",建立了句吴国。

太伯是从农业发达的中原地区奔到荆蛮,他携带着周人先进的农耕方式、社会管理方式。为了使句吴国的人民能够过上安居乐业的好日子,太伯首先利用吴地的水利资源优势,带领广大民众兴修水利。他变堵为疏,开挖了太伯渎及其九条支流,这不仅为农

---

① 杨伯峻:《论语译注》,北京:中华书局1980年版,第78页。
② 钱穆:《晚学盲言》,北京:生活·读书·新知三联出版社2010年版,第568页。

田灌溉提供了极大的便利,而且也发展了当地的交通运输。同时,太伯还将中原地区先进的生产经验和生产技术传授给当地民众,并结合当地的实际情况,提倡大力发展养殖业。这些举措都极大地促进了吴地农业经济的发展。

太伯进入荆蛮地区之时,还将中原地区先进的文化,包括道德、民俗、伦理、祭祀等等带了过来。句吴的文明程度明显落后于中原,在文化方面,这里还是一片待开发的沃土。在断发文身融入当地土著文化,建立句吴国后,就开始以行政力量推行中原文化,《左传·哀公七年》载:"大伯端委以治周礼。"①杨伯峻注:"端,玄端之衣(笔者按:宽袍大袖的缁布衣服,祭祀、冠礼等正式场合穿用);委,委貌之冠,皆周统一前礼服。"太伯不是用行政的强制办法,而是以身示范。在太伯与仲雍的努力下,中原文化与荆蛮地区的土著文化实现了首次交融。在碰撞和交融中,长江下游及太湖流域形成了一种新的文化——句吴文化,这就是早期的吴文化。

二、季札的文化修养和高尚品德

季札(生卒年不详)是历史上著名的贤者,他是吴国第十九世国君寿梦的第四子,太伯的二十世孙。因受封于延陵(今常州)一带,人称"延陵季子"。季札博学多才、开明通达而又交游甚广,太伯深明大义、谦和礼让的精神在他身上得到了传承和弘扬。

(一) 季札的高尚品德

公元前585年寿梦即位之后,便急于在其子中选拔有才能者做王位继承人。据《史记·吴太伯世家》记载:"寿梦有子四人,长曰诸樊,次曰馀祭,次曰馀眛,次曰季札。季札贤,而寿梦欲立之,季札让不可,于是乃立长子诸樊。"②四子之中,季札贤且有才,寿梦便欲传贤而不传长,将王位传给季札。春秋后期,嫡长子继承制已

① 杨伯峻:《春秋左传注》,北京:中华书局2009年版,第1641页。
② [汉]司马迁撰:《史记》,第1751页。

比较牢固。寿梦死后,诸樊遵照父亲的遗愿,想立季札为国君,季札为了保持国家政权的稳固、社会的安定和兄弟之间的和谐,便像先祖太伯那样,坚决辞让,最后只好由长子诸樊继位。

三年除丧后,诸樊再次让位于季札,季札仍然坚辞不受,理由是以兄让弟,于礼不合,并以曹国贤能的子臧为学习对象。在曹国人想拥立子臧来取代无德的曹王之时,子臧坚守臣民应有的忠义,坚决拒绝,后为打消国人拥其为王的念头,奔走至宋。季札认为,自己要学习子臧谦恭无争的美德,把君位留给兄长。但吴人却仍一心想拥他为王,季札便弃家避耕于农村。十三年后诸樊卒,为了最终传位于季札,让季札无可推辞,乃有命兄终弟及。这是殷商的传统。王位便由二弟馀祭继承,馀祭在位十七年卒,后由三弟馀眛继位。馀眛在位仅四年就去世了,临死前要传位于季札,季札仍坚辞不受,逃回封地延陵。季札坚守周代嫡长子继位的传统。吴人于是立馀眛之子州于,号吴王僚。州于即位之后,诸樊之子公子光不满,指使专诸杀死王僚,夺取了王位。然后,故作姿态地假意让季札继位,季札一再推让,并隐居延陵终身不入吴国。

太伯三让与季札三让,构成吴国历史上的"前三让"与"后三让"。这种让国的美德,也构成了吴文化的精髓,为吴文化提供了"让贤、开拓、勤奋、创新"的精神内容,并成为中华优秀文化的重要组成部分。

除了让国的谦让美德之外,季札身上还具有诚实守信的美德。其中最著名就是季札徐国挂剑的故事。据《史记·吴太伯世家》记载:"季札之初使,北过徐君。徐君好季札剑,口弗敢言。季札心知之,为使上国,未献。还至徐,徐君已死,于是乃解其宝剑,系之徐君冢树而去。从者曰:'徐君已死,尚谁予乎?'季子曰:'不然。始吾心已许之,岂以死倍吾心哉!'"①这是中国历史上著名的重信守诺的事例,季札也成为中国有史以来讲究诚信的第一个楷模。西

---

① [汉]司马迁撰:《史记》,第1763页。

汉刘向在他的《新序·节士第七》里对季札挂剑的故事做了更具体的描述，徐国人赞美季札道："延陵季子兮不忘故，脱千金之剑兮带丘墓。"[①]后人在徐君墓前筑起一座高台，取名"挂剑台"。季札归国之后，吴王对他的诚信之举大加褒扬，并另赐予他一柄宝剑。从此以后，诚信之风在吴国开始形成，并迅速在各诸侯国流传开来。

季札礼貌谦让，诚实守信，受到孔子的推崇，称其为"延陵君子"。

（二）季札访鲁观周乐

自太伯奔吴以来，经过十几代吴地人的开发建设，位于南方的吴国逐渐成为经济发达、文化先进的国度，也成为华夏文明的重要传承者。随着考古文献的不断发现，证实了吴国与中原一直都有经济文化交往，至春秋晚期吴王寿梦之时，交往逐渐频繁。这为季札提供了接触和学习中原文化的良好社会环境。季札自幼对礼乐文化就特别喜爱，孔子曾说季札是"吴之习于礼者也"。[②] 于是，公元前544年（鲁襄公二十九年），季札为了自己向往的中原礼乐文化，更为了"通嗣君"，即吴国兴起称霸的政治需要，受吴王诸樊之命，行聘中原。

季札行聘中原的第一站就选在了礼乐文化的"圣地"鲁国。到鲁国后，乐工为其遍歌《雅》《颂》和列国之《风》，季札欣赏并即兴品评了保存于鲁国的周代乐舞，这就是著名的"季札观乐"。据《左传》记载，季札评乐时共说了十一次"美哉"，可见他对周乐的喜爱和推崇。同时，季札还借评论乐舞之机，对各诸侯国的政治风俗及文化，发表了自己深刻的见解。如从《周南》《召南》里听出了"勤而不怨"；从《邶》《庸》《卫》里听出了"忧而不困"；听《齐风》后，感叹"国未可量也"；听《豳风》后，赞其"乐而不淫"；听《魏风》后，赞其"大而婉，俭而易行，以德辅此，则盟主也"……[③]季札观乐展现的高

---

① ［汉］刘向：《新序》，北京：中华书局1985年版，第105页。

② ［清］孙希旦：《礼记集解》，北京：中华书局1989年版，第294页。

③ 以上所引出自［汉］司马迁撰：《史记·吴太伯世家》，第1755页。

超的中原礼仪文化修养,令中原士大夫为之震惊侧目。

离开鲁国后,季札又出使了齐国、郑国、卫国、晋国,最后返回吴都。季札行聘不仅增加了吴国在中原各国之间的知名度和影响力,而且使中原礼乐文化与吴文化相互融合,为吴文化注入了新的生命活力。

在中国历史上,延陵季子让国、观乐、挂剑等美德,一直影响和感染着一代代的炎黄子孙。江南吴地的人们一直以季子为先祖,为其立庙建祠,世代敬仰供奉。如苏州沧浪亭的五百名贤祠、常州武进名人馆,都供奉着季札先贤像。

《史记·吴太伯世家》太史公曰:"延陵季子之仁心,慕义无穷,见微而知清浊。呜呼,又何其闳览博物君子也。"①萧统是受到太伯、季札熏陶的。在被他收入《文选》的左思《吴都赋》有云:"子独未闻大吴之巨丽乎?且有吴之开国也,造自太伯,宣于延陵。盖端委之所彰,高节之所兴。建至德以创洪业,世无德而显称。由克让以立风俗,轻脱躧于千乘。"

三、独特的吴文化②

吴文化的序幕是由太伯、仲雍奔吴揭开的,他们带来的中原文化与荆蛮地区的土著文化相交融,创新融汇出吴文化。在中国文化体系中,吴文化有其鲜明的独特性,其中儒道释兼具的博大的文化精神尤为突出。

(一) 尚儒之风

太伯奔吴无形中将儒家思想文化带到了吴地,使得这一方的人文逐渐形成了尚儒之风。太伯的让位之举履行的是对家国的忠孝和谦让,体现出的是儒学思想。在传统儒家的"忠孝观"

---

① [汉]司马迁撰:《史记·吴太伯世家》,第1781页。
② 此节参考任继愈主编:《中国道教史》与《中国佛教史》,上海:上海人民出版社1990年版;吴恩培主编:《吴文化概论》,南京:东南大学出版社2006年版;孙亦平《吴地道教概述》,《地方宗教研究》1994年第3期。后文不一一出注。

中,"忠"指的是"忠君",强调君权,孝指的是"尊亲",主要是"尊父",强调父权。所以说,传统忠孝观的实质是"君父同一"、"家国同构"。太伯度父命而让,从父子关系上来说,他履行的是孝;从君臣关系上来说,他履行的是忠。同时,太伯的让王之举是与尊君命、守孝道相始终的。儒家思想在处事原则上比较积极,主张入世有为,但同时又主张谦让、礼让。让是君子言行的集中体现之一,让之为德也构成了儒家礼法的重要内容。太伯的让国也是儒家提倡礼让的一个很好的榜样,所以被孔子称赞为至高无上的道德。

太伯的"让国"精神,在其后世子孙季札的身上继续延续。与太伯不同的是,季札的"让"体现的是儒家的诚信观。诚信观在上古和夏商周三代时期就已经开始孕育产生,到春秋时期已经初步确立与明确。诚的基本含义是诚实无欺,真实无妄。信讲的是言由心出,表里一致。诚信之基本要求就是言合其意与"言必信,行必果"。生活在春秋中后期的季札深受这种思想的影响。季札真正做到了言由心出,表里一致,他认为庶子不当有国,有国就是失节。他多次"让国",就是因为内心之中封建宗法制思想根深蒂固,坚守着这种思想不能改变。

同样,徐国挂剑体现的也是这种内心的诚信。虽然季札与徐国国君并没有赠剑约定,但在其心中,约定已成。所以自己必须去履行这个约定,这就是表里一致的诚信精神,也是吴文化中儒家精神的核心。

太伯开创句吴的贡献被人们记住了。季札的让位、诚信、乐观也被人们记住了。许多有权势的人,虽然载于史书,只对史学者有用,但被大多数人忘记了。这说明能否永垂青史,传声不朽,不在于地位和财富,而在于贡献——对中华民族历史发展的贡献,人民的口碑是衡量一切历史人物的唯一的,也是最后的标准。

(二)道教源地

道教产生于中国传统文化丰厚的土壤之中,是中国土生土长的宗教。由于社会文化及地域的不同,各地的道教又呈现出不同的文化特征。从太伯奔吴开始,吴文化就兼具了道家的自由精神。太伯避位奔吴的自由之行,既是对个体自由的认同,同时也体现了道家对个体自由精神的追求。太伯建吴之后,吴地人民在其领导下,发展生产,重视教育。吴地位于以太湖流域为中心的江南地区,水源丰富,土壤肥沃,土地大多被河流湖泊分割成大小不一的小块,人们的耕种活动相对比较独立自主。人们逐渐形成了平和宁静、处事不惊的从容心态,崇尚自由的个性发展之道,这正符合道家的大道自然风范。吴地道教既是在这样的文化环境中产生发展的,并以其鲜明的地域风格在中国道教史上占有着重要的地位。

东汉时期,道教产生之后,就融入了吴文化之中,成为吴地主要宗教之一。道教在吴地传播始于汉末三国时期,吴主孙权立国后,自始至终都崇尚道教,使得吴地兴起了崇道之风,并构成了吴文化的重要组成部分。

以茅山为中心的吴地道教至东晋南朝时期开始分化、变革,民间的一些道团仍然保持着早期道教的宗教信念与生活理想,而茅山上清派、灵宝派等道团则倡导远离政治,隐遁山林,造作道书,修炼大道,以吴人葛洪为代表的丹鼎派则致力于向上层社会扩展势力。至南朝时期,吴地道教在道士陶弘景的改革下得以完形。陶弘景学识渊博,在归隐茅山四十多年中,他传授上清经法,建构了自己的道教神学理论,并创立了道教上清派茅山宗。同时,陶弘景还提倡兼修佛道,尤重炼丹,并与统治者之间始终能够保持一种比较合适的密切关系,从而开创了一代道风。作为道教茅山宗的创始人,陶弘景收徒立教,传播上清经,组织教团,建立宫观,使上清派在理论和组织上逐渐成熟,他也成为当时吴地道教的集大成者。

南朝时期,吴地道教从民间宗教向官方宗教过渡,在梁武帝统治时期曾一度成为皇族中极具影响力的宗教。

(三) 佛教文化

在吴文化中,佛教文化也是其重要组成部分,并与儒、道两家文化共同构成了吴文化的独特面貌。自太伯奔吴建立吴国之后,吴地人民积极进取、勇于开拓,经济发展较快。吴地自古以来水上交通发达,吴国一直实行的都是开放政策,以开放的眼光学习借鉴各诸侯国的长处,吴文化不仅吸收中原文化,而且吸收邻国文化,形成了其兼容并蓄的特点。

吴文化的巨大包容性使佛教初入中国,便迅速为吴地人民所接受。佛教从东汉开始传入中土,吴地是最早传播佛教的地区之一。三国时期东吴统治者推崇佛教,很多著名的高僧都由北方南渡奔吴,如支谦曾带乡人数十,共奔至吴。支谦还翻译了《大明度无极经》《维摩诘经》《大阿弥陀经》《本业经》《首楞严经》等大小乘佛典 36 部,在江南开辟了佛教传播的新的广阔空间。三国初年,以康僧会为代表的一批印度僧侣也来到建业。他们译经传教,为佛教发展做出了巨大的贡献。至两晋时期,佛教在社会各个阶层得到进一步的传播,中原不少佛教名僧避难江南,在南方积极开展传教活动,他们将佛教融入吴地传统文化之中,并与道教相融合,很快得到了君主的高度信任和士大夫阶层的广泛认同。于是,佛教经义在吴地上层社会开始普遍流传,进而在各阶层、各地区得到广泛传播,受到朝野臣民自上而下的推崇与信仰。

佛教在吴地传播的过程中,得到了王室贵族的大力支持,建造了大量的佛塔、佛像。至南朝时期,随着政治中心的南移,佛教在吴地发展更为迅猛。南朝帝王及一般文士大多崇信佛教,正像杜牧诗句所写的"南朝四百八十寺,多少烟雨楼台中",各地佛寺林立,佛教得以大兴于世,至梁武帝时发展到顶峰。

总之,儒、道、佛交织在一起的独特吴文化,既互为补充又互为促进发展,呈现出极大的活力,进而形成萧梁时期萧统生活的文化特色。

第二章　萧统生平与文学活动

　　萧统(501—531),字德施,小字维摩,梁武帝萧衍的长子。因其未即位便去世,谥号昭明,后世称其为昭明太子。出生不久即被立为太子的萧统,自幼聪慧过人,十二岁便在听狱讼中初露锋芒,并表现出仁慈宽厚的胸怀。十五岁加冠之后,萧统一直随父从政、崇佛,并逐渐形成了自己泛文学创作的特点和泛文学活动集团。

第一节　萧　统　生　平

　　萧统的一生可以以天监十四年(515)十五岁时,萧衍亲自为其举行冠礼为界,分为前后两期。加冠之前,萧统受到的教育主要以儒为主,并深受父母潜移默化的影响,形成了仁慈宽厚、温婉谦和的思想性格特征。加冠之后,萧统开始帮助其父梁武帝处理政事,并随父崇佛。同时,萧统编撰的《文选》在中国泛文学及文化史上,产生了极为深远的影响,他也因此得到了后世人民的敬重与仰慕,成为选圣。

一、加冠之前

(一) 出生及立为太子

齐和帝中兴元年(501)九月,萧统生于襄阳,其母丁令光是萧衍的妾。萧统出生时,萧衍正作为雍州刺史,镇守襄阳。萧统出生当年二月,南齐发生内乱,萧衍趁机起兵征讨东昏侯萧宝卷。次年初,萧衍攻下建康(南京),并将萧统母子接到建康。四月,萧衍夺取帝位,自己做了皇帝,国号为梁,改元天监,是为梁武帝。母以子贵,天监元年(502)八月,丁令光被封为贵嫔。十一月,萧统被立为皇太子。

萧统被立为皇太子后,因其年幼故仍居住在宫内。一直到天监五年(506)六月,才开始移居东宫。萧统天性仁孝,"自出宫,恒思恋不乐。高祖知之,每五日一朝,多便留永福省,或五日三日乃还宫"。① 也就是说,幼年时期的萧统,大部分时间都是在父母身边度过的,父母在潜移默化中对他的影响是很大的。

萧统的母亲丁令光十四岁被梁武帝纳为妾的时候,武帝正妻郗氏尚在,其"事德皇后小心祗敬,尝于供养经案之侧,仿佛若见神人,心独异之"。② 郗氏在世的时候,丁令光小心恭敬地服侍,不久郗氏病逝,丁令光被封为贵嫔。在皇后之位空缺的后宫,贵嫔的地位已是无人能比,但天性宽厚仁恕的丁氏却"及居宫内,接驭自下,皆得其欢心。不好华饰,器服无珍丽,未尝为亲戚私谒。及高祖弘佛教,贵嫔奉而行之,屏绝滋腴,长进蔬膳。受戒日,甘露降于殿前,方一丈五尺。高祖所立经义,皆得其指归。尤精《净名经》。所受供赐,悉以充法事"。③ 从这段记载可以看出,丁贵嫔不仅天性宽厚仁恕、生活简朴,而且从未因亲戚的私事去求过梁武帝,这在历代后妃中是很少见的。同时,丁贵嫔还聪慧好学,梁武帝崇信佛

---

① [唐]姚思廉撰:《梁书》,第165页。
② [唐]姚思廉撰:《梁书》,第160页。
③ [唐]姚思廉撰:《梁书》,第161页。

教,她便也开始跟着信奉起来,而且对《净名经》尤其精通。萧统仁孝淳厚、温婉谦和的性格,崇尚节俭的生活作风,笃信佛教的思想,应该与其自幼深受母亲丁氏的熏陶影响有着很大的关系。

(二)受到的教育——以儒为主

梁武帝非常重视子弟的教育,萧统被立为皇太子之时,才刚刚一岁多。作为日后将要继承帝位之人,梁武帝希望其能德施于天下,所以命其字"德施",对他自幼实行的就是儒家教育形式中的帝王教育,按照将要成为圣主仁君的标准来培养。《梁书》记载萧统生性聪明睿智,三岁开始学习儒家《孝经》《论语》等经典。五岁的时候,已经遍读五经,且过目不忘,能够背诵。

同时,梁武帝为萧统精心选拔的老师,也都是当时文坛的饱学之士,如天监六年(507),徐勉领太子中庶子,侍东宫,"昭明太子尚幼,敕知宫事。太子礼之甚重,每事询谋。尝于殿内讲《孝经》,临川靖惠王、尚书令沈约备二傅,勉与国子祭酒张充为执经,王莹、张稷、柳憕、王暕为侍讲"。① 天监七年(508),太子东宫建成之后,萧梁武帝便让中军表记室参军庾黔娄"以本官侍皇太子读,甚见知重,诏与太子中庶子殷钧、中舍人到洽、国子博士明山宾等,递日为太子讲五经义"。② "递日"就是依照次序一天接一天地讲授。

从萧统所学的书目可以看出,其所接受的主要就是儒家教育,其中尤其重视《孝经》,这应该与其父萧衍有关。萧衍年轻时穷研六经,崇尚儒学,即便中年信道,晚年佞佛,但早年接受的儒家教育始终是其思想的主流。"孝"在儒家思想中具有至高无上的地位,梁武帝一生特别重视孝道,是有名的孝子。据《梁书·武帝本纪》载:

高祖生知淳孝。年六岁,献皇太后崩,水浆不入口三日,

---

① ［唐］姚思廉撰:《梁书》,第378页。
② ［唐］姚思廉撰:《梁书》,第651页。

哭泣哀苦,有过成人,内外亲党,咸加敬异。及丁文皇帝忧,时为齐随王咨议,随府在荆镇,仿佛奉闻,便投劾星驰,不复寝食,倍道就路,愤风惊浪,不暂停止。高祖形容本壮,及还至京都,销毁骨立,亲表士友,不复识焉。望宅奉讳,气绝久之,每哭辄欧血数升。服内不复尝米,惟资大麦,日止二溢。拜扫山陵,涕泪所洒,松草变色。及居帝位,即于钟山造大爱敬寺,青溪边造智度寺,又于台内立至敬等殿。又立七庙堂,月中再过,设净馔。每至展拜,恒涕泗滂沱,哀动左右。①

萧衍即位之后,实行的也是以孝治天下的政策,对天下孝子大加表彰,并作《孝思赋》,提倡孝道。因此,在对萧统的培养教育过程中,也是以《孝经》为主。天监八年(509),自幼聪慧过人的萧统,年仅九岁就在寿安殿讲解《孝经》,而且能够尽通《孝经》大义,展示了出众的才华。

(三) 锋芒初试——听狱讼

在优良的教育环境和以儒为主的教育背景下,聪慧过人的萧统不仅学识渊博,而且仁慈宽厚。《南史·昭明太子传》记载:

年十二,于内省见狱官将谳事。问左右曰:"是皂衣何为者?"曰:"廷尉官属。"召视其书,曰:"是皆可念,我得判否?"有司以统幼,绐之曰:"得。"其狱皆刑罪上,统皆署杖五十。有司抱具狱,不知所为,具言于帝,帝笑而从之。自是数使听讼,每有欲宽纵者,即使太子决之。②

可见,萧统仁慈宽厚的判案之风,完全符合梁武帝统治前期以儒为主和宽严结合的治国思想。自此之后,梁武帝多次让萧统旁听审

---

① [唐]姚思廉撰:《梁书》,第 95 - 96 页。
② [唐]李延寿撰:《南史》,第 1308 页。

案,每遇有意要宽大处理的案件,就让他来判决。萧统也不负父亲的厚望,在审案的时候,他不只是仁慈宽厚,还非常讲究原则性,不是一味地纵容。《南史·昭明太子传》载:

> 建康县谳诬人诱口,狱翻,县以太子仁爱,故轻当杖四十。令曰:"彼若得罪,便合家孥戮,今纵不以其罪罪之,岂可轻罚而已,可付冶十年。"①

建康县判决拐卖人口的罪犯,案子重新审理时,县令因为太子仁爱,故只轻判杖四十下。萧统知道后却说:"那个罪犯如按律判罪,全家老小都要被杀或为奴,现在即使不这样判罪,难道就可以轻罚一下就算了!""付冶十年"就是判他做冶炼劳改十年。由此可见萧统对拐卖人口的憎恶。

二、加冠之后

(一) 随父从政

天监十四年(515)正月初一,梁武帝亲临太极殿,为十五岁的萧统举行了标志着成人的冠礼。从此,梁武帝就让萧统帮助自己处理政事。据《梁书·昭明太子传》载:

> 太子自加元服,高祖便使省万机,内外百司奏事者填塞于前。太子明于庶事,纤毫必晓,每所奏有谬误及巧妄,皆即就辩析,示其可否,徐令改正,未尝弹纠一人。平断法狱,多所全宥,天下皆称仁。②

自从萧统行冠礼以后,武帝便让他观察处理国家事务,于是他身边

---

① [唐]李延寿撰:《南史》,第 1308 页。
② [唐]姚思廉撰:《梁书》,第 167 页。

常挤满了奏事的内外百官(此有夸大,见第三章第一节)。萧统以儒家的仁爱之心处理政事。他通晓大小各种事务,每当上奏之人说错,或者花言巧语说假话,他都能马上分辨出正误,并令其慢慢改正,且从未弹劾一个官员。萧统审理案件,使许多人都得到保全或从宽处罚,故天下都称颂其仁德。同时,《梁书·昭明太子传》还载有:

> 普通中,大军北讨,京师谷贵,太子因命菲衣减膳,改常馔为小食。每霖雨积雪,遣腹心左右,周行闾巷,视贫困家,有流离道路,密加振赐。又出主衣绵帛,多作襦袴,冬月以施贫冻。若死亡无可以敛者,为备棺槽。每闻远近百姓赋役勤苦,辄敛容色。常以户口未实,重于劳扰。①

普通年间,因梁朝大军北讨魏国,京城米价上涨,萧统作为太子,首先从自身做起,节衣缩食,赈济灾民。对于那些死后没有棺木收殓的人,施舍棺木。听闻远近老百姓的赋税过重,劳役过多,就会面色沉重,心情不悦。

萧统宽松断案,赈济灾民等行为,都是源自其内心儒家的仁爱之心,他追求的是儒家所提倡的理想人格和完美道德,而不是为自己立名誉。因而其死后:"京师男女,奔走宫门,号泣满路。四方氓庶,及疆徼之民,闻丧皆恸哭。"②不只是京师的老百姓,就连偏远边疆的百姓,听说后都恸哭不已。"皆"字虽有所夸张,但却可见萧统仁德之名的远播。人们对昭明太子之死的痛悼,是发自内心的,是因为他仁爱百姓,百姓失去了一位未来的好皇帝。

萧统对儒家的礼制也非常重视,如普通三年(522)十一月,其叔父始兴王萧憺去世,按照以前的礼制"东宫礼绝傍亲,书翰并依

---

① [唐]姚思廉撰:《梁书》,第168页。
② [唐]姚思廉撰:《梁书》,第171页。

常仪",①也就是说,太子是不用给旁系亲属服丧的,书信往来依旧和平常一样。萧统对此表示怀疑,命太子仆刘孝绰议论此事。刘孝绰认为应该在居丧期间停止奏乐,并且应该称"兼慕",徐勉、周捨、陆襄等人都同意刘孝绰此议。萧统却认为其议"即情未安",令众人更详细地再议。最后明山宾、朱异提出,"慕悼之解,宜终服月","慕悼"一直实行到服终的月份。萧统同意并令"付典书遵用,以为永准",将其写进典书,定为永久的制度。由此可见,萧统确实是对仁孝礼制等儒家思想有自己的见解。

梁武帝一生勤于政事,每天五更就起床批改奏章,冬天时手都被冻裂了也不停笔。萧统协助父亲处理政事多年,深受其勤政之风的影响。如萧统在去世前一年所写的《请停吴兴等三郡丁役疏》:

> 伏闻当发王弁等上东三郡民丁,开漕沟渠,导泄震泽,使吴兴一境,无复水灾,诚矜恤之至仁,经略之远旨。暂劳永逸,必获后利。未萌难睹,窃有愚怀。所闻吴兴累年失收,民颇流移。吴郡十城,亦不全熟。唯义兴去秋有稔,复非常役之民。即日东境谷稼犹贵,劫盗屡起,在所有司,不皆闻奏。今征戍未归,强丁疏少,此虽小举,窃恐难合。吏一呼门,动为民蠹。又出丁之处,远近不一,比得齐集,已妨蚕农。去年称为丰岁,公私未能足食;如复今兹失业,虑恐为弊更深。且草窃多伺候民间虚实,若善人从役,则抄盗弥增,吴兴未受其益,内地已罹其弊。不审可得权停此功,待优实以不?圣心垂矜黎庶,神量久已有在。臣意见庸浅,不识事宜,苟有愚心,愿得上启。②

---

① [唐]姚思廉撰:《梁书》,第166页。

② 俞绍初:《昭明太子集校注》,郑州:中州古籍出版社2001年版,第209页。后文所论及萧统诗文,皆引自此,不再赘注。

中大通二年(530)春,吴兴郡屡次因为水灾而失收,梁武帝下诏派前交州刺史王弁征发吴郡、吴兴、义兴三郡民丁,开漕泻水。萧统深察民情,上疏直言此举会给百姓带来的灾难。疏文字字肺腑,句句中肯,表明萧统对地方百姓的关爱及对地方民情的熟悉。武帝听后"优诏以喻"。

(二) 随父崇佛

自梁武帝于天监三年(504)皈依佛教之后,便开始大力弘扬佛法。他在位期间,不仅扩建佛寺、铸造佛像,而且还亲自主持法会、讲诵经文。受其影响,昭明太子萧统也随父崇信佛教。"高祖大弘佛教,亲自讲说,太子亦崇信三宝,遍览众经。乃于宫内别立慧义殿,专为法集之所。招引名僧,谈论不绝。太子自立二谛、法身义,并有新意。"①萧统不仅崇信佛教中佛、法、僧三宝,遍览众经,而且还在东宫建慧义殿,成为佛教法会聚集的专门场所,吸引招纳了众多名僧前来谈论佛法,并形成了自己的佛教理论观点,其《令旨解二谛义(并答问)》以阐释佛教的二谛说为宗旨,并有自己对"二谛"理解的新意。

"二谛"指的是真谛和俗谛,并称真俗二谛。所谓谛,即真实不虚的理。二谛是佛教最基本的理论原则,只有通达二谛的道理才可以通达佛理。文中开篇即说:"二谛理实深玄,自非虚怀,无以通其弘远。"萧统认为世间的"理","一是真谛,二是俗谛"。"真谛"又名为"第一义谛",即出世间之真理,它是"实义",特点是寂然不动、无生无灭、离有离无;"俗谛"又名为"世谛",即世间之真理,它是为"世人所知",特点是浮伪起作、生灭流动、即有即无。同时,萧统强调的是二谛的"就境明义",立名上的"褒贬之理",本质上"真既不因俗而有,俗亦不由真而生"的体性相异。

萧统立的二谛义主要是为弘扬佛法服务的,并在佛经中加入了自己的理解,以便更加迎合梁武帝的喜好。

---

① [唐]姚思廉撰:《梁书》,第166页。

三、昭明之死

萧统自幼在父母身边长大，与父母的感情非常深厚。特别是对照顾自己长大的慈母丁氏，更是十分敬重。因此，普通七年丁贵嫔的病逝，对萧统来说，打击尤为沉重。据《梁书·昭明太子传》载：

> （普通）七年十一月，贵嫔有疾，太子还永福省，朝夕侍疾，衣不解带。及薨，步从丧还宫，至殡，水浆不入口，每哭辄恸绝。高祖遣中书舍人顾协宣旨曰："毁不灭性，圣人之制。《礼》，不胜丧比于不孝。有我在，那得自毁如此！可即强进饮食。"太子奉勑，乃进数合。自是至葬，日进麦粥一升。高祖又勑曰："闻汝所进过少，转就羸瘵。我比更无余病，正为汝如此，胸中亦圮塞成疾。故应强加馆粥，不使我恒尔悬心。"虽屡奉勑劝逼，日止一溢，不尝菜果之味。体素壮，腰带十围，至是减削过半。每入朝，士庶见者莫不下泣。①

自母亲丁氏有病开始，萧统便来到宫中，衣不解带地侍奉。母亲病逝后，萧统更是痛不欲生，虽有父亲武帝的多次劝逼，但仍然食之甚少，日渐消瘦。据《南史》本传载：

> （中大通）三年三月，游后池，乘雕文舸摘芙蓉。姬人荡舟，没溺而得出，因动股，恐贻帝忧，深诚不言，以寝疾闻。武帝敕看问，辄自力手书启。及稍笃，左右欲启闻，犹不许，曰："云何令至尊知我如此恶。"因便呜咽。四月乙巳，暴恶，驰启武帝，比至已薨，时年三十一。②

---

① ［唐］姚思廉撰：《梁书》，第 167 页。
② ［唐］李延寿撰：《南史》，第 1311 页。

从这段记载来看,萧统之死是因为三月乘船游东宫后池采摘早荷,宫女荡舟,不慎溺水扭伤腿部,可能因此受寒染病,一个月后竟然因此病逝。至于为什么向武帝隐瞒溺水而告知"寝疾",应该如屈守元在《文选导读》中所说"怕萧衍知道,处罚宫女"。病重之时,萧统担心父亲伤心,一直不许左右禀报。病逝之后,萧衍亲至东宫"临哭尽哀",并下诏以帝王衮冕之服敛之,谥号"昭明"。而后,武帝不立萧统之子萧欢而立萧纲,或如《南史》所说"恐不可以少主主大业"。萧统去世的时候,其子萧欢刚十几岁。从"犹豫自四月上旬至五月二十一日方决"来看,立萧纲也是经过长时间的深思熟虑,主要从国家政权统治出发,最后做出的决定。但是,这样做毕竟不符合帝位传承之制,所以萧衍才以大郡封萧统的子女。这既是萧衍以此来取得心理平衡,也是一种安抚他人的策略。

昭明太子萧统去世之后,受到四方百姓的追悼,主要是因其性格敦厚仁慈,并有着广博的仁爱之心,其身上的美德光耀万世。

四、与萧统相关的文化遗存

萧统编辑的《文选》,是我国现存最早的一部泛文学或曰诗文总集,在中国泛文学史及文化史上,产生了极为深远的影响,《文选》也成为中华文化的经典之作。同时,萧统一生仁慈爱民,民间一直流传有昭明太子爱民赈灾的故事,他也因此得到了后世人民的敬爱与仰慕。后人为了纪念这位好学不倦、文采斐然的爱民太子,从萧梁到明清,全国多地建造了多处昭明太子文选楼和读书台,成为当地文化遗产中珍贵的一部分。

文选楼指的是萧统组织编辑《文选》的地方,读书台指的是萧统读书著述的地方。古代的"台"主要是供人游览或眺望之用,一般就是一个四方形的天然石墩或者人工建造的土木建筑。后来因为一些文人墨客经常在此读书著书,而逐渐成为某人的读书台。

目前在安徽池州,湖北襄阳,江苏南京、镇江、扬州、常熟、江阴等地,均有梁昭明太子萧统的文选楼和读书台遗迹。据《襄阳府志》载:"文选楼,梁昭明太子统建,延贤士刘孝威、庾肩吾、徐昉、江伯瑶、孔敬通、申子悦、徐陵、王囿、孔烁、鲍至等十余人著文选于此。"①分散于各地的文选楼和读书台,后多经过修缮或重建。这么多读书台,萧统不可能真的都到过,但众多的太子读书遗迹的出现,不仅说明了昭明太子萧统在后世文学及文化方面所占有的重要地位,而且也丰富了各地的文化发展,值得后世人们世代敬仰。

第二节　萧统的泛文学创作和泛文学活动

　　萧统天资聪慧、勤奋。《梁书·昭明太子传》称其"读书数行并下,过目皆忆。每游宴祖道,赋诗至十数韵"。② 在其去世之后,司徒左长史王筠为其作的哀辞中也赞其"字无点窜,笔不停纸,壮思泉流,清章云委"。③ 按此记载,萧统一生应该创作颇丰,后因年代久远、保存不力等原因,流传下来的作品数量并不多。然而,从其流传下来的诗文佳句中,仍可见其深厚的文化底蕴。萧统泛文学集团的正式形成,始于天监十四年(515)其加冠之后,泛文学集团的活动主要是切磋学问、创作诗文和编撰文集。

一、《昭明太子集》

(一)《昭明太子集》简介

　　萧统留存下来的作品,据逯钦立《先秦魏晋南北朝诗》所辑,现有诗歌三十三首。据严可均《全上古三代秦汉三国六朝文·全梁文》所辑,现有文四十多篇。其中还包括一些伪作和残篇。

　　普通三年(522),萧统二十二岁的时候,曾让刘孝绰将自己的

　　① 王万芳:《光绪襄阳府志》,光绪间刻本。按:此十人是萧纲高斋十学士,非萧统十学士。
　　② [唐]姚思廉撰:《梁书》,第166页。
　　③ [唐]姚思廉撰:《梁书》,第170页。

作品辑录成十卷。据《梁书·刘孝绰传》载:"太子文章繁富,群才咸欲撰录,太子独使孝绰集而序之。"①刘孝绰的十卷本今未见流传,普通三年之后,萧统又有不少作品问世,后由萧纲在其病逝后整理为文集二十卷。因此,《梁书·昭明太子传》和《隋书·经籍志》《旧唐书·经籍志》《新唐书·艺文志》中都称其有集二十卷,指的应该就是萧纲所编辑整理的文集,这一文集隋唐时还见流传,至宋代《崇文总目》《直斋书录解题》及《宋史·艺文志》则仅著录五卷。五卷本即宋淳熙八年(1181),袁说友刻于池阳郡斋本,但此刻本也未见广泛流传。明嘉靖三十四年,云南按察使前进士周满刊刻五卷本《昭明太子集》,此本乃在袁说友所刻之宋本的基础上重加校刻。清代天禄琳琅藏书楼藏有《梁昭明太子文集》,一函两册。据《天禄琳琅书目后编》可知,此即淳熙八年袁说友在池阳郡斋所刻本。民国八年,近代人刘世珩据天禄琳琅藏书楼所藏本覆刻《昭明太子集》五卷。

今人俞绍初在前人辑本的基础上,以诗赋文分类编排,重新校订整理萧统诗文为《昭明太子集校注》,这是现存较为完备的《昭明太子集》校注本。

(二) 萧统诗文评点

1. 萧统的诗。

萧统诗歌现存数量不多,逯钦立在《先秦汉魏晋南北朝诗》中共辑录33首(包括断句一首),俞绍初在《昭明太子集校注》中辑有38首,但对其中《拟古诗·窥红对镜敛双眉》《林下作妓诗》《美人晨妆诗》《春日宴晋熙王诗》《咏新燕诗》《晚春诗》《名士悦倾城诗》《照流看落钗诗》《江南弄三首》等十一首存疑,另作附录归为一类。因此,现在可以肯定的萧统现存诗作,不包括断句一首,则为二十七首。具体而言,可以按内容分为以下三大类。

第一,表现亲友之情的诗作。萧统仁慈敦厚,崇信儒家思想,

---

① [唐] 姚思廉撰:《梁书》,第 480 页。

是一个非常重视感情的人，并常以赠答、宴饮等诗歌形式表现出来。如其《示云麾弟诗》与《示徐州弟诗》中抒发的手足之情。这两首诗都是萧统写给其弟萧纲的，据俞绍初《昭明太子集校注》考证，分别作于天监十四年(515)萧纲到江州赴任和普通二年(521)出任南徐州刺史之时。萧统与萧纲都是丁贵嫔所生，两人感情最好。诗中萧统以兄长的身份，抒发离别之时对弟弟的关怀不舍之情。《示云麾弟诗》中写道：

> 白云飞兮江上阻，北流分兮山风举。山万仞兮多高峰，流九派兮饶江渚。上岧峣兮乃逼天，下微濛兮后兴雨。实览历兮此名地，故遨游兮兹胜所。尔登涉兮一长望，理化顾兮忽忆予。想玉颜兮在目中，徒踟蹰兮增延伫。

"云麾弟"指的就是云麾将军晋安王萧纲。天监十四年萧纲赴任江州之时，萧统写下这首抒发离别之情的诗作，借白云、江流、高山和山风等自然之景，委婉含蓄地抒发对弟弟的恋恋不舍之情。诗中景与情融为一体，寓情于景、情景交融，情感真挚自然。另一首《示徐州弟诗》则全用四言，抒发兄弟亲情，离别之苦，句式古朴，感情深厚。

萧统不仅重视亲情，而且非常重视友情。他与东宫学士之间，不仅仅是臣属之间的上下级关系，更是情同亲友。如《贻明山宾诗》所写：

> 平仲古称奇，夷吾昔擅美。令则挺伊贤，东秦固多士。筑室非道傍，置宅归仁里。庚桑方有系，原生今易拟。必来三径人，将招五经士。

明山宾是萧统东宫学士之一，也是其早期启蒙老师之一，为人仁厚笃实，曾做过太子侍读，教授萧统诵读五经。据《梁书·明山宾传》

载,萧统写作这首诗的背景是:"初,山宾在州,所部平陆县不稔,启出仓米以赡人,后刺史检州曹,失簿书,以山宾为耗阙,有司追责,籍其宅入官。山宾默不自理,更市地造宅。昭明太子闻筑室不就,有令曰:'明祭酒虽出抚大藩,拥旄推毂,珥金拖紫,而恒事屡空,闻构宇未成,今送薄助。'"①明山宾因为开仓放粮而被有司追责,没收了家宅却不自辩,而是重新买地造宅,因钱不足,房子尚未建成,萧统就送薄财以助,并作诗一首赞美明山宾的仁厚品质。诗中多用典故,以忠诚、节俭的齐国相晏婴和管仲来比拟明山宾,赞美他像孔子的弟子原宪一样甘于贫困,所以太子要给予"薄助"。虽有夸张,但却可以使人感受到萧统与明山宾的深厚感情。其他再如《钱庚仲容诗》表现的也是萧统与臣属之间的深厚之情。

萧统的这类诗都是其内心真实情感的抒发,重抒情而轻形式,形成了自己的风格特点。

第二,咏物诗作。萧统生性热爱山水,曾在《答湘东王求文集及〈诗苑英华〉书》中表达自己对山水的热爱:

> 与其饱食终日,宁游思于文林。或日因春阳,其物韶丽,树花发,莺鸣和,春泉生,暄风至,陶嘉月而嬉游,藉芳草而眺瞩。或朱炎受谢,白藏纪时,玉露夕流,金风多扇,悟秋山之心,登高而远托。或夏条可结,倦于邑而属词;冬雪千里,睹纷霏而兴咏。

萧统将自己热爱的自然山水,以咏物诗的形式表现出来。这些吟咏对象大都是取自日常生活中所见或欣赏之物,在萧统的笔下它们被描写得十分生动传神。《咏同心莲诗》描写的是江南的同心莲,萧统欣赏的应是同心莲所象征的夫妇或兄弟之爱。《貌雪诗》中,将漫天飞舞的雪喻为"既同摽梅英散,复似太谷花飞。密如

---

① [唐]姚思廉撰:《梁书》,第 406 页。

公超所起,皎如渊客所挥"。这正与萧统在《答湘东王求文集及诗苑英华书》所说的"冬云千里,睹纷霏而兴咏"相应和,诗中所描写的应是其亲眼目睹的雪的降落过程。

王筠在《昭明太子哀册文》中,曾提到萧统的创作风格属于"吟咏性灵,岂惟薄伎;属词婉约,缘情绮靡"。[1] 萧统的《咏弹筝人诗》一诗,在对"筝"的描写部分,就具备了"性灵"和"缘情"的统一:

> 故筝犹可惜,应度新人边。尘多涩移柱,风燥脆调弦。还作《三洲曲》,谁念九重泉?

这首诗据俞绍初在《昭明太子集校注》中考证,大约创作于普通五年(524),湘东王萧绎出任荆州刺史,萧统赠之以筝。诗从"故筝"写起,这是萧统弹过且十分珍爱的筝,而弟弟萧绎要远到荆州赴任,故把心爱的筝赠予他。路途遥远,一路风尘,会使筝柱"涩"、弦"脆",提请萧绎细心保护。还可以在弹《三洲曲》之时,想起歌颂少昊氏之德的上古之曲《九渊》。"九重泉"应指的是上古时代的乐曲《九渊》。此诗咏物与咏人结合,都是出自性灵的吟咏。

第三,阐释佛理、描写佛事的诗作。因梁武帝萧衍大力提倡佛教,佛教文化在南朝萧梁时发展迅速,并开始慢慢渗入到文学艺术领域。萧统不仅对佛教教义有着自己的理解,而且在诗歌中阐释佛理、描写佛事。如《同大僧正讲诗》:

> 放光开鹫岳,金牒秘香城。穷源绝有际,离照归无名。若人聆至寂,寄说表真冥。能令梵志遣,亦使群魔惊。宝珠分水相,须弥会色形。学徒均染艳,游士譬春英。伊予寡空智,徒深爱恾情。舒金起祇苑,开筵慕肃成。年钟倏从变,弦望骤舒盈。今开大林聚,净土接承明。披影连高塔,法鼓乱严更。雷

---

[1] [唐]姚思廉撰:《梁书》,第170页。

声芳树长,月出地芝生。已知法味乐,复悦玄言清。何因动飞
辔,暂使尘劳轻?

"大僧正"简称大正,为僧众之最高官职。这首诗中指的是释法云。
普通五年(524)释法云被敕为大僧正,第二年萧统就作了此诗。诗
中出现的"真冥"、"群魔"、"染毡"、"空智"等词,都是从《涅槃经》
《般若经》《维摩经》《无量寿经》《华严经》《楞严经》等诸多佛学经书
中直接搬过来的。这些晦涩难懂的词语用于诗中,主要是为了阐
释佛理,却使诗歌缺少了诗味。

　　除了以宣扬佛法教义为主的佛教诗外,萧统的佛教诗中也有
以描写佛寺景色为主的清新舒朗之作。如《开善寺法会诗》:

　　栖乌犹未翔,命驾出山庄。诘屈登马岭,回互入羊肠。稍
看原蔼蔼,渐见岫苍苍。落星埋远树,新雾起朝阳。阴池宿早
雁,寒风催夜霜。兹地信闲寂,清旷惟道场。玉树琉璃水,羽
帐郁金床。紫柱珊瑚地,神幢明月珰。牵萝下石磴,攀桂陟松
梁。涧斜日欲隐,烟生楼半藏。千祀终何迈?百代归我皇。
神功照不极,睿镜湛无方。法轮明暗室,慧海渡慈航。尘根久
未洗,希霈垂露光。

此诗为普通二年(521),萧统在开善寺所作。开善寺在锺山之上,
造于天监十四年(515)。法会是佛教徒聚众听讲佛经的一种佛事
活动。诗中重在描写从出发地到开善寺沿途的景色。随着时间的
变化,景物也在不断发生着变化,并被一一精炼地勾勒描绘出来。
铺张扬厉、浓墨重彩的景色描写为法会的开始造足了气势。萧统
对景色的细致描写,也体现出其对自然景色的审美情趣。

　　萧统的另一首《和上游钟山大爱敬寺》,在手法上与《开善寺法
会诗》比较相似,也是以景色的铺陈描写为主,试图以此来体悟大
自然中所蕴含的佛理。

2. 萧统的文。

萧统的文与诗歌比较，更具文采性，成就更高。俞绍初在《昭明太子集校注》中，共收录萧统的文四十五篇，其中十二篇（《蝉赋》《与东宫官属令》《东宫掘得慈觉寺钟启》《谢敕赉铜造善觉寺塔露盘启》《谢敕赉边城橘启》《谢敕赉广州瓯等启》《谢敕赉河南菜启》、《谢敕赉大菘启》《谢敕赉魏国所献锦等启》《锦带书》《祭达摩大师文》《招真馆碑》）俞绍初考证为存疑之作，这里不做论述。

第一，书与序。萧统的序文现存有《文选序》和《陶渊明集序》两篇。因后文对此二序都有专节论述，故此处不再赘述。

至今可考的萧统的"书"有七篇，分别是《答晋安王书》《答云法师请开讲书》《又答云法师书》《答湘东王求文集及〈诗苑英华〉书》《谕殷云手书》《与何胤书》《与张缵书》。总体来说，这些书信不仅文辞优美，而且感情真挚，具有较高的文学价值。如《答晋安王书》中写道：

> 得五月二十八日疏并诗一首，省览周环，慰问促膝。汝本有天才，加以爱好，无忘所能，日见其善，首尾裁净，可为佳作，吟玩反覆，欲罢不能。相如奏赋，孔璋呈檄，曹、刘异代，并号知音，发叹"凌云"，兴言"愈病"。尝谓过差，未以信然。一见来章，而树谖忘痗；方证昔谈，非为妄作。

在这封写给胞弟萧纲的书信中，文辞不甚华丽，但体现的却是兄弟之间的真挚深情。

《与何胤书》体现的则是对朋友的信任，信中写道：

> 方今朱明在谢，清风戒寒，想摄养得宜，与时休适。耽精义，味玄理，息嚣尘，玩泉石，激扬硕学，诱接后进，志与秋天竞高，理与春泉争溢。乐可言乎！乐可言乎！岂与口厌刍豢，耳聆丝竹者之娱，同年语哉！方今泰阶端平，天下无事，

修日养夕,差得从容。每钻阅六经,泛滥百氏;研寻物理,顾略清言。既以自慰,且以自警。而才性有限,思力匪长。热疾愤其神,风眩弊其体,多惭过目,释卷便忘。是以蒙求之怀,于兹弥轸。

书信这种自如的文体,体现了萧统文质并重的文风,流露的是其内心的真情。

第二,启与令。萧统的启今存六篇,同样表现出萧统的文学才华。如《谢敕赉地图启》:

汉氏舆地,形兹未拟;晋世方丈,比此非妙。匹之长乐,唯画古贤,俦之未央,止图将帅。未有洞该八薮,混观六合,域中天外,指掌可求。地角河源,户庭不出。岂问千秋,目识乌桓之地;脱逢壮武,方著《博物》之书。

这篇启以骈体写成,在概括描写地图功能的同时,又具有骈文形式整齐、文辞华美的特点。

萧统的令文今存四篇,这类作品虽然文学价值不高,但却可以从中了解到萧统的政治态度及性格特征。如《与殷芸令》:

北兖信至,明常侍遂至殒逝,闻之伤怛。此贤儒术该通,志用稽古,温厚淳和,伦雅弘笃。授经以来,迄今二纪。若其上交不谄,造膝忠规,非显外迹,得之胸怀者,盖亦积矣。摄官连率,行当言归,不谓长往,眇成畴日。追忆谈绪,皆为悲端。往矣如何! 昔经联事,理当酸怆也。

文中表现了萧统对明山宾这位属下兼师长的珍爱与惋惜之情。明山宾去世后,萧统将内心的悲怆向殷芸倾诉。追忆了明山宾的温和博学和人格的高尚,也可由此见出太子个性中所具有的人情味。

此外,萧统还留存有《殿赋》《铜博山香炉赋》《扇赋》《芙蓉赋》《鹦鹉赋》《七契》这六篇赋。这类赋篇幅短小,而且都以咏物为主,此处不再详述。

二、萧统泛文学集团与泛文学活动

(一) 泛文学集团

一个泛文学集团的形成,必然要经历较长的发展过程。萧统泛文学集团的形成,应该是从萧衍为其精心挑选启蒙之师开始的。这个时期虽然萧统主要是以学习为主,但是围绕其左右的老师却都是当时的大儒。据何融考证,东宫学士前后约四十人之多。在萧统两岁立为太子的天监元年,范云以吏部尚书领太子中庶子,王暕除太子中庶子,到洽为太子舍人,到沆、夏侯亶、褚球为太子洗马。① 他们中的一些人后来即成了萧统泛文学集团中的重要人物。如天监六年(507),徐勉领太子中庶子,侍东宫,"昭明太子尚幼,敕知宫事。太子礼之甚重,每事询谋"。② 天监七年(508),东宫建成,"(庾黔娄)以本官侍皇太子读,甚见知重,诏与太子中庶子殷钧、中舍人到洽、国子博士明山宾等,递日为太子讲《五经》义"。③ 此外,萧统的每一次受学,场面都很壮观。有一次给萧统讲《孝经》的就是临川靖惠王、尚书令沈约备二傅,左卫将军、太子中庶子徐勉与国子祭酒张充执经,王莹、张稷、柳憕、王暕等人为侍讲,选极亲贤,妙尽时誉。可以看出,为了培养萧统,梁武帝聚集了当时众多的文人才士,这为萧统泛文学集团的形成创造了最初的条件。

萧统泛文学集团正式形成,是天监十四年(515),萧统十五岁加冠之后。此后,梁武帝便让萧统协理政事,政治地位的提高与政治身份的确立,是其领导泛文学集团的最主要的条件之一。同时,

---

① 何融:《〈文选〉编撰时期及编年考略》,南江涛选编:《文选学研究》,北京:国家图书馆出版社 2010 年版,第 649 页。
② [唐]姚思廉撰:《梁书》,第 378 页。
③ [唐]姚思廉撰:《梁书》,第 651 页。

萧统还是一个爱文好士之人,《梁书·昭明太子传》说他:"引纳才学之士,赏爱无倦。恒自讨论篇籍,或与学士商榷古今;闲则继以文章著述,率以为常。于时东宫有书几三万卷,名才并集,文学之盛,晋、宋以来未之有也"①萧统东宫之中人才济济,作家群体数量庞大,萧统泛文学集团已经形成。关于萧统泛文学集团,其中影响最大的当为"十学士"之说。据《南史·王锡传》载:

> 时昭明太子尚幼,武帝敕锡与秘书郎张缵使入宫,不限日数。与太子游狎,情兼师友。又敕陆倕、张率、谢举、王规、王筠、刘孝绰、到洽、张缅为学士,十人尽一时之选。②

这里并没有出现"十学士"之名,只是将十人作为东宫学士并举。最早提出"十学士"之称的是宋人邵思《姓解》,其在"张"、"刘"、"到"、"陆"、"王"字下面说:"张缵、张率、张缅并为梁昭明太子及兰台两处十学士""刘孝绰为昭明太子十学士""到洽为昭明太子十学士""陆倕为梁昭明太子十学士""王筠为梁昭明太子十学士"。这个记载中涉及萧统泛文学集团中的七人,屈守元在此基础上,据《南史·王锡传》得出:"所谓'十学士',原来除《姓解》所举七人之外,还有王锡、谢举、王规三人。"③对于"十学士"之说,曹道衡、傅刚所持观点与屈守元不同,认为《南史·王锡传》"记载显然与《梁书》不一样,当是附会之辞。从十人的行履看,不存在一起出为萧统东宫学士的可能。"④另外,王立群也对《南史》和《梁书》中记载的"王锡传"进行了详细的梳理考证,认为"十学士"是存在的,只不过在

---

① [唐]姚思廉撰:《梁书》,第 167 页。
② [唐]李延寿撰:《南史》,第 640 - 641 页。
③ 屈守元:《国学经典导读——文选》,北京:中国国际广播出版社 2011 年版,第 20 页。
④ 曹道衡、傅刚:《萧统评传》,南京:南京大学出版社 2011 年版,第 142 页。

时间上不能同时存在,如王锡和张缵即不能同时为太子舍人。① 虽
然"十学士"之说在《梁书》中没有明确记载,而《南史·王锡传》中
的记载又有诸多不通之处,但是从这个问题的争论之中,却可以看
出萧统东宫中的泛文学集团已经形成,并在泛文学活动中发挥着
重要的作用。萧统东宫文士众多,主要有沈约、徐勉、到溉、到洽、
到沆、明山宾、殷钧、陆襄、刘孝绰、刘孝稚、刘孝陵、王筠、张缅、谢
举、王规、王锡、王训、刘鬷、何思澄、周捨、陆倕、张率、刘怀珍、殷
芸、王承、萧子范、萧子显、萧子云、刘苞、庾於陵、庾仲容、何胤、陆
杲、王泰和萧孝俨。② 其中,刘孝绰和王筠最为萧统所看重。

　　王筠出身于世家高门望族,其自幼聪慧警悟,七岁即能属文,
为人性格敦厚清静,且勤奋笃学、博览群书,又精通音律,文章创作
更是文质兼美,为沈约引为知音,极力赞赏。沈约每次看到王筠的
文章都"咨嗟吟咏,以为不逮也",③并多次对梁武帝夸赞"晚来名
家,唯见王筠独步"。④ 能够得到沈约这样夸赞的文士,实属不多,
而且王筠还是一个孝子,其母亲去世后,"毁瘠过礼,服阕后,疾废
久之"。⑤ 在勤奋笃学、文章造诣和孝行方面,王筠和萧统十分相
似,这应该也即是萧统特别看重及喜爱他的原因。

　　从某种意义上来讲,刘孝绰是萧统更为欣赏喜爱的文士。据
《梁书·刘孝绰传》载:

　　　　孝绰幼聪敏,七岁能属文。舅齐中书郎王融深赏异之,常
　　与同载适亲友,号曰神童。融每言曰:"天下文章,若无我当归

　　① 参见王立群:《〈文选〉成书研究》,北京:商务印书馆 2005 年版,第 131 -
133 页。
　　② 参见曹道衡,沈玉成:《中古文学史料丛考》,北京:中华书局 2003 年版,第
581 页。
　　③ [唐]姚思廉撰:《梁书》,第 484 页。
　　④ [唐]姚思廉撰:《梁书》,第 485 页。
　　⑤ [唐]姚思廉撰:《梁书》,第 486 页。

阿士。"阿士,孝绰小字也。①

刘孝绰自幼聪敏,才气超众,深得舅舅王融的赏识,十四岁就常代
父刘绘起草诏诰,沈约、任昉、范云等人都是其父的好友,闻其名后
登门拜访,任昉尤其赏识喜爱他。范云让自己的与刘孝绰年龄相
仿的儿子,拜他为师。刘孝绰还经常与沈约、任昉等名士一起侍宴
梁武帝,其所作诗每每都得到梁武帝的嗟赏。梁武帝还在刘孝绰
出任秘书丞的时候,对舍人周捨说:"第一官当用第一人。"②由于刘
孝绰才华卓异,在其任太子仆,复掌东宫管记的时候,深受昭明太
子萧统的赏识与器重,"太子起乐贤堂,乃使画工先图孝绰焉。太
子文章繁富,群才咸欲撰录,太子独使孝绰集而序之"。③ 因此,刘
孝绰虽然多次因为品行问题被罢免,但最后又都被召回宫中。

萧统不仅对王筠和刘孝绰赏识喜爱,对东宫中其他文士也都
礼遇有加,再加上其自身的文学文化修养与太子的特殊地位,才聚
集了四方文士,形成了较有规模的泛文学集团,并成为当时文学创
作与泛文学活动的中心。

(二) 泛文学活动

从《梁书·昭明太子传》中"恒自讨论篇籍,或与学士商榷古
今;闲则继以文章著述,率以为常"的记载可以看出,萧统泛文学集
团的活动主要分为两个方面,一是切磋学问、创作诗文;二是编撰
文集。

1. 切磋学问、创作诗文。

萧统自加冠之后,虽然要跟随梁武帝学习处理政事,但是闲暇
时间颇多,他常会与东宫学士们聚在一起,切磋学问,创作诗文。
切磋学问既包括对书卷文籍的讨论,也包括对古今史事的辨析。

---

① [唐]姚思廉撰:《梁书》,第 479 页。
② [唐]姚思廉撰:《梁书》,第 480 页。
③ [唐]姚思廉撰:《梁书》,第 480 页。

《梁书·昭明太子传》载：萧统"性爱山水，于玄圃穿筑，更立亭馆，与朝士名素者游其中"。①"玄圃"是南朝时期太子的皇家园林，天性喜爱山水的太子萧统，曾对东宫内的皇家园林进行过大规模的营建，园内修筑亭馆，常常与文士们游宴其中。其中最著名的一次便是"玄圃之游"。据《梁书·王筠传》载："昭明太子爱文学士，常与筠及刘孝绰、陆倕、到洽、殷芸等游宴玄圃，太子独执筠袖抚孝绰肩而言曰：'所谓左把浮丘袖，右拍洪崖肩。'其见重如此。"②王筠与刘孝绰不仅是萧统最喜爱的左右心腹，也是萧统泛文学集团中学识渊博的文士。虽然他们游宴时都切磋谈论了哪些问题没有记载，但可以想见的是，一次次的游宴聚会，文士们之间定会就一些问题互相切磋。同时，也会进行诗文的创作。这类诗文多为日常奉和应令与赠答之作。如萧统作《钟山解讲诗》，刘孝绰、刘孝仪、陆倕、萧子显都作有《奉和昭明太子钟山解讲诗》；萧统作有《大言》《细言》两首游戏助兴诗，沈约、王锡、王规、张缵、殷钧都作有《大言应令诗》《细言应令诗》以奉和。萧统此类诗前文已有论述，如其作有《饯庾仲容诗》《贻明山宾诗》等，到洽作有《答秘书丞张率》，刘孝绰作有《侍宴饯庾於陵应诏诗》《发建兴渚示到陆二黄门》《酬陆长史倕》等诗；王筠作有《奉和皇太子忏悔应诏诗》《摘园菊赠谢仆射举诗》等。

　　虽然萧统泛文学集团的诗歌创作从艺术上来说，成就不是很高，但却是文士们生活情趣、情感变化及创作心态的直接反映。

　　2. 编撰文集。

　　在文学活动方面，与切磋学问、创作诗文相比，萧统泛文学集团似乎更倾向于编撰文集。萧纲在《昭明太子集序》中，为萧统列出十四德，其中第十三是搜集图书之德，第十四是"降贵纡尊，躬刊手掇"的校书之德。萧统泛文学集团的编纂活动主要是以萧统为

---

①　［唐］姚思廉撰：《梁书》，第168页。
②　［唐］姚思廉撰：《梁书》，第485页。

核心,在其统领和指挥下进行。《梁书·昭明太子传》记载其:"所著文集二十卷;又撰古今典诰文言,为《正序》十卷;五言诗之善者,为《文章英华》二十卷;《文选》三十卷。"①关于萧统所著文集,前文已经论述,而《文选》的编辑情况,后文会进行详细论述,此处不再赘述。关于十卷《正序》与二十卷《文章英华》,都不见史书记载,应该已经失传。而萧统本传中没有记载的《古今诗苑英华》,却在《隋书·经籍志》中著录为"梁昭明太子撰"。同时,萧统的《答湘东王求文集及诗苑英华书》中,也提到了《古今诗苑英华》,证实应该是实有其书的。② 在具体的选编过程中,以刘孝绰为首的东宫学士多参与了编辑工作。

三、萧统的文学思想

(一) 齐梁之际的文学思想

齐梁之际,文学崇尚新变,趋向于"采缛"与"力柔"。实际上,从西晋开始,这种趋向就已经出现在诗歌中。《文心雕龙·明诗篇》说:"晋世群才,稍入轻绮。……采缛于正始,力柔于建安。"③经过东晋一段淡乎寡味的玄言诗后,诗歌追求"采缛"之风发展为永明体,"力柔"之风凝聚为宫体诗。在不到两百年的时间里,诗歌经历了从元嘉体到永明体,再到宫体的转变,而齐梁人对于这种新变,一般来说是满意的。萧子显在《南齐书·文学传论》中说:"习玩为理,事久则渎。在乎文章,弥患凡旧。若无新变,不能代雄。"④"新变"一词,多次出现在齐梁时期的文献典籍中。如《南史·徐摛传》云:"摛幼好学,及长,遍览经史,属文好为新变,不拘旧体。"⑤《梁书·庾肩吾传》也说:"齐永明中,文士王融、谢朓、沈约文章始

---

① [唐]姚思廉撰:《梁书》,第171页。

② 参见曹道衡、傅刚:《萧统评传》,南京:南京大学出版社2011年版,第211页。

③ 周振甫:《文心雕龙今译》,北京:中华书局1986年版,第61页。

④ [梁]萧子显撰:《南齐书》,第908页。

⑤ [唐]李延寿撰:《南史》,第1521页。

用四声,以为新变,至是转拘声韵,弥尚丽靡,复逾于往时。"①齐代以沈约、谢脁为代表的永明体,反映的就是以新为变的理论。梁代萧纲就是在新变文风熏陶下成长起来的,并深受萧子显等人新变理论的影响,在文学创作和理论主张上都表现出明显的趋变趋新的倾向,是新变理论的大力倡导者。萧纲的新变,主要就是以其为主的宫体诗的写作。

(二) 梁天监至大通年间的文学思想

梁天监至大通年间,以萧统为中心的泛文学集团形成,并开始了他们的文学活动。萧统及其泛文学集团的文学思想主要是通过萧统的《文选序》《答湘东王求文集及诗苑英华书》和刘孝绰的《昭明太子集序》体现出来的。《文选序》比较集中地反映了萧统的文学思想:

> 式观元始,眇觌玄风。冬穴夏巢之时,茹毛饮血之世,世质民淳,斯文未作。逮乎伏羲氏之王天下也,始画八卦,造书契,以代结绳之政,由是文籍生焉。《易》曰:"观乎天文,以察时变;观乎人文,以化成天下。"文之时义远矣哉!若夫椎轮为大辂之始,大辂宁有椎轮之质;增冰为积水所成,积水曾微增冰之凛。何哉?盖踵其事而增华,变其本而加厉。物既有之,文亦宜然。随时变改,难可详悉。

在序文中,萧统以"椎轮为辂"、"积水为冰"的自然之理阐明事物都是发展变化的,从而对文学的发展进行了肯定。同时借事物的"踵事增华,变本加厉"来比喻文学,认为文学是随着世道的发展变化而发展变化的。关于《文选序》所体现的文学思想,后文有详细论述,故此处只做简要概述。

《答湘东王求文集及诗苑英华书》一文是萧统写给其弟萧绎的

---

① ［唐］姚思廉撰:《梁书》,第 690 页。

一封回信,信中论及到文学时说:"夫文典则累野,丽亦伤浮,能丽而不浮,典而不野,文质彬彬,有君子之致。吾尝欲为之,但恨未逮尔。""典"和"丽"正是梁代出现的两种文艺思想。主张"典"的保守派代表是裴子野,主张"丽"的新变派的代表是萧纲。然而,在萧统看来,"典"过于质朴,"丽"又缺乏厚重感。因此他认为文学应该采取折中的方法,只有合其两长,才能使文章"典而不野"、"丽而不浮",才符合孔子提出的"文质并重"的儒家文艺观,即"质胜文则野,文胜质则史,文质彬彬,然后君子"。① 萧统的这种思想,和儒家的文艺观一脉相承。他所说的"吾尝欲为之,但恨未逮耳",应该是其内心真实思想的一种表达。由此可见,萧统的文学思想主要是儒家文艺观的一种传承。

在萧统的泛文学集团中,文学思想与其保持一致的是刘孝绰。在《〈昭明太子集〉序》中,他说:"深乎文者,兼而善之,能使典而不野,远而不放,丽而不淫,约而不俭,独擅众美,斯文在斯。"②不偏不倚、各取其长,兼而善之的儒家折中态度十分明显。

关于刘孝绰和萧统文学思想的一致性,究竟是谁影响了谁这个问题。曹道衡、傅刚认为:"也许并不存在谁影响谁的问题,而是君臣在长期的文学活动中,彼此互相交流认同所致。因为尽管萧统提出在后,但这'文质彬彬,有君子之致',更符合萧统的人格仪范。"③这一观点很有道理。

(三) 与萧纲、萧绎文学观比较

萧纲、萧绎同萧统都生长于宫廷之中,也都受到当时文风及其父萧衍的影响,所以文学思想在某些方面有着相通的地方。同时,因为他们性格的差异与所处文人群体不同等原因,又呈现出不同的特点。

---

① 杨伯峻:《论语译注》,北京:中华书局1980年版,第61页。
② [梁]萧统著,俞绍初校注:《昭明太子集校注》,郑州:中州古籍出版社2001年版,第245页。
③ 曹道衡,傅刚著:《萧统评传》,第121页。

　　萧纲的文学思想富有个性化特点。在文学发展变化观上,萧纲承认文学发展观,在《与湘东王书》中云:"但以当世之作,历方古之才人,远则扬、马、曹、王,近则潘、陆、颜、谢,而观其遣辞用心,了不相似。若以今文为是,则古文为非;若昔贤可称,则今体宜弃。俱为盍各,则未之敢许。"①他认为"扬、马、曹、王"和"潘、陆、颜、谢"这些才子的"遣辞用心"都是不同的,则古今文学也应有不同,文学是随时代发展变化而发展变化的。在"文质并重"方面,萧纲也曾有过论述,其《昭明太子集序》中云:"至于登高体物,展诗言志,金铣玉辉,霞彰雾密,致深黄竹,文冠绿槐,控引解骚,包罗比兴。铭及盘盂,赞通图象,七高愈疾之旨,表有殊建之则。碑穷典正,每出则车马盈衢;课无失体,才成则列藩击缶。近逐情深,言随手变,丽而不淫。"②萧纲对萧统诗文"典正"、"丽而不淫"的总结,是与其宫体诗的诗风截然不同的,他走的是一条求变、求新的文学发展道路。在《诫当阳公大心书》中云:"立身之道与文章异,立身先须谨重,文章且须放荡。"③"放荡",即为文不受拘束,应该抒发个人情感,吟咏情性。在这种文学创作观的指导下,萧纲开始了宫体诗的写作。据《隋书·经籍志》载:"梁简文之在东宫,亦好篇什,清辞巧制,止乎衽席之间,雕琢蔓藻,思极闺闱之内。后生好事,递相仿习,朝野纷纷,号为宫体。流宕不已,迄于丧亡。"④作为宫体诗的倡导者,萧纲创作了大量的宫体诗,这种诗的特点就是"新变",重视对诗歌形式技巧的极端追求,这与萧统"文质并重"的文学思想已经是大相径庭了。

　　萧绎的文学思想与萧统、萧纲相比,显得有些复杂。曹旭曾将三人的文学观比喻成三个圆圈:"萧统在前,萧纲在后,萧绎居中;居中的萧绎的文学观与萧统、萧纲有部分重叠;与萧统重叠的部分

---

① 严可均校辑:《全上古秦汉三国六朝文·全梁文》,第3011页。
② [梁]萧统著,俞绍初校注:《昭明太子集校注》,第250页。
③ 严可均校辑:《全上古秦汉三国六朝文·全梁文》,第3010页。
④ [唐]魏徵等撰:《隋书》,第1090页。

多,与萧纲重叠的部分少;可知萧绎的文学观,虽与萧纲有相似的
地方,但比较而言,更接近萧统。"①这个比喻形象地总结了萧绎文
学思想的特性。在"文质并重"方面,萧绎的思想表述得十分清晰,
在《内典碑铭集林序》中云:

> 夫世代迭改,论文之理非一;时事推移,属辞之体或异。
> 但繁则伤弱,率则恨省;存华则失体,从实则无味。或引事虽
> 博,其意犹同;或新意虽奇,无所倚约;或首尾伦帖,事似牵课;
> 或翻复博涉,体制不工。能使艳而不华,质而不野,博而不繁,
> 省而不率,文而有质,约而能润,事随意转,理逐言深,所谓菁
> 华,无以间也。②

萧绎从文辞"繁"与"弱","率"与"省"作比,得出文章创作应该"艳
而不华,质而不野,博而不繁,省而不率,文而有质,约而能润",这
也就是萧统所主张的儒家文学观中的"文质并重"思想。

在求变、求新方面,萧绎与萧纲的文学思想是基本一致的。萧
绎也主张文章应该追求审美性。他在《金楼子·立言》篇中说:"吟
咏风谣,流连哀思者,谓之文。……至如文者,惟须绮縠纷披,宫徵
靡曼,唇吻适会,情灵摇荡。"③"风谣"指的是流行的乐府歌谣。这
表明萧绎对"文"的审美特征的追求,就是要像能吟咏清醒的乐府
歌谣那样,"文"要具有如精美的丝织品一样的文采,要有精炼动听
的语言,要能摇荡人的情思性灵,这才能称为"文"。

从萧统、萧纲、萧绎的文学思想来看,萧统的文学思想一直是
以儒家的文学观为主的,萧纲、萧绎则不拘于儒家思想,形成了各
具特色的文学思想观。

---

① 曹旭:《论萧绎的文学观》,《上海师范大学学报》1999 年第 1 期,第 16 页。
② 严可均校辑:《全上古秦汉三国六朝文·全梁文》,第 3053 页。
③ [梁]萧绎撰,许逸民校笺:《金楼子校笺》,北京:中华书局 2011 年版,第
966 页。

第三章 《昭明文选》

从古至今,《文选》都被高度评价。《文选》成书十几年后,传到北朝。北齐高祖高欢"令人读《文选》。有郭璞《游仙诗》,嗟叹称善。诸学士皆云:'此诗极工,诚如圣旨。'"①当时高欢并未称帝,是东魏大臣,专朝政十六年。他的第二个儿子高洋废东魏孝静帝,建立北齐,追封高欢为"高祖"。高欢死于东魏武定五年,梁太清元年,即547年,离萧统死才十九年。北朝人尚且如此赞扬《文选》,南朝对《文选》的重视和喜爱更可想而知。到隋朝,开始举行科举考试,《文选》成为必读书,且加之《文选》自身的杰出,它愈加受到重视,于是出现了《文选》学的第一部专著——萧该《文选音义》。唐李善在《上文选注表》中说:"昭明太子……搴中叶(指周秦以来,与上古对言)之词林,酌前修之笔海。周巡绵峤(远山),品盈尺之珍(径尺之宝玉);楚望长澜(指江汉),搜径寸之宝(隋侯珠,即明月珠)。"南宋陆游《老学庵笔记》称"国初尚《文选》,当时文人专意此书。……方其盛时,士子至为之语曰:'《文选》烂,秀才半。'"南宋唐士耻《代翰林学士谢赐唐五臣注文选表》说:"萧梁帝子之英,极

---

① 《太平广记》卷二百四十七引《启颜录》。

楚些(《楚辞》)词源之邃,高艳尽窥于前作,残膏远丏于后来。"①元杨载《诗法家数》称《文选》为诗家之宗:"《文选》刘琨、阮籍、潘、陆、左、郭、鲍、谢诸诗,渊明全集,此诗之宗也。"②明张燮《梁昭明太子集序》说:"从古选集希传,独昭明三十卷,词人奉为金柜,片简见录,便如名在丹台石室(皆为神仙洞府,此指藏图书之室)中。古今有一佳文字见遗,必求所以不入《选》之故,而递相揣摩。尔日殿最,顿贻坛苑许大事。"③清胡文瑛说《文选》"如隋珠赵璧"。④ 章学诚说:"《文选》者,辞章之圭臬,集部之准绳。"⑤

现代《文选》学的伟大先驱黄侃有《绝句》一首热情赞美了《文选》:

> 八代名篇此尽储,正如乳酪取醍醐。王杨尚恐难轻哂,莫逐违人海上夫。⑥

"尽储"者,名篇无遗也。"取醍醐"者,优中选优也。应该指出的是,某些人对《文选》吹毛求疵,黄侃诗的后两句即针对这类人而发。主要指苏轼,苏轼认为《文选》"编次无法,去取失当"(《题文选》)。黄侃用了一个典故,《吕氏春秋·遇合》讲了这么一个故事:"人有大臭者,其亲戚、父母、兄弟、妻妾、知识(朋友)无能与居者,自苦而居海上。人有悦其臭者,昼夜随而不去。""海上夫"即"有大臭者","逐"者即"悦其臭者",又称逐臭夫。大臭即今天说的狐臊臭。这个人狐臭太厉害了,谁都受不了,自己也十分苦恼,不得不逃到"海上"。(此海上非海畔,而是齐国的一个薮泽名,又称少海,

---

① 唐士耻:《灵岩集》卷二,文渊阁《四库全书》本。
② 转引自王书才《明清文选学述评》,上海古籍出版社 2008 年版。
③ [明]张燮撰,王京州笺注:《七十二家集题辞笺注》,上海:上海古籍出版社 2016 年版,第 216 页。
④ 胡文瑛:《昭明文选笺证·序》,扬州:江苏广陵古籍刻印社 1990 年影印版。
⑤ 章学诚著,叶瑛校注:《文史通义校注》,北京:中华书局 1985 年版,第 82 页。
⑥ 黄侃:《文选平点》(重辑本),北京:中华书局 2006 年版,第 653 页。

同我们熟知的楚国云梦泽一样,是古代的九大泽之一。)《文选》卷四十二曹植《与杨德祖书》亦用此典故:"人各有好尚。兰茝荪蕙之芳,众人所好,而海畔有逐臭之夫。"这首《绝句》为我们认识《文选》提出了一个全面和正确的评价。任何事物都不可能完美无缺,《文选》也不例外。就《文选》的主要方面而言,确如古今人所言,是总集中的"隋珠赵璧"、"醍醐",但也有小的不足,如璧上之瑕,日中有点。不能因有瑕而弃璧,有点而弃日。

《文选》至唐朝出现了学习和研究《文选》的第一次高潮,并形成了一门专门学问——《文选》学,又简称"选学"。改革开放以来,已召开"《文选》学国际学术研讨会"12届,重新成为显学。

第一节 萧统主编之地位屹如泰山

昭明太子萧统的历史贡献主要有二:一是编《文选》,二是编《陶渊明集》,而以《文选》影响更大。但是,萧统是否《文选》主编却成了争论很大的问题,至今没有共识。如果萧统不是主编,那么,一切免谈。所以必须首先弄清谁是主编这个问题。

一、《文选》主编的三派意见及其主要内容

(一) 问题的提出

在千余年的传统"选学"研究中,萧统主编《文选》从不成问题,因为历史著作中有明确记载。提出挑战的是日本学者。20 世纪 70 年代,神田喜一郎博士提出了"新《文选》学"的概念,清水凯夫教授起而响应,并做出实绩,写出系列论文,对《文选》学中的重要问题提出许多新见解,其中之一就是,萧统只是挂名主编,由他下令,组织人员,主要编撰者是刘孝绰,故有"刘孝绰中心说"。当时,中日学术交流不畅,此说未传至中国。1988 年,由北京大学、中国社会科学院、长春师范大学(当时称"长春师范学院")等单位在长春召开首届昭明文选国际学术研讨会。清水凯夫等日本学者莅

会,遂引发热烈争论,被称为"清水旋风"。

(二) 萧统是否《文选》主编问题的三派意见及争论的基本情况

1. 三派意见的代表者:

(1) 萧统独撰说,以力之教授为代表。

(2) 萧统挂名说,以清水凯夫教授为代表。

(3) 萧统主编、由刘孝绰等人协助说,以曹道衡先生、顾农教授等为代表。

2. 三派意见争论的基本情况:

(1) 清水氏的观点。

因为是清水氏发出挑战,故首先介绍他的观点。

清水氏是日本著名六朝文学研究专家,日本"新《文选》学"的创立者。他是一位严肃认真的学者,也是对中国人民友好的人士。笔者对他十分尊敬。他的"新《文选》学"的观点收入《六朝文学论文集》和《清水凯夫〈诗品〉〈文选〉论文集》①中。他提出的新观点很多,"刘孝绰中心说"是其"新《文选》学"的出发点和落脚点。

清水氏在肯定以往日本《文选》学研究取得的成果的同时指出:"但这些著作尚停留在版本的研究、译注、编制索引等基础研究上,对于探索《文选》本质的研究,可以说基本上还未进行。"②

清水氏探索《文选》本质的要求,用以下观点为支撑:第一,"所谓批评,是一种自我表现"。《文选》自然是一种"自我表现的作为,是把自己描写的'文'的形象表现为选集的作为"。《文选》"理所当然地要反映编者的思想、信念、爱憎、资质等"。但《文选》到底是反映了谁的思想、爱憎等,却一直"暧昧不明",所以必须把这个问题弄清楚。③ 第二,学术研究不能被"定评"左右。"学术研究并

---

① 清水凯夫著,韩基国译:《六朝文学论文集》,重庆: 重庆出版社 1989 年版;清水凯夫著,周文海译:《清水凯夫〈诗品〉〈文选〉论文集》,北京: 首都师范大学出版社1995 年版。

② 《六朝文学论文集·前言》。

③ 《六朝文学论文集》,第 1-2 页。

不取决于定评,它要求努力探索每一种具体的事物,查明总体上的真实面貌。"①第三,必须考查时代背景。他指出:"一般在史书中,即使有所谓帝、太子、王撰的记载,实际上也是帝、太子、王只下达编辑的命令,而把编辑委任给臣下,完成后或只冠以代表者之名,或只书以序文,这种情况居多。"他举出不少事例,不一一列举。所以,《梁书》《隋书》记载《文选》是昭明太子编不可信。② 此其一。其二,在解读具体诗文时,也必须注意其时代背景。如果"过于在书简字句的解释上煞费苦心,而忽视了对重要历史背景的追究",也探索不出该诗文的"真意"。第四,把编者与《文选》诗文对照,看其反映了谁的文学观。清水氏认为,反映了刘孝绰的文学观,而与萧统的文学观矛盾。结论是:"《文选》的实质性撰录者不是昭明太子,而是刘孝绰,在《文选》选录的作品中浓厚地反映着他的意志。"③昭明太子只是一个下命令、组织人员编撰《文选》的人,是个挂名不干活的人。

清水氏为证实刘孝绰中心说,从《文选》中找出许多证据:①《广绝交论》是刘孝绰为报复到洽弹劾自己而丢官的事。②《头陀寺碑文》是"大部分内容不值得一读、没有个性的文章",其中颂扬的主要人物刘暄(《碑文》作"誼")"在恶评中被杀害"。作者王巾,"与刘孝绰之母是同一琅邪王氏,为了给刘暄恢复名誉以慰藉其灵魂……徇私情的"。③ 徐悱《古意酬到长史溉登琅邪城》水平一般,选入是因为刘孝绰"追慕不幸早亡妹婿徐悱"。④《刘先生夫人墓志》不符合墓志铭的文体要求(有铭无序),不典型。刘夫人因婆母不满意被休。刘先生指刘瓛,他的学生刘绘是刘孝绰的父亲。刘夫人姓王,也是琅邪王氏。"可能是刘绘委托同党任昉撰写这篇墓志的","收入《文选》,以期消除《南齐书》记载的影响,恢复刘瓛及其夫人王氏的名誉"。⑤《神女赋》等与萧统对陶渊明《闲

---

① 《六朝文学论文集》,第19页。
② 《六朝文学论文集》,第4-6页。
③ 《六朝文学论文集》,第45页。

情赋》评价矛盾,"和太子的文学观是完全不吻合的。昭明太子仍然很可能不过是名义上的撰者"。① ⑥ 遍照金刚的《文镜秘府论》:"或曰,晚代诠文者多矣。至如昭明太子萧统与刘孝绰等,撰集文选,自谓毕乎天地,悬诸日月。然于取舍,非无舛谬。(南卷,集论。)"② ⑦ 何逊很有文名,时人并称"何刘",刘孝绰很不服气,两人曾互相嘲讽,因此何逊的诗不入《文选》。清水氏所涉及的篇章很多,不能一一列举。清水氏说:"一言以蔽之,《文选》是刘孝绰以沈约在《宋书·谢灵运传论》中阐述的文学论为标准选录的。"③

清水氏在 1999 年说过如下一段话:"至今为止的研究已证明了《文选》的编撰决非昭明太子一人所为,乃是依靠近臣的协助完成的。"④在这里,清水氏既未提萧统"挂名",又未提刘孝绰"实质性"的"决定意志",与原先的刘孝绰中心说拉开了距离。清水氏的这个改变没有引起足够的重视,故提请同仁注意。笔者愈发认为清水氏唯学术真理是问,是一位严肃的学者。

(2)曹道衡、顾农等人的观点。

曹氏、顾氏等人认为,萧统主编、刘孝绰等人协助完成《文选》编撰。这是中国也是日本传统"选学"的观点。以下谈现代人的观点和论述。

粉碎"四人帮"后出版,而实际写于"文革"时期的钱锺书《管锥编》以"文选楼学士"代替了刘孝绰。⑤ 在首届《文选》学国际学术研讨会上,曹道衡、沈玉成先生也提出了主编问题。他们着重谈了刘孝绰起的作用,这一点与清水氏相同;但认为主编是萧统,与清水氏不同。他们可能已知道了清水氏的观点,但没有提及清水氏的

---

① 《六朝文学论文集》,第 8 页。
② 《六朝文学论文集》,第 34 页。
③ 《六朝文学论文集》,第 37、15 页。
④ 清水凯夫:《从全部收录作品的统计上看〈文选〉的基本特征》,《长春师范学院学报》1999 年第 1 期。
⑤ 此问题可参阅陈延嘉:《钱锺书文选学述评》,长春:吉林文史出版社 2011 年版,第 145 - 148 页。

姓名。①

正面与清水氏交锋的是顾农先生。顾氏在《与清水凯夫先生论〈文选〉编者问题》②中承认刘孝绰的作用,但不同意萧统"只不过挂一个空名"的观点,"无可怀疑的是《文选》本身确实反映了作为主编的萧统的主张"。顾氏首先指出:"萧统乃是一位内行,不宜如此将他架空。"其次针对清水氏的"自我表现"说,指出:在创作中有时文如其人,有时"文并不如其人,至于选本,情况就更复杂了。选本所选作品的题材总比较广泛,而选家个人的经历则不可能那么包罗万象。一般地说来,选本更多的是反映了选家文学上的趣味和见解,与选家个人的身世未必有什么必然的联系",顾氏举例说:"如果一看到某一选本选了《离骚》,便以为其选者也有忠而见疑的不幸遭遇,也准备投水自杀,那是出于情理之外的。"再次,指出"刘孝绰的文学趣味与萧统本是一路"。但对第一和第三个问题,顾氏点到为止,没有展开论述。

在具体问题上,顾氏针对清水氏举证的主要例子进行反驳:① 不选何逊。顾氏认为,何逊名气虽高,但他得罪了皇帝。萧衍说:"吴均不均,何逊不逊。""这两句话看似轻松,其实分量很重。"举出萧衍对待沈约的事为证。"不选何逊恰好足以证明《文选》的编者是萧统,因为众所周知,几乎所有的太子都是绝对尊重父皇的,除非他神经出问题不想当了。""《文选》没有选吴均的作品,理由也是一样。"②《头陀寺碑文》。顾氏认为"徇私情"的说法不能成立:"南朝的若干大姓之间几乎都有些沾亲搭故,倘若地毯式地细排下来,或远或近地总有些所谓'转折亲',要徇私情,实在也不胜其徇。"清水氏亦未明确指出"王简栖与刘孝绰的母党有什么密

---

① 曹道衡、沈玉成:《昭明文选研究论文集·有关〈文选〉编纂中几个问题的拟测》;又见俞绍初、许逸民主编:《中外学者文选学论集》,北京:中华书局1998年版,第338-353页。

② 顾农:《与清水凯夫先生论〈文选〉编者问题》,《齐鲁学刊》1993年第1期。又见《中外学者文选学论集》,第492-503页。以下引文出于"又见"之文者,不再注明页码。

切的关系,为刘暄恢复名誉之说不能成立"。顾氏认为,"《头陀寺碑文》决非一篇不值一读的坏文章",该文"词巧丽,为世所重,是有定评的"。又举钱锺书的高度评价为证。③《广绝交论》。顾氏认为此文"立意高远","具有普遍意义",而且"文质兼美",刘知几说"孝标持论析理,诚为绝伦","并非专对到氏兄弟而发"。且任昉提携之人有"数十","尤其赏好"刘孝绰,刘孝绰"预其宴",号"龙门之游"。④《古意酬到长史溉登琅邪城》。顾氏首先指出:"(清水氏)似乎忘记了他在论《广绝交论》时特别指出过的刘孝绰借该文谴责到溉、到洽兄弟那一层意思了。这首诗分明对到溉有着深挚的友情。如果《文选》完全出于一味徇私情的刘孝绰之手,选入徐悱这首诗便无从解释。"他可以选徐悱的另外作品来"追慕"亲属。⑤ 不选陶渊明《闲情赋》。顾氏认为:"宋玉,乃是古代的大名流,标准自然可以适当放宽,何况其赋中也还略有讽刺的意思"。"曹植《洛神赋》沿着《高唐》《神女》开创的路子写人神恋爱,笔墨较有控制⋯⋯未失儒家'发乎情,止乎礼义'的分寸,所以亦可以入选。""这种比较宽容的态度对一位选家来说非要必要。"还涉及其他问题,不一一介绍。

(3) 力之的观点。

力氏持萧统独编,无他人协助说。

首先,力氏持论的最重要依据是文献的可信度:"考定某一事实,最重要的是看其有无文献支持(有坚实的文献支持,不合情理也不成为问题)。"①力氏一再强调这一点:"从文献数据可信度的层面来说,是专家专门性的著作可信,还是普通学者举例性的说法可信? 那是不言而喻的。"②据此,他认为:检《梁书》《南史》《隋志》、李善《上文选注表》、吕延祚《进集注文选表》及旧、新《唐志》《宋志》

① 力之:《朱彝尊"〈文选〉初成闻有千卷"说不能成立辨》,第六届国际《文选》研讨会论文。

② 力之:《综论〈文选〉的编者问题(上)》,《汉江大学学报》2005 年第 1 期。以下凡引自以上两文者,不一一注明。

等等,这些正史和专家之注皆认为萧统撰,无他人协助之说,可信。而《文镜秘府论》、《玉海》引《中兴书目》及《敦煌四部书六十年提纲》中《杂钞》说"梁昭明太子召天下才子相共撰"《文选》皆属传言,不可信。举出众多"举例性说法"中二书混为一书及张冠李戴之误作为旁证,证明《文镜秘府论》等传言之不可信。又指出,李善这样的专家"多次揭《文选》之'短'"(以下之例省),如果真有刘孝绰等人参编,李善不会不指出。并具体分析了《文镜秘府论》等为什么不可信。以萧纲命萧绎为《法宝连璧》写序,萧绎一一说明参撰者,萧纲作为皇太子"不在乎后世知道这些",如果刘孝绰是《文选》编撰的主要人物,"就很难设想皇太子萧统(在《文选序》中)完全不提及此事"。

其次,从情理层面考辨刘孝绰等参编说不能成立。[①]力之谈及的问题较多,下面仅就上文清水氏提到的几个重要具体问题介绍如下:①《头陀寺碑文》。《南齐书·刘暄传》:"和帝中兴元年,赠……暄散骑常侍、抚军将军,并开府仪同三司。"即其名誉早已得到了彻底的恢复。因之,"徇私情"一说"是断不能成立的"。②《刘先生夫人墓志》。力氏引程章灿《读任昉〈刘先生夫人墓志〉并论南朝墓志文体格》云:"《文选》……虽然只选录《刘先生夫人墓志》中的铭文部分,但按照当时的惯例,仍然可以题名'墓志'。……这也与《文选序》所揭示的'事出于沉思,义归乎翰藻'的别裁标准有密切的关系。"又指出:"是文确如孙月峰所评之'亦腴炼',其为昭明太子选入《文选》乃理所当然。概言之,《刘先生夫人墓志》之被选入《文选》与刘孝绰毫无瓜葛。"进一步指出:"(刘孝绰)是个'徇私情'狂,却不'徇'其父刘绘之诗文与其有大恩于自己的舅舅王融之诗,则大乖于情理……从情理层面上说,刘孝绰与《文选》的编撰没有任何实质性的关系。"③《闲情赋》。萧统对陶渊明评价很高,但谴责《闲情赋》无助风教,却选入宋玉的《高唐赋》

---

① 力之:《综论〈文选〉的编者问题(中)》,《江汉大学学报》2005年第5期。

《神女赋》和曹植的《洛神赋》,许多学者认为自相矛盾。力氏认为此论"失之远矣",这"是太子采用不同的价值取向所致"。① "换言之,昭明太子在《陶渊明集序》中评价渊明之作侧重于道德价值,而于《文选》则着眼于以'文'衡文。"即必须符合《文选序》之"综缉辞采"、"错比文华"、"事出于沉思,义归乎翰藻"的标准。他指出:"此因价值取向不同所致之差异者不知凡几。"举孔子、扬雄、刘勰为证,"正表明昭明太子编纂《文选》非以'风教'依归"。

再次,从编撰工作量的角度证明《文选》完全可以由昭明太子一人独编。他提出了"跳出《文选》来考察《文选》以探明其成书状况"②的方法。方法有二:一是从编集的过程看:"(一) 由于'采摘孔翠'类总集自身的特殊性,故几乎在编撰的第一时间,便可确定了相当部分的篇目;(二) 编者一旦选好篇目与将之分类及对若干作品作某些技术上的处理,便可告完成了。而这两点,向来为研究《文选》编者问题的学人所忽略。"③二是把《文选》与他书比较,考察其工作量之大小。力氏将《文选》与《文心雕龙》《艺文类聚》《类苑》"两晋南朝人编撰总集"等进行比较。在《与〈文心雕龙〉比较》④中,力氏认为"《文心雕龙》的'文体论'部分"与《文选》皆为"选文以定篇",故"两者的成书难易程度便有了客观的可比性"。其结论是《文心雕龙》"文体论"部分 22 篇之撰写难度比《文选》大。原因是《文心雕龙》除选文定篇外,还要评定优劣和论述该文体的历史;而《文选》定篇后只需简单的技术处理。如果再加上《原道》《征圣》等其他 27 篇,比《文选》的工作量和难度更大。"然刘勰之完成《文心雕龙》只花四五年的'业余'时间,非倾其数十年的心血,以此例彼,

---

① 力之:《萧统责〈闲情赋〉而〈文选〉录〈神女〉诸赋之因探》,《广西师范大学学报》2015 年第 1 期。
② 力之:《关于〈文选〉的编撰工作量、成书状况与编者问题》,《江汉论坛》2011年第 5 期。
③ 力之:《综述〈文选〉的编者问题(下)》,《井冈山学院学报》2008 年第 7 期。
④ 力之:《关于〈文选〉编纂"工程"的大小问题——与〈文心雕龙〉比较》,《内蒙古师范大学学报》2006 年第 3 期。后面引文凡出自以上五文者不再注明页码。

昭明太子凭一己之力不能编纂《文选》之说,断非圆照。至于《文选》编纂'工程'远非我们想象的那么大。"

二、我们的意见

这三派的结论虽然不同,甚至针锋相对,但都有贡献。特别应指出的是清水氏"刘孝绰中心说"极具学术增长点,它不局限在谁是主编一个问题,还涉及《文选》学的众多问题。清水氏又从大的时代背景出发,探求《文选》的本质,更加启人深思。这一论战极大地推进了《文选》学的研究,清水氏功不可没。

(一) 关于文献与主编的认定

笔者才疏学浅,对"刘孝绰中心说"有一个从相信、怀疑到否定的认识过程,提出来,或许对与笔者有过相似经历的人有些许启发之用。这涉及两个方面:

1. 对古代文献既不可盲目相信,也不可轻易否定,必须重视经得起推敲的证据,而对传言要特别慎重。在这个问题上笔者是有教训的。清水氏引唐代日僧遍照金刚《文镜秘府论·南卷·集论》的"昭明太子萧统与刘孝绰等撰集《文选》"的说法,笔者相信了。一个外国和尚所说的本就是传言,但还是萧统居前,为主;刘孝绰居次,是辅。协助者不只有刘孝绰,还有"等",离事实还不远。到了宋代王应麟的《玉海》引《中兴书目》有《文选》一目,其注云:"与何逊、刘孝绰等选集。"一是两书的记载都没有否定萧统是主编,二是多出了何逊,添枝加叶了,何又在刘之前,看来何更重要了。经研究证实,何根本就没有在东宫供职过。何逊既没有参加编《文选》,清水氏却据此发展为刘孝绰主选政的说法,就自然受到怀疑。我们不怀疑刘孝绰等协助编《文选》,但刘操选政之说的根据皆为推论,经不起推敲(这个问题下文详论)。这种传言,开始时能有点影子,越传越像真的,其实越传越假。传言皆如此。(参见第四章陶渊明蓄无弦琴之事。)

在具体的例证上,笔者也有一个认识过程。笔者认识的转变,是从感觉清水氏的例证有问题开始的。笔者最初是赞同清水氏观点的,因为由领导下令,具体工作由下级完成的著作,这种沽名钓誉的事古今中外比比皆是。但自知学力浅陋,只在私下对清水氏表达过支持他观点的看法,没敢公开发表意见。但在个别问题上有所表现。在《昭明文选译注》第一版任昉《刘先生夫人墓志》的《题解》中说:"这篇墓志并不典型,即有'铭'无'传'……为什么把此文选入呢?日本学者清水凯夫先生指出,这与参与编撰《文选》的刘孝绰有关,目的是消除《刘瓛传》的消极影响。"①程章灿先生在一次研讨会上对笔者指出:"不典型"的看法是错误的。除更加认识到自己学识不足外,也把"刘孝绰中心说"打开了一个小小的缝隙,却意义重大。孟德斯鸠在论述中国礼仪的重要性时指出:"儿媳每天清晨是否前去侍奉婆婆,此事本身无关紧要。可是,我们如果想到,这些日常细节不断地唤起必须铭刻在心中的一种感情,而正是每个人心中的这种感情构成中华帝国的治国精神,我们就会明白,此类具体行为没有一件是可有可无的。"但是,"只要其中一项被削减,国家就会因此而动摇"。② 所谓千里之堤,溃于蚁穴。随着学习的深入,看法逐渐发生变化。笔者的认识过程说明,以传言再进行加工的东西,是经不起推敲的。

2. 判断谁是主编的标准。标准有二:一是谁先提出的。清水先生也承认是萧统的主意。二是作为主编者必须做什么工作。必须做的工作也有二:一是进行总体设计。二是选文定篇。举一个日本学者的例子。斯波六郎《文选索引序》说:"我们有共同想法的九个人……其间,我仅从事取舍和分配工作,不啻袖手旁观,实际的辛劳,俱由余下的八人担当。"而正式署名者是斯波氏。但我们能说他仅仅是挂名吗?这里关键的一点是编《文选索引》的主意是出于谁。从"分配工作"看,当然是斯波氏。另外,他还做了"取舍"

---

① 陈宏天、赵福海、陈复兴主编:《昭明文选译注》,长春:吉林文史出版社 1994 年版,第 1998 页。

② [法] 孟德斯鸠:《论法的精神》,北京:商务印书馆 2014 年版,第 368 页。

工作,这尤其重要,是索引质量的保证。这是他成为主编的两个因素。窃以为,萧统做了更多的工作,所以不能认为萧统只是挂名而已。

(二) 几个认识问题的争论

萧统是不是《文选》主编,存在一些不同的认识,有些认识似是而非,有必要澄清。

1. 昭明太子是否有充裕的时间主编《文选》。

多位学者强调昭明太子肩负“监抚重任”,与他有没有充裕时间编《文选》有关。他们以《梁书·昭明太子传》所谓“太子自加元服,高祖便使省万机,内外百司奏事者填塞于前”为据,说他没有时间主编《文选》。但这种说法过于夸张,不可当真。为什么? 其一,这不符合太子的身份。太子处于被训练准备接班之时,武帝能把部分不很重要的政事交给他,看他的表现,加以指导,但决定权仍在武帝手里。“内外百司”都向他奏事且“填塞于前”是不可能的。这是作史者的美化,不符合历史中太子的惯例。其二,事实恰恰相反,日理万机者是武帝而不是太子。武帝信不着别人,既专断又勤政,他自己说:“朕三更出理事,随事多少,事少或中前得竟,或事多至日昃方得就食。”(《梁书·贺琛传》)正因为武帝这样辛苦,所以太子有很多闲暇,这有太子的自述为证:①《文选序》云:“余监抚余闲,居多暇日。”②《答湘东王求文集及〈诗苑英华〉书》说:“谭经之暇,断务之余,陟龙楼而静拱,掩鹤关而高卧,与其饱食终日,宁游思于文林。”可注意是“终日”,即终日“游思于文林”。又说:“往年因暇,搜采英华。”③ 在《答晋安王书》中说:“既责成有寄,居多暇日。”本传说他政务“填塞于前”的情况偶尔能有,但决不多,多的是“暇日”。上述证明,萧统有充裕的时间编《文选》。

2. 萧统有能力编撰《文选》。

① 有足够的文化和文学修养。在《文选》“数逾千祀”的作品中,太子都“心游目想,移晷忘倦”。在《与何胤书》中也说:“每钻研六经,泛滥百氏,研寻物理,顾略清言。”“每”者,常常也。“泛滥”

者,沉浸于百家之言中也,是《文选序》说的阅读"老庄之作,管孟之流"至"留侯之发八难,曲逆之吐六奇"等等的另一种表述,证明他对"百氏"亦"每""泛滥"之,十分熟悉。萧统对千余年的文史百家都有长期深入的学习和研究;对诗文有独特的审美体验,这些审美体验既化为自己的诗文,又体现在总集的选录之中;广泛的阅读使他对各种文体的特点及其历史发展非常熟悉,并有自己的看法;以儒学为主的思想底蕴和长期广泛的阅读欣赏相结合,形成了进步的泛文学发展观,而表现于其选文标准之中。除此之外,萧统还与学士们经常宴集或商榷古今。这是一个互动的过程。他身边都是精英,既证明他有许多闲暇,又对萧统大有好处,为他编《文选》打了坚实的基础。

② 萧统是选家之行家里手。他是作家,有《昭明太子集》为证。他又是选家,已有两次编总集的经历,具有杰出选家必备的经验和素质。此其一。其二,除渊博的文化储备外,又与他的思想包容性密切相关。萧统与萧衍一样三教兼综,所以《文选》思想内容,既以儒家为主,又有佛教和道家、道教思想。在审美方面持开放的态度,反对"论甘而忌辛,好丹而非素",主张"通方广恕,好远兼爱"(江文通《杂体诗三十首并序》)。

③ 昭明降贵纡尊,亲自抄写,有丰富的校勘经验。简文帝《昭明太子集序》提到的太子有十四德。其第十四德曰:"借书治本,远记齐攸,一见自书,闻之阚泽。事唯列国,义止通人,未有降贵纡尊,躬刊手掇。高明斯辩,己亥无违,有识□风,长正鱼鲁。"[①]此段话用了一些典故,稍作注释。(1)"借书治本",指晋齐献王司马攸事。《晋书》卷三十八《齐王攸传》:"就人借书,必手刊其谬,然后反之。"(2)"一见自书",指三国吴阚泽事。《三国志》卷五十三《阚泽传》:"家世农夫,至泽好学,居贫无资,常为人佣抄书,以供纸笔,所写既毕,诵读亦遍。"意谓萧统也抄写书籍,这是读书加强记忆的好

---

① 俞绍初:《昭明太子集校注》,第 250 页。

办法。(3)"高明",高灯下亮的意思,即举烛,把火把举高点。《韩非子·外储说左上》:"郢人有遗燕相国书者,夜书,火不明,因谓持烛者曰'举烛'云,而过书'举烛'。举烛,非书意也,燕相受书而悦之,曰:'举烛者,尚明也。尚明也者,举贤而任之。'"意谓萧统不会如燕相那样把错误的理解成正确的。(4)"己亥无违",《吕氏春秋·察传》:"有读史记者,曰:'晋师三豕过河。'子夏曰:'非也。是己亥也。夫己(笔者按:指古字)与三相近,豕与亥相似。'"意谓萧统能把形近的错字改过来。(5)"长正鱼鲁",葛洪《抱朴子·遐览》:"谚曰:'书三写,鱼成鲁,虚成虎。'"意谓萧统能经常把传写中造成的错字改成正字。以上所用典故说明,萧统亲自抄书,辨正误,学术功底深厚,有很强的校勘能力。还要注意的是"降贵纡尊"四字,说明萧统在读书编书中能放下太子的尊贵地位,许多事都亲力亲为。当然,他也能命东宫学士做一些工作,这与他选文定篇和亲自抄写并不矛盾。编选集都必须重新抄写,徐陵编《玉台新咏》就是这样:"燃脂冥写,弄笔晨书。选录艳歌,凡为十卷。"①萧纲把上述之事作为萧统的最后也是最小的"德",没有必要虚构;如果虚构,那就是对其兄的大不敬。再说,"降贵纡尊"也符合太子为人处世的作风。以上这些选家必备的条件,把萧统与外行又沽名钓誉者完全区别开来。

3. 编撰《文选》的工作量问题。

我们赞同力之主编《文选》工作量不大的意见。我们认为,力氏把《文选》与《文心雕龙》等的工作量进行比较是一个值得重视的做法。此其一。其二,萧统编《文选》之前已有多部总集,如晋挚虞《文章流别集》三十卷;刘义庆《集林》一百八十卷,梁时增至二百卷;梁武帝《历代赋》十卷,等等。萧统都能看到,可以参考。所以,编撰《文选》之前,以"初闻有千卷"之说,作为工作量很大的证据,既无文献根据,又不合情理,王立群、力之已驳其为"经不起推敲"。

---

① [陈]徐陵撰,许逸民校笺:《徐陵集校笺》,中华书局2008年版,第228页。

其三,有证据证明萧统是二次编选。六臣本卷二十四张茂先《答何劭二首》刘良注:"何劭字敬祖,赠华诗,则此诗下是也(笔者,指下一首何敬祖《赠张华》)。赠答之体,则赠诗当为先,今以答为先者,盖依前贤所编,不复追改也。"

另外,我们提供一个旁证。笔者才疏学浅,与前贤和时贤不可同日而语,但做过一点选录工作,作为芹献,供方家参考。笔者与同窗王存信先生编著《上古三代秦汉三国六朝文六百篇》,是在点校严可均《全上古三代秦汉三国六朝文》之后进行的,也就是说,对严氏《全文》已经比较熟悉了。由于严氏的"全"但不收如《尚书》《史记》等著作,我们又从其他著作中选取了一些。两者相加,从"选"这个角度看,没有花费太多时间,工作量并不大。花费更多时间的是其中的《题解》。我们的《题解》与刘勰的工作相差何啻孙悟空的一个筋斗!但就其评论的性质而言是有相似处的。所以我们认为,萧统在编撰《文选》时,依他的天才和知识储备,选录的取舍工作量不会很大。而选录的取舍是编撰《文选》的决定性环节,故萧统是主编毫无疑问。

(三)《昭明太子集》证明《文选》是萧统所编

《昭明太子集》编于《文选》之前。在《昭明太子集》中引述了大量前人诗文,这些诗文多是《文选》中的内容,证明萧统在编撰《文选》之前,对《文选》所录之诗文已烂熟于心,对前代文学和文章的历史发展已有了充分的了解,这应是他编撰《文选》的基础。《昭明太子传》可以证明:"性爱山水,于玄圃穿筑,更立亭馆,与朝士名素者游其中。尝泛舟后池,番禺侯轨盛称'此中宜奏女乐'。太子不答,咏左思《招隐诗》曰:'何必丝与竹,山水有清音。'"如果不熟悉,能这样脱口而出、应答如响吗?至于他对泛文学史的了解,在《文选序》中有清晰的表述,将在下文谈及。以下,从《昭明太子集》中举例,说明《文选》中的诗文被大量运用的情况:

1.《示云麾弟诗》:"白云飞兮江上阻。"按:《文选》卷四十五汉武帝《秋风辞》:"秋风起兮白云飞。"(以下,凡出于《昭明太子集》和

《文选》者,皆不注明页码。)

2. 同上诗:"流水派兮饶江渚。"按:郭璞《江赋》:"流九派乎浔阳。"

3.《东斋听讲诗》:"是节朱明季,灼烁治渠新。"按:应休琏《与从弟君苗君胄书》:"朱明之期,已复至矣。"左太冲《蜀都赋》:"晖丽灼烁。"

4. 同上诗:"霏云出翠岭,凉风起青苹。"按:谢灵运《石壁精舍还湖中作》:"林壑敛暝色,云霞收夕霏。"宋玉《风赋》:"夫风生于地,起于青苹之末。"

5.《讲席将毕赋三十韵诗依次用》:"暂舍六龙驾。"按:曹植《与吴季重书》:"思欲抑六龙之首,顿羲和之辔。"

6.《和上游钟山大爱敬寺诗》:"望云虽可识,日用岂能知?"按:班叔皮《王命论》:"秦皇东游以厌其气,吕后望云而知所处。"

7.《饯庾仲容诗》:"孙生陟阳道,吴子朝歌县。"按:《文选》有孙楚《征西官属送于陟阳侯作》、曹植《与吴季重书》,时吴质为朝歌长。

8.《答晋安王书》:"相如奏赋,孔璋呈檄,曹、刘异代,并号知音。发叹'凌云',兴言'愈病'。"按:江文通《别赋》:"赋有凌云之称。"司马相如奏《大人赋》,汉武帝"飘飘有凌云游天地之间意"(《史记·司马相如传》)。"愈病"指曹操正头痛卧床,一见陈琳之檄,翕然而起曰:"此愈我病。"①

9.《与晋安王纲令》:"皆海内之俊义,东序之秘宝。"按:陆士衡《演连珠》五十首之十三:"俊义之臣。"任彦升《为萧扬州荐士表》:"并东序之秘宝。"不仅在词句上,而且在篇章上,此《令》明显脱迹于曹丕《与吴质书》。两文皆先追悼逝者,一一给予评价。接着回忆相聚之乐:"昔日游处,行则连舆,止则接席"(《与吴质书》);"游处周旋,并淹岁序,造膝忠规,岂可胜说"(《与晋安王纲令》)。

---

① 以上"按"后之文,主要依照俞绍初《昭明太子集校注》。

都表达了伤惋之深清。又,萧统《七契》是仿曹植《七启》。亦有其他同名之作,如《鹦鹉赋》。再如《咏山涛王戎诗序》云:"颜生《五君咏》不取山涛、王戎,余聊咏之焉。"

10. 从文体看,《昭明太子集》五卷有诗赋等 10 类,原为 20 卷,当更多。

《昭明太子集》中继承《文选》之例极多,不能一一列举,仅上述 10 例就足以证明萧统对《文选》诗文之熟悉。这样,刘孝绰怎么可能主选政呢?

(四)文选楼学士的作用

当昭明太子有意编撰之后,学士协助应是合情理的,独编说难以成立。太子洗马、太子舍人等职务是专掌文记的,协助太子编撰应是他们职务范围内的事。再想想我们自己,在编书时不也会找几个助手吗? 学士的协助可能在三个方面:① 查找资料。"于时东宫有书几三万卷,名才并集,文学之盛,晋、宋以来未之有也"(《梁书》本传),昭明初步确定篇目后,这些诗文不 定都在他手边,让学士去查找。② 昭明让学士就篇目、文体等提供意见。③ 对《文选》诗文的语言进行修改。闻一多在《高唐神女传说之分析》注 7 首先引《文选·高唐赋》从开端"昔者楚襄王"至"号曰朝云",后曰:"此与《杂体诗》(按:指《文选》卷三十一江文通《杂体诗三十首·潘黄门岳》)注所引《宋玉集》最大的区别,在诗注所引'我帝季女'数语,此作'巫山之女',又无以下数语。考同书《别赋》注引《高唐赋》及《襄阳耆旧传》并与《杂体诗》注引略同。知《文选》所载,乃经昭明删节,非宋赋之旧,故不从之。"[1]钱锺书认为《文选》是昭明太子主编没有问题;在语言修改问题上,既有昭明之为,又有文选楼学士所为。前者,如钱氏评刘峻《追答刘秣陵沼书》说"实非《书》也","其为'重答书'之'序'甚明"。"本《书》想必嚣谇争辩,情词远逊。昭明遂割取弁语而弃置本文,却仍标原题。……此又昭

---

① 闻一多:《神话研究》,成都:巴蜀书社 2002 年版,第 29 页。

明选文剪删之例。"后者,如钱氏引朱彝尊《曝书亭集》卷五十二《书〈玉台新咏〉后》云:"《文选》所录《古诗十九首》,以《玉台新咏》勘之,其第十五首则《西门行》古词也。古词:'夫为乐,为乐当及时,何能坐愁怫郁,当复来兹。'而《文选》更之曰:'为乐当及时,何能待来兹!'古词:'贪财爱惜费。'《文选》更之曰:'愚者爱惜费!'古词:'自非仙人王子乔,计会寿命难与期。'《文选》更之曰:'仙人王子乔,难可与等期。'裁剪长短句作五言诗,移易其前后,皆出文选楼中学士之手。"①钱先生说:"选楼中学士非尽率尔漫与也。"②文选楼学士之改动,必上呈太子,得到太子首肯;不上呈,擅自做主,是不可想象的。

(五) 清水氏的几个例证不成立

除上述已提到的《刘先生墓志》和《头陀寺碑文》外,再谈两个具体问题。

1. 《广绝交论》的入《选》问题。清水氏认为刘孝绰主选政的一个重要根据是《广绝交论》下述之言:"自昔把臂之英,金兰之友,曾无羊舌下泣之仁,宁慕邴成分宅之德。"李善注:"此谓到洽兄弟也。刘孝绰《与诸弟书》曰:'任既假以吹嘘,各登清贯。任云亡未几,子侄漂流沟渠,洽等视之悠然,不相存赡。平原刘峻疾其苟且,乃广朱公叔《绝交论》焉。'"笔者以为,应扩大眼界,而不能只盯着这一个问题不放,应进行更广泛的思考,也许有利于问题的解决。

首先,从《广绝交论》是否符合萧统《文选》的选录标准出发,来审视其选入《文选》是否恰当。笔者认为,不论其思想内容,还是语言形式,《广绝交论》皆为上乘之作。此已有共识,不细论。又,类似《广绝交》之内容,《文选》还有。沈休文《冬节后至丞相第诣世子车中作》:"廉公失权势,门馆有虚盈。贵贱犹如此,况乃曲池平。"丞相指南齐豫章王萧嶷,高帝次子。世子指萧嶷长子萧子廉。首

---

① 钱锺书:《管锥编》,北京:中华书局1986年第2版,第1067页。
② 钱锺书:《管锥编》,第1285页。

句"廉公"当谐音萧子廉之"廉"。人生冷暖,沈约定感慨系之。如果一定要坚持《广绝交论》收入《文选》是刘孝绰报复到氏兄弟,那么,收入沈约此诗又是报复谁呢?

其次,刘孝绰有无可能借《广绝交论》报复到洽? 我们认为不可能,因为刘孝绰也得到过任昉的提携。《梁书·刘孝绰传》载:"天监初,起家著作佐郎。"任昉不仅是文坛领袖,而且极受武帝信任,"参掌大选"(《梁书·任昉传》),刘孝绰"起家"就是任昉推荐的结果。《南史·到溉传》:"昉还为御史中丞,后进皆宗之。时有彭城刘孝绰……车轨日至,号曰兰台聚。"但任昉死后,对其子弟的凄凉惨状却不闻不问而应加以谴责者,刘孝绰应是其一。如果说选入《广绝交论》,是刘孝绰报复到氏,那就是搬起石头砸自己的脚。刘孝绰会这么傻吗?

那么,为何人们都认为《广绝交论》指向到氏兄弟呢? 因为到氏得到任昉的"吹嘘"更多,且关系非同一般:任昉与到洽"申拜亲之礼"。所谓拜亲之礼,就是升堂拜母之礼,有点认干亲的意思。古代友谊深厚之人,相访时,则进入后堂,拜望对方的母亲。到洽有《赠任昉诗八章》,除赞美任昉的品德外,还写了三件事,其二是"升堂拜母":"范(式)张(劭)交好,升堂拜母。亦蒙吾贤,此眷之厚。恩犹兄弟,义实朋友。"任昉死于天监六年,到洽时为尚书殿中郎,完全有能力关照任昉之子,却闻而不问,所谓此一时彼一时。如果从人品来看,这也不奇怪,这正是《广绝交论》中论及的势交和量交。

又,《梁书·任昉传》载:"昉好交结,奖进士友,得其延誉者,率多升擢,故衣冠贵游,莫不争与交好,坐上宾客,恒有数十。"任昉本就清廉,坐上客"恒有数十",是要花钱的! 所以,《广绝交论》谴责的非只到氏兄弟和刘孝绰等人,而是世间的这种现象。萧统正是看到了《广绝交论》的巨大政治和人伦价值,为整肃社会风气,才录入《文选》的。直到今天,《广绝交论》仍不减其价值。

2. 关于《文选》与《闲情赋》的关系。此问题在第四章第五节讨论。

(六)《谢灵运传论》是否《文选》选录标准问题。此问题在第六节谈。

综上所述,清水氏提出一些自己的理解和诠释具体诗文以证刘孝绰是实际掌选政者,虽然有某些道理,很有启发性,但"时代背景"说过于广泛,"自我表现"说过于狭窄,"不受定评左右"说分析不足,"刘孝绰文学观"说以偏概全。其具体证据皆难以成立:《刘先生夫人墓志》已是千里大堤之蚁穴,但如只此一个蚁穴,尚不足溃千里之堤。对《头陀寺碑文》是刘孝绰徇私情的观点,就不是蚁穴,而是管涌了。《广绝交论》的误读,使大堤彻底崩溃。笔者认为,上文提到的1999年清水氏的那句话比较接近事实真相。

就萧统一方言,他对编撰《文选》十分重视,不仅有愿望,而且有渊博的知识,有较好的创作能力,有很高的审美眼光,有两次编撰文集的经验,有充裕的时间,有自信有主见,还亲力亲为,加之有坚实的文献记载,所以主编权非昭明太子莫属,他是《文选》主编的地位如泰山屹立,无可动摇。

第二节　中国人思维的独特性与《文选》审美的"贵族性"

在学习、研究《文选》之前,有两个认识问题应首先明确:一是中国人不同于西方人的思维特点,即整体性;二是《昭明文选》审美的"贵族性",即审美的自由性和高雅性;它与平民的通俗性相辅相成。

一、中国人思维的独特性与《文选》阅读

明确中国古人思维特点的独特性,是认识中国古代文化的前提,阅读、研究《昭明文选》不例外。换言之,不能先用外国的和现代人的思维来认识《文选》。而后,再用外国的和现代人的思维来

分析、评价《文选》。如果相反,先用现代人的思维来认识《文选》,先用外国的理论往《文选》上生搬硬套,就不能正确理解和评价《文选》的诗文和《文选》学中的问题。这并不是复古,不是排斥现代人的思维和外国的理论,恰恰相反,这是尊重国情,尊重历史。

为什么必须坚持这个认识的先后次序呢?因为中国古代文化是中国古人的思想成果,不是外国人的思想成果。具体说到《文选》,它是萧统的思想成果,其中的诗文是从先秦至梁代作者的思想成果,体现了我们中华民族的思维特点。这都是常识,似乎是些废话。但《文选》学习和研究中出现的诸多问题,比如把《文选》定为"文学总集"(见下文),恰恰是违反了这个次序,证明坚持这个认识次序的必要性。

那么,什么是中国古人的思维特点呢?一个词:整体性。有些人(包括笔者)对中国人思维特点的认识并不深刻,也不全面。笔者阅读钱穆先生的大作《晚学盲言》,深受启发,故郑重介绍以共勉。

钱氏是可以真正称为大师的人。他中国文化功底深厚,著作等身;周游世界,考查各国文化,故融通古今中外。在晚年目盲之后,把一生的思索总结而成《晚学盲言》。巨著的开篇《宇宙天地自然之部》论述的第一个问题就是《整体与部分》,可见对此问题之重视,应是全书的纲领。论述之言洋洋洒洒,近 16000 字,这里只能举其要。

钱氏第一句就说:"有整体有部分。但应先有了整体,才始有部分。并不是先有了部分,乃始合成为整体。如先有了天,乃始有春夏秋冬,非是先有了春夏秋冬,乃始合成一天。亦是先有了地,乃有山海川谷,非由山海川谷,合成一地。"对于人而言,"人体亦先由身之整体来产生出耳目口鼻胸腹手足各部分,非是由各部来拼凑成身体。"[1]这是符合人之发育生长规律的。从母亲受孕起,胎儿

---

[1] 钱穆:《晚学盲言》,北京:生活·读书·新知三联书店 2010 年版,第 3 页。

逐渐发育成型,起初是分不清耳目口鼻的,是浑沦一体的,而后才
逐渐形成四肢耳口。就像宇宙元始时期是浑沦状态,而后才轻清
者上升为天,重浊者下降为地一样。中国人的观念也是这样,即重
整体。"部分从整体生,不明其整体,即无法了解其部分。这是中
国人的观念。"①而"西方人看重部分,中国人则看重整体。"钱氏举
例说:"在医学上,西医更分别看重其身上之各部分,中医则看重其
各部分所合成之一整体。如西医重视血,中医重视气。血是具体
的,分别流行于身体之各部分。气则不具体,不能从身体各部分中
抽出一气来,气只是血之流通的一抽象功能。有了气,血才通。无
气则血不行。气绝则人死。中医重气,西医少提及。"②《灵枢经》
曰:"悲伤忧愁则心动,心动则五脏六腑皆摇。"中医之"心"并非指
心脏,而指抽象的精神。在《抽象与具体》一节,钱氏更进一步提出
中国人重抽象,西方人重分析。所以中国人的思维特点是整体性,
西方人的思维特点是分析性。中国人思维特点表现在学术上是这
样的:"中国学术思想即为寻求此一生命总体而加以认识,并求加
以充实发挥光大,此之谓道。道亦一体,而有生命性,故能不断继
续有其生长与变化。此体亦有部分,但各部分仍相会通,非可独
立,更不容相争。如古代经学,亦文亦史亦哲,有政治有社会有人
生,共相会通,《诗》三百首即然。若专以文学或政治视《诗经》,则
浅之乎其视《诗经》矣。《诗》然,《易》亦然,《尚书》《春秋》亦然。"这
里我们应注意的是,思维的整体性并非只是文史哲不分,而且"有
政治有社会有人生",是"一生命总体"。"若专以文学或政治视《诗
经》,则浅之乎其视《诗经》矣。"③范子烨先生《诗之声与乐之心:对
〈诗经〉"鼓簧诗"的还原阐释》亦指出:"由此或许可以获得对《诗
经》的全新认知——由兼容多民族文化而形成的本属礼乐经典的
《诗经》,近两千年来先被'窄化'为汉族文化经典,后又被'窄化'为

---

① 《晚学盲言》,第 4 页。
② 《晚学盲言》,第 3 页。
③ 《晚学盲言》,第 8 页。

儒家文化经典,最后被'窄化'为现代科学意义上的古代文学经典,并由此形成了三种强势的文化传统和多种复杂的学术格局,我们对此当进行全面而深刻的反思。"①同理,《昭明文选》"有政治有社会有人生","有生命性",若专以文学视之,"则浅之乎视"《文选》,窄之乎视《文选》矣! 钱氏又说:"西方学术又不然。必分别为各部分,而不成为一总全体。如文学,如哲学,如科学皆然。至如史学,必会通各部分各方面以成,故于西方学术史上属最后起。又有政治学、社会学,亦各分别独立。而中国又不然,宁有不通其他诸学,而可独立自成为一套政治学与社会学。此可谓之不知道,亦不知学矣。"②

　　为什么中国人的思维特点与西方人不同呢? 这是由地理和生产条件不同决定的。钱氏指出:"中西观念此一分别,最先应从其从事生产事业起。中国是一农业民族,耕种稻麦蔬果,畜养牛羊鸡豚,又凿池养鱼,在其观念中,各业总为谋生,实成一体,无多分别。西方乃是一商业民族,观念大不同。商人谋生,只从某部分着想,或卖布匹,或卖器皿,全从外面人所需来选择从事。只从整体中选择其部分,此是商人观念。古希腊人心理,应即如此。在此一观念中,引生起中西文化体系之大不同。"③

　　冯友兰对上述问题早有论述。1947 年他在美国讲学时出版《中国哲学简史》,其中亦谈及中国哲学的特点,亦即中国人的思维特点,虽比钱氏谈得简略,但某些方面可互相补充。冯氏也指出了中国人思维的独特性即"中国哲学家表达他们的思想的特殊方式"。特殊方式有二:一是这些言论和著作都很短,没有联系。如《论语》《老子》。这造成理解上的困难。"习惯于精密推理和详细论证的(外国)学生,要了解这些中国哲学到底在说什么,简直感到茫然",因为"这些言论、文章都不是正式的哲学著作"。这正是由

---

①　载《文学评论》2017 年第 4 期。
②　《晚学盲言》,第 8 页。
③　《晚学盲言》,第 5 页。

中国人思维的特殊性造成的。二是"中国哲学家习惯于用名言隽语、比喻例证的形式表达自己的思想","《老子》全书都是名言隽语,《庄子》各篇大都充满比喻例证"。"名言隽语、比喻例证就不够明晰。它们明晰不足而暗示有余,前者从后者得到补偿。当然,明晰与暗示是不可得兼的。一种表达,越是明晰,就越少暗示;正如一种表达,越是散文化,就越少诗意。正因为中国哲学家的言论、文章不很明晰,所以他们所暗示的几乎是无穷的。"冯氏接着指出:"富于暗示,而不是明晰得一览无余,是一切中国艺术的理想,诗歌、绘画以及其他无不如此。"冯氏指出了中国人思维特点及其表达方式的独特性及其与中国文学艺术的密切联系,就为我们理解《文选》的诗文打开了一扇门。也就是启示我们要用中国人的思维与表达方式来理解《文选》。冯氏具体解释说:"拿诗来说,诗人想要传达的往往不是诗中直接说了的,而是诗中没有说的。照中国的传统,好诗'言有尽而意无穷'。所以聪明的读者能读出诗的言外之意,能读出书的行间之意。"我们应成为这种"聪明的读者"。这就是我们阅读好的作品,读《文选》,百看不厌,总能有新的体会的原因,因为"暗示才耐人寻味。"①

　　笔者结合《文选》稍加解释。曹植《赠王粲》:"重阴润万物,何惧泽不周。""重阴"词面之义是浓云,由云而雨,润泽万物。而这里是比喻曹植之父曹操,说曹操的恩德普施众人。还有全诗皆为喻者。曹植《七哀诗》作于曹丕称帝以后,诗云:"明月照高楼,流光正徘徊。上有愁思妇,悲叹有馀哀。借问叹者谁? 言是宕子妻。君行逾十年,孤妾常独栖。君若清路尘,妾若浊水泥。浮沉各异势,会合何时谐?"从表面看,这是一首弃妇诗。但刘履指出:"子建与文帝同母骨肉,今乃浮沉异势,不相亲与,故以孤妾自喻。"这是中国诗文的特点,也是中国诗文的传统。如唐张籍《节妇吟》:"君知妾有夫,赠妾双明珠。……还君明珠双泪垂,恨不相逢未嫁时。"从

---

① 冯友兰:《中国哲学简史》,北京大学出版社 2013 年版,第 11 - 12 页。

字面看,是一位有夫之妇拒绝另一男人的追求。但有一个副题"寄东平李司空师道"。李师道是藩镇之一的节度使,独霸一方;又有检校司空、同中书门下平章事的头衔,职同宰相,可谓权势熏天。李东平想要张籍到藩镇为自己服务,许以高官厚禄(双明珠)。但割据藩镇,有独立倾向,张籍已在中央为官,忠于朝廷,又不想得罪他,既"还君明珠",又"恨不相逢未嫁时",极其含蓄而巧妙,"暗示才耐人寻味"。

这种特点产生的原因,冯氏也早论及了。他首先指出:"古代中国和希腊的哲学家不仅生活于不同的地理条件,也生活于不同的经济条件。"中国是大陆国家,以农业立国,农业是"本",商业是"末"。① 从事农业生产必"受到日月运行、四时相继的启发"。上古只分春秋二季,后来才细分为四季。这都影响了中国人的思维的内容和方法论。在谈及审美时,冯氏说:"'农'所要对付的,例如田地和庄稼,一切都是他们直接领悟的。他们淳朴而天真,珍贵他们如此直接领悟的东西。这就难怪他们的哲学家也一样,以对于事物的直接领悟作为他们哲学的出发点了。"儒家是一种"心灵状态,在其中,不定的直觉到的多方面的概念移入思想背景了",构成了其"哲学内容"。而"道家学说中,则是不定的未区分的审美连续体的概念构成了哲学内容"。我们可以补充说,这也是中国人审美的特点,这"基本上是'农'的概念"。② 中国传统将民分为四类:士、农、工、商。士虽然不实际种地,但他们通常是地主,国君是最大的地主,所谓"溥天之下莫非王土",收成的好坏与他们的命运直接相关,所以士的思想本质上"就是'农'的反应和看法",士有能力"把实际耕种的'农'所感受而自己不会表达的东西表达出来。这种表达采取了中国的哲学、文学、艺术的形式"。所以道家和儒家看起来是不同的两极,却是"同一轴杆的两极。两者都表达了农的渴望

---

① 《中国哲学简史》,第 16 - 17 页。
② 《中国哲学简史》,第 24 - 25 页。

和灵感,在方式上各有不同而已"。如《易传》说"寒来则暑往,暑往则寒来",《老子》说"反者道之动"。①

海洋国家与大陆国家不同。地理决定希腊人是商人。"商人要打交道的首先是用于商业账目的抽象数字,然后才是具体东西。只有通过这些数字才能直接掌握这些具体东西……他们发展了数学和数理推理。为什么他们有知识论问题,为什么他们的语言如此明晰,原因就在此。"②

对中国人思维文史哲不分的整体性,既要充分地认识其民族特点,又要给予积极的正确的评价。每个民族都有自己独特的东西,才构成了丰富多彩的世界。我们的哲学是民族智慧的结晶,是我们文化的象征。西方哲学家从胡塞尔到海德格尔,从罗素到维根斯坦,都认为我们的哲学是东方哲学的代表,具有非常优秀的传统。而我们中有些人却妄自菲薄。还要认识到,我们民族的思维不仅有整体性,也有分析性。中华民族是一个早熟的民族,到战国时代,哲人的思考在某些方面至今仍不能超越。想想《孟子》《荀子》《韩非子》《公孙龙子》的思辨吧!我们强调中华民族思维的整体性,既是为了更好地阅读《文选》,也可以提高我们的文化自信。

二、《文选》审美的"贵族性"

笔者在20世纪50年代于东北师范大学中文系学习中国古代文学史的时候,是不讲《文选》的,更不知《文选》学为何物。当然是受到"选学妖孽"的影响。那时及以后的很长时间,认为《文选》是贵族文学、形式主义文学,应该批判;提倡平民文学,面向工农兵。但讲中国古代文学史又离不开《文选》,所以学过《文选》的一些诗文。在中学时,我们就学过不为五斗米折腰的陶渊

---

① 《中国哲学简史》,第17-19页。
② 《中国哲学简史》,第26页。

明《归去来兮辞》和丘迟《与陈伯之书》等文章,不提《文选》尚可以理解。但到中文系,也不提《文选》就是不正常的了。最简单的例子是《古诗十九首》,十九首古诗是因收入《文选》才保留下来的。但是老师不提《文选》。在改革开放后,笔者看到过一部《文选》研究著作,书名是《贵族的御花园》。这就出现了一个问题:既然是贵族的御花园,与我们这些草根有什么关系?我们应该怎样认识这个问题?

说《文选》是贵族文学,是贵族的御花园,大错!从阶级出身看,萧统是梁武帝之下最大的贵族。他编撰《文选》自然是他思想的反映。在《文选》作者中也有贵族,他们的作品中也会有贵族思想的反映。但是,也有许多作者并非贵族。《古诗十九首》的作者就不是贵族,而是下层文人。再如陶渊明的祖先陶侃在晋朝是显贵的高官,他也以此为荣。但在晋末就破落了,以致到了“乞食”的地步。所以,如果单纯以出身来论《文选》,就大错特错了!此其一。其二,《文选》反映的主要是儒家思想,《文选》之根是儒家元典。儒家元典反映的思想不仅有我们不能接受的贵族思想,还有中华民族长期与自然和社会斗争产生的宝贵的生存经验,即它的核心价值观。而这些核心价值观有超时代性、超阶级性,只要人类存在,要和谐共处,幸福生活,就必须遵守这些核心价值观;反之,就要生乱。《文选》就艺术地、精彩地反映了这些核心价值观。所以,决不可以用“贵族”二字来整体否定《文选》的思想内容。其三,从审美的角度看,《文选》是一部优秀的泛文学总集,是宝贵的文化遗产,值得继承。决不能把《文选》看成只适合贵族的趣味,相反,它俱有中华民族共同喜欢的审美要求。

前面,谈及笔者学习中国古代文学史的情况,证明《文选》是想绕过去而绕不过去的。还有一件事很有趣,颇可启人思索。毛泽东非常喜欢读《文选》,一辈子反复读《文选》。1964 年春节中央召开教育座谈会,他坐在章士钊和黄炎培之间,以诙谐的语气对章士钊说:你手捧《古文辞类纂》不放,可谓“桐城谬种”,而我则上厕所也要翻几页《昭明文选》,故可自称"选学馀孽"。① 在李善注本《文选序》右下方的空白处,毛泽东写了四个字:"好文宜读。"毛泽东是诗人,古文水平很高,作为中共第一代领袖,他还用《文选》的篇章治国。这是极耐人寻味的。这件事再一次证明是不可以把《文选》简单地视为贵族文学的。

但是,如果在"贵族"的后面加上一个"性"字,就妥当了。这里的"贵族性"不是阶级上的意义,而是审美上的意义——审美的高雅性。也许有人会说,直接用"高雅性"不就行了,为什么要用"贵族性"呢?是不是为博人眼球?非也,因为它们的含意不同。有人说,要经过三代人,才能培养出一个真正的贵族。也就是说,成为一个真正的贵族不是有权有钱就行,它是指有贵族的素养和风度。现在不少有钱人实际是暴发户,也到所谓的贵族俱乐部去消遣,但他们的作派举止离贵族的素养和风度相差甚远,只能称为"土豪"。我们借用"贵族性"指审美的高雅水平,有两方面意义:一从作者看。他们诗文中的高雅——对偶、用典、韵律等语言美——不是一朝一夕得来的,要经过长期的学习训练,才能运用于诗文中,李善注的征引证明了这一点。二从读者看。要真正体会到前人诗文之美,高雅在何处,也要经过长期的学习(经过中学学习,而且大学生也很多了,应该不成大问题),一点一点积累起来的。否则,就像喜欢看二人转的人不能欣赏交响乐一样。我们用"贵族性"而不用"高雅性"的含意在此。为避免误会,才把"贵族性"三个字加上引号。从审美意义上说的"贵族性"是中国文学的特点之一,是一个宝贵的传统。

所谓文学艺术的"贵族性"和平民性,是不讲民主而是讲自由的。专制社会既不讲民主,又不讲自由,审美是一个例外,专制者不是不想统一审美标准,但统一不了。为什么?首先,爱美是人的天性,爱美之心人人皆有。"食色,性也。""食"是必需的,无食则人

---

① 王庆祥:《毛泽东、周恩来与溥仪》,长春:吉林人民出版社 2012 年版,第 249 页。

死;"色"也是必需的,无男女之事,则人类不能存在。这是肉体的。文学艺术的审美与此相似而不同。它属于精神上的饥渴,审美就是满足人的精神饥渴,是万物之灵之必须,否则,人与禽兽就没有区别了。其次,审美有两个特点:一是无功利性,二是纯粹个人的行为。无功利性就对他人不构成伤害,只为满足个人的精神需要:自我快乐。它与带有利益心的爱不同,有利益心的爱是谁给你利益,你就爱谁。而审美的爱作为一种心理反应于此完全不同——与他人无关,没有利害关系。再次,天性和无功利性结合就使审美具有了天然的自由性,所以,审美的本质就是对自由的追求。第四,对自由的追求就意味着对差别的认同。审美如同舌尖上的快乐,不同的人口味不同,应该得到尊重。《文选》卷三十一江淹《杂体诗》三十首之序已说:不能"论甘而忌辛,好丹而非素",应该"通方广恕,好远兼爱"。第五,真正的审美活动是对健康的人性的追求,是使美好的个性得到张扬,决不能相反。所以,不能无原则地肯定所有的欣赏对象。换言之,不能因为审美是个人行为,而任凭恶劣的有害的嗜好泛滥,正像毒品不能肯定一样。所以,审美自由如同其他自由一样不是无边界的。第六,审美的追求是求新求变。萧统《文选序》说:"若夫椎轮为大辂之始,大辂宁有椎轮之质;增冰为积水所成,积水曾微增冰之凛。何哉?盖踵其事而增华,变其本而加厉。物既有之,文亦宜然。"这个求新求变是一个永不停止的发展过程,也是文学艺术不停发展的动力,这个动力就是人的天性,就是人类追求自由的天性。最后,意识形态对审美追求有一定的影响,但阻止不了审美活动的发展。比如儒家正统的音乐观一直把郑卫之音视为有害的,说它是靡靡之音,亡国之音,而提倡中和之音。儒家的中和之乐实际上是一种节奏不快不慢、音域不高不低、符合所谓"中庸"的音乐,一定的时间内需要它,但总听它会使人厌倦。魏文侯说他听中和之乐昏昏欲睡,而听郑卫民歌就兴奋。还有一点应该指出,对郑卫之音的内涵,人们的理解并不相同,萧统的理解与孔子的理解就不同,这也是应注意的。以上所论,在《文选》中有充分地反映。所以《文选》"贵族性"的审美追求是使其成为经典的原因之一。

另外,文艺作品的审美不是欣赏的人越多越好,欣赏的人少就不好。它不像选举,选举以票多少来决定。审美却不是这样,恰恰相反,越是高雅的作品,能欣赏的人就越少。这个事实古人早就指出了。《文选》卷四十五宋玉《对楚王问》说:"客有歌于郢中者,其始曰《下里》《巴人》,国中属而和者数千人。其为《阳阿》《薤露》,国中属而和者数百人。其为《阳春》《白雪》,国中属而和者,不过数人而已。是其曲弥高,其和弥寡。"一般引用者到此为止。为说明更多问题,笔者继续引用:"故鸟有凤而鱼有鲲。凤皇上击九千里,绝云霓,负苍天,足乱浮云,翱翔乎杳冥之上。夫蕃篱之鷃,岂能与之料天地之高哉!鲲鱼朝发昆仑之墟,暴鬐于碣石,暮宿于孟诸。夫尺泽之鲵,岂能与之量江海之大哉!故非独鸟有凤而鱼有鲲也,士亦有之。夫圣人瑰意琦行,超然独处,世俗之民又安知臣子之所为哉!"上文提到中国古人表达方式之一是多用比喻例证,这是一个非常好的证据。宋玉的本意并不在文艺欣赏,而在以此为己辩护,回击"世俗之民"认为他"有遗行"即品德不端的批评。但他并不首先亮明自己的观点,而是先讲了一个发生在"郢中"这个楚襄王十分熟悉的故事,很有说服力。接着又用比喻,把自己比作凤鲲,把批评他的人比作鷃鲵。最后才引出"士",甚至把自己与"圣人"同列,水到渠成。如果宋玉先就说自己是圣人会怎样?楚襄王一定大怒!因为那时的文人不过是弄臣——近似小丑,逗君王开心——之流。宋玉的聪明才智表现于此,文学的"贵族性"也表现于此。所以,《文选》不仅使我们欣赏到高雅的作品,而且教给我们如何为人处事,如何处理突然出现的危机。中国人是有诗心的。诗心滥觞于《诗经》,唐诗是大海。唐诗是有长江、黄河才成为大海的,而《文选》就是长江、黄河,唐诗是得到《文选》滋润的。李祥的《杜诗证选》《韩诗证选》是其例。

　　"贵族性"即高雅的文学艺术必须得到尊重,通俗的即平民的文学艺术也必须得到尊重。认为平民文学低下而鄙弃之是不对的,认为高雅文学艺术是贵族的同样不对,"数千人"和"数人"必须兼顾。雅与俗是对立的统一。就以被尊为"经"的《诗三百》来说,其中的《国风》原是民歌,是被孔子或乐师加工整理才成为我们看到的样子。《文选·古诗十九首》也是民间创作,被基层文人加工成为现在的样子。而雅与俗是可以转换的,雅对提高俗是有作用的。光有雅,没有俗,不行,反之亦然。我们试想一下,《卖拐》之类的小品风靡一时,然而如果舞台长期,甚至永远让它们占据,中国的文学艺术会是个什么样子? 所以,我们必须尊重平民的文学艺术和平民的审美趣味,但不可以停留在这个水平。

　　读《文选》就是读高雅的作品,其审美标准是很高的。但《文选》不都是难读的,也有不少易读的诗文,是"贵族性"和平民性完美的结合。另一个好例子是《陶渊明集》。读《文选》能提升我们的欣赏水平,享受古典诗文高雅的快乐,也能使我们的精神净化和升华。而且,欣赏、研究《文选》可以积累丰富的文化文学知识,会给阅读梁代以后的诗文提供大量的资讯,减少许多困难,所谓"会当凌绝顶,一览众山小"也。

第三节　《文选》简介

一、作者作品数目

　　我们评价萧统的贡献,首先要对他编的《文选》有一个大致的了解。比如《文选》收录的作者有多少人及其时代;作品有多少篇及其概况;文体有多少类;收录作品的真伪,等等。有的问题很简单,有的问题很复杂。不论简单,还是复杂,都有些问题有待澄清和讨论。本节从简单的问题谈起。

（一）作者人数

1. 有姓名者计 130 人。

2. 无名氏者有 5 篇作品：《饮马长城窟行》《君子行》《伤歌行》《长歌行》《古诗十九首》。（据六臣注本。）

对上述，有如下说明：

作者 130 人，这是清代学者汪师韩在其选学名著《文选理学权舆》中首先统计出来的，经过我们反复查证，这个统计是正确的。但在选学著作中，或有疏漏，或有错误。比如骆鸿凯《文选学》在《撰人第五》中，在谢惠连与范蔚宗之间，脱了谢灵运及其作品篇名，实际上成了 129 人。再如斯波六郎主编、李庆译《文选索引》之《作者索引》，共 132 人。其中有萧统之名。萧统写了《文选序》，列入作者，作为索引还可以；但作为《文选》作品中之作者是不能列入的。其中还有一处错误，即把何敬宗、何敬祖作为两个人是不对的，应是何敬祖一个人。李善注胡克家本《文选》中犯了同样的错误，《文选索引》依胡刻本编，其误当来于此。当然，以上骆氏和斯波氏的疏忽都很小，不减其贡献。此处只是一个小小的提醒。

作者人数还有一种提法是"130 多人"。这个"多"字，应是包括了无名氏者。这无名氏到底是多少人，没有统一的说法。如果把乐府诗每一首作为一个作者计算，是 4 人，再加上《古诗十九首》19 人，是 23 人。但又有说法是《古诗十九首》中有几首是一个人作的，有争论。所以我们认为说 130 多人就可以了。

（二）作品数目

凡录入《文选》的作品，在萧统看来，都是符合其选录标准"事出于沉思，义归乎翰藻"的"清英"佳作，但各朝代录入的作者人数不同，录入篇章的数目相差悬殊。从此可见萧统更看重哪些作者和诗文；可见哪些作者在中国文学史和文章史中贡献更大。但限于本评传的体例，不能一一列出。笔者只对篇章的数目进行统计，是因为这个看似简单的问题，每个人的统计数都不一样。笔者对已有的统计数目，参照《文选》，以不同的方法进行统计，并做出必要的说明,以求得一个较为准确的数目。

统计方法分两种,一是以"篇"为单位,一是以"首"为单位。

我们把胡刻本总目录和分卷目录,并与六臣本目录相互参照,以首算,是 753 首;以篇算,是 584 篇。有关问题,说明如下:

在不同的著作索引中,因统计的方法不同,诗文数有差别。有时"篇"与"首"一致,如《古诗十九首》,诗一直到现在仍称首,可算是十九篇。但有时不一致,如曹植有《七启八首》,《七启》是一篇作品,不是八篇作品。再如曹植《责躬诗》《应诏诗》之前有《上责躬应诏诗表》,胡刻本、六臣本总目录和卷二十的分目录中无此《表》,只有《上责躬诗》一首和《应诏诗》一首。但在正文中却出现了《上责躬应诏诗表》,之后才是《责躬诗》和《应诏诗》,不论按"首"或按"篇"计皆应为三。

(三) 作品赖以保存

中国古籍浩如烟海,在流传过程中遗失的太多太多。由明成祖朱棣命谢缙等编纂的《永乐大典》,这样的大型文献在战乱中焚毁、散失很多,更不要说其他了。《文选》版本很多,但有些版本也失传了。因其已成为经典,印量极大,得以长期流传。其中有些作品并非名家之作,如乐府诗,特别是《古诗十九首》,是民间创作或底层文人的作品,幸赖收入《文选》而得以流传。《古诗十九首》是非常优秀的作品,在中国诗歌史上占有重要地位,成为专门的研究对象。也有名家的作品因收入《文选》而赖以保存。明代学者焦竑《题谢康乐集后》说"《谢康乐集》世久不传,其见《文选》者诗四十首止耳",后又经他人搜求,才得以"辑成合刻之"。这些作品如果没有录入《文选》,也许会湮没无闻。这是《文选》的另一大贡献。

二、文体简介

萧统《文选》文体共计 39 类,按大类分为四:赋、诗、骚、文。萧统就是这样分的。也有分三类的,把骚归入诗,因为现在我们都认为《离骚》是诗。但骚类中的《渔父》《招魂》等显然不是诗,故下面按四大类介绍,在大类下介绍小类。

(一)赋。赋者,铺也。铺张扬厉是赋的特点。作者31人。依李善注《文选》60卷(以下的卷次皆以此为准),赋占18.5卷,萧统依内容分为15个小类:京都、郊祀、畋猎、耕籍、纪引、游览、宫殿、江海、物色、鸟兽、志、哀伤、论文、音乐、情。

按照文学史的发展顺序,诗在赋前,为什么在《文选》里以赋为首呢?有一种说法认为,赋最能体现作家的才华。《北史·魏收传》魏收说:"会须能作赋,始成大才士。"这是不错的,但不全面。班固指出:"赋者,古诗之流也。"萧统《文选序》说:"古诗之作,今则全取赋名。"这不仅指赋是《诗》的六艺之一,而且也继承了《诗》的雅正传统。章学诚又指出:"赋家者流,纵横之派别而兼诸子之余风,此其所以异于后世辞章之士也。故论文于战国而下,贵求作者之意指,而不可拘于形貌也。"①这才比较全面。

我们不可能在此对《文选·赋》进行全面介绍,刘勰《文心雕龙·诠赋》可以作为我们认识《文选·赋》的坐标。他说:"夫京殿苑猎、述行序志,并体国经野,义尚光大。既履端于倡序,亦归馀于总乱。序以建言,首引情本;乱以理篇,迭致文契。按《那》之卒章,闵马称'乱'。故知殷人辑《颂》,楚人理赋。斯并鸿裁之寰域,雅文之枢辖也。至于草区禽族,庶品杂类,则触兴致情,因变取会。拟诸形容,则言务纤密;象其物宜,则理贵侧附。斯又小制区畛,奇巧之机要也。"可以把这一段话视为对《文选·赋》的总体概括;反之,也可以把《文选·赋》视为这一段话的基本体现。赋分大小。"京殿、苑猎、述行、述志"是《文选·赋》中"体国经野,义尚光大"的"鸿裁"大赋。"草区禽族,庶品杂类"是《文选·赋》中"触兴致情,因变取会"的"小制"即小赋。大赋不仅是"鸿裁",而且政治、社会意义都比小赋高。大赋的意义首在"建言",即班固《两都赋序》说的"或以抒下情而通讽谕,或以宣上德而尽忠孝",明确指出:"亦雅颂之

① 章学诚著,叶瑛校注:《文史通义校注》,第80页。

亚也"。赋的作用是"体国经野",而"义尚光大",即"义"在"体国经野",使"国"、"野""光大",政治目的是十分明确的。当然,政治意图不是空洞的说教,要与"翰藻"结合,"词必巧丽,丽词雅义,符采相胜"(《诠赋》)。赋由"鸿裁"逐渐发展出抒情写物的"小制"。《文选》之小赋亦是名篇佳作。还要指出的是,我们如果把《文选·赋》与后人的赋作加以比较,就会发现,不论在内容或艺术手法上,后人的赋作皆未超出《文选·赋》的畛域,这是《文选》成为经典的原因之一。

就赋体所收之作品言,必以篇名中有"赋"字者才收入,说明萧统对赋体之界定是很严格的。后人对此有诟病,如认为"骚""七"等文体皆可归入赋类。这是不顾历史发展的苛责。萧统的做法不仅最符合作者的原意,而且是那个时代的共识,萧统也有自己的判断。否则,就会造成文体混淆。(参见后文关于"文"类的介绍。)

(二)诗。《文选·诗》占 22.5 卷(卷十九赋、诗各一半)。作者67 人。依内容和形式共有 23 小类:补亡、述德、劝励、献诗、公讌、祖饯、咏史、百一、游仙、招隐、反招隐、游览、咏怀、哀伤、赠答、行旅、军戎、郊庙、乐府、挽歌、杂歌、杂诗、杂拟。

谣(徒歌)谚(谚语)皆为韵语,是诗歌之源。《诗三百》是中国诗歌之祖。萧统未从中选录,为什么呢? 他在《文选序》中说得很清楚:"若夫姬公之籍,孔父之书,与日月俱悬,鬼神争奥,孝敬之准式,人伦之师友,岂可重以芟夷,加之剪截?"《诗》是孔父手定,地位太崇高了,不可以"芟夷""剪截"。为了弥补这个缺憾,他把束广微《补亡诗》作为诗之首。由此可见萧统对儒家元典的重视,也证明《文选》之根是儒家元典。既然《诗》不可"剪截",从文学发展史看,诗的创作到后汉的班固仍然是"质木无文",到建安时期才出现了创作高峰。笔者推测,这可能是把诗放在赋之后的原因。

《文选序》曰:"诗者,盖志之所之者也,情动于中而形于言。"道出了中国诗的特点。"诗"字《说文》古文字形的右边是"言",左边是"之",不是"寺"。依段玉裁的解释,古文"之"后来变形为"寺"字上面的"土",省略了"寸"。"之"是动词,从这里到那里的意思。用做抽象的意义,就是"情动于中而形于言"。《诗经》是合乐的,有韵律有节奏。有人说《诗》之妙,妙在情"。所以,抒情是中国诗的特点。欧洲的古诗不同,其源头是古希腊的史诗,如《伊利亚特》《奥德赛》,用韵语讲英雄故事。《诗经》也有史诗,但很少很短。后来的诗继承《诗经》的传统,以抒情为主。像《木兰诗》在中国诗中不占主流。《文心雕龙·明诗》云:"诗者,持也,持人性情。《三百》之蔽,义归'无邪',持之为训,有符焉尔。"这里的"持人性情",就是以"无邪"来约束读者,着重于道德接受。这不错,但不可片面。如果只是思想正确,去读五经就是了,还读什么诗?萧统非常重视《文选》的审美作用,《文选序》说:"众制峰起,源流间出。譬陶匏异器,并为入耳之娱,黼黻不同,俱为悦目之玩。"

过去,对六朝文学评价很低,现在已大有好转。其实早就有人提出不同意见。清吴淇《六朝选诗定论·周亮工序》说:"(《文选·诗》)网罗数代,折衷雅则,其于诗道殚悉能事,盖有不可没者。观有唐一代,辈起杰出,启变化于无方,得之'选诗'者固十之六七也。然世之论者详于唐而略于《选》,溺流而忘源,夫岂说诗之正则哉!"①从诗歌发展史看,如果说唐诗是珠穆朗玛峰的话,《文选·诗》就是从中原走向了西藏高原,换句话,不上西藏高原,就登不上珠穆朗玛峰。

(三)骚。骚类占两卷,第三十二和三十三卷。作者3人。骚,指《离骚》和屈原、宋玉及其他收在《楚辞章句》中的作品,也就是我们通常说的《楚辞》。

《文心雕龙·辨骚》说:"自《风》《雅》寝声,莫或抽绪;奇文郁起,其《离骚》哉!固已轩翥《诗》人之后,奋飞辞家之前,岂其去圣之未远,而楚人之多才乎?"刘勰告诉我们,是《诗》断流之后,屈原继承了《诗》的传统,又因为他是"楚人",而楚地巫风甚盛,又"多

---

① 吴淇著,汪俊、黄进德点校:《六朝选诗定论》,扬州:广陵书社2009年版。

才",创造了《离骚》,中国第一首长篇浪漫主义诗歌。屈原在"《诗》人之后",在"辞家之前",成为楚辞之祖,是中国彪炳史册的伟大诗人。但刘勰的意见有不确处。刘勰此说是承袭后汉王逸《楚词章句叙》而来。"楚辞"的出现,不完全是因为"去圣未远",承圣人的"诗教"才出现的;而是以楚国自己的诗歌为基础,又受到北方文化的影响才出现的,有自己的发展历史,有楚国独特的民族传统。其特点是"书楚语,作楚声,纪楚地,名楚物"(黄伯思《翼骚序》),导源于楚地民族,成就者是屈原。《文选序》指出:"又楚人屈原,含忠履洁。君匪从流,臣进逆耳,深思远虑,遂放湘南。耿介之意既伤,壹郁之怀靡愬。临渊有怀沙之志,吟泽有憔悴之容。骚人之文,自兹而作。"高度评价了屈原的人品和作品。以屈原为代表的《楚辞》历来受推崇。淮南子刘安为之作《离骚传》,汉代王逸尊之为"经",称《离骚经》。沈约《宋书·谢灵运传论》说:"屈平、宋玉,导清源于前……英辞润金石,高义薄云天。"清人章学诚《文史通义》卷一"内篇一"说:"文人情深于《诗》《骚》,古今一也。"

屈原作品有两大特点:一是爱楚国之心至死不变。他在汨罗江的伟大一跃,惊天动地。梁启超说:"研究屈原,应当以他的自杀为出发点。"二是楚地巫风特盛,这在屈原作品中有突出的反映,其中之一就是人神之恋和人神相通。刘勰说:"至于托云龙,说迂怪,丰隆求宓妃,鸩鸟媒娀女,诡异之辞也。康回(共工名)倾地,夷羿彃(bì 射)日,木夫九首,土伯三目,谲怪之谈也。"(《辨骚》)这种神秘主义的特征,为屈原所特有,这是把巫师的话语化而为诗,亦是《离骚》最突出的特征。

认识屈原,还有三点可注意:

第一,屈原不仅是伟大诗人,而且是一位学者,是"子"。朱自清在《经典常谈·辞赋第十一》中指出:"他其实也是一子,也是一家之学。"这一点尚未进行充分的研究。杨义《屈子楚辞还原》之《屈原的历史文化意识》一节有较多论述。因不属于本书范畴,不做介绍。

第二，个别人攻击屈原，班固是代表者。他说屈原"露才扬己"，暴露君主之恶："责数怀王，怨恶椒、兰，愁神苦思，强非其人，忿怼不容，沉江而死，亦贬絜狂狷景行之士。"王逸反驳说："《国风》好色而不淫，《小雅》怨诽而不乱，若《离骚》者，可谓兼之矣。"又曰："蝉蜕于浊秽之中，以浮游尘埃之外，不获世之滋垢，皭然泥而不滓。推此志，虽与日月争光可也。"司马迁《史记》引此评价屈原。

第三，否定屈原的真实存在。杨义《领悟〈楚辞〉精湛的文化内涵》指出："屈子《楚辞》……并非如'屈原否定论'者根据某种不搭界的西方理论而臆说的'箭垛式人物'。"这种屈原否定论早就遭到了众多学者的有力反驳。杨义在《屈子楚辞还原》中考察了屈原的世系。《离骚》首句："帝高阳之苗裔兮，朕皇考曰伯庸。"杨先生针对伯庸是屈原父亲的观点指出："所谓'伯庸'乃是楚武王长子，封于夔子国，夔字的促音（入声）就是'屈'……封于夔子国的伯庸之长子莫敖屈瑕，成为屈氏家族得姓氏的始祖。"杨先生还叙述了《楚辞》由南向北的传承顺序，不再俱引。①

从以上论述可以肯定的是，萧统见到了班固攻击屈原的言论，因为他一定见到了王逸的《楚辞章句》。但萧统还是选入屈原的作品，并给予高度评价，足见其高明之识。

（四）文。此部分从第三十四至六十卷。作者79人。依文体之小类分为36类：七、诏、册、令、教、策秀才文、表、上书、启、弹事、笺、奏记、书、移、檄、难、对问、设论、辞、序、颂、赞、符命、史论、史述赞、论、连珠、箴、铭、诔、哀、碑文、墓志、行状、吊文、祭文。

从上面"文"的小类别中，我们可以发现，只有少数可归入文学，大部分是议论文或应用文，是实用性的，不能称为文学，只能称为文章。在古代，文章包含今天的文学和文章。所以，"文选"之

---

① 可参见杨义：《屈子楚辞还原·〈史记·屈原贾生列传〉笺证》，北京：中国社会出版社2016年版。

"文"有三个层次的含义：第一是《文选》全部诗文之"文"；第二是文学即赋、诗、骚之"文"；第三是实用性之"文"。第二层次也分成小类，但那是根据内容分的，与第三不同。第三个层次的 36 类都是以文体划分的，所以与赋、诗、骚三种文体合成共 39 种文体，即《文选》的全部文体。

中国是诗的王国，也是文章王国，在世界上无与伦比。文章不论古今，作用都比文学大，我们应该认识文章的重要性。

这些实用性很强的文章选入《文选》，原因有三：一是有很强的文学性，二是用途很广，三是政治思想性很强。萧统《文选序》在谈了"老庄之作，管孟之流"，"贤人之美辞，忠臣之抗直"云云不选，因为，一是它们"以立意为宗，不能以文为本"；二是他已有了四部分类的观念，即只选集部，不选经、史、子部。那为什么把"赞论"、"序述"录入呢？因为它们能"综缉辞采"、"错比文华"。这里强调的是"辞采"、"文华"，而且能"综缉"、能"错比"，运用得十分完美，因而符合萧统的选文标准："事出于沉思，义归乎翰藻。"由此可见萧统比他人更加重视文学性，这是进步的文章观。但我们也不能因此而称它们是文学作品。此其一。其二，文章的用途很广。在唐宋时期，《文选》的作用如今日的语文课本，是为了参加科举考试，以求仕进。进士科最受重视，除了考诗赋以外，还要考实用性的文章，如策秀才文之类。当官以后，笺表之类是必用的。在生活中，书、论、哀、诔之文，也是常用的。再如《过秦论》《四子讲德论》《圣主得贤臣颂》《齐竟陵文宣王行状》等，政治性很强；《广绝交论》的社会思想性很强；《毛诗序》《尚书序》《头陀寺碑文》等，学术价值很高。《文选》都提供了范式。

在这 36 类里，从今天看，有一小部分应属于文学作品，如七、对问、设论、辞、连珠之体。这与那个时代的文体观念有关。如"七"，后人认为属于赋。但在萧统的时代，从未作如是观。又有人说"七"不应设为一体。如章学诚对《文选》分类进行了猛烈攻击："淆乱芜秽，不可殚诘。"他针对"七"体说："《七林》之文，皆设问也。

今以枚生发问有七,而遂标为'七',则《九歌》《九章》《九辩》,亦可标为'九'乎?"①看似有理,其实是不顾历史发展的吹毛求疵。在《文心雕龙》中,刘勰就把"七"、"对问"、"连珠"三种归入《杂文》篇来讨论。在新时期的《文选》学研究中,王存信最早进行了辨正。梁代任昉有《文章始》,又名《文章缘起》(此书已佚,有辑本)。《文章缘起》有 85 种文体。王先生指出:"任昉的分类,基本上是按秦汉以来所涉及的各种文章来划分的……《文选》的分类是在很大程度上接受了《文章始》的启发和影响。"②

任昉是萧统同时代人,死于萧统之前。《文选》录其 19 篇作品。受到他影响是很自然的。但我们应看到,萧统对此有继承,如《文章始》有"七",《文选》亦有"七";亦有发展,《文选》有 39 种文体,比《文章始》少 46 种。这是一个很大的发展。王先生指出:"《文心雕龙》和《文选》的出现,达到了这一时期文体分类的高峰,成为隋唐以前文体分类与研究的模式。"《文选》文体分类确有可商量之处,但是我们切不可忘记历史的继承与发展,不可以后人的眼光来苛求《文选》。萧统不仅在选文定篇上有巨大贡献,在分体分类上亦有不可磨灭的功绩。

三、伪作问题

(一) 关于李陵《与苏武诗三首》和苏武《诗四首》。这些诗既不是李陵的作品,也不是苏武的作品。故逯钦立师在《先秦汉魏晋南北朝诗·李陵录别诗二十一首》中指出:"宋、齐人凡称举摹拟古人诗者,亦只有李陵而无苏武。据此,流传晋、齐之李陵众作,至梁始析出苏诗,然仍附《李陵集》。昭明即据此选篇也。以出于李集,故《文选》苏武各诗他书尚有引作李陵诗者。"这说明萧统选入时及后代人,并未认为是伪作。例如萧子显《南齐书·文学传论》说:"李

---

① 章学诚著,叶瑛校注:《文史通义校注》,第 81 页。
② 赵福海主编:《文选学论集》,长春:时代文艺出版社 1992 年版,第 352 - 353 页。

卿离辞,五言才骨,难与争鹜。"唐代佚名《古文苑》李陵录别诗十首
附在《汉诗》卷十;明代冯惟讷《古诗纪》依《文选》编录苏、李诗七首
于《汉诗》卷二;直到清代丁福保《全汉诗》仍录入。逯师说:"前贤
如苏轼、顾炎武等皆疑之固是,然亦未能释此疑难也。钦立曩写
《汉诗别录》一文,曾就此组诗之题旨内容用语修辞等,证明其为后
汉末年文士之作。依据《古今同姓名录》,后汉亦有李陵其人,固不
止两京之少卿也。以少卿最知名,故后人以此组诗附之耳。"①我们
认为是可信的。

(二)孔安国《尚书序》。骆鸿凯指出:"此本东晋梅赜所上《伪
古文书序》。然其案自清阎若璩、惠定宇诸人著书考论,始成定谳。
若昭明时,固无不信以为真也。"②就是说,萧统也是沿袭前人之误。

(三)《长门赋》非伪作。对司马相如《长门赋》是否伪作一直有
争论,多人认为不是司马相如的作品,根据是《南齐书·陆厥传》陆
厥《与沈约书》:"《长门》《上林》,殆非一家之赋。"彻底解决这个问
题的是力之先生。力之把这一句话与后面的话进行了全面分析,
指出陆厥信的意思是看似不像同一作家的作品,其实皆为一人之
手笔。其结论是:"陆厥既然在致当时之大文豪沈约书中,以《长门
赋》与《上林赋》对举来说明司马相如之文有不同风格者,则《长门
赋》为司马相如所作便不只是其一家之说,而应是当时之定论。"③
我们赞同这个意见。这里要补充的是,许多著名学者之所以误读,
原因之一是忽略了"殆非"之"殆"字。此处之"殆"是疑惑之义,即
使人怀疑不是同一人的作品,并非肯定语气,与后文联系,就更清
楚了。

从上述对《文选》内容的简介中,可以证明萧统编撰的《文选》
是一部最为优秀的文学和文章总集,亦可称为泛文学总集。它从

---

① 逯钦立:《先秦汉魏晋南北朝诗》,北京:中华书局1983年版,第336-337页。
② 骆鸿凯:《文选学》,北京:中华书局1989年版,第32页。
③ 中国《文选》学研究会编:《文选与文选学》,北京:学苑出版社2003年版,第
324-328页。

先秦起,直至梁代,"八代名篇此尽储,正如乳酪取醍醐"。虽然它也有某些不足,但在总集中无与伦比。它虽在"五四"期间被诬为"选学妖孽",但事实证明它堪与日月争光。

四、读《文选》识风尚

在大致了解《文选》内容后,进入诗文阅读时,还要注意六朝文之风尚。对六朝文风崇尚什么,先有一些理性认识,就会对《文选》表现出的这些问题有比较自觉的注意;反之,通过《文选》反映出的这些具体例证,也会对六朝文风有更深入的认识。这个互动的过程可以使我们更好地理解《文选》写作上的特点。六朝是一个美文时代,《文选》就是时代的美文集。其美文的特点,从总的方面说主要是讲究骈偶。从具体方面说,还有一些遣词造句上的特点。

(一)总体特点

1. 主骈偶。所谓骈偶,就是句子两两成双。物皆成双,自然之理也。《文心雕龙·丽辞》:"造化赋形,支体必双;神理为用,事不孤立。"汉语和汉字的特点为骈偶句形成提供了天然的条件。刘勰又说:"夫心生文辞,运裁百虑,高下相须,自然成对。"骈偶之用,自古为然,唐虞之世已如此。"唐虞之世,辞未极文,而皋陶赞云:罪疑惟轻,功疑惟重。益陈谟云:满招损,谦受益。岂营丽辞?率然对耳。"所谓"率然",就是不经意,脱口而出。又曰:"《易》之文系,圣人之妙思也:序乾四德,则句句相衔;龙虎类感,则字字相俪;乾坤易简,则宛转相承;日月往来,则隔行悬合;虽句字或殊,而偶意一也。"所谓"文系",指《易》《文言》《系辞》(参见第六节"二、《文选》选文标准另外两种意见"之(四))。"龙虎类感",范文澜《文心雕龙注》说:"原丽辞之起,出于人心之能联想。既思云从龙,类及风从虎。"[①]刘勰说:"奇偶适变;不劳经营。"强调其自然而然,"心生文辞"是"自然成对"。这种骈偶的特点,后人自觉把握,"自扬

---

① 范文澜:《文心雕龙注》,北京:人民文学出版社 1978 年版,第 590 页。

（雄）、马（司马相如）、张（衡）、蔡（邕），崇盛丽辞，如宋画（宋人之绘画）吴冶（干将冶锻利剑），刻形镂法，丽句与深采并流，偶意共逸韵俱发。至魏晋群才，析句弥密，联字合趣，剖毫析厘。然契机者入巧，浮假者无功。"刘勰举例说："长卿《上林赋》云：'修容乎礼园，翱翔乎书圃。'此言对之类也。宋玉《神女赋》云：'毛嫱鄣袂，不足程式；西施掩面，比之无色。'此事对之类也。仲宣《登楼》云：'钟仪幽而楚奏，庄舄显而越吟。'此反对之类也。孟阳《七哀》云：'汉祖想枌榆（枌榆，刘邦故乡），光武思白水（白水，县名，刘秀起兵之处）。'此正对之类也。"上述之例，除张孟阳《七哀诗》外，皆存《文选》。卷二十三有张孟阳《七哀诗》二首，有此两句之诗不载，因而失传，亦可见《文选》之功。

2. 尚用典。用典包括语典和事典。语典即前人已用过的成词。事典包括史实、掌故、寓言、神话等。这从李善注的征引可以看出。用典的作用是"据事以类义，援古以证今"（《文心雕龙·事类》）。既可增强说服力，又能提升诗文之美。用典经历了一个从无到有的过程："观夫屈宋属篇，号依《诗》人，虽引古事而莫取旧辞。唯贾谊《鵩赋》，始用《鹖冠》之说；相如《上林》，撮引李斯之书；此万分之一会也。"（《文心雕龙·事类》）《鵩鸟赋》："忧喜聚门兮，吉凶同域。"善曰："《鹖冠子》曰：忧喜聚门，吉凶同域。""李斯之书"指《上书秦始皇》（又称《谏逐客书》）："建翠凤之旗，树灵鼍之鼓。"《上林赋》："建翠华之旗，树灵鼍之鼓。"西汉用旧辞情况较少。东汉以后渐多："及扬雄《六官箴》，颇酌于《诗》《书》；刘歆《遂初赋》，历叙于纪传；渐渐综采矣。至于崔（骃）、班（固）、张（衡）、蔡（邕），遂捃摭经史，华实布濩（散布），因书立功，皆后人之范式也。"（《文心雕龙·事类》）刘勰所举贾谊、司马相如等六人，都是用典高手，《文选》皆有入录。

3. 讲声律。《文心雕龙·声律》云："夫音律所始，本于人声者也。声含宫商，肇自气血，先王因之，以制乐歌。故知器写人声，声非学器者也。故言语者，文章神明枢机，吐纳律吕，唇吻而已。"刘勰的意思是强调声律出自"人声","声含宫商,肇自气血",所以诗文讲究声律之美是自然的也是必然的。讲声律,最初主要是便于记忆。范文澜注曰:"古代竹帛繁重,学术传授,多凭口耳,故韵语杂出,藻绘纷陈,自《易》之《文言》《系辞》,以及百家诸子,大率如此。"[1]开始是不自觉或半自觉。自佛教东传,受到梵呗影响,遂自觉探求汉语之声律,陈思王曹植多有贡献。范文澜说:"作文始用声律,实当推原于陈王也。"举例说:"子建集中如《赠白马王彪》云:'孤魂翔故城,灵柩寄京师。'《情诗》:'游鱼潜绿水,翔鸟薄天飞。始出严霜结,今来白露晞。'皆音节和谐,岂尽出暗合哉。"[2]南朝齐武帝永明时期形成一种新诗体叫永明体,特点是讲究声韵,即四声八病之说。《文选》卷五十沈约《宋书谢灵运传论》指出:"夫五色相宜,八音协畅,由乎玄黄律吕,各适物宜。欲使宫羽相变,低昂舛节,若前有浮声(清音),则后须切响(浊音)。一简之内,音韵尽殊,两句之中,轻重悉异。妙达此旨,始可言文。"举例说:"子建'函京'之作(曹植《赠丁仪王粲诗》有"从军度函谷,驱马过西京"之句),仲宣'灞岸'之篇(王粲《七哀诗》有"南登霸陵岸,回首望长安"之句),子荆'零雨'之章(孙楚《征西关属送于陟阳候作诗》有"晨风飘歧路,零雨被秋草"之句),正长'朔风'之句(王赞《杂诗》有"朔风动秋草,边马有归心"之句),并直举胸情,非傍诗史,正以音律调韵,取高前式。"以上沈约所举之例皆在《文选》之中。《文选》诗文讲究声律,为唐朝律诗的形成奠定了基础。

4. 用翰藻。《文选序》说:"事出于沉思,义归乎翰藻。"(参见第六节。)

(二) 遣词造句特点

六朝文在遣词造句方面有自己的特点,在《文选》里有鲜明的反映。李庆富在 1937 年 5 月《学风》发表之《文选解题及其读法》

---

① 范文澜:《文心雕龙注》,第 554 页。
② 范文澜:《文心雕龙注》,第 555 页。

论及此方面,以下介绍其"三曰通风尚",并稍解释和补充。

《文选》多两汉六朝之作,(尤以六朝为多)其间词人才子,用字遣词之法,往往成一时风尚,虽后世或仍之或不仍之,然读《文选》者固不可不知也。李庆富举其显著者有四点:

1. 代字法——举文字中同义同类之字以代本字,是避陈取新之法。如孔稚珪《北山移文》云:"架卓鲁于前箓。"(凌驾于前史记载的名官卓茂、鲁恭。)是以"架"代"驾"。陆机《演连珠》:"山盈川冲。"是以"冲"代"虚"。他如言日则曰曜灵、灵晖、悬景、飞辔、阳乌;言月则曰素娥、望舒、玄兔、蟾魄,等等。六朝这种代字风尚流传下来,陆游《老学庵笔记》曰:"国初尚《文选》,当时文人专意此书,故草必称王孙,梅必称驿使,月必称望舒,山水必称清晖。方其盛时,士子至为之语曰:'《文选》烂,秀才半。'"用代字,既是为求新,也是为高雅。这符合"综缉词采,错比文华"(《文选序》)的要求。萧统亦有此用法:"长嬴屈节,令弟(指萧纲)旋兹。"(《示徐州弟诗》)长嬴即夏天。但用过分了,就有弊端。李庆富指出:六朝学者多通小学,放言遣词,运用假借故实,自觉古雅。惟用之不慎,故求生僻,几至费解,则将失之晦涩,而反不美矣。

2. 歇后语——运用古人成句,断章取义,只用成句之一部分,表示之前或之后的有关的意义。用前半,如《尚书》云:"惟孝友于兄弟。"而曹子建《通亲亲表》云:"今之否隔,友于同忧。"是以"友于"代"兄弟"。后半,如:《诗》曰:"戚戚(亲爱的)兄弟,莫远具尔。"(不要疏远,都应亲近。"具尔"是"具迩"之借。)陆机《叹逝赋》:"痛灵根(喻祖父)之凤陨,怨具尔之多丧。"是以"具尔"代"兄弟"。应该指出的是,李氏指的歇后语与今日之解不全同。

3. 生造句——引用古人成句成语,略加变易以应用之。看似不通,实为追求奇异。《左氏传》卫太子曰:"无折骨。"而江淹《别赋》曰:"使人意夺神骇,心折骨惊。"萧统亦追求此法。笔者补充二则:"历观文囿,泛览辞林,未尝不心游目想,移晷忘倦。"正常语序应是心想目游。颜之推《颜氏家训·文章》:"梁世士大夫……肤脆骨柔,不堪行步。"当作肤柔骨脆。

4. 剪截法——以人名地名入诗文,省去某字。人名如晋之重耳省去"耳"作"重"。班固《幽通赋》:"重醉行而自耦。"(重耳被灌醉,扶着他离开齐国,终于与天时偶会而立为文公。)再如司马迁作"马迁",诸葛亮作"葛亮"。地名如《史记·货殖传》:"夫燕亦勃碣之间一都会也。"勃碣,勃海、碣石。《魏都赋》:"恒碣磄碅(ǎn,è)于青霄。"①恒,恒山,碣,碣石山。潘尼《赠陆机出为吴王郎中令》:"东南之美,曩惟延州。"延州,延陵和州来,皆季札之封地,此借指季札。萧统也有这种用法:"有命自天,亦徂梦苑。"(《示徐州弟诗》)梦苑,指云梦泽。

我们了解以上这些风尚,不仅对了解六朝诗文有助益,进而了解当时的文风,而且对理解后代的诗文也有帮助。

第四节 《文选序》之有关问题

《文选序》,一是萧统编撰《文选》之纲领;二是其泛文学批评理论的代表作,是一篇重要的文论,在文论史上有重要地位。《文选》编撰的指导思想、总体架构及具体安排在《序》中有集中表述,它是我们打开《文选》这把锁的金钥匙,是劈山取宝的利斧。这里不对其进行逐字逐句的解释,而对几个重要问题表达我们的意见。

一、原文

式观元始,眇觌玄风,冬穴夏巢之时,茹毛饮血之世,世质民淳,斯文未作。逮乎伏羲氏之王天下也,始画八卦,造书契,以代结绳之政,由是文籍生焉。《易》曰:"观乎天文,以察时变。观乎人文,以化成天下。"文之时义远矣哉!若夫椎轮为

① 南江涛选编:《文选学研究》,北京:国家图书馆出版社 2010 年版,第 380 - 381 页。

大辂之始,大辂宁有椎轮之质;增冰为积水所成,积水曾微增冰之凛。何哉? 盖踵其事而增华,变其本而加厉。物既有之,文亦宜然。随时变改,难可详悉,尝试论之曰:

《诗序》云:"诗有六义焉,一曰风,二曰赋,三曰比,四曰兴,五曰雅,六曰颂。"至於今之作者,异乎古昔。古诗之体,今则全取赋名。荀、宋表之於前,贾、马继之於末。自兹以降,源流寔繁。述邑居,则有"凭虚""亡是"之作。戒畋游,则有《长杨》《羽猎》之制。若其纪一事,咏一物,风云草木之兴,鱼虫禽兽之流,推而广之,不可胜载矣。

又楚人屈原,含忠履洁,君匪从流,臣进逆耳,深思远虑,遂放湘南。耿介之意既伤,壹郁之怀靡述。临渊有"怀沙"之志,吟泽有"憔悴"之容。骚人之文,自兹而作。

诗者,盖志之所之也。情动於中,而形於言。《关雎》《麟趾》,正始之道著;《桑间》《濮上》,亡国之音表。故风雅之道,粲然可观。自炎汉中叶,厥涂渐异:退傅有"在邹"之作,降将著"河梁"之篇。四言五言,区以别矣。又少则三字,多则九言,各体互兴,分镳并驱。

颂者,所以游扬德业,褒赞成功。吉甫有"穆若"之谈,季子有"至矣"之叹。舒布为诗,既言如彼;总成为颂,又亦若此。次则箴兴於补阙,戒出於弼匡,论则析理精微,铭则序事清润,美终则诔发,图像则赞兴。又诏诰教令之流,表奏笺记之列,书誓符檄之品,吊祭悲哀之作,答客指事之制,三言八字之文,篇辞引序,碑碣志状,众制锋起,源流间出。譬陶匏异器,并为入耳之娱;黼黻不同,俱为悦目之玩。作者之致,盖云备矣!

余监抚馀闲,居多暇日。历观文囿,泛览辞林,未尝不心游目想,移晷忘倦。自姬、汉以来,眇焉悠邈,时更七代,数逾千祀。词人才子,则名溢於缥囊;飞文染翰,则卷盈乎缃帙。自非略其芜秽,集其清英,盖欲兼功太半,难矣!

若夫姬公之籍,孔父之书,与日月俱悬,鬼神争奥,孝敬之准式,人伦之师友,岂可重以芟夷,加之剪截?老、庄之作,管、孟之流,盖以立意为宗,不以能文为本,今之所撰,又以略诸。若贤人之美辞,忠臣之抗直,谋夫之话,辨士之端,冰释泉涌,金相玉振,所谓坐狙丘,议稷下,仲连之却秦军,食其之下齐国,留侯之发八难,曲逆之吐六奇,盖乃事美一时,语流千载,概见坟籍,旁出子史,若斯之流,又亦繁博。虽传之简牍,而事异篇章,今之所集,亦所不取。至於记事之史,系年之书,所以褒贬是非,纪别异同,方之篇翰,亦已不同。若其赞论之综缉辞采,序述之错比文华,事出于沉思,义归乎翰藻,故与夫篇什,杂而集之。

远自周室,迄于圣代,都为三十卷,名曰《文选》云耳。凡次文之体,各以汇聚。诗赋体既不一,又以类分。类分之中,各以时代相次。

二、解读

(一)《文选序》之"文"。我们读《文选》,遇到的第一个字是"文",第一个应该认真对待的也是这个"文"。对此,人们常常不加思索,认为这根本不是问题,问题也就从这里产生。为什么?因为一般都认为这个"文"就是今天的"文学",而且这是"不言而喻"的,认为《文选》是一部"文学总集"、"纯文学总集"。其实是不对的。我们必须以中国人的思维特点——整体性来理解萧统心目中的"文",才能正确把握《文选序》,才能正确理解《文选》。

如果先把结论说出来,那么,简言之,《文选》之"文"在古人看来是文章,但不是所有的文章,而是《文选序》中"以能为本"即"综缉辞采""错比文华"的文章,是"事出于沉思,义归乎翰藻"的文章,而不是今日的文学作品。这只要看一看《文选》中有大量的议论文、应用文就可以明白。古代的文章包括今日的文学,而今日的文学不包括文章。这是一个比较复杂的问题,而人们的误解已久,故设专节予以讨论,此处只是一个提醒。

（二）萧统对"文"的产生及其作用的观点。从首句"式观元始"起，至"文之时义远矣哉"，表达了对"文"的产生及其作用的看法。萧统以"式观元始"为开端，而不直接谈《文选》的编撰，为什么要扯这么远呢？因为他是从天地生成的宇宙本体论来审视文籍产生的。首先要注意的是"元始"不是"原始"。在我们的老祖宗看来，原来没有天地，是混沌不分的时期，即"元始"，不是指人类的原始时代。其次，"玄风"也不是指魏晋时期谈玄的风气，而是指玄气，即元气。元气指开天辟地、化生万物之气。所以，"元始"就是"元气"之始。浑而为一的元气，清者上升为天，浊者下降为地，就是"形之始"。由"气之始"发展到"形之始"，两者结合，就是此文"元始"之义。这种宇宙生成论并非汉族所独有。在满族神话故事《天宫大战》中，宇宙最初也是处于混沌状态，清气上升为天，浊气下降为地。所以，这可以视为中华民族的共同文明。萧统谈《文选》编撰，追溯到"元始"之时，是把宇宙生成论作为文籍产生的哲学基础。这个基础是他后文一切论述的基本出发点，也就是说，宇宙是变化而成的，一切都是变化着的，文籍的生成与变化自然不能例外。这样的追溯直探根本，虽远而近，看似无用而实有关；把"元始"与"文籍"联系起来，说明"文"之发生发展，这是昭明太子创造性的贡献。是不是拔高了呢？非也。这只要与他人比较就可以看出来。在昭明之前，用"元始"、"太极"之类词的人不少，如班孟坚《典引》"太极之元，两仪始分，烟烟煴煴"云云；曹子建《七启》"夫太极之初，混沌未分"云云；郭景纯《江赋》"类胚浑之未凝，像太极之构天"云云，但他们都没有把"太极"之形和分与文籍产生联系起来。此其一。其二，透露了萧统编撰《文选》的指导思想。萧统思想中儒释道兼有，但在这里却全是儒学的。儒学元典既是《文选序》的指导思想，也是《文选》之根。

由此出发，萧统引《易》曰："观乎天文以察时变，观乎人文以化成天下。"这两句话有密切关系。"察时变"是统治之始。《尚书·尧典》记载帝尧的第一政务是"以命羲和，钦若昊天，历象日月星辰,敬授民时"。历代王朝皆然,《文选·新刻漏铭》是其反映,是"化成天下"的重要之举,与"人文"同理。在中国上古时代,"文"的意义具有"整体"性,这是中国之"文"与西方之"文"的区别,是中国人整体性思维的体现。"文"的本义是"错画也,象交文"(《说文解字》),甲骨文字形就是在人的胸部画了一个花纹,"纹"是"文"的后起字。引申之,凡一切有纹理、有文采的事物皆可谓之"文",包括天文、地理、人文三者。日月星辰是天上的花纹,山川草木是地上的花纹。这里"人文"指文籍即诗书礼乐。人是天地之间最美丽的"文",是万物之灵。《文心雕龙》首篇《原道》起始则云:"文之为德也大矣。"一是天之文:"夫玄黄色杂,方圆体分,日月叠璧,以垂丽天之象。"二是地之"文":"山川焕绮,以铺理地之形","傍及万品,动植皆文"。三是人之文:"惟人参之",以"人"最重要,"是性灵所钟,是谓三才"。"夫以无识之物,郁然有彩,有心之器,其无文欤?"人"为五行之秀,实天地之心",此天地之"心生而言立,言立而文明",刘勰着重指出:"自然之道也。"刘勰以"自然之道"把"三才"之"文"统一起来,都是"自然之道"的表现形式。

"道"在中华文化中有最高的地位和价值,是形而上的。"文"除上述的意义外,体现"道"之"文"具有道德判断的作用,特别是儒家之"文"更是这样。《国语·周语下》"单襄公论晋周将得晋国"载,周襄公有病,召儿子顷公,告诫他说:"必善晋周,将得晋国。其行(xìng,德行)也文,能文则得天地。"晋周就是后来的晋悼公,当时在周侍奉单襄公,襄公赞美他"文"。韦昭注:"经纬天地曰文。"故能"得天地"。接着单襄公对"文"具体解说:"夫敬,文之恭也;忠,文之实也;信,文之孚(诚信)也;仁,文之爱也;义,文之制也;智,文之舆也;勇,文之帅也;教,文之施也;孝,文之本也;惠,文之慈也;让,文之材也。……此十一者,夫子皆有焉。"韦昭注:"文者,德之总名也。"①在这里,"文"是德行的总称,有"文"就能经天纬地,

---

① 《国语》,上海:上海古籍出版社1978年版,第96页。

能"弥纶万品,条贯群生"。对于个人而言,就是要求有人格修养,达到"文质彬彬,然后君子"的境界。而君子"穷则独善其身,达则兼善天下",也就是"观乎人文,以化成天下"。所谓"人文",孔颖达疏曰:"诗书礼乐之谓。"萧统《文选序》开头就谈及这一点,就是对"文"即"人文"之道德作用的强调,即用诗书礼乐的价值标准来教化天下。《尚书大传》孔子谓颜渊曰:"《尧典》可以观美。"这是一个很重要的思想,将在下文谈。"文"包含如此丰富的内涵正是中国人整体性思维的反映,外国人不会这样看,正像冯友兰说的,他们会感到茫然。而诗书礼乐是由文字记载的圣人文化,成为文章。而章也有花纹的意思。《玉篇·音部》:"章,彩也。"柳宗元《捕蛇者说》;"永州之野产异蛇,黑质而白章。"白章就是白色的花纹。文章本来的意思就是错杂的色彩和花纹。潘安仁《射雉赋》:"聿采毛之英丽兮,有五色之名翚。"形容各种飞鸟五彩花纹的美。由此引申为人类创造的像花纹一样的文字。"人文"实际上包括一切文化;在这里就是指以儒家思想为主导兼有释道文化而编的《文选》。

(三)进步文学文章观及其针对性。"若夫椎轮为大辂之始,大辂宁有椎轮之质;增冰为积水所成,积水曾微增冰之凛。何哉?盖踵其事而增华,变其本而加厉。物既有之,文亦宜然,随时变改,难可详悉。"在古人看来,能"随时"是一种了不起的本领。《周易》卷七:"子曰:'知变化之道者,其知神之所为乎。'"①萧统即是"知变化之道"者,"通天下之文"者。重"时变"表现在选篇上是略远详近,重视"踵事增华""变本加厉";即使单从语言上看,也成为成语、名喻,流传至今。"文亦宜然,随时变改"是从"式观元始"云云引申出来的必然结论,所以这八个字不可能轻轻放过。萧统正是从"随时变改"观点出发提出自己的选文标准的。

"文亦宜然,随时变改"不仅表达了萧统进步的诗文观,而且有其现实针对性,是有为而发。萧统是折衷派。他针对两派:复古

① 《十三经注疏》,北京:中华书局1980年版,第81页。

派和激进派。复古派的代表是裴子野。他的《雕虫论》批评或否定齐梁时代的几乎所有作品。他认为诗赋为"雕虫"小技,"蔡邕等之俳优,扬雄悔为童子",因为诗赋"无取庙堂"。对于"吟咏性情"大为不满,说"其兴浮,其志弱,巧而不要,隐而不深"。①"不要""不深"是指无关乎政教,完全以政教功利为评判一切诗文的标准。激进派的代表是萧纲。他提倡以写妇女为主要对象的"轻艳"的宫体诗。萧统也反对。

古语云:人唯旧,物唯新。文也是物,故"唯新",也就是"唯美"。追求美是人的普遍心理,所以诗文创作必须"随时变改"。胡仔引宋子京《笔记》说:"文章必自名家,然后可以传之不朽。若体规画圆,准方作矩,终为人之臣仆。古人讥屋下架屋,信然。陆机曰:'谢朝花于已披,启夕秀于未振。'韩愈曰:'惟陈言之务去。'此乃为文之要。"②此其一。其二,从读者言,如果老是看同一类型而没有创新的作品,就会产生审美疲劳,会厌烦的。

萧统"随时变改"进步的泛文学观包括五个内容:1. 文体;2. 题材;3. 风格;4. 修辞;5. 声韵。

(四)论文体

文体上文已谈。这里谈两点:

1. 理解《文选》文体,须把《文选序》与正文联系起来。孙梅《四六丛话·选一》指出:"分区别类,既备之于篇;溯委求源,复辨之于序。"③也就是说《文选序》有对文体的"溯委穷源",如释"赋":"古诗之体,今则全取赋名。荀(子)宋(玉)表之于前,贾(谊)马(司马相如)继之于末。自兹以降,源流实繁。""前"是"源","末"是"流"。《文选》中的诗文"分区别类"是这些源流的体现。两者结合,才能

---

① [清]严可均辑,陈延嘉等点校:《全上古三代秦汉三国六朝文》第七册,石家庄:河北教育出版社1997年版,第535页。
② [宋]胡仔:《苕溪渔隐丛话·前集》,北京:人民文学出版社1962年版,第333页。
③ [清]孙梅撰,李金松校点:《四六丛话》,北京:人民文学出版社2010年版,第1页。

更深入更具体地理解各文体的内涵。

2.《文选序》论述之文体有两点应注意：一是《序》与《选》文中的文体不完全对应，《序》少而《选》多，因为《序》是举例性质，且是骈文，所以不能以《序》来否定《选》中之文体，反之亦然。二是有理论，有突破前人的卓越见解，是文体的一次阶段性的总结。如《序》有"三言八字"，《文选》没有。这不是萧统疏忽，而是不把它们作为文体。

（五）强调诗文的审美特性。这一点上文也谈到，补充说明一下："众制锋起，源流间出。譬陶匏异器，并为入耳之娱；黼黻（色采和花纹）不同，俱为悦目之玩。"诗文不只是教化的工具，而且有"入耳""悦目"之功。萧统说的"入耳""悦目"不仅指文学作品，包括文体大类之一的"文"，即那些议论文、应用文。这正是文史哲不分的整体性。还应注意诗文中的暗示性，多用隽语、比喻例证的手法。萧统还说出了他的亲身体会："历观文囿，泛览辞林，未尝不心游目想，移晷忘倦。"值得注意者是"心游目想"（应是心想目游，这是萧统在语言上求新求变的反映），不是扫一眼即过。他说："相如奏赋，孔璋呈檄，曹（操）刘（彻）异代，并号知音，发叹'凌云'，兴言'愈病'。"[1]"凌云"是说汉武帝看了司马相如的《大人赋》后飘飘然，有凌云气、游天地之感受。"愈病"，是说曹操正在头疼，看了陈琳的檄文，忽然不疼了。钱锺书说文艺审美有止痛剂的作用也是以此为根据的。我们也许有也许没有"凌云""愈病"的体验，但读优秀的诗文使心情愉悦、移晷忘倦却人人都有。而在彼时，萧统特别指出这一点，是美学理论的创造性贡献。萧统有如此丰富的生活、创作和阅读的审美体验，大有助于《文选》的编撰，所谓操千曲而晓声，观千剑而识器，这也是他成为选圣的重要原因之一。

（六）总集、选集出现的原因。可供《文选》选择的作品时间跨度太长"更七代"（共八代），文章太多"盈缃帙"，必须有"略"有

---

[1] 《昭明太子集校注》，第74页。

"集",集的是"清英",说明"选"的原因,也是总集出现的原因。

（七）是否分别了文学与非文学。这个问题设一节来详论,见下文。

（八）关于《文选》的选文标准。"事出于沉思,义归乎翰藻",是萧统的选文标准,也在下文谈。

（九）说明总集的编排体例。"远自周室,迄于圣代,都为三十卷,名曰《文选》云尔。""凡次文之体,各以汇聚。"都说明是总集。"诗赋体既不一"云云是三十卷的具体安排。最后一句"类分之中,各以时代相次",切不可轻轻放过。其所"集"之"文"共八代,"各以时代相次"不仅仅是个时间顺序问题,更重要的是表现了萧统对中国文学文章的发展历史的观点,这也是我们把《文选》看成是中国泛文学批评史的原因。

从上述九个方面,我们就可以对《文选》有一个大概的把握。要真正了解、欣赏《文选》,就必须深入到其诗文之中。

第五节 《文选》是泛文学总集

《文选》是现存最早的一部泛文学总集。

这是我们给《文选》性质下的定义。以下稍加解释。一、现存最早的,就是以前也有,但没流传下来,流传下来的它是第一部。文集的流传是一个自然淘汰的过程,不能靠强力。有的文集可能盛极一时,却被历史淘汰了。《文选》流传至今,证明了它的巨大历史价值,就像六经流传至今一样,已经成为经典。二、泛文学包括文学与非文学两部分。《文选》的文体有四部分:一赋,二诗,三骚,四文。赋、诗、骚和文中的一小部分属于文学,文中的大部属非文学而是文章,所以又可以称为文学和文章总集。或称诗文总集,诗代指文学,文代指文章。三、明明有"选"字,为什么不说是选集而说是总集呢?因为它是从众多作家的作品中精选出来的,不是从一个作家的集子中选出来的,所以加上一个"总"字。我们这个定义是有针对性的。

一、"文学总集"之定义有误

许多《文选》学者的定义与我们不同。他们认为是"文学总集""纯文学总集",或是"八代文学选粹"。我们认为是不对的。有个别的人还认为《文选》不是总集,而是类书。后一个问题比较简单,这只要把《文选》与《艺文类聚》《初学记》做一简单对比,就一目了然。《文选》是类书的提法不过是为博人眼球,故意标新立异,这种所谓研究不值得提倡。所以我们只讨论《文选》是不是文学总集的问题。

我们认为,解决这个问题应遵循以下两个原则:一是中国人思维的整体性,二是"文学"一词的历史发展。这两个原则是密切联系在一起的。

二、"泛文学总集"之历史考察

中国人思维的特点是整体性,即文史哲不分。那么,到了萧统的时代,文史哲是不是分开了呢？这要进行一番历史考察。换言之,不能用西方人的、我们使用惯了的现代"文学"观念来看待《文选》。

中国古人从来把立德放在第一位,立功次之,立言最末。孔子说的"文学"连立言都不是,是文献,子游、子夏熟悉古代文献,得到孔子肯定、赞美。由于中国人思维的整体性和"立言"在最后,所以,文学的自觉是一个漫长的历史过程。

到汉代,情况发生了变化。司马相如原名犬子,因羡慕蔺相如,才改名相如,可见他原想如蔺相如一样建功立业,不得已才求其次。他赋作得好,是由"狗监"的介绍才见到皇帝,还因此被人不齿。他成为"文学侍从"之臣,侍从者,给皇帝唱赞歌,使汉武帝飘飘然有凌云之感,逗皇帝开心罢了。东方朔也是一样。《文选》卷四十五东方朔《答客难》指出,同为立言者之苏秦、张仪"当万乘之主,而身都卿相之位",可是东方朔才干不比苏、张差,"积数十年,官不过侍郎,位不过执戟"。只能给皇帝站岗,是东方朔的自画像。东方先生"喟然长息,仰而应之曰:'彼一时也,此一时也。'"真实地反映了文人的处境。但从东方朔的牢骚也反映出文人对自己创作的重视。赋成为汉代的主要文学样式,完全可以归于今日之文学,而且作者众多,不仅有文人,而且有许多大臣"时时间作"。为什么?"或以抒下情而通讽谕,或以宣上德而尽忠孝",是"雅颂之亚"。这可以看作文学自觉意识的萌芽吧!

人们常把曹丕《典论·论文》作为魏晋时期文学"自觉"的重要根据,因为曹丕说"文章经国之大业,不朽之盛事"。文章的地位极大地提升了,当然包括文学创作,这是"文学自觉"的进一步提升。但是他说的是"文章"而不是"文学"。而且愚以为,此"经国之大业"主要是指与"经国"有关之"立言"或文章,其次才是诗文。曹植就把诗文创作看作是小事。

到齐梁时代,人们怎么看"文学"的呢?请看以下事实:

1. 梁萧子显《南齐书》卷五十二《文学》目录共记载丘灵鞠等10人,不能一一介绍,只介绍几个人。

① 丘灵鞠。他能作诗,有《挽歌诗》三首。"在沈渊座见王俭诗,渊曰:'王令文章大进。'灵鞠曰:'何如我未进时?'"可注意的是沈渊把诗称为"文章",灵鞠赞同。可见文章包括诗。又著《江左文章录序》"文集行于世"。

② 檀超。他"少好文学",但传中无一记载今日文学之事,说他"有文章",是史官,而"史功未就"。是一位历史学家。

③ 王智深。传未有诗赋记载。撰《宋纪》三十卷,也是历史学家。

④ 祖冲之。著名科学家。除众多发明创造外,还著有《安边论》,又著《易》《老》《庄》义,释《论语》《孝经》,注《九章》,造《缀述》数十篇。①

---

① 在另一篇文章中,笔者说他有几首诗。我弄错了,向读者致歉。

⑤ 贾渊。谱学家。"世传谱学。……敕渊注《郭子》",撰《见客谱》《氏族要状》及《人名书》。是一位谱学家和注释家。

以上 5 人,只有丘灵鞠可以今日之"文学"视之,其他 4 人皆不可。《文学》实际上是文章家传,因为文章包括文学,还包括科学。

2. 唐姚思廉《梁书·文学》,目录共记到沆等 26 人。其序云:"昔司马迁、班固书,并为《司马相如传》,相如不预汉廷大事,盖取其文章尤著也。……高祖聪明文思……文章之盛,焕乎俱集。"司马相如以赋闻名,此处以"文章"称之。"文章之盛"包括内容很广,亦非今日之文学。

① 到沆,"所著诗赋百余篇"。

② 丘迟,"所著诗赋行于世"。

③ 刘昭,"《集注后汉》一百八十卷,《幼童传》十卷,文集十卷",是历史学家。

④ 刘峻,"高祖招文学之士……峻率性而动,不能随众沉浮,高祖颇嫌之,故不任用。峻乃著《辨命论》以寄其怀曰",以下是其全文,省略。此文收入《文选》。逯钦立师《先秦汉魏晋南北朝诗》收刘峻 4 首诗,而传中无,可见诗作不受姚思廉重视。但亦可视为文学之士。

⑤ 庾仲容,"仲容抄诸子书三十卷,众家地理书二十卷,《列女传》三卷,文集二十卷,并行于世"。

以上 10 人之作,有的可以今日之文学称之,有的则不能。特别是祖冲之也列入"文学"类(唐李延寿《南史》同),可证在唐初人的眼中都认为齐、梁二代,"文学"包括今日之文学、历史、注释、科学。这只能用文章概括之。由此也可证孔子的"文学"已经由文献变为文章著述,内涵已经有了新的内容,但绝不是今日之文学。但又不能否定中国人有"文学自觉",然而这是一个缓慢的长期的历史发展过程。又比如说,在引入西方文学概念之后,林传甲在 1910 年著《中国文学史》,作为京师大学堂国文讲义,当时影响很大,其中却不见诗歌、小说、戏剧的踪影,也就是说,作为现代文学中必有的一个也没有,其实是一部文章史。同样,西方人的文学自觉同样经历了一个历史过程。程金水教授在《"文学的自觉"是不是一个伪命题》中指出:"比如 18 世纪末 19 世纪初法国女作家与批评家史达尔夫人《论文学》发表之前,欧洲大陆一直认为文学包含修辞学、诗歌、历史、哲学和宗教,这表明在西方 18 世纪以前,文学观念也是包含着这些复杂的内容的。既然 19 世纪欧洲的文学观念不能阐释他们自己的文学现象,自然就更不能阐释中国的文学现象了。"①

三、混乱产生之原因

那么,为什么出现了这种混乱现象呢?因为人们并没有把西方的文学概念搞清楚。我们在 20 世纪初接受了西方文学的概念,即英语 Literature,内涵是戏剧、诗歌、小说、散文。而在汉语中没有与之完全对应的词,只能勉强以"文学"对译。当时多数人不知道原委(包括后来的我们在内),却咸与维新。现在对"文学是什么",也人见人殊,如舍利子,从不同的角度看,其光色不同。虽无定义,却有定指,可以用上述的四种文体来认识今日之文学。如果不用这个定指,凭个人所见,你说你的,我说我的,永远谈不拢,不是浪费时间吗?这种情况一直持续到现在。在 2015 年《光明日报·文学遗产》讨论《中国文学的源头是什么》中,有这么一种说法:"在文字产生之前,你不能否认有文学,不过是没有记载下来。"我们要问:记载下来的就是"口头文学"吗?口头文学确实存在,但关键在"文学",不论在口头或笔头,文学作为一个学科概念有它质的规定性。怎么能证明史前的"口头"符合文学的质的规定性?怎么能证明史前的"口头"等于今日的口头文学?这种混乱更清楚地表现在下面的说法中:"你今天的发言如果文采斐然的话,就是

---

① 《光明日报》,《文学遗产》2015 年第 11 期。

口头文学,一篇精彩的演说词。"①两个人辩论一个理论问题,"文采斐然"就是"文学"吗? 这样,"文学"不就大的没边了吗?

四、分清性质不同的意义

弄清《文选》不是"文学总集",而是泛文学总集或曰文学文章总集有什么意义呢? 在某些人看来,这不过是一个名词之争而已,无所谓的。其实不然。首先,这确实是一个名词概念之争。为什么要争? 因为科学研究(当然包括《文选》学研究),是一个求真求正的过程。在校勘方面,我们对一个字一句话都认真对待,求真求正,而在《文选》性质这个根本问题上却马马虎虎,岂非怪事咄咄?《论语·子路》:"子曰:'必也正名乎?'子路曰:'有是哉,子之迂也!奚其正?'子曰:'野哉,由也! 君子于其所不知,盖阙如也。名不正,则言不顺;言不顺,则事不成;事不成,则礼乐不兴;礼乐不兴,则刑罚不中;刑罚不中,则民无所措手足。'"我们的研究当然没有关乎礼乐刑罚之国政那么严重,但"名不正"确实使《文选》学的研究出现了某些混乱,对《文选》性质的认识就是突出表现。马克思教导我们:"把一个专门名词用在不同意义上是容易引起误解的,但没有一种科学能把这个缺陷完全免掉。把高级数学和低级数学比较看看。"②马克思早就指出,"一个专门名词用在不同意义上容易引起误解"的现象相当普遍,因此要求我们把专门名词用在何处要搞清其特定含义,那么,我们是继续这个缺陷呢,还是免掉它呢?答案是不言而喻的。其次,这不仅是个概念的争论,而且是一个价值的判断,涉及对萧统《文选》的评价。如果以今日的文学来定性,必然会轻视《文选》中那些非文学作品的意义,而只重视其文学性的一面,这有《文选》学研究的现状为证,虽有好转,但远远不够。而事实上,《文选》能流传至今,非文学性的议论文、应用文贡献不

---

① 《光明日报》,《文学遗产》2015 年 9 期。
② 马克思:《资本论》,北京:人民出版社 1953 年版,第一卷第 242 页注释 2。

小，比如卷五十五刘孝标的《广绝交论》对人情世故剖析之深刻，仍不失其现实意义。这个问题的产生与中国人的思维具有整体性特点密切相关。钱穆指出："如古代经学，亦文亦史亦哲，有政治有社会有人生，共相会通，《诗》三百首即然。若专以文学或政治视《诗经》，则浅之乎视《诗经》矣。"[①]这个"人生"是融入"情感"的。钱穆说："孔子的主要教义，乃从全心体来主宰全人生，由全人生来参悟天命真理。孔子主张以人参天，因心见性，并不单一从此心的纯理智方面来推寻真理，乃与西方一般偏重纯思辨纯理智的哲学家有不同。……在全部人生中，中国儒家思想，则更着重此心的情感部分。"[②]同理，《文选》"亦文亦史亦哲，有政治有社会有人生"，若专以文学视《文选》，则浅之乎视《文选》矣。它的"情感部分"更鲜明、更充分。中国又是文章大国，所以我们应该提高对文章的重要性的认识。再次，有现实意义。试想，毛泽东《在延安文艺座谈会上的讲话》影响之大是人人皆知的，在一定的时间内，有哪一部文学作品的影响能与它相比？

以上论述告诉我们，对《文选》性质的认识到了彻底清除混乱的时候了！

第六节 《文选》选录标准是"事出于沉思，义归乎翰藻"

萧统根据什么标准来编撰《文选》，是《文选》学研究的核心问题之一，其重要性不言自明。但是对此问题的认识很不一致，主要有三种意见：第一种认为《文选序》中"事出于沉思，义归乎翰藻"是选录标准，但理解却有不同；第二种意见是文质彬彬；第三种是永明体。

---

① 钱穆：《晚学盲言》，北京：生活·读书·新知三联书店2010年版，第8页。
② 钱穆：《孔子与论语》，台北：联经出版公司1985年版，第198页。

一、萧统选评一元论的开创意义

认为"事出于沉思,义归乎翰藻"是《文选》选录标准的说法是清代阮元首先提出的。他在《书梁昭明太子〈文选序〉后》开端就指出:"昭明所选,名之曰'文'。盖必文而后选也,非文则不选也。经也,子也,史也,皆不可专名之为文也,故昭明《文选序》后三段特明其不选之故。必沉思翰藻,始名之为文,始以入选也。"阮元明确提出他对"文"的定义:"必沉思翰藻,始名之为文。"是萧统选与不选的分界线。他还从孔子那里找到根据:"或曰:昭明必以沉思翰藻为文,于古有徵乎? 曰:事当求其始。凡以言语著之简策,不必以文为本者,皆经也,子也,史也。言必有之,专名之曰文者,自孔子《易·文言》始……孔子《文言》实为万世文章之祖。"①这样,阮元就不仅说明什么是"文",而且把萧统与孔子直接联系起来,把《文选》与《易·文言》直接联系起来,极大地提升了《文选》的地位——与五经并列。以此为据,阮元还认为唐宋八大家的古文亦不可称为"文"。这个说法遭到一些人的反对。阮元指出:"千年坠绪,无人敢言,偶一论之,闻者掩耳。"②

在现代,朱自清响应阮元,著《〈文选序〉"事出于沉思,义归乎翰藻"说》。朱氏在引述阮元的意见后指出:"这样看来,'沉思''翰藻'可以说便是昭明选录的标准了。这是对的。"接着指出阮元的"两个疏忽之处",后一个较重要,朱氏说:"第二,阮氏在'事出于沉思,义归乎翰藻'两句里摘出'沉思''翰藻'四字而忽略了'事义',也不合《选序》原意。"解释道:"单说'翰藻'还不妨事,因为汉以来通用'藻'指'辞采',意义比较确定。单说'沉思',就太宽泛了,容易引起误解。"对此,朱氏在注中说:"郭绍虞先生《中国文学批评史》上卷以为'沉思'就是'意旨',也就是思想,似乎是推衍阮说,但

---

① [清]阮元撰,邓经元点校:《揅经室集》,北京:中华书局1993年版,第608页。对"《文言》为万世之祖"的观点,笔者不赞同,此处不讨论。
② 《揅经室集》,第610页。

实非确解。"朱氏接着说："阮氏本人于'沉思'无说,他所着重的似乎专在'翰藻'一面;他在《文韵说》里道:'凡文者,在声为宫商,在色为翰藻','翰藻'与'宫商'对文,简直将'沉思'撇了开去。——这第二个错误够复杂的,现在分析一下试试看。"朱氏说:"'事出于沉思'的'事',实当解作'事义'、'事类'的'事',专指引事引言,并非泛说。'沉思'就是深思。"①笔者基本赞同朱氏的意见,而有所补充。"事"除指引事、引言外,还应有更大的范围。依愚见,"事"又指作家所言之事,即他写的题材。如耕籍之事,哀伤之事,祖饯之事,咏史之事,等等。也就是说,《文选》的全部作品,除引典故、前人的用语之外,还有大量自己所写的事。任何人写诗文都不可能只用他人之"事义、事类"。如果是那样,就太狭窄了。相反,他们是把在"沉思"即构思中符合表达己"意"的"事义、事类"之事,组织在自己所写的题材的语言之中,所以"事"与"翰藻"是有联系的。②同为"祖饯",谢宣远是《王抚军(指宋代王弘)庾西阳(指庾登之)集别作》,谢灵运是《邻里相送方山》。还有同用一典故而表达旨意却不同,如同为"咏史",王仲宣《咏史》是咏三良,表达的旨意是"曹公好以己事诛杀贤良"(吕向注),曹子建《三良诗》是曹植"被文帝责黜"(刘良注)。再如谢宣远和谢灵运同有《九日从宋公戏马台送孔令诗》,宋公指刘裕,他"与百僚赋诗,以述其美"(吕向注)。他们所用之"事类"不同,"翰藻"有别,而表达的"义"同,故"沉思"不同。"沉思"也并非只是"深思",应包括逻辑思维和形象思维两方面。这个问题在下文要进一步谈及。

俞绍初先生赞同"事出于沉思,义归乎翰藻"是萧统的选录标

---

① 俞绍初,许逸民主编:《中外学者文选学论集》,北京:中华书局1998年版,第76,77页。

② 殷孟伦先生在《如何理解〈文选〉编撰的标准》中不同意"事"指"题材",说"'事指的是熔裁',即是'隐括情理,矫揉文采'。照现在的理解,也是指事实本身的衡量,事件的取舍安排和篇章的结构等。……不容以现代文艺学上的某一个,如'题材',来作等值替换。"(见《中外学者文选学论集》,第219页。)我们认为"事"是名词,"熔裁""衡量""取舍"等是动词,不可混淆,殷氏提法属于"沉思"范畴。

准,但理解不同。他说:"(阮元)指出'沉思''翰藻'为《文选》的选文标准,这是颇得萧统心原的十分精辟的见解。很明显,《文选》的选文标准仅仅着眼于辞藻的运用,并不涉及文章的内容问题。然而,近世论者多笼统地将'事出''义归'二句看作是《文选》的选文标准,而对'事'、'义'又求之过深,得出了萧统是在提倡'情义与辞采内外并茂'的结论,这就难免背离了作者的原意。"①俞绍初先生是我十分尊敬的新时期的著名选学家。但其"选文标准""不涉及文章内容"之说法,似未圆照。

为什么这么说呢? 首先,要明确"义"字含义。"义"字是理解"事出于沉思,义归乎翰藻"是否《文选》选文标准的关键词之一,不可忽视。这里的"义"指什么呢? 这要与《文选序》联系起来才能得到确解。《文选序》说:"诗者,盖志之所之也。情动于中而形于言:《关雎》《麟趾》,正始之道著;桑间濮上,亡国之音表。故《风》《雅》之道,粲然可观。"他依据什么选这些诗呢? 是"《风》《雅》之道"。赋是诗六义之一,当然符合这一标准,其他作品亦然。又说:"若夫姬公之籍,孔父之书,与日月俱悬,鬼神争奥,孝敬之准式,人伦之师友,岂可重以芟夷,加之剪截?"对儒学崇敬之情溢于言表,不是不想选,而是不可"剪截"。因此,我们可以这样说:儒家元典就是萧统选录标准的思想"准式"之一。《文选》全部作品证明了这一论断。其次,俞先生的观点与他对此两句话的注相矛盾。他在"补注"中指出:"《孟子·离娄下》:孔子作《春秋》,'其事则齐桓、晋文,其文则史。孔子曰:其义则丘窃取之矣。'按'事''义'二字当本此。昭明所谓之事,即是史事;所谓之义,即是褒贬是非之义,此与《春秋》同。《春秋》'其文则史',而昭明所选之文则与此有别,谓须出入于'沉思''翰藻'之间,亦即能'综缉辞采,错比文华'者也。"除对"事"的解释外,都是正确的。既然"义""与《春秋》同",我们就

---

① 俞绍初:《昭明太子集校注》,郑州:中州古籍出版社 2001 年版,引文见《前言》。

有必要了解前代之权威学者对此的解读。对《春秋》之"义",朱熹注引尹氏曰:"言孔子作《春秋》,亦以史之文,载当时之事也。而其义则定天下之邪正为百王大法。"朱熹曰:"孔子之事,莫大于《春秋》,故特言之。"①"百王大法"是"褒贬是非之义"的基本原则。既如此,我们就可以看出孟子指出孔子之"义"的极大重要性。既然《文选序》之"义"出自孔子之"义",那么,萧统的取舍标准之"义"即"百王大法",也就是"文之时义远矣哉"之义。既然"义"如此重要,怎么能说"情义与辞彩内外并茂"的结论,背离了作者的原意呢?

其次,特别应注意的是,不论从句子的语气还是从思路、文意,"事出"云云都是一个不可分的整体,也就是说,这两句话是互文关系。把它们理解成互文句,是打开《文选》选文标准这把锁头的钥匙,而不可只强调"翰藻"的作用。这个互文句的意思是:"事义"既出于"沉思",又归乎翰藻;换言之,表达"义"之"事"和"翰藻"皆出于"沉思"。这句互文中,"翰藻"固然重要,"义"字一样重要。由于这句互文常常被省称为"沉思翰藻",所以"义"字常常被轻视,甚至被忽略掉。"义"就具体诗文而言,就是作者表达的主旨。不论是沉思后选用的"事"也好,还是"翰藻"也好,都是为"义"服务的,围绕着"义"这个中心来"归乎"的。所以,重视思想内容本就是这个互文句的应有之义,不能看成是过深解读。阮元正是忽略了"义"的方面,才过分强调了翰藻的作用。在此,我们不妨重温一下钱锺书关于文评一元论的观点:"少数古文家明白内容的肯定外表,正不亚于外表的肯定内容。思想的影响文笔,正不亚于文笔的影响思想。"②钱先生的这个观点来自于他的写作经验,实际上是概括了所有写作者的体验,是一个颠扑不破的事实,而不是高深的道理,但很少有人以这样明确的语言表达出来。萧统还是个作家,他在创作诗文时一定有此深切体验,也因此能深切体验他所阅读、选录

① [宋]朱熹:《四书章句集注》,上海:上海书店1987年版,第113页。
② 钱锺书:《写在人生边上 人生边上的边上 石语》,北京:生活·读书·新知三联书店2002年版,第155页。

的作家的甘苦,优秀的诗文都是"事出于沉思,义归乎翰藻"的结果,萧统把这个互文句作为他的选录标准正是他对创作经验的理性总结。因为是谈选录标准,不是谈思想内容与语言形式之间互相影响的关系,所以才与钱锺书的表达方式不同。但我们如果以钱锺书指出的事实来审视萧统的这两句话,就不仅会认识到这两句是互文关系,而且会发现,在一千多年前萧统的这两句话有极为重要的开创意义。它的开创意义有二:一,《文选》选录标准与萧统的文评标准是一回事,他正是用这个文评一元论来作为选录标准的。这说明,萧统用自己的话提出了文评一元论的观点。二,更重要的是把天人合一的思想在泛文学创作和文评标准中做出了完美的创造性的表述。儒家认为人性善,善出于人性,即出于自然。所以,人心之善和艺术之美即"文"皆出于天,即出于自然。刘勰在《文心雕龙·原道第一》开端就指出:"文之为德也大矣,与天地并生者何哉?"第一,天之文:"夫玄黄色杂,方圆体分,日月叠璧,以垂丽天之象。"第二,地之文:"山川焕绮,以铺理地之形。"第三,人之文:"惟人参之,性灵所钟,是谓三才;为五行之秀,实天地之心。心生而言立,言立而文明,自然之道也。"①也就是说,作为"性灵所钟"的人、"天地之心"的人,本性中就具有"五行之秀"。所以,人类追求"文",追求美,追求艺术,是"自然之道",出于人类的天性,也就是天人合一。所以钱穆说:"而天人合一,亦合之于德性与艺术,此之谓美善合一,美善合一之谓圣。圣人之美与善,一本于其心之诚然,乃与天地合一,此之谓真善美合一,此乃中国古人所倡天人合一之深旨。"②萧统的创造性贡献,就在于以"事出于沉思,义归乎翰藻"这个互文句把中国古人所倡导之"天人合一之深旨"揭示出来了,是孔子"文质彬彬"而具有萧统个性的表达,已至化境,万不可轻轻放过。

再次,应与《文选》的诗文相联系。《文选》诗文是《文选序》

---

① 范文澜:《文心雕龙注》,北京:人民文学出版社 1978 年版,第 1 页。

② 钱穆:《论语新解》,北京:生活·读书·新知三联书店 2012 年版,第 144 页。

选文标准的直接体现,那么,我们审视《文选》诗文,有一篇只是翰藻漂亮,而思想不佳的吗? 如果"序"里没有"义",选文中却有"义",萧统不是自相矛盾吗? 这是萧统的问题呢? 还是我们的误读呢?

第四,还应与萧统之不选联系起来看。萧统对陶渊明评价极高,却说:"白璧微瑕者,惟在《闲情》一赋,扬雄所谓劝百而讽一者,卒无讽谏……亡是可也。"(《陶渊明集序》)足证萧统之重视思想内容,不是仅仅着眼于辞藻的运用。

第五,把《文选》与萧统编撰的其他文集联系起来看。萧统在《答湘东王求文集及〈诗苑英华〉书》中说:"夫文典则累野,丽亦伤浮,能丽而不浮,典而不野,文质彬彬,有君子之致。吾尝欲为之,但恨未逮耳。"①他"欲为之"的标准是"文质彬彬","恨未逮"而再编《文选》,他会只着眼于翰藻吗?

最后,从萧统编撰《文选》的意图看,更应该重视《文选》的思想内容,即其中透露出的强烈的儒学精神,但我们注意的很不够。《文选序》"化成天下"四字非常重要。这是萧统在给《文选》定性、定位:帮助梁武帝"化成天下"。也就是说,萧统编撰《文选》,既是为他自己和读者体验"心游目想"的审美快乐,更是为梁朝、为武帝掌握话语权,来"化成天下。"

还应指出的是,"沉思"不全同于逻辑思维的深思,还包括形象思维。"沉思"指诗文创作的构思,应把这互文句与陆机《文赋》联系起来,才能更深入理解"沉思"之含意。陆机云:

> 伫中区以玄览,颐情志于典坟。遵四时以叹逝,瞻万物而思纷。……慨投篇而援笔,聊宣之乎斯文。其始也,皆收视反听,耽思傍讯,精骛八极,心游万仞。其致也,情瞳昽而弥鲜,物昭晰而互进。倾群言之沥液,漱六艺之芳润。浮天渊以安

---

① 《昭明太子集校注》,第 155 页。

流,濯下泉而潜浸。于是沉辞怫悦,若游鱼衔钩,而出重渊之深;浮藻联翩,若翰鸟缨缴,而坠曾云之峻。收百世之阙文,采千载之遗韵。谢朝华于已披,启夕秀于未振。观古今于须臾,抚四海于一瞬。然后选义按部,考辞就班。

窃以为,这一段诗文构思的生动描写,可以作为"事出于沉思,义归乎翰藻"的形象注解。首句"玄览"、"典坟",规定了思想基础——儒家经典。在受到万物触动后而"思纷",援笔写作之时,要"收视反听,耽思傍讯,精骛八极,心游万仞","观古今于须臾,抚四海于一瞬",正是"沉思"的形象表达,也为诗文创作所特有,与一般的深思不同。在写作过程中,要"倾群言之沥液",即选取最符合表达己意的"翰藻"、德言;"漱六艺之芳润",又强调以儒家精神使诗文"芳润"。"谢朝华于已披,启夕秀于未振",是强调诗文创作的创新,也正好说明"事出于沉思"之"事"决非只用前人之典故和语言,而要用"阙文""遗韵",才能"谢朝华""启夕秀"。从以上简单的解读中可以发现,陆机的这段话既有"事"又有"义",既有"沉思"又有"翰藻"。陆机是分开说的,萧统是合在一起说的,这就进一步证明笔者的观点:互文句和文评一元论。

有一点还要说明:陆机之言指文学创作,与"沉思"联系也是指《文选》中的文学作品。但这并不排除那些非文学作品也要经过深刻的思考,所以要重申"沉思"既包括形象思维,也包括逻辑思维,它们并不互相排斥,只不过偏重的程度不同而已。

所以,我们认为,萧统既重视"翰藻",又重视"义",两者在他那里是统一的,是高度有机结合的,不可偏废。

二、《文选》选文标准另外两种意见

有些学者不同意"事出于沉思,义归乎翰藻"是《文选》的选录标准。他们具体分析了"事出于"云云的前后文,认为"事出于沉思,义归乎翰藻"二句由上文"记事之史、系年之书"句引出,仅止是选录其中"赞论""序述"时的一个标准,不能用这两句话来统贯《文选》全书的意思。如果硬要用这两句话来作为统贯《文选》全书的标准,《文选》的不少诗文就在标准之外,像屈原赋、两汉散文、《古诗十九首》、陶渊明的诗、鲍照的乐府,就很难合于"沉思""翰藻"的尺度。认为萧统《答湘东王求文集及〈诗苑英华〉书》中的"能丽而不浮,典而不野,文质彬彬,有君子之致"是《文选》的选录标准,概括言之就是"文质彬彬"。我们不同意这个意见。

(一)如果把"事出于"云云仅仅限于选录"赞论""序述"的一个标准,这就很自然地引出了一个问题:其他诗文如果既"综缉辞采",又"错比文华",那么,能说它们不符合"事出于"云云的标准吗? 不能,就应该录入,而且这样的诗文在《文选》中是大量的,远远超出赞、论、序、述,却被排除了。换言之,要为这些诗文另立标准,即"文质彬彬"。问题又来了:是不是说赞、论、序、述不符合"文质彬彬"的标准,而必须另起炉灶呢? 岂非自相矛盾?

(二)"文质彬彬"与"事出于"云云不矛盾,本质上是一致的。那为什么坚持以这个互文句是《文选》的选录标准呢? 因为它能更好地突出萧统选录标准的个人特点,更准确地反映萧统的创造性的选评一元论。孔子提出"文质彬彬"以后二千多年了,没有人提出反对意见,但理解上却有很多不同。没有比较,就没有鉴别。① 与萧统同朝的裴子野《雕虫论》比较。裴子野是赞同"文质彬彬"的。《雕虫论》开头即说:"古者四始六艺,总而为诗,既形四方之气,且彰君子之志,劝美惩恶,王本化焉。"又指出当时人"罔不摈落六艺,吟咏性情","无被于管弦,非止乎礼义"。虽未明确写出"文质彬彬"四字,但其意义完全一致。他却对录入《文选》之作进行了猛烈攻击:"(在屈原、司马相如之后)随影逐声之俦,弃指归而无执,赋诗歌颂,百帙五车。蔡应(《通典》作"邕")等之俳优,扬雄悔为童子。圣人不作,雅郑谁分? ……爰及江左,称彼颜、谢。箴绣鞶帨,无取庙堂。……大明(宋武帝年号)之代……高才逸韵,颇谢前哲。波流相尚,滋有笃焉。……其兴浮,其志弱……荀卿有言：'乱代之征，文章匿而采。'斯岂近之乎？"①同为儒家信徒，裴子野与萧统何其不同！ ② 与《玉台新咏》比较。徐陵在其《序》中明确指出"撰录艳歌，凡为十卷"，又说："曾无忝于雅颂，亦靡滥于风人，泾渭之间，若斯而已。"与《诗经》一点也不矛盾！ ③ 与《古文辞类纂》比较。清代姚鼐全面否定《文选》。吴启昌《吴刻古文辞类纂序》说："夫文辞之纂，始自昭明，而《文苑英华》等集次之，其中率皆六代、隋、唐骈俪绮摹之作，知文章者，盖摈弃焉。"姚鼐在《古文辞类纂序目》中说："夫文无所谓古今也，惟其当而已。得其当，则六经至于今日，其为道也一。"又说："昭明太子《文选》，分体杂碎……古文不取六朝人，恶其靡也。"他们与萧统对"文质彬彬"理解差别之大简直如天壤！ 所以，如果以"文质彬彬"来概括《文选》的选录标准，不能准确地反映萧统对"文质彬彬"理解的内涵，而"事出于沉思，义归乎翰藻"则能。我们在评价《文选》时，必须提炼出萧统的特点，而非泛泛之论。

那么，强调萧统个人选评之特点，其意义何在？ 仅仅是重视萧统个人的贡献吗？ 是，又不是。所谓是，就是历史发展是一个一个人的贡献集中形成合力的结果，所以不能忽视个人的贡献，萧统的个人贡献理所当然地应予尊重。回顾历史，对个人之贡献的重视是不够的，所以有强调的必要。所谓不是，因为这不仅是萧统个人的问题，还涉及中国文论的历史发展。正因为过去对萧统这一个人贡献认识不足，总以"文质彬彬"来概括儒家的文评理论，这当然不错，却忽视了因对此解释之不同而带来的消极面。所谓消极面，就是把"文"与"质"割裂开来，所谓一而分为二，这在裴子野和徐陵的解释中表现得很明显：前者强调"质"，后者强调"文"。他们都认为自己才是"彬彬"，实际把"彬彬"抛在了一边。而后来的文评发展就是沿着他们的认识一路走下来的。如果古人能充分认识、

---

① ［清］严可均辑，陈延嘉等点校：《全上古三代秦汉六朝文》第七册《全梁文》，石家庄：河北教育出版社 1997 年版，第 535 页。

重视萧统文评一元论的贡献,历史就会少走一些弯路。当然,"如果"是不存在的。但到了今天,我们有责任正确理解萧统选评一元论的历史贡献,并以历史为鉴,这既是《文选》学研究之必须,也是中国泛文学史研究之必须,其积极意义在此。

(三)他们提出的不符合"事出于"的例证太宽泛了。如果《离骚》不符合"事出于"的标准,还有什么作品能符合呢?《离骚》既有"事",又有"沉思";既有"义",又有"翰藻"。如果它不符合,赞、论、序、述就更不符合。

(四)《文选》从其整体看,可视为一部骈文总集。在这个前提下,应对"翰藻"的含义有一个完整的把握。我们认为,不能完全按词典的定义来理解,而应该依阮元的理解。他在《文韵说》中指出:"综而论之,凡文者,在声为宫商,在色为翰藻。即如孔子《文言》'云龙风虎'一节,乃千古宫商、翰藻、奇偶之祖;'非一朝一夕之故'一节,乃千古嗟叹成文之祖;子夏《诗序》'情文声音'一节,乃千古声韵、性情、排偶之祖。"①他的文言观,包括声韵、色彩、排偶三个要素,缺一不可。其中声调既包括韵脚,又包括句中的平仄,也包括节奏上的抑扬顿挫。阮元的文言观与《文选》研究相始终,以《文选》为"文"的最好的样本,也是"翰藻"最权威的诠释。如果上述理解不误,是否可以做如下补充:"翰藻"可视为声韵、色彩、排偶三要素的综合。这样,在理解《文选》具体诗文时,就有了一个比较完整而不是狭窄的尺度。如荆轲的《歌》:"风萧萧兮易水寒,壮士一去兮不复还。"只这两句,却成为千古绝唱。从表面上看,既没引古"事","翰藻"也很平常,更没有像陆机《文赋》中所叙述的文学创作中"其始也""其致也"等情况。但是,"壮士一去兮不复还"久积于荆轲之心,他早就知道此一去必死无疑而甘愿赴死,是在特定场合脱口而出。紧接此《歌》的汉高祖《大风歌》也一样,亦是触景生情,把久积心中的奋斗、挫折、成就、失败喷薄而出。有历史,有现实,

---

① [清]阮元撰,邓经元点校:《揅经室集》,北京:中华书局1993年版,第1006页。

有自傲,有悲哀,气势恢宏,又富有韵律感,成为绝唱。因为荆轲是
"和""高渐离击筑"之曲,汉高祖的《大风歌》是一吐为快,但其节奏
的抑扬顿挫完美地表达了荆轲、汉高祖的"性情"。所以,从这个角
度看,这两首歌是符合"事出于沉思,义归乎翰藻"标准的。如果不
从这个角度来看,这两首诗是不应收入《文选》的。这就证明了阮
元理解的正确性。

三、《谢灵运传论》不是《文选》选文标准

清水氏提出,《文选》录入的《宋书·谢灵运传论》是《文选》全
书的选录标准之说。这个说法与他的《文选》选录"以刘孝绰为中
心说"互为表里。刘孝绰是"'永明体'的继承人",所以刘孝绰的选
录标准,"当然不能在'永明体'派的主张以外进行考虑。……刘孝
绰才把唯一是泛论'永明体'派主张的《宋书·谢灵运传论》收录
《文选》中,以此表明当时文学规范的原理,同时暗示是以此为标准
选录《文选》的。"①为了证明永明体是《文选》的选录标准,清水氏
说:"《文选》收录的齐梁时代的作品全部是'永明体'派或与之有关
的人的作品,其中绝大多数是谢朓和沈约的诗以及任昉的文,这一
事实正雄辩地说明,《文选》是按照上述《传论》的原理撰录的。"他
还指出,《谢灵运传论》提到的四篇作品(曹植《赠丁仪王粲诗》、王
粲《七哀诗》、孙楚《征西官属送于陟阳候作诗》、王赞《杂诗》),"从
这四篇的声调上看……与《文选》是以'永明体'的理论为标准撰录
的观点是不矛盾的"。②

我们认为清水氏的这个观点及其论据都不能成立。为什么?
首先,必须明确永明体的内涵和外延。清水氏对此很清楚,引《南
史·陆厥传》云:"(沈)约等文皆用宫商,将平上去入四声,以此制
韵,有平头、上尾、蜂腰、鹤膝。五字之中,音韵悉异,两句之内,角

---

① 清水凯夫著,韩基国译:《六朝文学论文集》,重庆:重庆出版社1989年版,第79页。

② 《六朝文学论文集》,第84、85页。

徵不同,不可增减。世呼为永明体。"也就是说,永明体的内涵是四声八病,外延是五言诗。四声大家都知道。平头、上尾等八病很专业,很少有人明白,且不论。只就几个简单问题谈一谈。我们认为,清水氏忽视了以下两个方面:一、五言诗都是永明体吗?非也。永明(483—492)是齐武帝年号,则永明体之称必在永明之后。永明体有一个产生、发展的过程,所以在永明体称呼之前会有一些符合永明体特点的五言诗,但不会很多。所以清水氏说"《文选》收录的齐梁时代的作品全部是'永明体'",那曹植的诗是永明体吗?《谢灵运传论》也证明了不是。二、永明体既然是专指五言诗,那么,四言、七言诗呢?赋呢?骚呢?文呢?怎么能用少部分来代替全体呢?故其作为《文选》全书的选录标准不能成立。

第七节 《文选》之根及其 思想之包容性

魏徵对根与本、治国与德义之间的关系有一段经典性的论述,其《谏太宗十思疏》开头即指出:"臣闻求木之长者,必固其根本;欲流之远者,必浚其泉源;思国之安者,必积其德义。"接着又从反面指出:"源不深而望流之远,根不固而求木之长,德不厚而思国之安,臣虽下愚,知其不可,而况于明哲乎!人君当神器之重,居域中之大,不念居安思危,戒奢以俭,斯亦伐根以求木茂,塞源而欲流长也。"①萧统借助《文选》对此亦表达了他清醒的认识。卷二十五卢子谅《赠刘琨》:"根浅难固,茎弱易彫。"卷四十九干令升《晋纪总论》:"基广则难倾,根深则难拔,理节则不乱,胶结则不迁。是以昔之有天下者,所以长久也。夫岂无僻主,赖道德典刑以维持之也。故延陵季子听乐,以知诸侯存亡之数、短长之期者,盖民情风教,国家安危之本也。"而国家之治的根本在儒学,这在《文选》

---

① 《古代散文选》中册,北京:人民教育出版社1963年版,第1页。

中有充分的表达,贯穿始终;萧统编撰《文选》之指导思想是儒家思想,以儒家思想为根,是《文选》长盛不衰的重要原因之一。所以我们认为:

一、《文选》之根是儒学元典中的核心价值观

梁武帝出身于道教世家,但从小就"学周礼"、"穷六经",后崇佛、佞佛,甚至三(一说"四")次舍身同泰寺,但治国却以儒学为主。萧衍《会三教诗》清楚地说明了这一点:"少时学周礼,弱冠穷六经。孝义连方册,仁恕满丹青。……中复观道书,有名与无名。……晚年开释卷,犹日(《广弘明集》作"月")映众星。……差别岂作意,深浅固物情。"[①]萧衍对太子的教育、培养亦如是。萧统三岁读《孝经》,五岁遍读五经,九岁能讲《孝经》大义。武帝为东宫设立的官员皆是儒学精英中的精英,陆倕是一例。《文选》铭类有两篇是陆倕之作。他正是由于上呈《新漏刻铭》,才从临川王东曹掾转入东宫,成为太子中舍人的(《梁书·陆倕传》)。萧统读儒家经典都是太子学士传授的,所以萧统有深厚的儒学修养,并身体力行之。他也信佛,佛学功底亦很深厚,还登台讲二谛之义。也遍读《老子》《庄子》及其他道家著作,吸取其中的精华,在《昭明太子集》《文选》《陶渊明集序》里,道家思想也有反映。而他的思想以儒学为主。所谓儒学元典有两个问题:一是"元典",指儒学著作中那些原汁原味的而不是后来经过改造的价值观。比如汉以后,儒学成为统治思想,为中央集权即君主专制服务。这种君主专制的思想是法家的。儒学元典产生的背景在周代是分权制,天子是天下共主,各诸侯国高度自治。经过董仲舒改造后的儒学已经变了味。二是元典的儒学是一个博大精深的系统,内容极为丰富。我们提《文选》之根是儒学元典这个命题不可能涉及儒学的全部问题,而是指儒学元典中的核心价值观。

---

① 逯钦立:《先秦汉魏晋南北朝诗》,北京:中华书局 1983 年版,第 1531 - 1532 页。

（一）对儒学核心价值观之歧见

儒学元典的核心价值是什么，专家的意见分歧很大。或以"仁"为核心，为最高范畴，其他概念皆在其下，就像一座宝塔，"仁"居最上层。或以"忠恕"为核心，其他概念皆从属于"忠恕"。可谓仁者见仁、智者见智。都有道理，但矛盾依然，长期争论不休。

争论不休的原因是什么呢？窃以为是思路出现了偏差，即总想用一两个词语概括一个庞大的内容十分丰富的理论。而这是不可能完成的任务。如果硬要这样做，就会顾此失彼，造成混乱。这是有教训的。伟大的马克思主义是我国的指导思想。经历过"文革"的人都会记得，那时流行着一首语录歌：马克思主义的道理千头万绪，就是一句话："造反有理"。就是这"一句话"造成了十年浩劫。党中央早就彻底否定了"文革"，我们今天才能自由讨论。我们的研究属于学术层面，与那"一句话"不可相比，但它给我们深刻启示，千万不要把复杂问题简单化。

在学术层面，把极为丰富的学说内涵用一两个词语加以概括，同样是不可能完成的任务。如章学诚提出了"六经皆史"的观点。自有他的观察角度和理由。但如果真把六经都看成"史"，就是一种偏颇，不符合中国人整体思维的特点。故有人讽刺他说"《四库》皆文"，也有人说"六经皆文"。主张"仁"或"忠恕"是唯一核心的两派，就是出于总想以一两个词语定乾坤这个思维定式的束缚。我们应该跳出这个思维的束缚，从更广阔的范围来思考它、认识它。

笔者曾对仁、道、忠恕、中庸进行过比较分析，发现如果把其中的一个定为最高范畴或唯一的核心，就会与另三个产生不可调和的矛盾，因不属于评传的内容，这里不欲重述。

（二）儒学核心价值是一个系统

笔者的意见是，儒学元典的核心价值观是一个系列，包括：亲亲、尊尊、仁义、道德、忠恕、中庸、崇礼、重信、尚俭。以下，谈这些价值观在《文选》中的体现。

1. 亲亲

亲亲与尊尊是由周公提出的第一位的治国理念。《韩诗外传》卷十:"昔者太公望、周公旦受封而见。太公问周公何以治鲁。周公曰:'尊尊亲亲。'太公曰:'鲁以此弱矣。'周公问太公曰:'何以治齐?'太公曰:'举贤尚功。'周公曰:'后世必有劫杀之君矣。'后,齐日以大,至于霸,二十四世而田氏代之。鲁日以削,三十四世而亡。由此观之,《诗》曰:'惟此圣人,瞻言百里。'"①从发生学的角度看,亲亲在前,尊尊在后。亲亲是建立在血缘基础上的,血缘关系是人类也是我们每一个来到这个世界的人的第一个关系,是最重要的关系;其他关系虽然也重要,但它们永远(就一般的意义而言)不可能排在第一位,超不出血缘关系。恩格斯指出:"亲属关系在一切蒙昧民族和野蛮民族的社会制度中起着决定作用。"②到文明社会,仍然起着非常重要的作用,是其他关系不可替代的传统。进入宗法社会之时,儒家把这个血缘关系和历史传统提炼、升华为"尊尊亲亲"的意识形态,成为一个自觉的伦理和政治观念,是历史的巨大进步。

"亲亲"的观念是孔儒许多重要观念产生的前提和基础。孝是"亲亲"的自然延伸。在过去的关于孔儒核心价值观的讨论中不包括孝,而是把孝置于仁之下。如果把"亲亲"作为核心之一,孝的重要价值就能得到更自然更合理的解释和体现。孝是单向的,强调的是子女对父母等长辈的感情,而"亲亲"是双向的,"老吾老以及人之老,幼吾幼以及人之幼",孟子的这句话是对"亲亲"的最好的补充。《仪礼·丧服》:"父至尊也。"贾公彦《疏》:"此章恩义并设,忠臣出孝子之门,义由恩出,故先言父也。""忠臣出孝子之门",应该是提倡孝道的落脚点。

关于孝道还有一点应注意,孔儒提倡的孝并不是一味顺从父

---

① [西汉]韩婴撰,许维遹校释:《韩诗外传集释》,北京:中华书局1980年版,第364页。

② 《马克思恩格斯选集》第四卷,北京:人民出版社1972年版,第24页。

母之愚孝。《孝经·谏诤章第十五》:"子曰:'父有争子,则身不陷于不义。故当不义,则子不可以不争于父……从父之令,又焉得为孝乎?'"①《荀子·子道》:"从道不从君,从义不从父,人之大行也。"子贡以为"子从父命,孝矣"。孔子骂他"小人哉"! 指出:"审其所以从之之谓孝,之谓贞也。"②不分是非地"从父之令,"不符合儒家原典之要求,过去,这一方面被严重忽视和扭曲了,只以片面的理解而后强加于孔儒,然后定罪。不是说儒家的孝道一切都好,但必须在正确把握其全部内容时再"扬弃"。

(1) 以"亲亲"为主题者。

以"亲亲"为主题者非曹植《求通亲亲表》莫属。曹丕父子,不顾"亲亲"之义,对曹植等人加以迫害。《求通亲亲表》指出:"近且婚媾不通,兄弟永绝;吉凶之问塞,庆吊之礼废。恩纪之违,甚於路人;隔阂之异,殊于胡越。"曹植大概实在忍不住了,所以他要求明帝"敦固""亲亲之义"。他从"尧之为教,先亲后疏"谈起,又以周文王、周公为例,引经据典,畅论"亲亲"之必要:"蕃屏王室。"周公之所以"广封懿亲",是因为看到了"管、蔡之不咸(和也)"。曹植也看到了魏王朝面临的危险,即重用异姓如司马懿,疏离亲亲,这样下去,"必有惨毒之怀"的严重后果,强调"亲亲"的重要性:"未有义而后其君,仁而遗其亲者也。"

(2) 宣扬孝道者。

宣扬孝道从古至今最好的文章非李密《陈情事表》莫属。前人说,不读《陈情事表》,不知什么叫孝。如何才是真正的孝,此文有上乘的表达。李密婉拒晋武帝的征召,一边是祖母"气息奄奄""朝不虑夕",自己又曾仕蜀汉,是亡国罪臣;一边是"诏书切峻""急如星火"。李密深恐因拒召不仅不能侍奉祖母,很可能遭杀身之祸。在此两难情况下,李密不是大讲孝道,而是采取了以叙述祖孙之遭

---

① 《十三经注疏》,北京:中华书局 1980 年版,第 2558 页。
② 杨柳桥:《荀子诂译》,济南:齐鲁书社 1985 年版,第 831 页。

遇为主、以悲情取胜的方法，似乎在无意中写出了一篇大孝之奇文。

2. 尊尊

尊尊也是血缘关系的产物。尊，最初是指父亲。后来扩大了，指君主。忠是"尊尊"的自然延伸。《广雅·释诂一》："尊，敬也。"《说文》："忠，敬也。"在词义上本来是相通的。在这里，尊与忠是完全一致的。要求臣民尽忠君上，是儒家原典的基本内容之一，而孔子的目的是维护周礼，维护奴隶制，是保守的，这毋庸讳言。但是，我们还应该看到另一面：孔子反对愚忠。《孝经义疏·谏诤章第十五》：子曰：君"当不义"，"臣不可以不争于君"。谏诤而不听，则可以辞官。孟子说得更明白。《孟子·万章下》，在回答齐宣王的问题时，孟子曰："（贵戚之卿）君有大过则谏，反覆之而不听，则易位。""易位"就是让诸侯下台，换别人，故齐宣王"勃然变乎色"。又曰："（异姓之卿）君有过则谏，反覆之而不听，则去。"这与秦以后的君臣关系完全不同。这是笔者强调"元典"的原因。

综合上述理由，"尊尊亲亲"在孔儒中占有非常重要的地位，应该与"仁""礼"一样，成为其核心价值观之一。

（1）宣扬尊君忠君。

任彦升《宣德皇后令》，赞美萧衍曰："公实天生德，齐圣广渊，不改参辰而九星仰止，不易日月而二仪贞观。"萧统将此《令》录入《文选》，既是"尊尊"，也是"亲亲"。

然臣尊君是有条件的，这条件就是"君明"，尊明君而不尊昏君。批判昏君的如《宣德皇后令》批齐之东昏侯"惟彼狡童，穷凶极虐。衣冠泯绝，礼乐崩丧"等等，不一而足。

在表达臣忠这个问题上，《出师表》最为完美。前人说，不读《出师表》，不知什么叫忠。金圣叹《批才子书》中指出："此《表》所忧不在外贼，而在内蛊也，哀哉！"因此，诸葛亮才"身提重师，万万不可不去；心牵钝物，又万万不能少宽。因而切切开导，勤勤叮咛，一回如严父，一回如慈母。"不是亲人而胜似亲人，把"尊尊"和"亲亲"结合得如此完美,正是此《表》感人至深的原因。

（2）宣扬正确的君臣关系。

儒学元典中对君臣关系的认识和要求,首先是君要明,有明君才有贤臣。所以把君尊贤置于十分重要的地位。明君尊贤臣有一个十分著名而典型的故事即三衅三浴。齐桓公请管仲为辅佐这件事尽人皆知,不重复。这正表现了桓公之"明"。我们要强调的是桓公如何"尊"管仲的:"比至,三衅、三浴之。"韦昭注:"以香涂身曰衅,亦或为薰。"等到管仲从鲁国将要到齐国之时,桓公再三地熏香沐浴,以表示自己尊贤的虔诚。管仲到齐国了,桓公又"亲迎之于郊"（《国语·齐语·管仲对桓公以霸术》[①]）。正因为齐桓公如此之"明",如此之"尊",管仲才敞开心扉,对以霸术,而桓公果然成为春秋五霸之一。

君臣正确关系的典型是刘备与诸葛亮。袁宏《三国名臣序赞》说:"及其临终顾托,受遗作相,刘后授之无疑心,武侯处之无惧色,继体纳之无二情,百姓信之无异辞。君臣之际,良可咏矣。"君是主导,应礼贤下士,善于倾听贤臣的意见。王褒《圣主得贤臣颂》说:"世有圣智之君,而后有贤明之臣。""世平主圣,俊乂将自至……聚精会神,相得益彰。"

但是在忠君这个问题上,儒家亦反对过分执着,不必在一棵树上吊死。潘安仁《西征赋》曰:"孔随时以行藏,蘧与国而舒卷。"李善注:"言孔、蘧有知微知章之鉴,故随否泰而行藏,与治乱而舒卷。中庸之流苟蔽缪于斯术,故患过常之辟,未远其身也。《周易》曰:'随时之义大矣哉!'"在朝代更替之时,儒家亦主张要"随时",不必一定为旧主而死,所以赞美微子。武王伐纣是"诛一夫",正义之师,微子投靠周,也是高尚之举,故封之于宋,成为宋国始祖:"微子以至仁开基。"（王俭《褚渊碑文》）被历代歌颂:"雅昶唐尧,终咏微子。"（嵇康《琴赋》）到汉代,蔡邕仍赞美陈寔"用行舍藏,进退可度"

《陈太丘碑》)。这符合萧统那个时代要求。

3. 仁义

（1）蔡伯喈《陈太丘碑文》："于乡党则恂恂焉，彬彬焉，善诱善导，仁而爱人。"

（2）沈休文《宋书谢灵运传论》："（屈平、宋玉、贾谊、相如）英辞润金石，高义薄云天。"

4. 道德

（1）扬子云《剧秦美新》："言神明所祚，兆民所托，罔不云道德仁义礼智。"

（2）曹大家《东征赋》："惟经典之所美兮，贵道德与仁贤。"李善注："《老子》曰：'莫不尊道而贵德。'"

按：此例说明，道德一词为儒家和道家通用，有相通处。

5. 忠恕

忠，主要是臣对君要忠，不过，那是封建大一统后强调的一面。忠的意义决非如此狭隘。忠，最初是对一切人的要求，君上与臣下要互相忠，不是后来的单方面的忠诚。《左传·桓公六年》："所谓道，忠于民而信于神也。上思利于民，忠也。"这是指处上位者即随侯。又，《昭公元年》："临患不忘国，忠也。"这是指鲁国的叔孙。《论语·学而》："为人谋而不忠乎？"这是指朋友之间尽心竭力。《荀子·议兵》："百工莫不忠信而不楛。"这是指工人尽心竭力而不偷工减料。

（1）潘安仁《闲居赋》："是以资忠履信以进德，修辞立诚以居业。"

（2）曹大家《东征赋》："勉仰高而蹈景兮，尽忠恕而与人。"

6. 中庸

蔡伯喈《陈太丘碑文》："德务中庸，教敦不肃（严厉）。"

7. 崇礼

礼的本质是维护等级制度，所谓"天下有道，则礼乐征伐自天子出；天下无道，则礼乐征伐自诸侯出。"（《论语·季氏》）《礼记·

祭统》:"凡治人之道,莫急于礼。"

(1) 吴季重《在元城与魏太子笺》:"都人士女,服习礼教。"

(2) 卜子夏《毛诗序》:"发乎情,民之性也。止乎礼义,先王之泽也。"

8. 重信

孔子对信看得很重。《论语·述而》:"自古皆有死,民无信不立。"

(1) 袁彦伯《三国名臣序赞》:"中古凌迟……御圆者不以信诚率众,执方者必以权谋自显。"

(2) 邹阳《狱中上书自明》:"臣闻忠无不报,信不见疑。"

9. 尚俭戒奢

俭的反义词是奢、侈,在儒学元典中,它们经常相对出现。如《论语·八佾》:"礼,与其奢也,宁俭。"

萧统贵为太子,自小生活于深宫,但深知儒家尚俭戒奢的重要性,把奢侈导致亡国的教训铭记于心。他在《答晋安王书》说:"见孝友忠贞之迹,睹治乱骄奢之事,足以自慰,足以自言。"萧统是尚俭戒奢的典范。《南史》本传指出:"时俗稍奢,太子欲以己率物,服御朴素,身衣浣衣,膳不兼肉。"所以,萧统把尚俭戒奢的诗文录入《文选》是有现实针对性的。

班固《两都赋》和张衡《二京赋》的主题就是尚俭戒奢。《西京赋》揭露西汉灭亡原因说:"方今圣上,同天号于帝皇,掩四海而为家,富有之业,莫我大也。"因此"徒恨不能以靡丽为国华,独俭啬以龌龊,忘《蟋蟀》之谓何。岂欲之而不能,将能之而不欲欤?"摆出了一些歪理,认为"以靡丽为国华"之"欲"是正确的;怕的是"欲之而不能",决不要"能之而不欲"。所以王朝一个接一个腐败、覆亡。这一点,18世纪的法国哲学家孟德斯鸠都看出来了,他说:"开国皇帝饱经戎马倥偬之劳顿,终于把一个沉溺于淫乐的皇朝推翻,当然会珍惜美德,惧怕奢华,因为,他们对美德的效用和奢华的危害深有体会。可是,三四个皇帝之后,继任者们渐渐陷于腐化、奢侈,懒散和逸乐之中,幽闭深宫,精神萎靡,寿命短促,皇室衰微……篡位者把皇帝杀死或赶下台,自己另立新朝。到了第三四代,新朝的皇帝又把自己幽闭在宫中。"①其实,古人早就发出了这个警告:诸侯之泽,五世而斩。

如果放开眼界,不限于寻章摘句,从《文选》的全部作品着眼,其表达的思想,主要是儒家思想,如《四子讲德论》直接标出"德"字,明确目的在于"醉于仁义,饱于圣德"。贾谊《过秦论》最后以"仁义不施,而攻守之势异也"作为结论。就是我们一向注意的曹丕《论文》也说"盖君子审己以度人",表达的是忠恕之道。在最后一篇王僧达《祭颜光禄文》开头就说:"夫德以道树,礼以仁清。"

综上所述,我们可以明白,儒学元典中的核心价值观在《文选》中有充分而精彩的表述。这对我们正在进行的社会主义精神文明建设,其借鉴意义不言而喻。

二、《文选》思想之包容性

《文选》的思想内容具有很强的包容性,这与萧统的思想是一致的。他的《东斋听讲诗》云:"昔闻孔道贵,今睹释化珍。"儒家思想如上述,以下谈道与佛。

道家思想的作品,如贾谊《鵩鸟赋》:"祸兮福所倚,福兮祸所伏。忧喜聚门兮,吉凶同域。……真人恬漠兮,独与道息。释智遗形兮,超然自丧。"何焯《义门读书记》称《鵩鸟赋》"原本道家言"。郭璞《江赋》:"于是芦人渔子,摈落江山。衣则羽褐,食惟蔬鲜……忽忘夕而宵归,咏采菱以叩舷。傲自足于一呕(讴也),寻风波以穷年。"是庄子思想的反映。"纳隐沦之列真,挺异人乎精魄。"是道教思想的反映。隐沦,神仙名。列真,道教众仙。以渔人在长江中捕鱼而遁世,希冀与道教众仙人交往相结合,反映了郭璞的人生观。亦有纯道教思想作品的,如何敬祖《游仙诗》、郭璞《游仙诗》。

---

① [法]孟德斯鸠:《论法的精神》,北京:商务印书馆 2014 年版,第 123 页。

佛家思想的作品最著名者是王简栖《头陀寺碑文》。钱锺书给予高度评价:"余所见六朝及初唐人为释氏所撰文字,驱遣佛典禅藻,无如此碑之妥适莹洁者。叙述教义,亦中肯不肤;窃谓欲知彼法要旨,观此碑与魏收《魏书·释老志》便中,千经万论,待有余力可耳。"①

孙兴公《游天台山赋》是以道家思想为基调,又融佛道思想于一炉的作品:"王乔控鹤以冲天,应真飞锡以蹑虚。"王乔指周灵王太子晋,是道家神化人物。应真指罗汉,佛家人物。又,"散以象外之说,畅以无生之篇。""象外之说"指道家学说。"无生之篇"指佛学著作。

《文选》思想内容和审美情趣(见上文)的包容性既符合萧统的思想,说明他有博大的胸襟,也适应了社会的需要,为读者提供了全面的高雅的精神食粮。反之,如果萧统心胸狭隘,只严格地选录一家思想的作品,那么,有些佳作就会被淘汰,既不能反映泛文学史的发展状况,也会使某些读者感到遗憾。这正是萧统的伟大之处,也是我们把他称为选圣的原因之一。

第八节 《文选》编撰动因与目的

昭明太子萧统编撰《文选》有其明确的目的。其目的有四:一是助武帝"化成天下";二是为登基做准备;三是为读者提供一个范本;四是流芳百世。而编撰动因及其目的是密切联系在一起的。

一、两种错误的猜测

昭明太子为什么要编撰《文选》? 这对于我们了解《文选》是至关重要的。对此问题,有两种错误的猜测不能不首先澄清,一是刘孝绰为萧统个人养病说;二是梁武帝授权说。

---

① 钱锺书:《管锥编》,北京:中华书局 1986 年第二版,第 1442 页。

（一）刘孝绰为昭明太子个人养病而编《文选》说。此说是日本著名汉学家冈村繁教授提出的。他在《冈村繁全集》第二卷《文选之研究序章》引述《文选序》一段之后，将其中的要点概括为："《文选》三十卷最初并非为当时文坛而编纂，而完全是作为皇太子的萧统在公务之余，出于赏读典范诗文的趣味，从数量庞大的古今诗文中严格精选而来。换言之，它最初只是萧统个人用的历代诗文名作选集。"①进一步解释说，《文选》编撰之五年（梁普通七年至中大通三年萧统死），即萧统生命的最后五年，他"食欲低沉、身体陷于严重衰弱，且因直面死期而心志憔悴、呻吟喘息之时期⋯⋯萧统或许仍有诗文爱好和追求"，所以萧统自己不能编《文选》，刘孝绰"不过是为满足疾病缠身的昭明太子的赏读需要，全面利用以往选集，并且短时期内匆匆抽选编成"②。刘孝绰主编《文选》，这是冈村氏论述的出发点。《文选》主编是萧统，上文已具。此处只讨论"个人养病"说。

我们认为，此说未能圆照，矛盾重重。为什么？这可以用冈村氏批评他人的话来回答："这种研究在其论证的出发点上已经有了根本的谬误。"③第一，从文献方面看。冈村氏为他的太子个人养病说，没有提供起码的证据，完全是由昭明太子病重出发进一步的推测。第二，前后矛盾。在第一章《文选》的编纂实况开端引述《文选序》"余监抚余闲"至"太半难矣"之后，冈村氏说："根据这段序文，萧统当时是出于政事军务之外的余暇颇多，为悠然充实地享受时光，而倾心沉浸于诗文中的。由于周汉以来历代诗宗文豪所留下的作品汗牛充栋、良莠杂存，既妨碍他有效地阅读赏玩，也无法满足他学习借鉴的切望，因此萧统才产生了编选动机。换言之，他是面对当时尚未有便于赏读的实用性诗文选集，而又深切感到这方

---

① 华东师范大学东方文化研究中心编译：《文选之研究》，上海：上海古籍出版社 2002 年版，第 3 - 4 页。
② 《文选之研究》，第 11、91 页。
③ 《文选之研究》，第 100 页。

面的需要,才开始从'远自周室,迄于圣代'一千余年的诗文中精选佳作,编纂其《文选》的。"①笔者之所以引述这一整段,是为了避免读者误解。《序章》的开端与《第一章》的开端如此凿枘,已经不必再说什么了,请读者自己去判断吧。

(二)萧统编《文选》受梁武帝之命说。这也是没有任何根据的猜测。力之先生已进行反驳。力之指出,如果是受武帝之命而为,《文选序》不可能不提及;不提及,说明是子虚乌有。笔者完全赞同。从父子关系言,萧统是大孝子。从太子与皇帝的关系言,萧统极为谨慎,可以说是毕恭毕敬,小心翼翼。《南史·昭明太子传》载:"太子孝谨天至,每入朝,未五鼓便守城门开。东宫虽燕居内殿,一坐一起,恒向西南面台。宿被召当入,危坐达旦。"再说,《文选》如真是武帝授权而编,在《文选序》中提及,是有百利而无一害的;相反,不提及,武帝会怎么想? 太子能承担得了这个后果吗?

二、《文选》是太子的文化工程和国家的文化工程

昭明太子立意编撰《文选》,其动因和目的是联系在一起的,二者密不可分,就像手心和手背一样。

昭明太子,昭明太子,这几乎成了我们的口头禅。但是"太子"意味着什么? 萧统的身份,就像曹丕一样,第一位的是政治家而不是文士。这是萧统与一般文士最大的区别。遗憾的是对萧统在梁朝居第二位的政治家身份与编撰《文选》的关系,没有引起足够的重视。这从下面《文选》学界重点关注的两件事可以看出来:1. 编纂时间是在萧统丁忧之前,还是之后。2. 录取标准是"沉思翰藻",还是别的什么。这种研究是完全必要的,但相比较之下,对太子出于何种政治、文化方面的考量则较少关注。丁忧和录取标准是古代每一个编者都可能遇到的问题,非独萧统为然。他的特殊之处在于太子之位,而太子身份对他编纂《文选》极为重要。我们

① 《文选之研究》,第59-60页。

强调太子身份意在说明,在评价萧统比较重要的活动时,都必须与他的政治身份联系起来,他编纂《文选》也不能例外。此其一。其二,当时编文集已成风气。对统治者而言,这是掌握话语权的重要举措,而非单纯的审美。梁武帝或亲为或命人代理编文集,都是有政治考虑的。太子编《文选》也必定有政治考量。这个考量有二:一是对他个人而言,是助其父"化成天下"的工作之一,这就再清楚不过地证明了太子的政治意图;二是编纂的指导思想必须与武帝一致。武帝救时弊的主要手段是重新确立五经的权威。《梁书·徐勉传》载梁武帝《答徐勉表上〈五礼〉诏》:"经礼大备,政典载弘,今诏有司,案以行事也。"表明"案以行事"的指导思想是"经礼",其措施很多,立五经博士、编文集都是。作为太子的萧统决不会袖手旁观,必定积极协助配合,而编撰《文选》是一个很好的选择。这既对政治上有利,又符合个人兴趣,何乐而不为? 两者结合就是最大的动因。《文选》之根是儒学元典,又包括释、道的内容,完全符合武帝的治国理念与原则。其三,萧统对编《文选》非常重视,是花了大力气的。《文选序》明言:"历观文囿,泛览辞林。未尝不心游目想,移晷忘倦。"后二句常被解释为一种审美快乐,这当然是对的,强调诗文的审美功能是萧统的贡献,比另一些人高明。但亦可见其用力之勤,决非一蹴而就。既然如此,没有政治考量是不可思议的。其四,既然萧统把编《文选》当成一件大事,他决定后,在与其父相聚时,一定会向武帝谈出他的想法,请示妥否。武帝亦乐见其成,予以赞许。虽然这也没有文献记载,但这个推测应是合理的。推测的依据有二:一是可以"悦帝心"。简文帝在《昭明太子集序》中赞美昭明太子有 14 种美德,第一种就是"悦帝心"。二是编《文选》是一重要工程,对武帝统治有利,这就提升了它的政治重要性。因此可以说,《文选》的编纂不仅成为太子的重要文化工程,而且成为王朝的文化工程。不过,有一点应明确,太子向武帝汇报他的决定与武帝命太子编有很大的不同,前者是主动的,后者是被动的。被动的在《文选序》中不提是不可的,而主动的却可以不提;不提,不能看作是对武帝的冒犯。其五,萧统有政治功利性还可以从《文选序》得到证明:"《易》曰:'观乎天文,以察时变;观乎人文,以化成天下。'文之时义远矣哉!"萧统以广阔纵深的历史视野,证明了《文选》产生的必然性和合理性,极大地提升了《文选》的历史位置。萧纲《昭明太子集序》开头的一段话与《文选序》开头的那一段话大体相同,意在提升《昭明太子集》的地位。两相比照,太子协助武帝"化成天下"的政治意图更可了然。

应该指出的是,近些年来,对萧统编撰《文选》的政治意图和《文选》表现出的政治思想内涵,已引起越来越多的关注。刘志伟的《比隆周汉 文系天下》说:"萧统主编《文选》的理想乃是:欲成就'比隆周、汉'的一代王朝文化大典。"①

还必须指出的是,上述强调萧统编撰的功利性,决不意味着不重视审美功能,只是对过去过分强调审美功能的一种反拨,或者说是一种补充。"文革"后强调它的艺术审美,是对"文革"前把文学艺术完全当成政治工具的狭隘功利性的反动,是必要的。"文革"结束40多年了,我们又强调萧统的政治意图,是为了两者的平衡统一。萧统选文的标准本来就是一元的,这样才能正确完整地把握《文选》。

三、萧统要为读者提供一个各种文体的范本

当时,舞文弄墨成为风气,所谓"才能胜衣"的童子就开始学习写作了,但没有一个范本。《颜氏家训·文章》指出了这种状况:"学为文章,先谋师友,得其评裁,知可施行,然后出手。"为什么要"先谋师友"? 因为缺少一个优秀的可作为文章范本学习的"文选",《文选》应运而生。《文选》告诉后学者,各种文体应怎么写,要注意什么,不应该怎么写,否则,不仅文章写不好,而且会招惹祸患。有一个反面的例子可以为证。贺琛《上武帝封事》是给梁武帝

---

① 刘志伟:《比隆周汉 文系天下》,《光明日报》2014年10月8日。

的私人奏疏。贺琛忠心耿耿，陈述了社会普遍存在的弊端，但太直白了，所以使武帝大怒。反过来看看《文选》中的奏疏，却不是这样。《毛诗序》明确告诉作者"主文而谲谏"，为什么要"谲谏"而非"直谏"？因为只有这样，才能"言之者无罪"。致于"闻之者"是否"足以戒"，那就是另一回事了。直谏者忠心耿耿，可昭日月，却有不少人下场不妙，就是没有读懂《文选·毛诗序》。

四、传声不朽，流芳百世

我们认为，萧统编撰《文选》不仅仅着眼于现实，而且着眼于未来：流芳百世，传声不朽。

萧统没有像司马迁那样明确地说出自己的著作和编《文选》要"藏诸名山，传之其人"的话，但是有委婉的表达。其《咏书帙诗》云："一合轩羲曲，千龄如可即。"他赞美"书帙"，其实是赞美其中的"轩羲曲"。有轩辕氏、伏羲氏那样的作品，才能流传永久，书帙也就可以"千龄"了。这就间接地表达了他希望自己的作品能"千龄"的愿望，也是所有作者的愿望。中国人的特点之一是含蓄，有这个愿望也不明诏大号。至于能否"千龄"，那要靠作品。丁敬礼请曹植"润饰"自己的作品，曹植为难，丁说："文之佳丽，吾自得之，后世谁相知定吾文者耶？"如丁氏这样的人都希望"后世相知"，萧统能没有这种想法吗？至于司马迁那段话是在特殊处境下的表白，目的在请任安理解自己为什么屈辱苟活。萧统《答晋安王书》说："昔梁王好士，淮南礼贤，远致宾游，广招英俊，非唯籍甚当时，故亦传声不朽。"[①]值得注意者是梁孝王刘武、淮南王刘安的身份，他们广招英俊的目的之一，是让英俊写文章，《淮南子》"传声不朽"。萧统与他们一样，也是在英俊的协助下编《文选》而传声不朽。

这种愿望在《文选》中表达得更多。其中最直白也给后人留下最深刻记忆的是曹丕《典论·论文》的一段话："盖文章经国之大

---

① 俞绍初：《昭明太子集校注》，第 74 页。

业,不朽之盛事。年寿有时而尽,荣乐止乎其身,二者必至之常期,未若文章之无穷。是以古之作者,寄身于翰墨,见意于篇籍,不假良史之辞,不托飞驰之势,而声名自传于后。"萧统与曹丕有四同:同为嗣子;同为作家;同编过文集;同有一个泛文学集团。可否这样说:没有人能比萧统更深刻地理解曹丕的这段话了。为什么这么说呢?萧统《宴阑思旧诗》可以证明。萧统追念亡故之明山宾、到洽等四人,有这样的句子:"绸缪似河曲,契阔等漳滨。如何离灾尽,眇漠同埃尘。一起应刘念,泫泫欲沾巾。"《文卷》卷四十二曹丕《与朝歌令吴质书》:"时驾而游,北遵河曲。"又曰:"每念南皮之游,诚不可忘。"漳滨,漳水之滨,指南皮县,漳水流经此处。"似河曲""等漳滨"是说与曹丕一样与其下属宴游。所谓"一起应刘念",曹丕《与吴质书》云:"昔年疾疫,亲故多离其灾,徐(干)、陈(琳)、应(玚)、刘(桢),一时俱逝,痛何可言!"实谓萧统之下属兼师友明山宾等已逝之四人,"泫泫欲沾巾"。这些诗句,除"思旧"外,同曹丕所说之"盖文章经国之大业,不朽之盛事"云云,包括了相同的意思,即"声名自传于后",只不过萧统没有明说罢了。这个意思,萧统在《文选》中借他人之口多次表达过,如任昉《齐竟陵文宣王行状》:"乃撰《四部要略》《净住子》,并勒成一家之言,悬诸日月……岂古人所谓立言于此,没而不朽者欤!"就连以"辞赋小道"的曹植,也说要"成一家之言,虽未能藏之于名山,将以传之于同好"(《与杨德祖书》)。蔡邕《郭有道碑文》说:"先民既没,而德音犹存者,亦赖之于见述。"所以,"传声不朽",不仅是所有文士的愿望,而且是所有立德、立功者的愿望。萧统把上述篇翰选入《文选》,既使其中的作家作品传声不朽,也使自己传声不朽,二者符合若契。在这里,他的太子身份起到重要作用。他是一派泛文学集团的首领,集中了许多重量级的文士,"上有所好,下必甚焉",对《文选》的传播有重要作用,是传声不朽的重要条件之一。

萧统对"传声不朽"的追求,不仅有自觉的主观意愿,而且付出了很大的努力和毕生的积累。这里要特别强调的是他的作家身份。曹植说:"盖有南威之容,乃可以论其淑媛;有龙泉之利,乃可以议其断割。"(《与杨德祖书》)这有点绝对化,就像不是厨师就不能品评美味一样。但从另一个角度看,既是大厨又是美食家,岂不更好? 搞创作的人能更容易体会作者的甘苦,更能细致地深入到作品中去。所以,萧统的作家身份与他的"目有神"(钱锺书评萧统语)不能说没有关系。另外,就是他经常与文士商榷古今、月旦诗文,这是一个互动的过程。他身边都是精英,这个切磋对双方都有益。还有时代的影响,等等。他对诗文的判断,就像庖丁解牛,"以神遇而不以目视,官知止而神欲行"。他与庖丁的不同处是这把锋利的刀不是别人造的,而像干将之剑是用生命锻造出来的。干将与庖丁的完美结合使萧统"进乎技"而成乎"道也",成就了《文选》,也成就了萧统。

第四章　萧统与陶渊明

　　陶渊明(365-427)是国内外闻名的伟大诗人,字元亮;一说名潜,字渊明。浔阳柴桑(今江西九江市西南)人。私谥靖节,故又称靖节先生。《谥法》曰:"宽乐令终曰靖,好廉自克曰节。"曾祖陶侃是东晋开国元勋,大司马,封长沙郡公。一说陶氏是少数民族溪族人,故桓温看不起陶侃,骂他是"溪狗"。陶渊明祖父作过太守,父亲早逝。到陶渊明时,家境已经破落,从小就过着比较贫困的生活。

　　陶渊明生活在东晋末期和刘宋初期的改朝换代之时,处于南北分裂,东晋统治内外交困、危机四伏的时代。他自幼受儒家思想教育,怀有报国为民之志,加之家庭贫困,曾四次(一说三次)出仕,担任参军、县令之类的小官,但都时间不长。他回忆说:"少无适俗韵,性本爱丘山。"这就是萧统《陶渊明传》中说的"少有高趣"。又说:"性刚多忤。"他追求适合自己性情的有尊严的生活,官场那些严格繁琐的规定特别是潜规则与其性格矛盾。最后一次辞去彭泽县令,发出了"我岂能为五斗米折腰,向乡里小儿"振聋发聩的豪言,此后就一直在故乡过着隐居躬耕的日子。房子被烧,不得不暂时栖身于船上,甚至到了"乞食"的地步,但矢志不悔。能做到这样的士人,陶渊明为古今第一。

陶渊明隐居后,生活虽然贫困,但为坚持、实践"道"而躬耕垄亩,经常饮酒弹琴自娱,写诗抒情。其诗自成一体,卓然独立,成就虽高,但与当时和后代很长时期的审美趣味不合,所以不被看好。是萧统第一个发现了陶渊明诗文的伟大价值及其隐居生活的崇高意义,精心编撰《陶渊明集》,并为之写《序》,写《陶渊明传》,给予极高的评价,产生了深远的影响,使陶渊明传声不朽。特别是陶渊明的诗,萧统的评价是唯一正确的,不仅远超颜延年和钟嵘,而且启迪来者。

第一节　萧统:陶渊明之先知先觉者

一、世界诗人陶渊明与萧统

陶渊明是一位伟大的诗人,国内几乎无人不知。他同时也是一位具有世界影响的伟大诗人,大概知之者不多。陶渊明在国外受到极高的评价,成为外国人认识中国文化的一个窗口。在朝鲜、日本,陶渊明的影响非常深远和持久,被当作偶像崇拜。日本学者或认为他是中国第四位诗人;或认为"渊明第一,李杜第二,韩白第三,东坡在三四之间"。在德国,20 世纪初期最受欢迎的中国诗人,除李白和《诗经》作者外,就数陶渊明和白居易了。在法国,罗曼·罗兰说:"精美的《陶潜诗选》……我发觉中国的心灵和法国两派心灵中之一(那拉丁法国的)许多酷肖之点。这简直使我不能不相信或种人类学上的元素底神秘的血统关系——亚洲没有一个别的民族和我们底民族显出这样的姻戚关系的。"20 世纪法国最伟大诗人保尔·瓦雷里称陶渊明是"中国的维琪尔和拉方丹"。① 罗曼·罗兰竟然从"种人类学上"看出了中华民族与法国民族的"姻

① 　张中:《陶渊明在国外》,《南京师范学院学报》1982 年第 3 期。

戚关系"，用现代的话说就是基因相近。这就不仅颠覆了中国古人说的"非我族类，其心必异"的排他性，而且使我们认识到世界人民的心是相通的，这是我们可以接受外国文化，外国人也可以接受中国文化的原因，也是瓦雷里把陶渊明比作古罗马诗人维琪尔和法国诗人拉方丹的原因。

萧统是陶渊明的先知先觉者。以上这些引述的高度评价都来源于萧统，是对萧统评价的解读，亦可见萧统的世界性影响。对此，我们应给予更多的注意。因为我们一直关注《文选》的世界影响，这不错，但对萧统编《陶渊明集》所产生的世界影响认识不足。当然，这首先是陶渊明的诗文"独超众类"，"莫与之京"，但这评价的源头是萧统。如果没有萧统编《陶渊明集》并给予很高的评价，对陶渊明的认识不知要拖后多少年。萧统是陶渊明的功臣，功莫大焉！（此问题下文详说）

二、萧统之前对陶渊明的评价

我们说萧统是陶渊明的先知先觉者，因为萧统不仅超越前人，而且后来者也没有全面认识到萧统评价的真正含意。陶渊明的一位非常要好的朋友、也是一位大诗人颜延之在陶渊明死后撰《陶徵士诔》（《文选》卷五十七），高度赞扬了陶渊明的人生道路和崇高的品格，但对其诗文却只有一句话："文取指达。""指达"者，意思表达清楚了，别的就谈不上了，评价是很低的。在同为梁代而死于萧统之前的钟嵘《诗品》里陶渊明被列为中品，说："文体省净，殆无长语。笃意真古，辞兴婉惬。每观其文，想其人德。世叹其质直。"所谓"省净"，即简洁明净，没有繁冗多余的话。"长语"者，啰啰嗦嗦之语也。对于普通人而言，能做到"文体省净"就很不错了，但对陶渊明，这个评价就很低了。在此基础上，钟嵘又以"婉惬"评价陶渊明的诗文，即陶诗表达之兴致不都是那么"质直"，也有委婉表达的诗文，可算是进了一步。钟嵘最后总结评价说陶渊明是"古今隐逸诗人之宗"。这是当时人和后来许多人的共同看法。能称为"宗"，当然是很了不起的成就,也是钟嵘将陶渊明列为中品的主要根据。但这个评价并不正确,陶渊明是田园诗人之祖,而非隐逸诗人之宗,这才是他对中国诗歌史的最大贡献。萧统在《文选》中就没有把陶诗列入《招隐》一类。钟嵘的评价影响了很长时间,至唐,对陶渊明的认识才逐渐改变,至宋而达到极点。还是鲁迅先生说得好。他针对朱光潜说陶渊明"浑身静穆"之说指出:"陶潜正因为并非浑身是静穆,所以他伟大。"鲁迅只是连带而及,只言片语,没有展开,特别是没有涉及陶诗的语言。所以,仍有错误的理解存在,没有达到萧统的认识高度。

三、萧统是陶渊明的先知先觉者

(一) 陶渊明之"寄酒为迹"

在这漫长的历史中,我们回过头看《陶渊明集序》,就会发现,萧统确实是陶渊明之先知先觉者。萧统说:"有疑陶渊明诗,篇篇有酒。吾观其意不在酒,亦寄酒为迹焉。"对这句话,可以结合陶渊明的"实录"《五柳先生传》来理解。陶渊明"性嗜酒",但"家贫不能恒得",亲旧知道这种情况,有时备好了酒请他去,"期在必醉"。又"常著文章自娱",为自娱,不是给别人看的;萧统用的"自娱"就来自《饮酒序》:"既醉之后,辄题数句自娱。"在自娱中真切地表达了他的"意"和"志"。宋代陈模《怀古录》说:"盖陶渊明人品素高,胸次洒落,信笔而成,不过写胸中之妙耳,未尝以为诗,亦未尝求人称其好,故其好皆出于自然,此其所以不可及也。"而这个"妙",出于陶渊明高度的文化和深厚的语言修养,看似"自然"不经意,实际上又是经意的,在经意与不经意之间,所以才"词采精拔"。他的诗有的一气呵成,有的经过修改,《饮酒二十首》请友人重抄一遍,就透露出这信息。他的诗"篇篇有酒",但"意不在酒",而是借酒之"迹"寄托其"意"。这"迹"表达的"意"有二:一是文章:"其文章不群,词采精拔,跌宕昭彰,独超众类,抑扬爽朗,莫之与京。横素波而傍流,干青云而直上。语时事则指而可想,论怀抱则旷而且真。"二是贞志:"加以贞志不休,安道苦节,不以躬耕为耻,不以无财为病,自非大贤笃志,与道污隆,孰能如此乎?"这里的"苦节"之"苦"并非痛苦、悲伤,而是快意,即愉快地坚守他的节操。《方言》卷二:"苦,快也。"郭璞注:"苦而为快者,犹以臭为香,乱为治,徂为存,故训义之反覆用之是也。"这是我们理解陶渊明退隐生活的一个关键之处。陶渊明是"安道存身"。他过隐居生活,不仅是为了"存身",更重要的是"安道"。不这样理解,把他的隐居仅仅理解为保命,就与"安道"矛盾,大大减低甚至抹杀了陶渊明隐居的意义。这在其诗文中有大量的反映。所以,萧统才称陶渊明是"大贤",不仅是对其人格的赞扬,而且是对其人生道路和诗文的肯定,"莫之与京","独超众类"。

　　饮酒不仅是陶的生活中不可或缺的部分,而且与其创作密切相关。但他与一般嗜酒者不同,是"意不在酒","寄酒为迹"。上文已谈"寄酒为迹"的内涵,还要补充的是,萧统是揭示此内涵的第一人。这一揭示具有重要意义和深远影响。陶渊明的"寄酒为迹"成为一种特有的饮酒文化现象,影响了许多士人。这与刘伶比较,更可见陶渊明的影响。刘伶是竹林七贤之一,以嗜酒和放诞著名,《文选》录入刘伶《酒德颂》,写得很好。李白诗句"唯有饮者留其名"(《将进酒》)中所指者就有刘伶。刘伶的饮酒虽非常有名,但没有形成一种文化现象。陶渊明的饮酒与刘伶不仅在外在表现上不同,内涵亦有别。刘伶是放浪形骸,发泄对现实的不满。《世说新语·任诞》:"刘伶恒纵酒放达,或脱衣裸行在屋中。"陶渊明是饮酒赋诗,醉则眠。更重要的是"寄酒为迹"。这"迹",有"深味",有诗味,所以陶渊明把饮酒诗化了。这诗化不是指把酒写入诗,而是艺术化了,是饱含诗意的一种行为,用现在时髦的话说就是"行为艺术"。陶渊明以此感悟人生,在半酣之中对人生有了进一步的理解。因此,后来者才追慕,故而形成了一种有独特内涵的文化现象,形成古代士人的高雅的诗酒风流。而沈约《宋书·陶渊明传》虽写到陶渊明喜欢饮酒,但没有萧统所揭示的饮酒内涵。他们二人对陶渊明理解深度的不同,更显示出萧统的卓识。

(二) 陶渊明之"旷"与"真"

第一,"旷",心胸旷达。为什么他能"旷"? 因为他充分了解并身体力行了"道"的真谛,所以才能够"与道污隆"。如"道隆",能实现为国为民理想之时,就为官;"道污"之时,就归隐:皆是"安"于"道"。陶渊明以诗文之"寄酒"来显现他之"迹",表达的是"忘怀得失,以此自终"之"道"。暂时"忘怀得失"者多矣,"以此自终"者有几何? 这与亦"嗜酒"的阮籍比较就更能突显出来。阮籍充满矛盾和痛苦,是借酒浇愁。而陶渊明诗文中之酒表达的是闲适愉快之情,安贫乐道之意;不是像有人说的充满着矛盾和痛苦,陶诗中反映的心情不是这样。我们不否认他有矛盾痛苦,特别是在他仕与隐中挣扎的十几年里。这十几年的挣扎,说明他报国为民之志是很强烈的。他一次次辞官,又一次次出仕,说明他不愿放弃他的理想,只是多次尝试后,认识到这是办不到的,才做出隐居的决定。其中的痛苦是一般士人也是我们难以体会的。隐退之后他也为儿子担心,说:"僶俛辞世,使汝等幼而饥寒。"因为在"辞世"句之前,他还想到"性刚才拙,与物多忤。自量为己,必贻俗患"。这"俗患"指官场险恶,不知什么时候就会遭难,还会连累家人,使妻子儿女连虽贫困但平静的生活都不能有。接着,他又想到前贤的榜样:"余尝感孺仲贤妻之言,败絮自拥,何惭儿子?"(《与子俨等疏》)《后汉书·逸民传》:"王霸字孺仲……隐居守志,茅屋蓬户。"王孺仲后来看到朋友子伯的儿子"车马服从,雍容如也",感到对不起儿子。其妻对他说:"'君少修清节,不顾荣禄。今子伯之贵孰与君之高?奈何忘宿志而惭儿女子乎?'霸屈起而笑曰:'有是哉!'遂共终身隐遁。"(《后汉书·列女传》)退隐后,陶渊明也有这样一个过渡阶段,但很快就心安理得了,是快乐的。否则,他赞美农耕,咏叹贫士,就不可理解了。而且越到后来,他就越想得开。写《与子俨等疏》时,他已年过五十,"疾患以来,渐就衰损",担心自己"大分将有限也"。他回忆大半生:"少学琴书,偶爱闲静,开卷有得,便欣然忘食。见树木交荫,时鸟变声,亦复欢然有喜。常言五六月中,北窗下卧,遇凉风暂至,自谓是羲皇上人。意浅识罕,谓斯言可保。"这是一幅多么惬意多么心旷神怡的图画!陶渊明希望这种羲皇上人的生活可以保持下去,不为辞官后悔。陶渊明的绝笔《自祭文》把存于世间看作是寄于"逆旅之馆",死亡是"归于本宅",是典型的道家思想。在回忆"自余为人"时,虽然"逢运之贫,箪瓢屡罄",但"含欢谷汲,引歌负薪",辛苦的劳动中充满了"欢"、"歌";"勤靡馀劳",辛勤劳作,不遗馀力,而"心有常闲"。他是"乐天委分,以至百年"。为什么成了"乐天"派?因为他认识到这就是他的"分",也就是安贫乐道。对死亡到来的态度是:"余今斯化,可以无恨。寿涉百龄,身慕肥遁。从老得终,奚所复恋!"他到临死之时(过了两个月,陶渊明就死了),依然肯定自己的"肥遁"即隐居的生活,而没有任何遗"恨"。应指出的是,他不是到了死期才想得开的,早就想开了:"纵浪大化中,不喜亦不惧。应尽便须尽,无复独多虑。"(《形影神》)哪里有充满痛苦和悲哀?能像陶渊明这样过着勤苦的躬耕生活并以之为乐、看穿死亡的士人,能有几个?《饮酒二十首序》说:"顾影独尽,忽焉复醉。既醉之后,辄题数句自娱。纸墨遂多,辞无诠次。聊命故人书之,以为欢笑耳。"《饮酒》二十首其一:"忽与一觞酒,日夕欢相持。"其七:"泛此忘忧物,远我遗世情。"其九:"田父有好怀,壶浆远见候……且共欢此饮,吾驾不可回。""吾驾不可回"者,不再去做官之谓也。其十四:"故人赏我趣,挈壶相与至……父老杂乱言,觞酌失行次。不觉知有我,安知物为贵?悠悠迷所留,酒中有深味。""顾影独尽"之时,是"日夕欢相持"。聚饮之时,是"共欢此饮","父老杂乱言,觞酌失行次",气氛祥和,其乐融融。酒中之"深味"即"道",也就是"不觉知有我,安知物为贵"的"遗世"的道。而这种"遗世情"的"味","故人""父老"是不理解的,因为这是陶渊明的寄酒为"迹"即"道",因为它"深";但陶渊明却与他们相处融洽,因为他们善良纯朴,没有官场中人的机心。从此我们亦可以知道萧统之"篇篇有酒,意不在酒"的"深味"。另外可注意,这个"道",

既有儒家之道,还有道家之道和道教之道。儒家之道就是上文说的"与道污隆"。其次是道家之道。道家特别是庄子重视生命,重视精神自由。再次是道教之道。陈寅恪《陶渊明之思想与清谈之关系》指出:陶氏家族"属于溪族","家世信仰为天师道","渊明之为人实外儒内道"。① "内道"指天师道,亦即五斗米道,绝俗养生,求长生不老。陶渊明不求长生不老,对死亡看得很开,活时为自己写自祭文。但他也希望能多活一些年岁,所以采菊花泡酒。其《九日闲居》序曰:"余闲居,爱重九之名。秋菊盈园,而持醪靡由,空服九华,寄怀于言。"诗:"酒能祛百虑,菊解制颓龄。"《饮酒》:"采菊东篱下,悠然望南山。"服菊可以延年益寿,南山是寿考的象征。《读山海经》十三之四:"黄花复朱实,食之寿命长。"《山海经》《穆天子传》是道家秘笈。天师道重养生,与陶渊明退隐是有关系的。

第二,"真"。萧统特别看重陶渊明的这个"真"。"真"即表达了陶渊明的真性情,真品格,不说假话,不故作清高。这不仅表现在《乞食》一诗中,而且表现在其诗文的方方面面,是生活、性情的真实记录。"真",原是道家赋与自然界万物的属性,万物都要保存它的原本形态和品格,也是人的最高境界。《庄子·渔夫》中的寓言故事,渔夫对孔子讲了一段"真"对每个人的重要性:"真者,精诚之至也。不精不诚,不能动人。故强哭者,虽悲不哀;强怒者,虽严不威……真在内者,神动于外,是所以贵真也。"② 中国人思维的独特性是整体性,所以我们也可以把这段话视为文学批评,它也揭示了陶诗动人的根本原因。陶渊明"真在内","神动于外"即表现于他的生活和诗文之中,才能感动读者。用萧统的话就是"语时事则指而可想,论怀抱则旷而且真"。元代陈绎曾《诗谱》这样评价陶渊明:"心处闲逸,情真景真,事真意真,几于《十九首》矣,但气差缓

---

① 陈寅恪著:《金明馆丛稿初编》,北京:三联出版社2011年版,第119页。
② 刘建国、顾宝田:《庄子译注》,长春:吉林文史出版社1993年版,第622页。

耳。至其工夫精密，天然无斧凿，又有出于《十九首》之表者。"

　　下面结合陶渊明的诗来对萧统的评语稍作诠释。（一）"论怀抱则旷而且真"。除了在诗中一再表达的"代耕本非望，所业在田桑"（《杂诗》十二首之八）之外，他的最高理想就是过《桃花源记》中的生活，其《诗》云："相命肆农耕，日入从所憩。桑竹垂馀荫，菽稷随时艺。……童孺纵行歌，斑白欢游诣。"（二）"语时事则指而可想"。前已谈及，另参见第三节对《还旧居》的解读。（三）"不以躬耕为耻"。陶诗曰："晨兴理荒秽，戴月荷锄归……道狭草木长，夕露沾我衣。衣沾不足惜，但使愿无违。"（《归园田居》五首之三）"愿无违"，道出他"不以躬耕为耻"的部分原因。而且陶渊明以躬耕为荣，高度赞美躬耕的圣贤，对农业生产的重要性有比统治者更清醒的认识。（四）"不以无财为病"。陶诗曰："饥来驱我去，不知竟何之。行行至斯里，叩门拙言辞。"（《乞食》）一个做过官的士人为了"愿无违"，竟然到了"乞食"的地步，如果他"以为耻"，能这样坦白吗？这就是他的"真"。与之可以相比的大概是杜甫了。杜甫偶尔也参加劳动："老夫自汲涧"（《奉酬薛十二丈判官见赠》），"细雨荷锄立"（《暮春题瀼西新赁草屋》）。杜甫也经历过"饥藉家家米"（《秋日荆南述怀》）的生活。但比起陶渊明完全过农耕生活相差很多，杜甫毕竟不是隐士。陶渊明"安道苦节"，绝不随波逐流，在于他"安道"，且"任真自得"。《乞食》的下文就是具体表现："主人解余意，遗赠岂虚来？谈谐终日夕，觞至辄倾杯。情欣新知欢，言咏遂赋诗。"表达的是乡村父老的关怀之情，邻里助人为乐的纯朴之风。陶渊明深切体会到了与官场不同的温暖。于是他"言咏遂赋诗"了，赋的是"情欣新知欢"，这与他"误落尘网中"的十三年，如"羁鸟"一样的不自由，形成鲜明的对比，他因脱离"樊笼"、"复得返自然"（《归园田居》五首之一）而快乐，这就是陶渊明！与假隐士相比，更能突显陶渊明的崇高。《文选》有《北山移文》，讽刺了以隐居为求官手段的一类人，与陶渊明对比，自可见萧统高度评价这个"真"的意义。

第二节　萧统高度赞美陶渊明的
　　　　退隐之路

一、陶渊明的退隐与道

陶渊明四仕四隐,第一次是做江州祭酒,第二、三次是某将军的参军,第四次是彭泽县令,最后诀别官场,从事农耕,做了一个完全的归隐者。对此,萧统给予积极的评价和高度的赞美。他编《陶渊明集》,又写序,开头就说:"夫自衒自媒者,士女之丑行;不忮不求者,明达之用心。是以圣人韬光,贤人遁世。"为评价陶渊明的人生道路、最后选择隐居生活奠定了基调,也是很高的一个起点,即指出:陶渊明不是"自衒自媒者",而是"不忮不求者"。文人相轻,自古而然,自我炫耀而轻视他人者多矣;不择手段地追求高官厚禄者亦如过江之鲫。但陶渊明是个例外,故可与"圣人""贤人"并列。为什么? 萧统解释"其故":"含德之至,莫逾于道;亲己之切,无重于身。故道存而身安,道亡而身害。"什么是最高的"德"? 没有什么能超过"道"。什么是个人最重要的? 是"身"。而身与道密不可分,"身"必须循"道"而行。既可以杀身殉道,也可以隐居循道。它已不是个人的追求,而是关乎"道"这个根本大事。这也正是陶渊明的思想:"道丧向千载,人人惜其情。有酒不肯饮,但顾世间名。"否定"人人"追名逐利之情。他自己是"所以贵我身,岂不在一生?一生复能几? 倏如流电惊"。他问那些"顾世间名"者:"鼎鼎百年内,持此欲何成?"(《饮酒》二十首之三)"亲己""重身"合乎"道",一般认为这是道家思想。我们要强调的,这也是儒家思想,也就像卫大夫宁武子说的:"邦有道,则知;邦无道,则愚。其知可及也,其愚不可及也。"(《论语·公冶长》)在此,两家似乎矛盾的思想得到了高度的统一。作为一个皇太子能有此认识,太难能可贵了! 在萧统看来,身"处百龄之内,居一世之中,倏忽比之白驹,寄寓谓之逆

旅。宜乎与大块而盈虚,随中和而任放,岂能戚戚劳于忧畏,汲汲
役于人间?"指出陶渊明生活在一个令人"忧畏"的时代,"智者贤人
居之,甚履薄冰",道出了陶渊明之类的隐士为什么不仕的真正原
因。萧统从正面举出庄周、伯成(伯成子高,舜时人,辞诸侯之位而
耕田)等人不屑于"竞鸢鸱之肉"的高尚品格,又从反面举出苏秦、
卫鞅之流"死之而不疑,甘之而不悔"的"饕餮之徒"的可悲下场,对
比强烈。进而指出"唐尧四海之主,而有汾阳之心;子晋天下之储,
而有洛滨之志。轻之若脱屣,视之若鸿毛"的高尚榜样,把隐者之
行之德赞美得无以复加! 萧统在论古,实际指向陶渊明。还应注
意的是"子晋",他是周灵王太子,与萧统地位相同,道出了在某种
情况可以放弃太子之位的想法。

最后直接赞美陶渊明:"加以贞志不休,安道苦节,不以躬耕为
耻,不以无财为病,自非大贤笃志,与道污隆,孰能如此乎?"①直接
指出陶渊明是贤人之中"大贤"。为什么? 因为他有"与道污隆"之
"笃志",所以没有人能赶得上他。其笃志表现在两个方面:一是
儒家鄙视躬耕,但他不以为耻;二是遭受"无财"之苦的程度超过所
有隐者,但他不以为病。所谓"与道污隆",就是孔子说的:"邦有
道,则仕;邦无道,则可卷而怀之。"(《论语·卫灵公》)从孔子的论
述可知,陶渊明的隐居是儒家思想和道家思想的完美结合。

二、陶渊明的苦与乐

还有一个问题应弄明白,就是陶渊明退隐后的苦与乐,上节已
谈,这里还要做些补充,因为与萧统高度赞美陶渊明有关。陶渊明
退隐躬耕后,有没有痛苦和矛盾? 矛盾,没有;痛苦,有,但不"充
满"。人人都有痛苦,所谓人生不如意,常有十八九。但必须首先
弄明白,陶渊明为什么痛苦? 苦恼的性质是什么? 上文谈及他为

---

① 以上引文皆出自俞绍初:《昭明太子集校注》,郑州:中州古籍出版社 2001 年
版,第 199 - 200 页。

子女的衣食不周犯愁。又为秋稼歉收担心:"悠悠待秋稼,寥落将赊迟。"(《和胡西曹示顾贼曹》)"赊迟",即收成少。他也为不能天天饮酒而遗憾,这类表述很多,《和胡西曹》就有"委恨靡所挥"。挥,形容举杯而饮的动作。他《悲从弟仲德》:"衔哀过旧宅,悲泪应心零。"仲德是他的堂弟,没想到他死了,所以陶渊明很悲伤。陶渊明烦恼悲伤的事还有,不再一一列举。上述这些说明一个问题,即这是所有的人都能遇到的事。陶渊明是一个感情丰富且细腻敏感的人,有这些苦恼是很自然的,是人之常情。至于对退隐,他则从无矛盾、从无后悔过。《戊申岁六月中遇火》首句是:"草庐寄穷巷,甘以辞华轩。"他家在狭窄的胡同里,住着草房,一把火烧光了,不得不住在船上,对任何人都是一场灾难,但陶渊明不为此而痛苦,首先申明的是"甘"。"华轩"是大夫以上坐的车,指功名富贵,他"辞"了,不后悔,而是"甘",甘之如饴。为什么能这样呢? 这是他的"愿":"但使愿无违";《岁暮和张常侍》曰"穷通靡攸虑"。他早有不当官过苦日子的思想准备。他也知道躬耕辛苦,但不怕:"田家岂不苦? 弗获辞此难。四体诚乃废,应无异患干。""异患"指仕途之患。"田家苦"与"异患干"两者相较,陶渊明还是选择、坚持前者,放弃后者:"躬耕非我叹。"又说:"贫居依稼穑,戮力东林隈(地势低洼多水的地方)。不言春作苦,常恐负所怀。"至此时,他已经躬耕12年了,身体已衰:"姿年逝已老,其事未云乖。"诗中写了去收获时的急切心情:"饥者欢初饱,束带候鸡鸣(早早起身等待鸡鸣去收割)。"与他不愿"束带"见督邮形成强烈对比。他"扬楫越平湖,泛随清壑回。郁郁荒山里,猿声闲且哀。悲风爱静夜,林鸟喜晨开。"在收割中插入这几句景物描写,太棒了! 这就他的"词采精拔"。前有担心,后有愉快,这就是"跌宕昭彰"。他从收获中得到了极大的满足,所以,他"遥谢荷蓧翁,聊得从君栖"(《丙辰岁八月中于下潠田舍获》)。不仅有收获时陶渊明很愉快,而且在劳动中也有快乐:"秉耒欢时务,解颜劝农人。平畴交远风,良苗亦怀欣。虽未量岁功,即事多所欣。"(《癸卯岁始春怀古田舍二首》其二)在农忙时,他手持农具忙碌着,心情是"欢"的,而且他还笑着鼓励其他"农人","平畴交远风,良苗亦怀欣",田野一片欣欣向荣的描写十分传神。寓快乐于劳动之中,诗兴大发,诗化劳动,情景交融,无人能比。所以他要"长吟掩柴门,聊为陇亩民",一边吟诗,一边做个农民。虽然他还不知秋天收成如何,但躬耕这件事已经使他"多所欣"了——这是一种怎样的人生哲学?太了不起了!是其他隐者和诗人所没有,也不可有的!还有一件事更可以看出陶渊明的了不起。商山四皓是著名的隐者,也是陶渊明崇拜的对象。他对羊长史说:"路若经商山,为我少踌躇(停留),多谢绮与角(lù)(指绮里季和角里,代表四皓),精爽今何如?"(《赠羊长史》)但作为隐者,陶渊明比商山四皓还要纯粹。当年刘邦要换太子时,太子刘盈"卑辞厚礼"请四皓出山,他们来到朝廷,为太子站台,成为汉惠帝。但陶渊明后来被许以更高的官职,不为所动。所以,陶渊明气节超过了四皓。

与陶渊明相反的所谓隐者,则受到萧统的嘲笑。《文选》卷四十三孔德璋《北山移文》就讽刺了一个叫周子的人。周子是一个"假步于山扃",而"情投于魏阙"的假隐士。他初到钟山草堂之时,摆出一副"排巢父,拉许由,傲百氏,蔑王侯"的姿态,以提高声望,为终南捷径。等到"鸣驺入谷,鹤书赴陇",即朝廷使者携征召文书来到,就立刻"形驰魄散,志变神动",扬眉举臂,手舞足蹈,急急忙忙整行装,快马加鞭当县令。这时"南岳献嘲,北陇腾笑,列壑争讥,攒峰竦诮"。山神嘲笑他,连树林都为他羞愧。又升官了,赶往上京,路过钟山,欲回访其发迹之地,"于是丛条瞋胆,叠颖怒魄",茂密枝条怒从胆边生,草丛草尖恨从心中起,"或飞柯以折轮,乍低枝而扫迹"。树神愤怒了,扬起树枝击折其车轮;草神发怒了,扫除他经过的车迹,嫌他肮脏!坚决阻止他前来:"请回俗士驾,为君谢逋客",你这假隐士,我们不欢迎你!

三、农民诗人批评孔子鄙视躬耕

陶渊明的伟大,还在于他对农业生产有高度自觉的认识,称赞躬耕者是"哲人",在这一点上,批评了孔子。《论语·子路》:"樊迟请学稼。子曰:'吾不如老农。'请学为圃。曰:'吾不如老圃。'樊迟出。子曰:'小人哉,樊须也!'"原始儒家一直轻视"躬耕"之人,所谓"劳心者治人,劳力者治于人"。但陶渊明不这么看。在《劝农》一诗中他把躬耕者视为"哲人":"哲人伊何?时惟后稷。赡之伊何?实曰播植。舜既躬耕,禹亦稼穑。远若周典,八政始食。"后稷为什么称后稷?后者,君主也。稷代表农作物。后人称赞他,因他教周人播种百谷,可以丰衣足食,故被称"后"。这不错。陶渊明与他人的不同,在于强调后稷是躬耕者,是"播植"者。这一点,后文表达得更清楚。舜、禹都没有"教",而是赞美他们"躬耕""稼穑"。我们再次指出,舜、禹是三皇五帝中人,是民族偶像,但陶渊明之意的重点不在此,而在他们亲自参加农业生产。从这个角度解读舜、禹者,我们未见有第二人,换言之,陶渊明对躬耕者的赞美亘古未有。之后,陶渊明又指出:"冀缺(春秋晋人)携俪(妇),沮溺(长沮、桀溺)结耦。"冀缺、沮溺都是隐者、躬耕者。"相彼贤达,犹勤垄亩。矧兹众庶,曳裾拱手!"对素餐之人提出了严厉的批评。最后,陶渊明针对孔子之论指出:"孔耽道德,樊须是鄙。董(仲舒)乐琴书,田园不履。若能超然,投迹高轨。敢不敛衽,敬赞德美。"陶渊明不否定"道德"、"琴书",但是如果超然脱世俗之外,效法高贤大哲,怎么敢不对躬耕之人"敛衽"相待!怎么敢不对他们完美的德行赞美有加呢!以农为本,以农立国,是历代统治者的基本国策,因为农业是他们财政的主要来源,是朝代稳定的基础。但他们看不起农民。孔子骂樊迟是"小人"。但陶渊明不这么看。敢对孔子进行批评,对躬耕之人大加颂扬,这就是陶渊明!这就是陶渊明的伟大之处!那么,陶渊明为什么能有这样的认识呢?原因之一就是他与众多诗人不同,是田野劳动的参与者,亲自体验了劳动的快乐和收获的快乐、粮食来之不易,才对农业、农民的重要性即"八政始食"的道理有了更深刻、更高的认识。唐代李坤也知道"粒粒皆辛苦",但他是站在统治者的立场

"悯农"。陶渊明不是旁观之悯农者,而是躬耕者,是农民劳动的赞美者。他不是农民的代言人,因为他就是农民,一位农民诗人。当时,惟萧统识之。我们不要忘记的是,萧统是个太子啊!

那么,这就自然提出了一个问题:太子萧统为什么能这么深刻而全面地理解陶渊明呢?这并非偶然。为陶渊明编集子之前,他就对隐士有了一定正确的认识,萧统又是佛教徒,两种思想互相融合,其《钟山解讲诗》写出了这样的句子:"非曰乐逸游,意欲识淇颍。""淇颍"此处指高僧,却用了一个典故:许由是上古传说中的隐逸君子。相传尧晚年想让位于许由,他坚辞不受,逃到箕山躬耕而食。后尧又请他当九州长,许由不屑,去颍水洗耳。在编《陶渊明集》之后,萧统作《序》就赞美隐居之躬耕者:"伯成躬耕于野。"《庄子·天地》曰:"尧治天下,伯成子高立为诸侯。尧授舜,舜授禹,伯成子高辞为诸侯而耕。禹往见之,则耕在野。"禹问他为什么,他说:"昔尧治天下,不赏而民劝(努力向善),不罚而民畏。今子赏罚而民且不仁,德自此衰,刑自此立,后世之乱自此始矣。夫子阖(何不)行邪?无落(妨碍)吾事。"俋俋(yì,低头一心耕作的样子)乎耕而不顾。[1] 萧统所引的典故说明,伯成子高也是在社会腐败之时辞诸侯而躬耕,与陶渊明相近。这说明萧统已完全理解了陶渊明的退隐和躬耕。又,萧统母丁贵嫔死于普通七年(526),时年才42岁,正当盛年,萧统亲身感受了人生之无常。八年,编成《陶渊明集》,所以在《序》中才有这样的话:"何倚伏之难量,亦庆吊之相及。"也就更深刻地体会到了"唐尧四海之主,而有汾阳之心;子晋天下之储,而有洛滨之志"的道理。另外,萧统也是天师道信徒,对陶渊明的重生延寿也都能理解。还有重要的一点就是陶渊明的性格,萧统比他人有更深度之理解,这点将在下文谈。综合上述,萧统才成为陶渊明的伟大先知先觉者。

---

[1] 王先谦注:《庄子集解》,上海:上海书店1987年版,第67页。

第三节　陶渊明诗文语言"独超众类"

一、萧统高度评价陶渊明诗文的语言特点

《陶渊明集序》高度评价陶渊明诗文语言风格的特点："其文章不群,词采精拔,跌宕昭彰,独超众类,抑扬爽朗,莫与之京。横素波而傍流,干青云而直上。语时事则指而可想,论怀抱则旷而且真。"这里最主要的是"独超"二字,只有找出陶诗的独特之处,才能知道"超"之何在。其"独超众类"有四:一是"词采精拔"。"辞"而有"采",即有义采。以前从未有人这样说过。说陶诗有文采者,萧统是第一人,至今,这个评价也没有得到认真的解读。可能是不重视,也可能是不认同。对他的"辞采",应以第三章中阮元对《文选序》"翰藻"的解读为准则,不可以用华美辞藻的多少做唯一的标准。因为陶渊明与他人不同,必须具体分析。他用典,但不刻意堆砌。他的诗有文采,也不刻意堆砌。质直也是有的,但不可以偏概全,是多样性的统一。他的"词采"主要不表现在多用色彩斑斓的词上,而是"精拔"。不是"扬芳正飞"(《后汉书·蔡邕传》),而是如孟子说的"出乎其类,拔乎其萃"。出乎其类有两方面:一是陶渊明作为田园诗人之祖,写田园风光,述农业生产,抒躬耕之情,赞农人之朴。二是语言精拔。在那个雕采镂金的风气下,陶诗自然清新的风格很特出。这是他不被当时人看好的原因,反衬出萧统的高明。所谓精拔,就是精纯、纯粹,一字不可移易,最适合表现田园风光,最适合表达他的感情,二者有机统一。这与后来的山水诗人谢灵运比较就看得更明显。钟嵘评谢灵运的诗"尚巧似","颇以繁芜为累"。陶诗亦有"巧似",但不"尚繁芜"。陶诗如谢灵运一样"青松之拔灌木",[1]有资格列入上品。这样

---

① ［南朝梁］钟嵘著,曹旭集注:《诗品集注》(增订本),上海:上海古籍出版社2011年版,第201页。

的词句俯拾皆是,随便举几个例子。《戊申岁六月中遇火》记叙陶渊明的房子被烧得个精光,不得不住在船上,接着他说:"迢迢新秋夕,亭亭月将圆。"秋天傍晚天空之空阔,将近中秋月之高远,就在目前,没有一点悲戚之感。而此时,"果菜始复生,惊鸟尚未还"。"复生"与"未还"相对,有一种缺憾的美,像断臂的维纳斯。但断臂不可复接,而鸟总要"还",陶渊明是满怀希望和信心的。如果写为"已还",虽然圆满了,却失去了韵味,反而有点煞风景了。陶渊明的笔法非常讲究。只有这样写秋月之美,诗人之心才昭然纸上。紧接下一首《己酉岁九月九日》:"靡靡秋已夕,凄凄风露交。蔓草不复荣,园木空自凋。"一片深秋零落肃杀之气。接着的却是"清气澄馀滓,杳然天界高",又是一幅秋高气爽、乾坤朗朗的图画。再如下一首《庚戌岁九月中西田获早稻》:"晨出肆微勤,日入负耒还。山中饶霜露,风气亦先寒。……四体诚乃疲,庶无异患干。盥濯息檐下,斗酒散襟颜。"辛劳与快乐交织,"盥濯"的细节与"斗酒"的嗜好映衬,真可谓"前不见古人,后不见来者"。就语言看,有一字可以移易吗? 二是"跌宕昭彰"。特别是"跌宕",即思想感情的表达不仅跌宕起伏,并不"直",而且"昭彰",即读者一看便知,因为他"真",直抒胸臆,毫不隐晦。三是"抑扬爽朗",也就是音调浏亮,韵律和谐。四是"横素波而傍流,干青云而直上"。陶之诗文有的看似"素波",却"傍流",似滔滔江河奔流直下,而且横溢两岸。这都是前人没有发现而惟有萧统发现的,就连极崇拜陶渊明的苏轼说的"谓其外枯而中膏,似澹而实美"的评价,也没有达到萧统的高度。陶之诗文多种多样,异彩纷呈。有的似乎波澜不惊,但其生活中的喜怒哀乐、表现出的感情却暗涛汹涌。他的诗文还有另一面,就是感情奔放、金刚怒目者,如惊涛骇浪,"横素波而傍流,"如《咏荆轲》;也有缠绵悱恻、细致入微者,如《闲情赋》。《读〈山海经〉十三首》是其诗特点的综合表现。萧统的评价是以陶渊明的全部诗文为根据的。惟萧统准确把握了陶渊明的语言特点,所以萧统也"独超众类"。上文用了一点零散的句子,有挑选之嫌,下面以一首诗进一步印证萧统的评价。

二、《还旧居》简析

《还旧居》并不为人注目,算不上陶诗的代表作。诗曰:

> 畴昔居上京,六载去还归。今日始复来,恻怆多所悲。阡
> 陌不移旧,邑屋或时非。履历周故居,邻老罕复遗!步步寻往
> 迹,有处特依依。流幻百年中,寒暑日相推。常恐大化尽,气
> 力不及衰(cuī)。拨置且莫念,一觞聊可挥!

在某些人看来,此诗同陶渊明的其它诗一样,风格是自然、平淡、质
直的。但笔者认为它自然却不平淡,表达的内容和思想感情可谓
"昭彰"。但它的"词采精拔"和"跌宕"起伏却需要仔细体会。首句
叙述从"上京"(上京指何处,有争论,不管它)返回浔阳南村。二、
三句"六载去"与"始复来"对照,这个"始"字,包含他早就想来而不
能,"今日"来了,多年的愿望实现了,自然是满怀兴奋、期待,想象
着与"邻老"相见的种种情形,以慰己对乡里乡亲的长时间思念之
情。但现实却使他的感情陡起波澜:"恻怆多所悲"!为什么"多所
悲"?因为进村后第一眼见到的竟然是"邑屋或时非"。这个"或"
字不是"或者""有的",而是多么的意思。常言道"物是人非",而家
乡竟然有许多"邑屋"亦非,破败不堪了!陶渊明来到旧居前,先看
到的是"阡陌"。既然他关心的是"邻老",似乎可以不写田间的小
路,但写了,因为诗人的目的是把这两者进行对比,语言是很讲究
的。他怀着"恻怆"的心情,"履历周故居","周"者,遍也,他惦记着
这里所有的人,走遍了"旧居",见人就打听"邻老"的情况,问一个,
不在了,又问一个,也不在了……"罕复遗"。一个"罕"字,写尽了
受到战乱影响的"邻老"的悲惨命运!也写尽了陶渊明"恻怆"的心
情。杜甫说"七十古来稀",陶渊明写的"邻老"也就是五十岁左右
的人。根据什么这么推测呢?因为后句有"常恐大化尽,气力不及

衰",《礼记·王制》说"五十始衰"。朱自清认为此句是常恐活不到五十岁之意。陶渊明四十一岁辞彭泽令归田,他所说的"邻老"应该是与他年龄相仿或稍年长的人。即使在古代,这个年龄的人也不应该"罕复遗",竟"罕复遗"了! 由此可以推想,这"罕复遗"的背后,包含着陶渊明对他们的死及其子孙生活艰难状况的痛惜。但陶渊明既没写"罕复遗"的原因,也没有写他们子孙的艰难,这是要我们去体会的,陶渊明为读者留下丰富的想象空间。这就是言有尽而意无穷,"词采精拔"之所在,含金量是很高的。当时陶渊明心情如何呢? 这从他的脚步可以看出来——"步步寻往迹",这"步步"是一步一惊,一步一痛,脚步越来越慢越来越沉重。他心痛,想离开这"多所悲"之旧居,却迈不动脚步:"有处特依依。"为什么有的地方,他特别地"依依"呢?"依依"什么呢? 一定是想起了与邻老友善相处的往事,很可能包括上文提及的陶渊明没有酒喝的时候,招他去的"亲旧",也可能想起为他工整抄写《饮酒二十首》的那个老友⋯⋯往事一言难尽,他的感情也一言难尽,一切在不言中。他"常恐大化尽,气力不及衰",由邻老的命运想到了自己,也会像邻老一样不久于人世吧! 感情的表达在逐渐加深,沉重到极点,忽然来了一个大转折:"拨置且莫念,一觞聊可挥!"放开这些"多所悲"之事,想它也无用,不想它了! 还是喝酒吧! 真能"一觞聊可挥"吗? 非也,这是陶渊明离开南村后写的,说明他忘不了,也正是萧统说的"其意不在酒,亦寄酒为迹焉"。

从上述的简单分析中可以印证萧统的评价,探究到了陶渊明诗文特点的底蕴,不仅语言"词采精拔",而且感情"跌宕昭彰"。但其"跌宕"不是粗粗一扫描就可以看出来的,就像有的医生能看出病,有的却看不出来一样。而萧统看出来了! 此诗之用韵与其感情之表达是一致的,具体如何,不再分析。

此诗也是"语时事则指而可想"的一个极好的例证。他没有直接写社会动乱,而是通过邻老的遭遇反映社会动乱给农村造成的深重灾难,更感性,更具体地体现了他诗文的"真"。这使我们想起了王粲的《七哀诗》和杜甫的《石壕吏》,在悲伤、同情中隐隐地透露着愤怒。有的人说陶渊明的田园诗美化了农村生活,掩盖了社会矛盾。有人不同意,他们的理由却是陶渊明以农村的和谐生活来反衬东晋社会的黑暗,不免牵强。陶渊明的田园诗题材很广泛,是一个多面体、多棱镜,从多角度多层次反映了农村丰富多彩又艰难困苦的方方面面,在中国古代诗人中独一无二。不能抓住一点,否定其余,这只要与后来亦称为田园诗人储光羲、范成大的诗比较,就看得更清楚。

对陶渊明诗文语言风格的认识,笔者认为,至今的理解仍是不全面不深刻的。人们经常引用苏轼对陶诗的评价:"其诗质而实绮,癯而实腴。"(《与苏辙书》),"谓其外枯而中膏,似淡而实美。"(《评韩柳诗》)认为陶诗的"外"是"质",是"癯",是"枯",而"内"是"绮",是"腴",是"膏","似淡而美"就是一种平淡的美。后人接受苏轼的评价,一直囿于苏轼的见解。苏轼比前人认识进了一大步,但仍然认为陶诗的"外"与"中"是不统一的。虽然在理性上都承认萧统的评价正确,但仍没有几个人认真看待"词采精拔,跌宕昭彰"和"抑扬爽朗"的评价。笔者不赞成苏轼的见解,因为苏轼的评价与萧统的意见尚有相当的距离。萧统的评价中并没有苏轼说的陶诗"外"如何如何,一点影子都没有。在上文"独超众类"中,已对陶诗的语言风格进行了初步分析,并以《还旧居》加以印证,再从更广泛的视野来审视陶的诗文。

三、陶渊明诗文语言之一元与风格之多样统一

陶的诗文并非"外"与"中"是二元的,恰恰相反,是一元的,是统一和谐的,不分外中。

首先应看到,陶的诗文不仅内容十分丰富,而且语言风格是多样的,又是统一的,清代诗人龚自珍咏陶诗曰:"陶潜酷似卧龙豪,万古浔阳松菊高。莫信诗人竟平淡,二分梁甫一分骚。"明确指出其思想和风格的多样性。龚自珍不认为陶诗"平淡",让我们"莫

信"，这就超过了苏轼。如果再看一看《闲情赋》(此问题在下文谈)，就又增加了"一分"。"万古浔阳松菊高"是对认为陶诗"平淡"的反驳，这个"高"，不仅是说陶潜的节操高，而且也是说那些被认为"平淡"的写"松菊"的作品也同样"高"，同样是称其语言"高"。这可以与历史上著名的山水诗人谢灵运做一比较。其《登池上楼》(《文选》卷二十二)"池塘生春草，园柳变鸣禽"一联备受称赞，是妙在全出于"自然"。这样的诗句在陶诗中俯拾皆是。如"鸟哢欢时节，泠风送馀善"(《癸卯岁始春怀古田舍》二首其一)，"平畴交远风，良苗亦怀新"(上诗其二)，"往燕无遗影，来雁有馀声"(《九日闲居》)，更不要说无人不知的"采菊东篱下，悠然见(又作'望')南山。山气日夕佳，飞鸟相与还"(《饮酒》二十首其五)，等等。这些描写景物的诗句并非客观的叙述，而是投入了诗人的感情，情景合一，融合无间，一点不比谢灵运那一联差。而且声韵浏亮，即"抑扬爽朗"。再看他的文。《桃花源记序》云："忽逢桃花林，夹岸数百步，中无杂树，芳草鲜美，落英缤纷。"是一幅多么美的图画！这不是"词采精拔"是什么？再看《归去来兮辞并序》："归去来兮，田园将芜胡不归？既自以心为形役，奚惆怅而独悲！"一个"胡"字，一个"奚"字，多么"跌宕昭彰"！平淡么？"悟已往之不谏，知来者之可追"，化用孔子名言，但加一个"悟"字，感情色彩大增。"实迷途其未远，觉今是而昨非"，前句化用《离骚》，后句化用《庄子》，却更加精炼，成为人生箴言。"舟遥遥以轻飏，风飘飘而吹衣"，由"惆怅而独悲"转为由衷的喜悦，但并不直白，而是以"舟"之"轻飏"、"风"之"吹衣"对举，衬托欢快的心情。还有后文的"云无心而出岫，鸟倦飞而知还"，是写景，还是在抒情？能分得清吗？而且声调浏亮，"抑扬爽朗"，这不就是"词采精拔"吗？在序中，陶渊明说："质性自然，非矫励所得。"移用评价此《辞》，再恰当不过。这种"自然"虽"非矫励所得"，却字字句句透漏出陶渊明的深厚语言功力，实在是在"矫励"与"非矫励"之间。

如果把陶渊明的诗文与"事出于沉思，义归乎翰藻"的《文选》

做一比较,绝对不稍逊。就以《诗品》上品的曹植《情诗》来比吧!"微阴翳阳景,清风飘我衣",与"舟遥遥而轻飏,风飘飘而吹衣",哪一个语调更有韵味?"游鱼潜绿水,翔鸟薄天飞",与"云无心而出岫,鸟倦飞而知还",哪一个感情更蕴藉? 依愚见,陶渊明是也。《归去来兮辞》虽不以诗名,却是一篇完美的诗! 当然,陶之诗文并非篇篇如此,也有比较直白的,如《感士不遇赋》,感情之宣泄如怒涛汹涌,火山喷发。其他诗文也有直抒胸臆的。而这在《文选》中不是比比皆是吗? 所以,我们读陶渊明的诗文,不能抓住一面,忽视另外一面。

朱光潜说:"艺术的最高境界都不在热烈。……我们可以明白古希腊人何以把和平静穆看作诗的极境……陶潜浑身是'静穆',所以伟大。"鲁迅针锋相对地指出:"凡论文艺,虚拟了一个'极境'是要陷入'绝境'的。""虚拟了一个'极境'"这句话极为重要,打中了前人评陶的要害。要解决这个问题,鲁迅也为我们指出了方向。他说:"我总以为倘要论文,最好是顾及全篇,并且顾及作者的全人,以及他所处的社会状态,这才较为确凿。要不然,是很容易近乎说梦的。"鲁迅特别指出:"陶潜正因为并非'浑身是静穆,所以他伟大。'"(《且介亭杂文二集·"题未定"草》)依愚见,鲁迅所论固然指陶诗所表现的风格,其实也可以理解为陶诗的语言,因为不同的风格是用不同的词汇体现的。而萧统抓住了陶诗的风格及其语言的特点。这也正是萧统"独超众类""莫与之京"的贡献。

第四节　陶渊明的性格与其志向和时代的矛盾

萧统高度赞美陶渊明的隐居之路,除关于一般的隐居不仕的原因而外,还因为他对陶渊明个人特点有深度理解。这深度理解当与他编《陶渊明集》有直接关系。在原来阅读、喜欢陶渊明作品的基础上,萧统为陶渊明编全集,对陶渊明的一生进行了全面而深入的研究,对陶渊明的为人处世,特别是对陶渊明的性格的认识远超同时代的人。而性格与陶渊明退隐有密切的直接的关系,这一点似乎没有引起足够的重视。

一、陶渊明性格的四个特点

陶渊明总结自己的性格与其退隐的关系时明确指出:"吾年过五十,少而穷苦。每以家弊,东西游走。性刚才拙,与物多忤。自量为己,必贻俗患。僶俛辞世,使汝等幼而饥寒。"(《与子俨疏》)①"刚"是陶渊明最鲜明最根本的性格特点。如萧统《陶渊明传》记载:江州刺史檀道济对陶渊明说:"今子生文明之世,奈何自苦如此?"劝他出仕,"馈以粱肉"。州刺史可谓高官,想结交陶渊明,话不投机,陶"麾而去之"。常言道:官不打送礼的。刺史给他送礼,他却挥挥手,请他离开,实际是让他滚蛋的委婉说法。这是陶渊明"性刚"的极好注脚,而在萧统之前的沈约和之后的房玄龄写的《陶渊明传》中都没有此记叙。叙述和不叙述都存在一个背景和重视的程度。沈约和房玄龄都不记叙此事,说明萧统比他们对陶潜"性刚"的特点有更准确的聚焦和高度重视。

陶渊明性格的第二个特点是"真率"。"真",就是真诚、真性情;"率"就是率直,不虚与委蛇,不管那些繁文缛节,有点像子路。萧统《陶渊明传》指出:"尝九月九日出宅边菊丛中坐,久之,满手把菊,忽值弘(江州刺史王弘)送酒至,即便就酌,醉而归。"又:"贵贱造之者,有酒辄设。渊明若醉,便语客:'我醉欲眠,卿可去。'其真率如此。"这"客"自然包括王弘。但王弘没有劝他出仕,陶渊明才"就酌"。也不管王弘如何想,"醉而归"。

陶渊明性格的第三个特点是"闲静少言,不慕荣利"(萧统《陶渊明传》)。"不慕荣利"是思想修养,这与他道家思想有关。不追

---

① 孟二冬:《陶渊明诗译注》,长春:吉林文史出版社1996年版,第335页。以下凡出自此书者,不再注明页码。

求好名声在士人中极少见。儒家思想第一是立德,第二是立功,第三是立言,追求不朽。而道家和道教重身,追求精神自由。庄子是最好的榜样,他说:"至人无己,神人无功,圣人无名"(《庄子·逍遥游》)。《庄子·人间世》通过孔子向颜回讲了一番名利之害:道德的过分追求是由于好名,智慧的过分追求则喜欢争胜。名,是人们互相倾轧的原因,智是人们互相争斗的工具。这两者都是凶器,不可以追求的。而且一个人虽然德行信誉纯厚,未必合别人的口味,你不与别人争名夺利,也未必投合别人之心。这段话道出了为人处世之难,陶渊明所处之世就更难。常言道:无欲则刚。"不慕荣利",加上"闲静少言"的性格,又"性刚""真率",很可能不鸣则已,一鸣惊人。惊人者,"忤物"(物,人也)之谓也。陶渊明自认为是好意,实话实说。但"忤"的是上司,上司是"权"刚,以"性"刚忤"权"刚,等于鸡蛋碰石头;"忤"的是同僚,很可能被那些追求名利的人误解,很难适应官场的人情往来。

陶渊明性格的第四个特点是散淡随意,不修边幅。萧统《陶渊明传》载:"值其酿熟,取头上葛巾漉酒,漉毕,还复著之。"在彭泽县令任上,郡督邮来了,县吏请他"束带见之"。束带者,把官服穿得整整齐齐,去迎接督邮;可见陶渊明平时是不"束带"的。这也不符合官场的规矩。当然,陶渊明的仕与隐还有志向、时代和生活因素,也不容忽视。

二、陶渊明的志向

陶渊明所处的时代,萧统《陶渊明集序》有简要的记载:"岂能戚戚劳于忧畏,汲汲役于人间?""忧畏"二字高度概括了这个时代的特点:使人"忧",又使人"畏"。陶渊明的仕与隐与此有直接关系。晋朝那个时代阶级矛盾、民族矛盾、社会矛盾、统治阶级内部矛盾都异常激烈而复杂。西晋除短暂的平静外,大多时间处于风雨飘摇之中。渡江后的东晋政权偏安一隅,不思恢复,政治也很腐败,皇帝无能,矛盾重重。内部,军阀割据,互相攻伐,欲夺取最高权力者不乏其人。外部,群众起义(如孙恩)声势浩大,虽被镇压下去,却也动摇了东晋的根基。所以,这是一个"宜乎与大块而盈虚,随中和而任放"的时代。与陶渊明直接有关的时局,将在下文叙述。

陶渊明是天师道即五斗米道世家。但他的青少年时期,是在儒家思想熏陶下成长起来的,所以思想的主要方面是儒家的。儒家为士人指明的人生之路是"学而优则仕,仕而优则学"(《论语·子张》)。① 这是当时士人唯一实现抱负之路,所以陶渊明在而立之前是有出仕愿望的。他胸怀壮志,欲报效国家,在《杂诗》十二首之五回忆说:"忆我少壮时,无乐自欣豫。猛志逸四海,骞翮思远翥。"《拟古》九首之八曰:"少时壮且厉,抚剑独行游。谁言行游近? 张掖至幽州。"东晋偏安江南,张掖是大西北,幽州是大东北,皆为少数民族政权。陶渊明欲"抚剑独行游",意味着要为晋朝恢复失地统一中国出力。所以陶渊明出仕是必然的。

再次,陶渊明出仕的另一个原因是家贫:"少而穷苦,每以家弊,东西游走。"儒家出仕不为贫,有时亦可为贫,所以"为贫"与报国并不矛盾。陶渊明出仕,报国是主要的,解家贫是次要的。

三、"性刚"与时代的矛盾

陶渊明"性刚",这是陶渊明反复"自解职"、最后诀别官场的重要原因。下面,结合他几次仕隐具体说明。

他在"向年立"可能是 28 或 29 岁之时,为"苦长饥"而第一次去"学仕",作桓玄的江州祭酒。值得注意的是他"不堪吏职","少日"就"自解归"了。"少日"不能解决他"苦长饥"的困境,说明他出仕主要不是为解脱"苦长饥",否则,他可以多干一段时间,所以,"自解归"当另有原因。第二、三次是镇军参军、建威参军。镇军将

---

①　现在看到的本子是"仕而优则学,学而优则仕"。上述引文根据定州汉墓出土的简书。我们认为简书比较合理。

军、建威将军指谁,有分歧,有都指刘裕者,有指两人者。是否指刘裕意见亦不同。如果都指刘裕,则陶渊明是三仕三隐。如果指二人,则四仕四隐。我们取后者。因非本书重点,故不详述。

　　陶渊明的第二次出仕是做刘裕的镇军参军(取李善注说)。《文选》录其《始作镇军参军经曲阿作》,作于晋安帝元兴三年(404)。此时,桓玄已篡晋称帝。刘裕虽也有异志,但仍以保卫晋王朝的面目出现。《晋书·桓玄传》:"玄自篡盗之后,骄奢荒侈,游猎无度,以夜继昼……性又急暴,呼召严速,直官咸系马省前,禁内喧杂,无复朝廷之体。于是百姓疲苦,朝野劳瘁,怨怒思乱者十室八九焉。于是刘裕、刘毅、何无忌等共谋兴复。"陶集卷一《荣木》,陶渊明回忆赴刘裕幕府的心情和目的:"先师遗训,余岂之坠?四十无闻,斯不足畏。脂我名车,策我名骥。千里虽遥,孰敢不至。"可见,陶渊明作刘裕镇军参军是遵先师孔子遗训,不求闻名,是为了匡复帝室。这里顺便说一下他的"辞采精拔"。他为"苦长饥"而出仕,哪来的"名车""名骥"?原来陶渊明在用典。《诗·邶风·泉水》:"载脂载辖,还(xuán)车言迈。"意谓给车轴多抹油,调转车头快远行。陶渊明化用此典,表示急于赴任以报效国家的心情,又使人不觉其用典。这就是"辞采精拔"。其诗题目之"始"字,说明他刚刚作镇军参军。值得注意的是,在赴任的"孤舟"上,他就想家了:"绵绵归思纡。"一路上风景不同——"川涂异",是个游山玩水的好机会,但他竟毫无兴致——"目倦"了,"心念山泽居"。而且"望云惭高鸟,临水愧游鱼",甚至感到对不起自由自在的飞鸟和游鱼了。他怀念什么呢?诗开头说:"弱龄寄事外,委怀在琴书。""屡空"即常年食用不足,但他"晏如",淡然处之;怀念的是"寄事外""在琴书"的"自得"生活。诗的最后说:"聊且凭化迁,终返班生庐。"这首诗,鲜明地表达了陶渊明一直追求自由自在不受拘束的生活,希望像云中高鸟,水中游鱼。最终是要返"班生庐",过隐居生活的。

　　最后一次出仕是当彭泽县令。其《归去来序》说:"余家贫……

心惮远役,彭泽去家百里,公田之利,足以为酒,故便求之。及少日,眷然有归欤之情。"又一个"少日"有"归欤"之情。但他"犹望一稔,当敛裳宵逝。寻程氏妹丧于武昌,情在骏奔,自免去职。仲秋至冬,在官八十余日。因事顺心,命篇曰《归去来兮》。乙巳岁十一月也。"则此文作于晋安帝义熙元年(405)。萧统《陶渊明传》说:"公田悉令吏种秫,曰:'吾常得醉于酒,足矣。'妻子固请种粳,乃使二顷五十亩种秫,五十亩种粳。岁终,会郡遣督邮至县,吏请曰:'应束带见之。'渊明叹曰:'我岂能为五斗米折腰,向乡里小儿!'即日解绶去职,赋《归去来》。"对他辞官的原因有不同说法。有人认为,其同父异母的妹妹程氏病故,是他辞官的原因。我们认为,这是借口,"岂能为五斗米折腰"才是根本原因,即他对晋王朝已彻底失望,对官场彻底绝望了,才与官场最终决裂,更是他"性刚"最突出的体现。如果只为自己酒醉,贪图那点可怜的秫稻,陶渊明可以奔丧后回去继续当县令,因为封建官场并没有为出嫁的妹妹守丧的规定。最后辞去彭泽县令,他自己说是"顺心",顺心者,顺自己本性之心也,符合"性刚"之心也。如果继续干下去,"必贻俗患"。辞官对他是一种解脱,故回家时才能"载欣载奔",是"乐夫天命复奚疑"!

综上所述,可以看出陶渊明的性格在仕与隐之间的抉择上起到了决定性的作用。他喜欢过自由自在的生活,不喜欢当官,但为了实现儒家的报国志向和解长饥,不得不去当官,故身在魏阙,心在山泽。他之所以每次出仕的时间都不长,最重要原因是:"性刚才拙,与物多忤。"这个"性刚"使他与他的志向和时代都产生了尖锐的矛盾。

首先,就时代而言,这是一个"大伪斯兴"、令人"忧畏"的时代。所以他有《感士不遇赋并序》,这是晚年的作品,是他对时代、人生和自己生活道路的认识和总结。他说:"密网裁(织也)而鱼骇,宏罗制而鸟惊",这是令人"畏";"坦至公而无猜,卒蒙耻以受谤",这是令人"忧"。很多正派无私的人没有好下场:"夷皓(伯夷、叔齐、商山四皓)有'安归'之叹,三闾(屈原)发'已矣'之哀";"悼贾傅

(谊)"，"悲董相(仲舒)"。因此而怀疑"天道无亲,唯与善人"的古训:"夷(伯夷、叔齐)投老以长饥,回(颜回)早夭而又贫";"疑报德之若兹,惧斯言之虚陈。"又,小人妒忌并加害于君子:"商尽规以拯弊,言始顺而患入",王商为西汉王朝谋划改革弊政,却被王凤等人谋害致死。陶渊明发出了愤怒之问:"胡害胜其乃急!"为什么这么急切地陷害胜过自己的人! 嫉妒是人类最坏的品质之一,其中肯定包含陶渊明被小人妒忌、陷害的遭遇。陶渊明怀着"奉上天之成命,师圣人之遗书"的儒家正道,欲"发忠孝于君亲,生信义于乡闾",以实现自己的理想:"推诚心而获显,不矫然而祈誉。"但壮志难酬,只能"宁固穷以济意,不委曲而累己。既轩冕之非荣,岂缊袍(以乱麻为絮的破袍子)之为耻"? 故"欣然而归止"。此赋以广阔的历史视野,纵论士之不遇,也是他"不遇"的写照。

其次,从性格言。或云:性格决定命运。这在陶渊明十几年的出仕生涯中得到了充分的印证。有的人适于做官,有的人不适于做官,陶渊明的性格决定他属于后者。这一点,陶渊明在很长时间里并没有自觉到,却在他的仕与隐之间多次顽强地表现出来。辞官后多年他才认识到自己"性刚才拙,与物多忤"。性刚,就是刚正不阿,直言不讳;是则是,非则非;一是一,二是二;不随曲就弯,不委曲求全。所谓"才拙",是他对官场的规则"才拙"。两者互为因果,结果必然是"与物多忤",得罪许多人。他性刚的另一个表现是"素简贵,不私事上官"(房玄龄等《晋书·陶潜传》)。简者,慢也。素者,一向也。一向怠慢掌大权的贵人。"不私事上官"也就罢了,还"素简贵",这还了得! 这个官怎么当下去? 这与大多数官员形成了鲜明的对比。官员中有些自高自大者,如刘孝绰就看不起同僚,但他对"上官"梁武帝、太子萧统从未有"简"慢之言之行,而是歌功颂德,感激涕零。陶渊明"素简贵"最直接的表现是:"我岂能为五斗米折腰,向乡里小儿!"这里还应注意的是,沈约、房玄龄《陶渊明传》是"我不能为五斗米折腰",而萧统《陶渊明传》是"我岂能",一字之差,语气变了,更突出了陶渊明的"性刚"。所以说,萧统比他人更能理解陶渊明。

官场是有等级规则的,特别是潜规则,都必须遵守和奉行。对达官贵人,"鸡人始唱",就要汲汲上门表忠心,"皆愿摩顶至踵,隳胆抽肠,约同要离焚妻子"(像要离为吴王僚杀庆忌一样,先焚其妻子儿女以示忠诚不二)。要卑躬屈膝,即使上司是"巨滑",也要"匍匐逶迤,折枝舐痔",为升官,不以舐痔疮为耻;还必须送上厚礼,"金膏(金丹)翠羽将(助)其意,脂韦便辟导其诚。"(《文选》刘孝标《广绝交论》)桓玄喜欢的就是这样的人。《晋书·桓玄传》载:"初,玄篡位入宫,其床忽陷,群下失色,(殷)仲文曰:'将由圣德深厚,地不能载。'玄大悦。"应该说明的是,此事与陶渊明为桓玄州祭酒不是同时之事,却是桓玄一贯所为。陶渊明不是这样的人! 州祭酒是一个受人尊敬待遇不错的职务。依陶渊明的性格及其为人处世肯定不会受到桓玄的礼遇,也会遭到同事的白眼和谗言,因为觊觎其位者大有人在。尽管陶渊明为解困而仕,还是"少日自解归",可证为贫并非他出仕的主要原因。

苏轼晚年才真正理解了陶渊明。他在读了上述陶渊明"性刚"一文后,在给他的弟弟苏辙的信中反省自己,说:"吾今真有此病而不早自知,半生出仕,以犯世患,此所以深服渊明,欲以晚节师范其万一也。"(《与苏辙书》)。

我们引述以上诗文的目的在于说明,萧统是第一个正确认识陶渊明的性格,全面肯定、赞美陶渊明人生之路及其诗文的人。后人亦无以远过。

第五节　对陶渊明的评价与
《文选》之关系

一、对陶渊明两种相反的评价

辛弃疾《水龙吟》说:"老来曾识渊明,梦中一见参差是。觉来

幽恨,停觞不御,欲歌还止。白发西风,折腰五斗,不应堪此。问北
窗高卧,东篱自醉,应别有,归来意。　　须知此翁未死,到如今凛
然生气。吾侪心事,古今长在,高山流水。富贵他年,直饶未免,也
应无味。甚东山何事,当时也道,为苍生起。"辛弃疾作为爱国词人
也如陶渊明一样,一心恢复失地而不得志,所以他充分理解,高度
评价陶渊明的一生和诗文,可以作为中国古人对陶渊明认识的代
表,直至清代结束,这个评价都没有变。

到了 20 世纪,对陶渊明退隐的评价发生了变化,与萧统和历
代的评价尖锐对立,背道而驰。李长之指出:"陶渊明在专制时代
的人的心目中,曾是个耻于二姓的忠实的奴隶,在刚革命的时候,
又有人认为他是太自私的太不负责任太不热心的标本,甚而有人
说,如果人人都是陶渊明,天下便完了,这都是反面的。"①"刚革命
的时候"可能是辛亥革命之时。冈村繁教授是日本汉学家,是我们
尊敬的学者,但他把陶渊明骂得狗血喷头,我们却不能同意。他说
陶渊明"卑贱""虚假""任性""怯懦""自我本位主义""厚颜无耻"等
等。② 这种完全离开时代、以古衡今、断章取义、训诂淆乱,考证不
实又加上人身攻击的"新见""新论",已经背离了学术研究的路径。
本文重点不在此,故不再讨论,只为提请读者注意。以下,讨论一
些与《文选》有关的问题。

二、关于《文选》录入陶渊明诗文少的问题

有人说,萧统高度评价陶渊明的诗文,《文选》才录其诗文八篇
(七首诗,一篇《归去来》),太少,这是自相矛盾。我们认为,这不是
问题。为什么? 试想,萧统虽然选了一部杰出的诗文总集,欲流芳
百世,但在选录当时,他能想到还会成为一门专门学术研究的对
象——《文选》学吗? 他会想到,为陶渊明编全集与《文选》录入陶

---

① 李长之:《陶渊明传论》,天津:天津人民出版社 2007 年版,第 145 页。
② 冈村繁:《冈村繁全集》第四卷《陶渊明李白新论》,上海:上海古籍出版社
2002 年版。

渊明的诗文数量多少能成为矛盾吗？不会。又可以试想，为陶渊明编全集，并在其《序》中给予那样高的评价，难道重视程度会比《文选》低吗？有人正以此发难：既然评价那么高，就应该多选却少选了，岂不矛盾？这一问看似有理，但脱离实际。我们应设身处地为萧统想一想。《文选》时间跨度近千年，作者130多位，39种文体，作为一部泛文学史和泛文学批评史，必须考虑方方面面，而且总量不能太多。还必须想到，为陶渊明编全集与编《文选》大体上是在同一时期进行的。日本学者桥川时雄《陶集版本源流考》序后有这样的记载："梁大通丁未年（527）夏季六月昭明太子萧统撰。"如果是你我同时编两本类似的文集，会怎么办？会在总集中把编成全集的作品又大量地录入总集吗？如果硬要这样做，那其他作家作品选者就势必减少，甚至不选，就势必影响它的质量。实际上，萧统《陶渊明集序》在提醒作者：我在《文选》中少录陶渊明诗文，原因乃是为陶渊明编了全集，为《陶渊明集》作出极高的评价。你们一定要注意：这两本书相辅相成，相映生辉；合之则两珍，离之则双宝；你们都要看哪！不可偏废。

前人之评亦可证《文选》与《陶渊明集》相辅相成。明张溥《陶彭泽集》云："《感士》类子长之倜傥，《闲情》等宋玉之《好色》，《告子》似康成之《戒书》，《自祭》若右军之誓墓，孝赞补经，传记近史，陶文雅善众体，岂独以诗绝哉！真西山云：'渊明之作，宜自为一编，附《三百篇》《楚辞》之后，为诗根本准则。'是最得之。"真西山即宋真德秀。张溥所引文见真德秀《文章正宗纲目》，《纲目》云："尝欲抄取经史诸书所载韵语，下及《文选》古诗，以尽乎郭景纯、陶渊明之作。"[1]真德秀充分理解萧统编《陶渊明集》的原因。既可附《诗经》《楚辞》之后，与《文选》同列，则顺理成章。而且他也确实是这么做的，"下及《文选》古诗，以尽乎郭景纯、陶渊明之作"就是证明。

---

①　［明］张溥著，殷孟伦注：《汉魏六朝百三家集题辞注》，北京：人民文学出版社1960年版，第160、162页。

所以,所谓《文选》与《陶渊明集》矛盾,在萧统那里不是问题,在我们某些人眼里才成了所谓的问题。

三、《闲情赋》与《高唐赋》、《洛神赋》等之所谓矛盾问题

我们认为,《神女》诸赋既不与萧统对《闲情赋》的评价矛盾,又不与太子的文学观不吻合,也不是因有定评而放宽尺度,更不是《文选》不以讽刺为依归。对《高唐》《神女》二赋,首先应从楚文化而非中原文化的视角来理解;否则,就会错位,就看不清其生命活力和艺术魅力。春秋战国时代的楚文化别具特色。楚辞充满原始、神秘、诡谲、生命躁动之趣之美,"谲诡奇伟,不可究陈"(《高唐赋》)。巫风甚盛,巫师沟通天人,有极高的权威。国王兼巫师是普遍现象,楚之先祖熊绎就是一位大巫师。人神之恋乃楚文化生命力别样的表现之一,决不能以淫荡视之。其次,宋玉之作,可视为屈子诗学的分支。《高唐赋》《神女赋》虽受《诗经》文化的影响,但楚风野趣仍存。楚襄王"梦"神女,"王因幸之",在楚文化中合情合理,且一笔带过,笔墨极有控制。其作用是引出后文,并为《神女赋》作铺垫。《高唐赋》大部分写巫山巫水,次为"醮诸神,礼太一",再次写"纵猎",最后讽谏:"思万方,忧国害,开贤圣,辅不逮。"祝楚国"延年益寿千万岁"。所以无讽刺之说不成立。我们认为判断它们之间是否有矛盾,应对其基本内容进行分析、比较,不能人云亦云。

首先看《高唐赋》。爱美之心人皆有之。郎才女貌、才子佳女是传统心理,至今仍大体如此。《高唐》诸赋既入"情"门,描写、赞美女人超绝之丽是人之常情,也是这类作品不可或缺的,不能因为有这些内容就判定没有讽谏,不以讽谏为依归,关键是看怎么写的。宋玉写的是人神之恋。神女"闻君游高唐,愿荐枕席,王因幸之",男欢女爱,只此一句,点到即止。以下,大量的文字是写高唐奇幻莫测的山水美景,继之是"醮诸神,礼太一",之后是田猎。最后是"思万方,忧国害,开贤圣,辅不逮。九窍通郁精神察,延年益

寿千万岁"。人们尽可以对最后一段话有不同解读,但其为讽谏,却不可否定。所以,"全无讽谏"说不成立。

次看《神女赋》。宋玉以大约三分之二的篇幅极写神女的惊人之美,但直接写得不多,而是以比喻为主。另三分之一,在"私心独悦"之后,神女动心,却犹豫彷徨;"褰余幬而请御",却"怀贞亮之絜清兮,卒与我乎相难"(不相亲近),"神独亨(通也)而未结","颟(pǐng,怒色)薄怒以自持兮,曾不可乎犯干"。神女不是不爱,但她"自持"了。试想,在那种情境里,有几个人能做到? 他们做到了! 就是封建卫道者也不得不承认这符合"发乎情,止乎礼义"。但直到今日,仍认为这是因有定评而放宽了尺度,奇乎哉怪乎哉! 难道连"神独亨"即柏拉图式的精神之恋也不可以吗?

另外还应该注意的是《高唐》《神女》是姊妹篇,不可分割,必须联系起来看。它们都是写人神之恋,但从《高唐》到《神女》所表达的爱情观有根本不同。所谓根本不同,《高唐》写人神之间实现了交合,即"枕席""幸之"。而《神女》人神之间的感情表达却有很大的扩展,表达的理念完全不同,明显受到儒家思想影响。从"茂矣美矣"至"翼放纵而绰宽",以 500 多字极写神女之美及其神态动作,为下文与"余"之交往做铺垫。这样一位美神"褰余幬而请御",又"愿尽心之惓惓",是情爱使然。但是女神立刻把持住了,因为她马上意识到这种私自交接会破坏自己"贞亮之洁清",是违背封建伦理、道德败坏的表现,终于"与我乎相难"。"陈嘉辞而云对兮,吐芬芳其若兰。"这"若兰"的"嘉辞",应该就是神女所"陈"之"贞亮之洁清"的一番道理。而"余"有所不甘,神女却是"颟薄怒以自持兮,曾不可乎犯干"。这一段宋玉用 200 多字告诉读者一个道理:要"发乎情,止乎礼义"。《高唐》《神女》作为上下篇,是以《神女》否定了《高唐》,神女以"自持"否定了前次的行为。这样,神女就成了一个发乎情而止乎礼的象征,是宋玉传达给读者的道德观念。其讽喻意义是很明确的。

如果不止于此,再与《登徒子好色赋》联系起来,宋玉的这个意图就更明显了。宋玉借章华大夫之口讲了下面一段话:"盖徒以微辞相感动,精神相依凭。目欲其颜,心顾其义,扬诗守礼,终不过差。"

把上述三赋联系起来,宋玉宣扬的"义"就是"扬诗守礼,终不过差"。如果"目欲其颜,心顾其义"也视为淫荡,那就不能"发乎情"。如果"发乎情"是道德败坏,也就根本取消了"止乎礼义"。我们认为,萧统高明之处既在于他深刻理解楚文化,又完全把握了发乎情、止乎礼的原则,在选录宋玉赋时已经充分地注意了这一点,与他的选录标准没有任何矛盾。

再看《洛神赋》。曹植明白指出是感宋玉之《神女》而作。首写洛神之形美:"翩若惊鸿,婉若游龙。"次写"芳泽无加,铅华不御"的自然美。最后强调"嗟佳人之信修,羌习礼而明诗"的高尚品德和才华,所以"余"爱上了她,女神也"和余"。余却担心她骗自己,于是"申礼防以自持"。女神伤心了,"洛灵感焉,徙倚彷徨"。最后女神"恨人神之道殊,怨盛年之莫当……悼良会之永绝兮,哀一逝而异乡"。这一次与《高唐》不同的是"余"即男方"申礼防以自持"。如果这样的"情"都不能写,那还能怎么写呢? 六十年前,笔者在东北师大中文系学习过《洛神赋》。讲此赋的恩师是谢语秋先生,讲得很精彩! 我不是一个好学生,但至今记忆犹新。笔者感受到的,既是对神女超凡脱俗之美的神往,又是对"申礼防以自持"衷心的赞美;没有一点点淫乱之感。

《闲情赋》却与上述之赋不同。关键是必须回到古代,回到萧统的时代。"闲情"之"闲"非闲情逸致之闲,而是防止之义,即《闲情赋序》之"抑流宕之邪心"而"终归闲正"。萧统认为《闲情赋》没有达到这个目的:"白璧微瑕者,惟在《闲情》一赋,扬雄所谓劝百而讽一者,卒无讽谏,何足摇其笔端? 惜哉! 无是可也。"有些人认为这也是萧统自相矛盾。我们认为此论不妥。

《闲情赋》有些读者不熟悉,为叙述方便,将其主要内容和引起争论的段落转述、引录如下:该赋写的是一位"独旷世以秀群,表倾城之绝色"、人见人爱的超级美女。而且品德高尚,既"洁"又"芬",既"有德",又有"雅志"。才艺亦佳:善弹"清瑟","仰睇天路,俯促鸣弦",颇有"目送归鸿,手挥五弦"的神态。总之,形、德、才、情皆佳。但她孤独又寂寞,亟须爱情抚慰,故"激清音以感余,愿接膝以交言"。余也爱她,想追求她,却怕冒犯"礼","待凤鸟以致辞",又"恐他人之我先",故而心神不宁,"魂须臾而九迁"。其"九迁"的表现如下:

> 愿在衣而为领,承华首之馀芳;悲罗襟之宵离,怨秋夜之未央。愿在裳而为带,束窈窕之纤身;嗟温凉之异气,或脱故而服新。愿在发而为泽,刷玄鬓于颓肩;悲佳人之屡沐,从白水以枯煎。愿在眉而为黛,随瞻视以闲扬;悲脂粉之尚鲜,或取毁于华妆。愿在莞而为席,安弱体于三秋;悲文茵之代御,方经年而见求。愿在丝而为履,附素足以周旋;悲行止之有节,空委弃于床前。愿在昼而为影,常依形而西东;悲高树之多荫,慨有时而不同。愿在夜而为烛,照玉容于两楹;悲扶桑之舒光,奄灭景而藏明。愿在竹而为扇,含凄飙于柔握;悲白露之晨零,顾襟袖以缅邈。愿在木而为桐,作膝上之鸣琴;悲乐极以哀来,终推我而辍音。

但是"余"不自信,想到"所愿而必违,徒契契以苦心",惆怅徘徊,一夜未眠,其单相思之描写非常曲折、细腻,十分生动;使人不由得产生同情,希望他实现美好的愿望。但"余"知道,这是不可能的,所以,"余"只能把情思寄托而止于无边无际的"八遐"之地,也就是陶渊明在序中说的"终归闲正"之意。此赋爱情之炽烈似火,体贴温柔似水;想像之大胆丰富旷古未有,比喻之新颖贴切无与伦比;十愿十悲对比鲜明,悲喜交集时起时伏;翰藻之美,"综辑辞采,错比文华",是"辞采精拔,跌宕昭彰"的又一体现:确实是无与伦比的爱情赋作。正如鲁迅先生的评价:"被论客赞赏着'采菊东篱下,悠然见南山'的陶潜先生,在后人的心目中,实在飘逸得太久了,但在全集里,他却有时很摩登,'愿在丝而为履,附素足以周旋,悲行止之有节,空委弃于床前',竟想摇身一变,化为'阿呀呀,我的爱人呀'的鞋子,虽然后来说因为'止于礼义',未能进攻到底,但那胡思乱想的自白,究竟是大胆的。"①鲁迅是第一位正确评价《闲情赋》的作家。

但历史上却争论不休。苏东坡说:"渊明《闲情赋》正所谓'《国风》好色而不淫',正使不及《周南》,与屈、宋所陈何异? 而统乃讥之,此乃小儿强作解事者。"②认为《闲情赋》有寄托,美人指理想中的君主。古今众多学者认为,萧统既选录《高唐》《神女》和《洛神》诸赋,而《闲情》与此同,却不选,是两种选录标准,是自相矛盾。是否有矛盾,要具体分析。

首先,把《闲情赋》与上述诸赋比较可以发现,有同亦有不同。同,是都写爱情;不同,是"大胆"的程度有别,程度不同是关键。《神女》和《洛神》有共同的特点:有"爱"之意却弃"情"之欢。在这种人神之恋中,双方都是欲言又止,犹犹豫豫,刚许诺又反悔。虽有相见时之快乐,而无张扬之激情;虽有暂时的忧伤,而无过度相思之苦。就像一片乌云无雨而过,立刻就放晴了。因此,神女成为一个符号,一个"发乎情,止乎礼义"的象征。但《闲情赋》却大不同,虽写美女之形貌,但只占全赋的五分之一,而写十愿十悲和单恋失望之苦占五分之四,想象之大胆、肌肤之亲的细腻描写浓墨重彩,可谓空前,差别之大,一目了然。如果忽视此种差别,只看它们都是写爱情的,就说萧统自相矛盾,是不能服人的。苏轼把此赋比之于屈、宋,明显与此赋之序矛盾,亦不能服人。

其次,评价《闲情赋》的关键还有一个主观愿望与客观效果是否统一的问题。这一点,钱锺书先生有极好的论述。钱先生指出:

---

① 鲁迅:《且介亭杂文二集·"题未定"草(六)》。
② [宋]苏轼:《东坡题跋》卷二《题文选》。

"能诠题而未可以论文也。昭明何尝不识赋题之意？唯识题意，故言作者之宗旨非即作品之成效。其谓'卒无讽谏'，正对陶潜自称'有助讽谏'而发；其引扬雄语（笔者：指《闲情赋序》中之"检逸辞而宗淡泊，始则荡以思虑，而终归闲正"的话），正谓题之意为'闲情'，而赋之用不免于'闲情'，旨欲'讽'而效反'劝'耳。"为什么这样说？因为"流宕之词，穷态极妍，淡泊之宗，形绌气短，净谏不敌摇惑；以此检逸归正，如朽索之驭六马，弥年疾疢而销以一丸也。"流宕者，放荡也。钱先生以陶潜"流宕"之矛，攻渊明"闲情"之盾，也是对上述批评的有力反驳。不仅是语言，其内容描写的对理想美人的热烈而大胆的追求，不仅起不到"讽谏"的作用，而且会使人心"摇"意"惑"。钱氏又说"事愿相违，志功相背，潜斯作有焉"，这是统观题目和全文后得出的令人信服的结论。钱氏总结说："昭明语当分别观之：劝多于讽，品评甚允；瑕抑为瑜，不妨异见。"①这是平实而公允的结论。既认为昭明的看法是正确的，为昭明辩护；又尊重读者的不同理解，这是尊重历史，学术研究的正路。

第六节　萧统是演奏陶渊明　　交响乐的总指挥

一、萧统编《陶渊明集》

萧统在人们对陶渊明诗文知之不多、评价不高的情况下，以太子之尊为陶渊明编集子，并把陶渊明的八首作品收入《文选》，不仅是他个人重要的文学活动，而且在中国文学史上是一个历史性的贡献。

陶渊明活着的时候并不以诗闻名，了解他诗文创作贡献的人很少，就连他最好的朋友对他的创作也评价不高。颜延年与陶渊

---

① 钱锺书：《管锥编》，北京：中华书局 1986 年第 2 版，第 1220、1221 页。

明地位悬殊：颜是高官，在文坛也有盛名，是"元嘉三大家之一"，与谢灵运齐名。陶是小官，只做过参军、县令，后来退隐浔阳。他们年龄相差 20 多岁（陶大颜小），但志趣相投，成为忘年交，而且来往密切，时间很长。第一次相交有一年多，像好邻居一样，经常拜访陶渊明。第二次虽时间不长，但日日相见。他们把酒论诗文，谈时事，相互劝诫。所以颜延年一定看过陶渊明的许多诗，听过陶渊明吟诵自己的诗。陶渊明死，他十分悲伤，写《陶徵士诔》（收入《文选》卷五十七）。但他诔文中对陶渊明的诗文却只有四个字的评价："文取指达。"后来钟嵘《诗品》把陶渊明列为中品，评价进了一步，但也不高。颜延年对陶诗评价不高，因为他们文学趣味不同。颜延年以"错彩镂金"著名，即非常讲究词采、典故的运用。而陶诗不讲究这些，是自然抒情，我手写我心，成为田园诗之祖。颜延年的看法不是个人的，是整个南朝时代的看法。在萧齐时，出现了永明（齐武帝年号，481—493）体，讲究音韵，诗之美主要体现在声韵上。著名的泛文学批评著作刘勰《文心雕龙》历数各代作家，却连陶渊明的名字都没提。不仅南朝如此，北朝也一样。在萧统之后的北齐阳休之也对陶集很有兴致，研究陶集版本，也说："辞采未优。"在这种情况下，萧统独具慧眼，为陶渊明编集，作序，写传，高度评价陶渊明的诗文，意义非凡，作用极大，成为研究陶诗的开山之作，所以才说这是历史性的贡献。

萧统不是第一个为陶渊明编集子的人。在他之前，已有两个本子，但质量很差，既编排混乱，又残缺不全。由于萧统特别喜爱陶渊明的诗文，推崇陶渊明的为人，才下决心重新编《陶渊明集》。我们可以设想，前两个版本不全，决非编者有意为之。他们喜欢陶的诗文，一定会尽心尽力地收集，但由于陶渊明当时文名不高，传播不广，遇到困难，有些诗文没收集到。在这种情况下，太子的身份起到很大的作用，梁简文帝《昭明太子集序》载：他常常"命谒者之使，置籝（箱笼类竹器）金之赏"，"总括奇异，征求遗逸"。所以东宫才能有书"几三万卷"（《梁书·昭明太子传》）。萧统把收集到的陶渊明的诗文加入,重新编排,一定费了不少心力,才能成为流传后世的善本。虽然流传过程中有所变化,但大体遵循萧统亲自编的本子。萧统编陶集原为八卷本。今日看到的《陶渊明集》基本相同。贡献有二,一是全。这很重要,因为可以使读者全面准确地认识陶渊明。二是体例好。四言诗、五言诗、赋辞、记传赞述、疏祭文各归其类,且基本以写作年代为序,使我们对其诗文的创作成就能有一个清晰的认识。陶的诗文又是他生活的记录,这对读者了解他的人生经历、思想感情、社会情况都非常有帮助。对"全"字要稍加说明。在萧统所编的本子之后,北齐阳休之《陶集序录》说还缺少《五孝传》及《四八目》等编。但《四库全书》定其是伪作,也得到当今学者的支持。中国古书中的伪作伪书很多,我们同意所谓缺少者是伪作的观点。

二、太子地位与其传播作用

在《陶渊明集》传播的过程中,萧统作为太子的地位起到相当大的作用。以太子为中心,有一个强大的文人集团,都是当时文坛的名角,如刘孝绰、王筠、任昉、范云、刘勰等人,所谓"名才并集,文学之盛,晋宋以来未之有也"。[①] 他们都是萧统的属官,萧统对陶渊明有理有力的评价,他们定会趋之若鹜,去重新认识陶渊明的贡献。后来称帝的萧纲也喜爱陶集,经常翻阅,也是受到萧统的影响。萧统的号召力是不言而喻的,所谓楚王好细腰,国人多饿死。这对《陶渊明集》的传播无疑起到了极大的推动作用。

马克思主义有基础和上层建筑的理论。《陶渊明集》是基础,萧统作之序和传是上层建筑。它们就像在高高的甘泉山上耸立的未央宫一样宏伟壮丽。不过,未央宫毁于兵燹,而《陶渊明集》流传至今,成为中国文学史上永远屹立不倒的未央宫,萧统是它的建筑师。我们可以设想一下,如果没有萧统精心编排,并给予高度评

---

① 姚思廉:《梁书·昭明太子传》,北京:中华书局1973年版,第167页。

价,其传播的面一定会很小,也许会毁于战乱,因为这是历史上经常发生的事。正是由于萧统的贡献,极大地扩展了它的传播范围,《陶渊明集》才得以流传至今,所以萧统的开山之功不可没。

陶渊明的声名由萧统而起,萧统编撰的《文选》也起到推波助澜的作用,甚至起到了更大的作用。对绝大多数读者而言,读选集更多于读全集,众多读者一般情况下都是先看选集,对某些诗文感兴趣了,再去看其全集。而《文选》唐宋时期成为科举考试的必读书,由读《文选》而再看陶集是顺理成章的。更由于《文选》已与《诗经》《论语》等儒家经典并列,已成为经典,声名远播,所以外国请求唐朝皇帝赐书时,名单上就赫然列有《文选》。从其中录有陶渊明诗文的角度看,陶渊明声名传扬海外,如吐蕃、朝鲜、日本等,《文选》当立了首功。

最后,还应注意到萧统作为太子编陶集为"化成天下"之用心:"尝谓有能读渊明之文者,驰竞之情遣,鄙吝之意祛,贪夫可以廉,懦夫可以立,岂止仁义可蹈,亦乃爵禄可辞!不劳复傍游太华,远求柱史,此亦有助于风教尔。"萧统"爱嗜其文,不能释手",为其编集,高度评价,不是单纯的泛文学活动,也是为了"有助风教"。

陶渊明诗文,就如一部宏大的交响乐章。上文已介绍了偶而有不和谐杂音出现,但这不仅是必然的,而且是必要的。这在音乐理论中是有明确结论的。因为些许杂音不仅不能破坏和声之美,反而会增加交响乐的光彩,就像有丑女才能更突显美女一样。而演奏这部交响曲的第一个总指挥就是萧统。

第七节　对陶渊明的两个误解

萧统对陶渊明有一个误解即"无弦琴"问题,后人又有一个误解即"自号"问题,顺便澄清一下。

一、自号问题

有的人称陶渊明"自号五柳先生",是误解。其《五柳先生传》

说："先生不知何许人也，亦不详其姓字，宅边有五柳树，因以为号焉。"①误解来自下文："闲静少言，不慕荣利。好读书，不求甚解。每有会意，便欣然忘食。性嗜酒，家贫不能常得。亲旧知其如此，或置酒而招之。造饮辄尽，期在必醉。既醉而退，曾不吝情去留。环堵萧然，不蔽风日。短褐穿结，箪瓢屡空，晏如也。常著文章自娱，颇示己志。忘怀得失，以此自终。"这确实是陶渊明的自画像。所以萧统在《陶渊明传》中说："渊明少有高趣，博学，善属文；颖脱不群，任真自得。尝著《五柳先生传》以自况，时人谓之实录。""实录"之中，唯"自号五柳先生"须排除在外，因为"自况"不等于"自号"。"自号"者，五柳先生也。陶渊明从未"自号"五柳先生，在陶渊明的其他诗文中也没有"宅边有五柳树"的记载。另外，《五柳先生传》最后是"赞曰"，在那个时代，是不允许给自己写"赞"的，今日亦如此。《五柳先生传》作为陶渊明生活的"实录"，自我欣赏可也，但也只能借"赞"五柳先生以"自况"自诩，而不可直接"赞"自己。这正是他的高明处。

二、无弦琴问题

萧统《陶渊明传》说："渊明不解音律，而蓄无弦琴一张，每酒适，辄抚弄以寄其意。"萧统之误来自沈约《宋书·隐逸传》："潜不解音声，而畜素琴一张，无弦，每有酒适，辄抚弄以寄其意。"此说法影响深远，直到今天仍有人相信。笔者有《陶渊明"不解音声"是个伪命题》一文，对此问题有详论，举其要如下：

第一，颜延之《陶徵士诔》（《文选》卷五十七）指出："置酒弦琴。""弦琴"者，弹七弦琴之谓也。

第二，从《陶渊明集》中，笔者找出 22 例，证明陶渊明不仅会弹琴、解音律，而且弹了一辈子琴，是个琴艺高手；陶集中无一处"抚

---

① 孟二冬：《陶渊明集译注》，长春：吉林文史出版社 1996 年版，第 316 页。以下，凡出自此书者，不注明页码。

弄"无弦琴的记载。以下只举二例：

①卷七《与子俨等书》："少学琴书。"从小就学弹琴的人能不会弹琴，摆弄无弦琴装样子吗？

②卷一《答庞参军》："衡门之下，有琴有书。载弹载咏，爰得我娱。"明确写出是"弹"而非"抚弄"。

那么，这个错误是怎么形成的呢？陶渊明经常弹琴，有的琴弦断了，他不着急换上新弦，或许是乡居不便，一时买不到弦，就放在那儿了。偶有朋友或乡邻来访，饮酒兴起，拿琴要弹，却忘了有的弦已断，弹不成完整的曲调了，于是"抚弄以寄其意"，决非七弦皆无的无弦琴。看到此情景又不熟悉陶渊明的人，把陶渊明偶一为之的事情张扬出去，他人加以放大，过度渲染，又加上了一个"每"字，越传越玄，被后来的沈约当作事实，记在《宋书》。而这时，陶渊明已经死去五十年左右了，沈约也是听传说，萧统未予细察，以讹传讹。到了唐朝，房玄龄等撰《晋书·陶潜传》又出现了这样的情节："性不解音，而蓄素琴一张，弦徽不具，每朋酒之会，则抚而和之，曰：'但识琴中趣，何劳弦上声！'"至宋，苏轼又把前两句话当作陶渊明自言作《无弦琴诗》，等于陶渊明自己承认蓄无弦琴了。其实，所谓无弦琴诗，决非陶渊明作，结果却是越传越像真的了。

综上所述，萧统除在"不解音律"这个细节上误信误传外，对陶渊明的隐居和诗文充分理解，高度评价，超越前人，启发来者。他们有很多相通相似之处，也是昭明太子的一次精神升华。泰戈尔说："人在本质上既不是他自己的，也不是世界的奴隶，而是爱者，人类的自由和人性的完成都在于'爱'，'爱'的别名就是'包容一切'，由于这种包容力，这种生命的渗透力，使人类灵魂的气息与弥漫于万物中的精神才能结合起来。"①正是萧统的"爱"，他的"包容一切"的博大胸怀，特别是他具有"生命渗透力"的卓越眼光，使他

---

① 泰戈尔：《人生的亲证》，北京：商务印书馆1992年版，第1页。

的"灵魂的气息"与"弥漫于万物中"的陶渊明的"精神才能结合起来",这是非常了不起的。

附:

《陶渊明传》

陶渊明,字元亮。或云潜,字渊明。浔阳柴桑人也。曾祖侃,晋大司马。渊明少有高趣,博学,善属文;脱颖不群,任真自得。尝著《五柳先生传》以自况,时人谓之实录。

亲老家贫,起为州祭酒,不堪吏职,少日自解归。州召主簿,不就。躬耕自资,遂抱羸疾。江州刺史檀道济往候之,偃卧瘠馁有日矣。道济谓曰:"贤者处事,天下无道则隐,有道则至,今子生文明之世,奈何自苦如此?"对曰:"潜也何敢望贤,志不及也。"道济馈以粱肉,麾而去之。

后为镇军、建威参军。谓亲朋曰:"聊欲弦歌以为三径之资,可乎?"执事者闻之,以为彭泽令。不以家累自随,送一力给其子,书曰:"汝旦夕之费,自给为难,今遣此力,助汝薪水之劳。此亦人子也,可善遇之。"公田悉令吏种秫,曰:"吾常得醉于酒,足矣。"妻子固请种粳,乃使二顷五十亩种秫,五十亩种粳。岁终,会郡遣督邮至县,吏请曰:"应束带见之。"渊明叹曰:"我岂能为五斗米折腰,向乡里小儿!"即日解绶去职,赋《归去来》。征著作郎,不就。

江州刺史王弘欲识之,不能致也。渊明尝往庐山,弘命渊明故人庞通之赍酒具,于半道栗里之间邀之。渊明有脚疾,使一门生二儿舁篮舆,既至,欣然便共饮酌。俄顷弘至,亦无迕也。先是颜延之为刘柳后军功曹,在浔阳与渊明情款,后为始安郡,经过浔阳,日造渊明饮焉。每往,必酣饮致醉。弘欲邀延之坐,弥日不得。延之临去,留二万钱与渊明;渊明悉遣送酒家,稍就取酒。尝九月九日出宅边菊丛中坐,久之,满手把菊,忽值弘送酒至,即便就酌,醉而归。渊明不解音律,而蓄无弦琴一张,每酒适,辄抚弄以寄其意。

贵贱造之者，有酒辄设。渊明若先醉，便语客："我醉欲眠，卿可去。"其真率如此。郡将尝候之，值其酿熟，取头上葛巾漉酒，漉毕，还复著之。

时周续之入庐山，事释慧远，彭城刘逸民亦遁迹匡山，渊明又不应征命，谓之"浔阳三隐"。后刺史檀韶苦请续之出州，与学士祖企、谢景夷三人，共在城北讲《礼》，加以雠校。所住公廨，近于马队。是故渊明示其诗云："周生述孔业，祖谢响然臻；马队非讲肆，校书亦已勤。"

其妻翟氏亦能安勤苦，与其同志。自以曾祖晋世宰辅，耻复屈身后代，自宋高祖王业渐隆，不复肯仕。元嘉四年，将复徵命，会卒，时年六十三。世号靖节先生。

《陶渊明集序》

夫自衒自媒者，士女之丑行；不伐不求者，明达之用心。是以圣人韬光，贤人遁世。其故何也？含德之至，莫逾于道；亲己之切，无重于身。故道存而身安，道亡而身害。处百龄之内，居一世之中，倏忽比之白驹，寄寓谓之逆旅，宜乎与大块而荣枯，随中和而任放，岂能戚戚劳于忧畏，汲汲役于人间！齐讴赵女之娱，八珍九鼎之食，结驷连镳之游，侈袂执圭之贵，乐则乐矣，忧亦随之。何倚伏之难量，亦庆吊之相及。智者贤人居之，甚履薄冰；愚夫贪士竞之，若泄尾闾。玉之在山，以见珍而招破；兰之生谷，虽无人而犹芳。故庄周垂钓于濠，伯成躬耕于野，或货海东之药草，或纺江南之落毛。譬彼鹓雏，岂竞鸢鸱之肉；犹斯杂县，宁劳文仲之牲！至如子常、宁喜之伦，苏秦、卫鞅之匹，死之而不疑，甘之而不悔。主父偃言："生不五鼎食，死即五鼎烹。"卒如其言，岂不痛哉！又有楚子观周，受折于孙满；霍侯骖乘，祸起于负芒。饕餮之徒，其流甚众。唐尧四海之主，而有汾阳之心；子晋天下之储，而有洛滨之志。轻之若脱屣，视之若鸿毛，而况于他乎？是以至人达士，因以晦迹。或怀厘而谒帝，或披褐而负薪，鼓楫清潭，弃机汉曲。情不在于众事，寄众事以忘情者也。

有疑陶渊明诗篇篇有酒，吾观其意不在酒，亦寄酒为迹焉。其文章不群，词采精拔，跌宕昭彰，独超众类，抑扬爽朗，莫与之京。横素波而傍流，干青云而直上。语时事则指而可想，论怀抱则旷而且真。加以贞志不休，安道苦节，不以躬耕为耻，不以无财为病，自非大贤笃志，与道污隆，孰能如此乎？余爱嗜其文，不能释手，尚想其德，恨不同时。故更加搜求，粗为区目。白璧微瑕者，惟在《闲情》一赋，扬雄所谓劝百讽一者，卒无讽谏，何必摇其笔端？惜哉！无是可也。并粗点定其传，编之于录。

尝谓有能读渊明之文者，驰竞之情遣，鄙吝之意祛，贪夫可以廉，懦夫可以立，岂止仁义可蹈，亦乃爵禄可辞！不劳复傍游太华，远求柱史，此亦有助于风教尔。

第五章 《文选》学简介

钱锺书讲:"词人衣被,学士钻研,不舍相循,曹宪、李善以降,《文选》学专门名家。词章中一书而得为学,堪比经之有《易》学、《诗》学等或《说文解字》蔚为许学者,惟《选》学与《红》学耳。寥落千载,俪坐俪立,莫许参焉。千家注杜,五百家注韩、柳、苏,未闻标立杜学、韩学等名目。"①《文选》在中国科举史、文化史、文学史上的地位一度可比"五经",《文选》包括"文选注"对后世的文章写作、文体辨识、集部编纂、文献考证等都有垂范意义,堪称一部百科全书。即使仅以时间论,作为现存第一部泛文学总集,《文选》研究历史之悠久,也无可匹者。从唐初曹宪到新文化运动提出"选学妖孽",其间千余年可算传统《文选》学时代,黄侃、骆鸿凯、周贞亮、高步瀛等实现了《文选》学从近代到现代的转变,尤其是《文选平点》《文选学》对现代《文选》学的建立至为重要。民国时期《文选》研究不绝如缕;经过解放后一个时期的沉寂,到 20 世纪 80 年代,随着《文选》学术研讨会的持续召开和 1992 年中国《文选》学研究会的建立,《文选》研究开始了新的繁荣。

---

① 钱锺书:《管锥编》,北京:中华书局 1981 年版,第 1401 页。

第一节 《文选》学创始

《文选》成书后，传播、流布很快，很广。从其纂成到萧统去世（梁中大通三年，531 年），再到侯景攻陷台城（太清三年，549 年），不到二十年的时间，《文选》已从文物彬彬之盛的江南传到了北方。《太平广记》卷二百四十七引《启颜录》称："高祖尝令人读《文选》，有郭璞《游仙诗》，嗟叹称善。"高祖指高欢（496—547），东魏权臣，北齐奠基人，是鲜卑化汉人，军人，并不以诗文见长。高欢让人读《文选》，证明《文选》的流行，证明在北人眼里《文选》是南方先进文化的代表，是学习的对象。

一、《文选》研究的先行者：萧该

历史上第一位《文选》学家——萧该也是萧梁皇室，他是萧统的从侄。关于萧该，《北史》《隋书》都有传，《隋书·儒林传》云：

> 兰陵萧该者，梁鄱阳王恢之孙也。少封攸侯。梁荆州陷，与何妥同至长安。性笃学，《诗》《书》《春秋》《礼记》并通大义，尤精《汉书》，甚为贵游所礼。开皇初，赐爵山阴县公，拜国子博士。奉诏书与妥正定经史，然各执所见，递相是非，久而不能就，上谴而罢之。该后撰《汉书》及《文选音义》，咸为当时所贵。……于时《汉书》学者，以萧、包（恺）二人为宗匠，聚徒教授，著录者数千人。

萧该的祖父萧恢是梁武帝异母弟。萧恢"年七岁，能通《孝经》《论语》义，发摘无所遗。及长，美风表，涉猎史籍"（《梁书·太祖五王传》），而后来成为北周文坛领袖之一的王褒是萧该的姑父（《周书·王褒传》），可见其家族文化氛围之好。西魏攻破荆州是在承圣三年（554），萧该时年约二十，与何妥并为大儒。至于其"正定经

史"久不能成而被隋文帝责备,其中"各执所见,递相是非"的矛盾
或多因为何妥而非萧该。据《隋书·儒林传》:"妥性劲急,有口才,
好是非人物。"何妥机警好胜,与名臣苏威、大儒元善皆有嫌隙,何
况年岁略小于他的萧该。萧该与包恺并为隋代《汉书》名家。萧该
以《汉书》研究知名而非《文选》,这是因为"汉书学"已有近五百年
的传统①,萧该以《汉书》音义注释的方法研究《文选》,这是个创新,
而《文选》学也由此发端。

《文选》被重视始于隋。当时科举试题多出自《文选》,《北史·
杜铨传》讲,开皇十五年(595)杜正玄举秀才,杨素试之以拟《上林
赋》《圣主得贤臣颂》《燕然山铭》《剑阁铭》《白鹦鹉赋》;开皇十六年
杜正藏举秀才,苏威试之以拟《过秦论》。这是人们重视《文选》研
究的大的文化背景。

史籍著录萧该著作情况如下:

出　　　处	书 名 与 卷 数		
《隋书·经籍志》	《汉书音义》12 卷	《范汉音》3 卷	《文选音》3 卷
《旧唐书·经籍志》	《汉书》12 卷	《后汉书音》3 卷	《文选音》10 卷
《新唐书·艺文志》	《汉书音》12 卷	《后汉书音》3 卷	《文选音》10 卷
《宋史·艺文志》	《汉书音义》3 卷		

《汉书音义》宋时尚存三卷,后亡。清代臧庸②辑萧该《汉书音
义》(嘉庆二年 1797 刻本)有 228 条,一半以上是反切,引用前人音
读超过 70%。主要在《扬雄传》《叙传》《王莽传》《酷吏传》《儒林传》
《匡张孔马传》《谷永杜邺传》《翟方进传》《王商史丹傅喜传》《王子
侯年表》《薛宣朱博传》《张陈王周传》《张耳陈余传》《高帝纪》《李广

---

① 《汉书》多用古字古义,艰深难懂。自成书开始,已多有人为其作音义注解。
按《隋书·经籍志》,东汉至南北朝,为《汉书》作注者约有近 20 家,其中多是注释音义。

② 臧庸(1767—1811),清代学者、文学家、考据学家。本名镛堂,字在东,更字西
成,号拜经。武进人。师从浙江卢文弨,并从钱大昕、段玉裁等讨论学术,后入阮元幕
府。对阮辑书多有襄助,其人治学严谨,长于校勘、释义,著作极多。

苏建传》《食货志》等篇,尤以《扬雄传》《叙传》为多。

对于已亡佚的《文选音（义）》,近人骆鸿凯《文选学》中曾举二例;雨辰从罗振玉影印日本金泽文库藏《古写本文选集注残卷》检得八条。① 王书才称:"《文选集注》收录萧该注音条目 21 条。《汉书》(世界书局本)附宋祁《笔记》收录萧该《文选》训诂注音 114 条。"②兹录数条如下:

> 卷十五张衡《思玄赋》"行颇僻而获志兮"注引:萧该《音》"颇,本作陂,布义切"。
> 卷六十三《离骚》"路曼曼其修远兮"注引:《音决》"曼,音万。萧,武半反"。
> 卷一百零三王子渊《四子讲德论》"鄙人暗浅"注引:"《音决》暗,王《音》暗,萧《音》奄。"

可见萧该注音方式有反切、直音两种,以反切居多。至于《文选音（义）》亡佚的原因,一般认为是其引用前人较多,其成果逐渐为后人吸收继承。

由上,萧该是《汉书》学家、音韵学家,③更是《文选》研究第一人,以音义注《文选》是萧该借鉴《汉书》研究而为《文选》研究确立的轨范,这是萧该《文选》研究最大的贡献。

二、《文选》学第一导师:曹宪

如果说萧该在长安以国子博士的身份开始《文选》研究,跟隋初上层的文化风尚及科举需要有很大关系,那么曹宪在家乡光大《文选》学则更多"奋其私志"的因素。关于曹宪,两《唐书》均有传

---

① 雨辰:《选学最早几部撰著试述》,《郑州大学学报》1995 年第 3 期。
② 王书才:《萧该生平及其〈文选〉研究考述》,《安康师专学报》2005 年第 2 期。
③ 据王仁昫《刊谬补缺切韵》前陆德明序,隋开皇初年,国子监博士萧该与颜之推、卢思道、辛德源、薛道衡等八人共同商讨音韵,成《切韵》。

记。按《旧唐书·儒学》：

> 曹宪，扬州江都人也。仕隋为秘书学士。每聚徒教授，诸生数百人。当时公卿已下，亦多从之受业。宪又精诸家文字之书，自汉代杜林、卫宏之后，古文泯绝，由宪此学复兴。大业中，炀帝令与诸学者撰《桂苑珠丛》一百卷，时人称其该博。宪又训注张揖所撰《博雅》，分为十卷，炀帝令藏于秘阁。贞观中，扬州长史李袭誉表荐之，太宗征为弘文馆学士，以年老不仕，乃遣使就家拜朝散大夫，学者荣之。太宗又尝读书有所难字，字书所阙者，录以问宪，宪皆为之音训及引证明白，太宗甚奇之。年一百五岁卒。所撰《文选音义》，甚为当时所重。初，江、淮间为《文选》学者，本之于宪，又有许淹、李善、公孙罗复相继以《文选》教授，由是其学大兴于代。

曹宪（545—649），[①]扬州人。隋时做过秘书学士，为隋炀帝信任。唐贞观年间拜朝散大夫，是唐太宗膜拜的御用老师。据《续高僧传·唐常州建安寺[②]释智琚传》，智琚的碑文是曹宪所作，署"陈西阳王记室谯国曹宪"。可见，曹宪陈时还做过西阳王陈叔穆的记室。有学者认为，曹宪自称"谯国"，或为曹魏后裔。[③] 古人习称郡望，也未必足凭。陈朝祯明三年（589），隋灭陈，曹宪与西阳王一起入长安。

需要留意的是上述传文，释智琚祖上是"冀州赵郡典午，东迁徙居江左。父理袆仕梁员外散骑侍郎"。智琚祖上出身北地武官（典午，即司马），南迁常州，与萧衍身世相似。其父理袆虽不确知是侍

---

① 顾农：《隋炀帝与〈文选〉学》，《中华读书报》2013 年 3 月 27 日。
② 杜洁祥主编：《中国佛寺史志汇刊》第 2 辑第 3 册《江南梵刹志》，台北：明文书局 1980 年版，第 238 页。建安寺，在今泰兴县境内（曾属常州），"梁天监四年建，江水坍没，今迁大西门郭家庄南，改名灵云庵"，唐宋尚存，有当时诗文流传。
③ 屠青：《曹宪与"文选学"的兴起》，《河南师范大学学报》2016 年第 5 期。

从梁武帝、简文帝还是元帝,但其熟稔萧梁皇室自是无疑。同时,萧梁皇室笃信佛教,理袥也极有可能信佛,但信佛与出家又不同,智琚舍身佛寺,其精诚可鉴,于佛理精义自当又进一层。联系曹宪治萧统《文选》,其结友智琚甚至师事之,可谓用心良苦。

曹宪一生最大的贡献在于授徒,分两个时期,第一个时期在长安,以文字、小学为主,弟子数百人,今确知的有"初唐四杰"之一卢照邻,卢"年十余岁,就曹宪、王义方授《苍》《雅》及经史"(《旧唐书·文苑传》);第二个时期在扬州,以《文选》为主,《新唐书》讲"宪始以梁昭明太子《文选》授诸生",弟子知名的有同郡魏模、公孙罗、江夏李善、润州许淹等。

曹宪的学术事业开始于隋炀帝时代,这或与杨广念扬州之旧有关。受杨广之命,曹宪与诸葛颖等编纂《桂苑珠丛》,又注《广雅》,因避杨广之讳,称《博雅》。《文选音义》应为其晚年授《文选》时所纂。史志著录曹宪著述情况如下:

出　处	书　名　与　卷　数			
《隋书·经籍志》	《广雅音》4卷			《古今字图杂录》1卷
《旧唐书·经籍志》	《博雅》10卷		《尔雅音义》2卷	《文字指归》4卷 《曹宪集》30卷
《新唐书·艺文志》	《博雅》10卷	《文选音义》亡	《尔雅音义》2卷	《文字指归》4卷 《曹宪集》30卷
《宋史·艺文志》	《博雅》10卷			
《清史稿·艺文志》				《文字指归》1卷

以《新唐书》所记最多,曹宪诸作宋后全部散佚,现存《博雅音》《文字指归》是清人重辑。《文选音义》不著《隋志》,显然是入唐后所作,"甚为当时所重",然而散佚之迅速、彻底耐人寻味。《日本国

见在书目录》著有"《文选音义》十三(卷),曹宪撰",可见该书平安时代(794—1192)已传至日本。按日本藏原一百二十卷《文选集注》残卷所引《音决》引曹宪音有 11 条,①有学者分析其多半不正确,与后来权威注家与通行韵书不同,故而被否定。其中原因是曹宪所操为扬州音,隋唐统一后,人们遵循主流标准《切韵》,故其音注自然被舍弃。②

隋至唐初,文化的融合主要还是南方向北方的输出。曹宪、萧该作为南方精英,能以音韵、文字上的造诣和成就引领一时,即体现了这种文化特征。而政治的权柄显然在北人手中,文化上的一个体现就是隋唐间的史书几乎全由北人操刀。文化标准的制定与裁夺也自然在北人手里,这也是曹宪、萧该的成果终被吸收、转化而"湮没"的一个原因。不过,二者在学术(学习)上的方法论意义却不能忽视。曹宪晚年授《文选》也是个精英文化普及的过程,其意图重在化育引导,其赅博有之,却未必追求专精,这应是其成果湮没的又一原因。

不管怎样,曹宪是第一个以《文选》为课本传道授业的导师,他的弟子李善继其志向并专注于《文选》,将文选学发扬光大,进一步实现南方文化与整体文化环境的融合,于此,曹宪的开辟之功,更见重要。

如今,扬州有两处文选楼古迹:一在旌忠巷旌忠寺内,是民国初年旌忠寺僧法权在文选楼遗址上筹建的,匾额题"梁昭明太子文选楼",以纪念萧统编纂《文选》;一个是隋唐间曹宪讲授《文选》学的故居,在毓贤街(原称"选楼巷""太傅街"),由阮元建于家祠内,题名"隋文选楼",纪念曹宪等讲授《文选》学。由此可以说,编纂《文选》的是昭明太子萧统,而真正让人们开始认识《文选》,确立《文选》地位的是曹宪。

---

① 屠青增一条:尤刻本李善注《文选·舞赋》有 1 条。
② 王书才:《曹宪生平及其〈文选〉学考述》,《郑州大学学报》2004 年第 4 期。

三、唐《文选》学的代表人物：李善

《新唐书·李邕传》讲李邕之父李善"居汴郑间讲授，诸生四远至，传其业，号'《文选》学'。"李善是唐《文选》学的代表人物，其贡献在于：一，注释《文选》，"敷析渊洽"（《新唐书·李邕传》），一度被认为是最好的注本并流传至今；二，在家乡、皇家以及"汴郑间"不同层面持续传授《文选》，将《文选》学发扬光大。曹宪是历史上开坛讲授《文选》的第一人，也著有《文选音义》。但李善能超越其师的原因在于其注释的价值更高；而且李善是专注《文选》，注释，教授，一直反复钻研，有种学术传承的自觉，这与曹宪授《文选》而成音义相比，更是精益求精。《旧唐书·儒学上·李善传》记载：

> 李善者，扬州江都人。方雅清劲，有士君子之风。明庆中，①累补太子内率府录事参军、崇贤馆直学士，兼沛王侍读。尝注解《文选》，分为六十卷，表上之，赐绢一百二十四，诏藏于秘阁。除潞王府记室参军，转秘书郎。乾封中，出为经城令。②坐与贺兰敏之周密，配流姚州。后遇赦得还，以教授为业。诸生多自远方而至。又撰《汉书辩惑》三十卷。载初元年卒。

李善做过县令，又愿与贺兰敏之这样的权贵交结，可见有用世之心。这是研究《文选》不妨留意的。《新唐书·儒学》曹宪传中称"江夏李善"，两《唐书》中言及李善与李邕，都写"江都人"，故江夏应是李善的祖籍地，③而东晋著名文学家、文论家、目录学家李充就

---

① 即显庆三年(658)。"明庆"即唐高宗年号显庆，后来为避中宗李显的讳而改。
② 《新唐书·文艺》李邕传作"泾城令"。唐代无泾城县，"泾"为"经"之讹。
③ 李昂《唐故北海郡守秘书监江夏李公(邕)墓志铭并序》、李廊《唐故江夏李府君(歧)墓志》、李正卿《唐故大理评事赠左赞善大夫江夏李府君(翘)墓志铭并叙》、李褒《唐故绵州刺史江夏李公(正卿)墓志铭并序》，其墓主皆为李善后裔，可见李世系出于江夏。

是李善的先祖。^① 李善学问渊博，但文采不够，《新唐书·文艺》称："淹贯古今，不能属辞，故人号'书簏'。"李善早年曾在家乡教书，知名者有润州丹徒马怀素，两《唐书》皆有其传。李善后为潞王（李贤）府记室参军，^②秘书郎；^③太子（李弘）内率府录事参军、崇贤馆直学士^④，兼沛王（李贤）^⑤侍读。李善上《文选注》是在显庆三年（658），时年约三十岁，自称"文林郎守太子右内率府录事参军崇贤馆直学士"。李善注《文选》跟高宗继位早年制礼作乐的政治文化背景有关，仅按《旧唐书·高宗本纪》，《文选注》前后还颁行有：

1. 永徽四年（653），颁孔颖达《五经正义》，令明经依此考试。

2. 显庆元年（656），太尉长孙无忌进史官所撰梁、陈、周、齐、隋五代史志。弘文馆学士许敬宗进所撰《东殿新书》，上自制序。

3. 显庆三年（658），诏颁太尉、赵国公无忌等所修《新礼》。

4. 龙朔元年（661），中书令许敬宗等进《累璧》。

5. 龙朔三年（663），太子弘撰《瑶山玉彩》成。

李善后来也只做到经城令，远没有上述这些人显赫，《文选注》也不像这些著述规模宏大，但影响却很深远。这影响也包括对他的"学生"——后来成为太子的李贤。富永一登认为李贤注《后汉书》借鉴了李善《文选注》；^⑥还有学者从政治角度分析了李贤借鉴李善的原因，推测李善遇赦后在郑汴间讲授《文选》时与李贤注释

① 富永一登：《李善伝记考》，広岛大学文学部纪要，1996年。
② 李贤永徽六年（655）被封为潞王，时年一岁。
③ 《旧唐书·文苑》李邕传作"兰台郎"。按，唐高宗龙朔二年（662）改秘书省为兰台，秘书郎改兰台郎。高宗咸亨元年（670）十二月恢复旧名。
④ 李弘显庆元年（656）被立为太子，时年五岁。
⑤ 李贤龙朔元年（661）被封为沛王，时年七岁。
⑥ 富永一登：《〈文选〉李善注考：〈后汉书〉李贤注との比较》，広岛大学文学部纪要，1998年。

《后汉书》有互动,认为李善《文选注》及《文选》学的光大,不仅有注释体例本身的优势,也包括李贤等当时上层核心的认同和推动。①按,李贤深受《文选》及李善影响是可以肯定的,另一证据是李善的同学公孙罗也曾任职沛王府。但客观来看,李善上《文选注》时,李贤才四岁,而高宗"赐绢一百二十匹,诏藏于秘阁",可知此时的关键还不在李贤,接受、推广《文选》的大背景还是在于此举符合唐朝高层融合文化和提升文化的宗旨。

其实,从一部注释本身的前后因袭而上升到政治细节的推敲难免穿凿,但可补充一句的是,李善这位学生"章怀太子"(李贤)倒是有点像"昭明太子",颇有文治功夫。据《新唐书·艺文志》,李贤除了主持《后汉书注》外,还有《列藩正论》《春宫要录》《修身要览》《君臣相起发事》等多种著述。至于李善的著述,除了《文选注》六十卷外,《旧唐书·经籍志》著录有《汉书正名氏义》十三卷、《汉书辩惑》三十卷;《新唐书·艺文志》著录为《汉书辩惑》二十卷、《文选辨惑》十卷。《文选辨惑》应在《文选注》之后,足见李善一生对《文选》的专注。李善《上文选注表》称:

> 昭明太子业膺守器,誉贞问寝。居肃成而讲艺,开博望以招贤。搴中叶之词林,酌前修之笔海。周巡绵峤,品盈尺之珍;楚望长澜,搜径寸之宝。故撰斯一集,名曰《文选》。后进英髦,咸资准的。伏惟陛下,经纬成德,文思垂风,则大居尊。

可见,李善在意《文选》,不仅是昭明之选,也在昭明其人,"昭明太子业膺守器,誉贞问寝。居肃成而讲艺,开博望以招贤"。不仅在于《文选》是"词林""笔海",更在于其有助于大唐王朝"经纬成德,文思垂风,则大居尊"的政治文化建构。李善其时对注释《文选》下

---

① 戚学民《〈后汉书〉李贤注与〈文选〉李善注:论李善注影响的扩张》,《社会科学研究》2012年第3期。

如此功夫,作为东宫及亲王的属官和侍读,自然也会把《文选》当作宫廷教授的内容。

第二节 《文选》注

《文选》学初兴的隋唐之际,最重要的成果就是诞生了多种《文选》注本,除了萧该、曹宪、李善之外,还有许淹和公孙罗。^①《旧唐书·经籍志》在李善之下著录有:"公孙罗注《文选》六十卷,撰《文选音》十卷;释道淹撰《文选音义》十卷。"《新唐书·艺文志》则称"公孙罗《文选音义》十卷、许淹《文选音》十卷",可见按当时的学术习惯,言注释"音"即是包括"音义"两方面的。流传至今的《文选》注释主要是李善和唐开元时的五臣两个系统。晁公武《郡斋读书志》卷二十"总集类"开卷即介绍:

> 李善注文选六十卷,右,梁昭明太子萧统纂。……类辑之为三十卷。……唐李善集注析为六十卷。……初为辑注,博引经史,释事而忘其义。书成上进,问其子邕,邕无言。善曰:"非耶?尔当正之。"于是邕更加以义释,解精于五臣。今释事、加义者两存焉。苏子瞻尝读善注而嘉之,故近世复行。

> 五臣注文选三十卷,右,唐吕延祚集注。延祚以李善上引经史,不释述作意义,集吕延济、刘良、张铣、吕向、李周翰五人注,延祚不与焉,复为三十卷。开元六年,延祚上之,名曰《五臣注》。

李善注吸收前贤,广为征引,又有李邕补充,其赅博精备遂成独树一帜的注释经典;五臣注则与李善在体例、风格上不同,形成互补,也风行一时。二注顺应了唐朝政治文化的需要,奠定了《文

---

① 公孙罗、许淹均曹宪学生。公孙,江都人,曾官沛王府参军,无锡县丞。许即旧《唐志》所称"释道淹","润州句容人也。少出家为僧,后又还俗。博物洽闻,尤精诂训。"(《旧唐书·儒学》)

选》在中国文学、文化中特殊的经典地位,也成为《文选》学不断发扬的渊薮。

一、征引体例与考证资粮:李善注

李善注《文选》孜孜不倦,可谓一生之事业。据《资暇录》:"代传数本李氏《文选》,有初注成者,覆注者,有三注、四注者,当时旋被传写之。其绝笔之本,皆释音、训义,注解甚多。余家幸而有焉。尝数本并校,不唯注之赡略有异,至于科段,互相不同。无似余家之本该备也。"①可见,李善注释《文选》三十余年,贯穿了长安为官、汴洛讲授、回归扬州等各阶段。据日本天台宗山门派创始人、中唐后遣唐日僧圆仁讲,李善曾在扬州白塔寺撰《文选》(开成三年838)。② 至于具体操作,冈村繁认为唐抄二本最接近李善初注本原貌,并根据所注引纬书的后续补注情况推测李善早年用类书以求速成的注释过程。③ 李善的注释包括以下四个方面:

1. 注音、小传、解题,为阅读初步扫清障碍。注音继承萧该、曹宪,多用反切法,也有直音法。李善注于始见作者名下立一小传,多引旧史简述名字、爵里、事迹,或引一史记载详备者,或引两史互补。解题文字亦多征引旧书,兼有考证,着重说明写作背景及时间。如卷二十五刘琨《重赠卢谌》题下注引臧荣绪《晋书》:"琨诗托意非常,想张(良)、陈(平)以激谌,(谌)素无奇略,以常词酬琨。"

2. 释事。为典故、词语寻出最早出处。《文选·两都赋序》注李善称:"诸引文证,皆举先以明后,以示作者必有所祖述也。他皆类此。"如在作者之后、注者之前有人讲过来源或用法,就作引用。《文选·两都赋序》注称:"或引后以明前,示臣之任不敢专。"这是

---

① 李匡文:《资暇录》,北京:中华书局 1985 年版,第 168 页。
② 圆仁撰,顾承甫、何泉达点校:《入唐求法巡礼行记校注》,上海:上海古籍出版社 1986 年版,第 22 页。
③ 赵福海等编:《昭明文选研究论文集》,长春:吉林文史出版社 1988 年版,第 165 - 175 页。

李善注释的初衷和原则。李善征引式的注释体例与先前常用的直接解释词语、串讲、翻译包括进行辨析的方式不同,这是个创新。

李善也会采用旧注。如某篇前人已有较好的注释,李善会采用并作修订和补充。如旧有的张衡《二京赋》薛综注,左思《蜀都赋》《吴都赋》刘逵注,《魏都赋》张载注、曹毗注,阮籍《咏怀诗》颜延之注、沈约注,《楚辞》王逸注,班固《答宾戏》失名旧注,等等。

李善注较为繁富,原因是《文选》作品多重用典,所以无论难易,李善多会出注。

3. 释义。李善释义者不多,但涉及写作意图、手法及言外之意者常中肯綮。如卷五十四刘孝标《辩命论》注:"孝标植根淄右,流寓魏庭,冒履艰危,仅至江左,负材矜地,自谓坐致云霄,岂图逡巡十稔,而荣惭一命,因兹著论,故辞多愤激。虽义越典谟,而足杜浮竞也。"卷二十郭璞《游仙诗》注:"凡游仙之篇,皆所以滓秽尘网,锱铢缨绂,餐霞倒景,饵玉玄都,而璞之制,文多自叙,虽志狭中区,而辞无俗累,见非前识,良有以哉。"恰收导读之效。再如:

篇　目	句　子	注　释
应场《侍五官中郎将建章台集诗》	朝雁鸣云中,音响一何哀。	以雁自喻也。
曹植《应诏诗》	朝发鸾台,夕宿兰渚。	鸾台兰渚,以美言之。《汉宫阙名》曰长安有鸳鸾殿,公孙乘《月赋》曰鹍鸡舞于兰渚。
刘桢《公宴诗》	灵鸟宿水裔,仁兽游飞梁。	假美名以言之。
郭璞《游仙诗》	珪璋虽特达,明月难暗投。	珪璋明月,皆喻仙也。言珪璋虽有特达之美,而明月之珠难暗投,以喻仙者虽有超俗之誉,非无捕影之讥。
江淹《别赋》	黯然销魂者,唯别而已矣。	黯然魂将离散者,唯别而愁也。夫人,魂以守形,魂散则形毙,今别而散,明恨深也。

李善对作者使事用典的变化处会直接作点拨，以助理解。李善自为注解处较少，主要是征引式注释，可见是一种学术自觉和准则。

4. 校勘。李善当时旧集尚多留存，作为秘书郎又有翻阅之便，所以对《文选》篇章常有参考他本的校勘。而可贵在于，李善一般只是标明，并不擅作改动。如卷二十四陆机《于承明作与士龙》注："集云，与士龙于承明亭作。"曹植《赠白马王彪》："孤魂翔故城，灵枢寄京师。"注："《魏志》城作域。"再如卷四十任昉《奏弹刘整》、卷四十四曹植《与吴季重书》将《文选》选文时删节、加工之处指出，给人的指点意义殊大。

除了能给阅读提供帮助，李善注还有两方面的价值很突出：

1. 保存文献，"考证之资粮"者也。很多李善注引的资料，原本早已散佚，而赖于李善注，后人得以窥豹一斑。清人汪师韩《文选理学权舆》卷二《注引群书目录》、沈家本《李善文选注书目》先后对李善注引文献作了统计。汪氏查证李善注所引之书："新旧《唐书》已多不载，至马氏《经籍考》十存一二耳。若经之三十六纬，史之晋十八家，每一洛诵，时获异闻。其中四部之录，诸经训传且一百余，小学三十七，纬侯图谶七十八；正史、杂史、人物别传、谱牒、地理、杂艺术，凡史之类几及四百；诸子之类百二十，兵书二十，通释经论三十二；若所引诏、表、笺、启、诗、赋、颂、赞、箴、铭、七、连珠、序、论、碑、诔、哀词、吊祭文、杂文、集几及八百。其入选之文互引者不与焉。"按汪氏目录，李善注引文献计有：经部二百一十五，史部三百五十二，子部二百一十七，集部七百九十八，共一千五百八十二部。沈家本的《文选李善注书目》凡六卷，整理更为深入、完备。

李善注征引而亡佚的古籍，尤富辑佚价值。胡绍煐《文选笺证》自序称："注所引某书某注，并注明篇目姓名，而后之采郑氏《易》注、《书》注，辑三家《诗》，述《左氏》服注者，本焉；纂《仓颉遗文》，作《字林考逸》者，又本焉。李时古书尚多，自经残缺，而吉光片羽，藉存十一，不特文人资为渊薮，抑亦后儒考证得失之林也。"

2. 注释体例与严谨学风的垂范。骆鸿凯在《文选学》中指出后来的《文选》学家可分为注释、辞章、广续、雠校、评论五类；注释、雠校都是直接继承李善。注释家"广释事类，搜讨冥幽，援毛郑虫鱼之勤，达向郭筌蹄之表，非唯萧氏之功臣，实亦百家之肴馔"。① 李善渊博又严谨的治学精神值得学习。其注中称"未详""未闻"者多达一百一十四处，知之为知之，不知为不知，反映出李善注释的科学、扎实。

《文选》与李善注已经是不可分割的存在，合之则双美，离之则两伤，其"注以文传，文以注显"，可见李善注的价值与《文选》发扬是相为辅成的。②

二、释义析理、宅心隐微：五臣注

李善注通行六十年后的开元六年（718），五臣注成，吕延祚《进集注文选表》称：

> 臣尝览古集，至梁昭明太子所撰《文选》三十卷……有遣词激切，揆度其事，宅心隐微，晦灭其兆，饰物反讽，假时维情，非夫幽识，莫能洞究。……（李善注）忽发章句，是徵载籍，述作之由，何尝措翰？使复精核注引，则陷於末学；质访指趣，则岿然旧文。只谓揽心，胡为析理？臣惩其若是，志为训释，乃求得衢州常山县尉臣吕延济、都水使者刘承祖男臣良、处士臣张铣、臣吕向、臣李周翰等……相与三复乃词，周知秘旨，一贯於理，杳测澄怀。目无全文，心无留义，作者为志，森乎可观，记其所善，名曰《集注》，并具字音，复三十卷。

---

① 此节多有参酌孙钦善《论〈文选〉李善注和五臣注》（赵福海等编《昭明文选研究论文集》）；顾农《李善与文选学》（《齐鲁学刊》1994 年第 6 期）。

② 俞绍初、许逸民：《中外学者文选学论集》，北京：中华书局 1988 年版，第 462 页。

吕延祚历任紫薇舍人、太仆卿,时为工部侍郎。该表首先认为
《文选》难懂,"非夫幽识,莫能洞究"。这也就决定了五臣注"揆度
其事,宅心隐微"的解释体系。吕向对李善注颇不以为然,认为李
善的注引是舍本逐末,在技术层面认为有两大缺憾:一是对"述作
之由"竟不"措翰";二是不作"析理",这也就是时人认为的"李善
注"的缺点"释事而忘意"。这种评判反映出二注的本质差别,有学
者认为:"吕《表》对李善注的攻击,是义疏之学对音义训诂之学的
攻击,或者说是普通经师对博学通儒的攻击。"①吕氏措辞虽有激烈
处,但也不是无的放矢,考虑到其为"新注"宣传的良苦以及"表"体
的特殊性,似也无可厚非。

吕延祚作为召集人,未参与注释。与事五人,当时只有吕延济
有功名。五人中,吕向《新唐书·文艺》有传,②上五臣注四年后
(712)召为翰林供奉,其后一直在玄宗周围,并获得较高官位。刘
良父亲刘承祖与玄宗有旧。③ 其他诸人不可查;五臣注作为一时集
注,较比李善成书要快。

五臣注面世后,李善注反而不彰,④以至于康国安、李匡文、丘
光庭、苏轼、尤袤等相继为李善注打抱不平。李匡文称:"世人多谓
李氏立意注《文选》,过于迂繁,徒自骋学,且不解文意,遂相尚习五
臣者,大误也。"苏轼《书谢瞻诗》称:"李善注《文选》,本末详备,极
可喜。五臣真俚儒之荒陋者也,而世以为胜善,亦谬矣。"自此二注

---

① 汪习波:《隋唐文选学研究》,上海:上海古籍出版社 2005 年版,第 218 页。

② 吕向,字子回,泾州人或东平人。少孤,依靠外祖母隐居洛阳陆浑山,曾与房
琯一起读书。工草隶。强志于学。开元十年召入翰林,兼集贤院校理,侍太子及诸王
为文章。玄宗每岁遣使采择美女以充后宫,号"花鸟使",刘向奏《美人赋》,玄宗善之,
擢为左拾遗,又进左补阙。玄宗勒石西岳,充镌勒使。以起居舍人与玄宗东巡,玄宗引
突厥颉利发及蕃夷酋长入仗内,赐弓矢射禽。因作《谏令突厥入仗驰射疏》。后官都官
郎中、主客郎中、工部侍郎等职。又有《述圣颂》。

③ 刘承祖善于占兆,为处士时与临淄王李隆基交往。与玄宗宠臣姜皎交好。
《旧唐书·玄宗本纪》载,开元十年九月"秘书监、楚国公姜皎坐事,诏杖之六十,配流钦
州,死于路。都水使者刘承祖配流雷州"。

④ 据胡可家《重刻宋淳熙本文选序》:"宋代大都盛行五臣,又并善为六臣,而善
注反微矣。"

的对比研究遂成《文选》学一重要话题,《宋史·艺文志》录有《李善五臣同异》一卷。因为苏轼的地位和影响,有宋一代,非五臣者颇不少,如黄朝英、唐庚、姚宽、王懋等。天圣四年(1026)平昌孟氏五臣注本,进士沈严作后序讲:"制作之端倪,引用之典故,唐五臣注之审矣。可以垂吾徒之宪则,须时文之搞擞,是为益也,不其博欤?虽有拉拾微缺,衒为己能者(《兼明书》之类是也)。所谓忘我大德而修我小怨,君子之所不取焉。"虽是书中广告,但所言五臣注之优点亦属切实。宋人刻《文选》将二注糅合,其实客观地说明二者都是阅读《文选》的需要,不必厚薄,无须偏废。

随着《文选》学研究的不断深入,人们对五臣注的认识也逐渐破除迷障,更加客观。牛贵琥、董国炎认为五臣注比较李善注有三个方面的优长:"一、解词析义,有助理解。二、简而不繁,方便读者。三、五臣注可补李善注之不足。"认为二注是"兼之则双美,离之两伤"。① 陈延嘉对二注的比较研究用力较久,②认为从逻辑上,如果比对二注,自然有两种情况:一是李善注好,五臣注不好;二是李善注不好,五臣注好。对后一种情况,陈延嘉梳理、析得大量例证,并做了体例的总结:

1. 五臣注在解释词语方面的贡献:应释而李善未释、五臣释之之例;李善"未详",五臣释之之例;李善注误,五臣正之之例;李善注而不足,五臣补之之例;五臣注解说词语的引申义和特指义之例。

2. 五臣注在揭示"述作之由""作者为志"方面的贡献:五臣注在题解方面的贡献;五臣注在分析写作特点方面的贡献。

3. 五臣注在疏通文义方面的贡献(略)。

① 牛贵琥、董国炎:《〈文选〉六臣注议》,《晋中师专学报》1988 年 6 月期。
② 陈延嘉:《〈文选〉李善注与五臣注比较研究》,长春:吉林文史出版社 2009年版。

在《〈文选〉李善注与五臣注比较研究》①中，陈延嘉通过系统的例证及统计，归结出五臣的"七个超越"，即认识、通俗化、训诂、释句义、述作之由、作者为志、写作手法、评议、辨作者、版本七个方面，言之有据，持之有故。其中五臣在揭示述作之由、作者之志及写作特点上尤为突出。李善作题解的仅有二百八十九篇作品，而五臣注有五百四十七篇，且多比李善注具体、直接。唐高宗、武后开始，进士科考越来越重视杂文，士子为了提高写作水平，急需一部能方便掌握写作要领的总集注释，五臣注的产生迎合了这种需要。②

二注比较的话题很大程度推动了《文选》学的发展，对《文选》注释、版本乃至校勘的精益求精都多有利好。回到开元六年，唐玄宗给五臣注的口敕是："朕近留心此书，比见注本，(李善注)唯只引事，不说意义。略看数卷，卿此书(五臣注)甚好。"应该说，这份评价建立在三方面的基础之上：一是皇帝李隆基较高的文化水平；二是吕氏团队较高的学术水平；三是当时人们的文化需要以及普遍水平。时光下移一千年到乾隆四十六年(1781)，《四库全书总目提要》的专家们虽然并不倾向五臣注，但还是承认其"疏通文义，亦间有可采"，可见普通的阅读与专门的研究，其需要毕竟不同。

第三节 《文选》版本③

《文选》版本分抄本与刻本两类。抄本有敦煌吐鲁番写本和日藏古抄本；刻本有李善注本、五臣注本、六家注本、六臣注本四个系统。

① 陈延嘉：《〈文选〉李善注与五臣注比较研究》，长春：吉林文史出版社 2009 年版，第 423-444 页。
② 胡大雷、韩晖：《昭明文选教程》，桂林：广西师范大学出版社 2016 年版，第184 页。
③ 胡大雷、韩晖：《昭明文选教程》，桂林：广西师范大学出版社 2016 年版；范志新：《文选版本撷英》，贵阳：贵州人民出版社 2004 年版；傅刚：《〈文选〉版本研究》，北京：北京大学出版社 2000 年版。

一、两种古抄本：敦煌吐鲁番写本和日藏古抄本

（一）地不藏宝，敦煌遗书是时隔千年后现代人所得的宝贵的文化馈赠。作为其中一部分的《文选》写本残卷原藏于敦煌藏经洞，为珍贵的隋唐间抄本。这些残卷自宋真宗咸平（998—1003）年间被封闭后，直到 20 世纪才被发现。因为上世纪初我国正处于动荡的变局之世，中原板荡，无暇西顾，这批抄本遂流入英、法、俄等国。而我国学者对这部分文献的搜集也从此开始。1917 年罗振玉影印出版《鸣沙石室古籍丛残》，其中收法藏《文选》残卷四件；1981—1986 台湾黄永武编《敦煌宝藏》，收英、法藏《文选》残卷十五件；其后《敦煌吐鲁番文献集成》《敦煌文献分类录校丛刊》都或多或少收有《文选》写本残卷。

对收集敦煌吐鲁番《文选》写本贡献最大的是饶宗颐《敦煌吐鲁番本〈文选〉》，该本收录敦煌写本三十一件，吐鲁番写本四件，其未收者仅有四件：

1. 日本永青文库①载敦煌写本《文选注》残卷。
2. 天津艺术博物馆藏本《文选注》敦煌残卷。
3. 历博本敦煌写卷陆士衡《五等论》。
4. 吐鲁番阿斯塔那 230 号唐墓出土的木玄虚《海赋》残片。

另，李木斋②旧藏开元四年写《文选》注本残片和法藏（第 2541

---

① 永青文库位于东京文京区目白台。由细川护立（1883—1970）于昭和二十五年（1950）建立。细川是侯爵、贵族院议员、国宝保存会会长。"永青"取自细川家的菩提寺"正传永源院"、细川滕孝"青龙寺城"。该库主要保存文化财产，今存伏波神寺诗卷、黄庭坚笔记等"日本国宝"。其中一部分由汲古书院以《细川家永青文库专刊》出版。熊本市熊本县立美术馆专门设立有永青文库展示室。
② 李盛铎（1859—1934），号木斋。江西九江人。近代著名政治家、藏书家，清末"出洋考察五大臣"之一。历任翰林院编修、国史馆协办、江南道监察御史、内阁侍读大学生、京都大学堂京办、顺天府府丞、太常侍卿、出使各国政治考察大臣、山西布政司、陕西巡抚等职。民国后曾任大总统顾问、参政院参政、农商总长、参政院议长、国政商榷会会长。

页)《文选》残卷,已佚。

敦煌吐鲁番残卷《文选》写本,或为无注白文三十卷写本,或为李善注写本,或为其他注本写本,或为抄者综抄诸注写本。均为唐及先唐写本,版本价值很大。

(二)日本古抄本《文选》数量很多,目前公开出版者少。主要有以下六种:

1.《文选集注》残抄本。《文选集注》原为日本金泽文库①藏书,后陆续散出。原书一百二十卷,系集李善注、五臣注及陆善经、《音决》《抄》等书抄写而成。现存凡二十四卷。该本为唐高宗年间本。原为北宋田伟处"博古堂"藏书,后流入日本。其对初唐所行各注做了重新编排,顺序是李善、《抄》《音决》、五臣、陆善经。其中《抄》《音决》、陆善经已佚。有 1942 年京都大学文学部影印本。2000 年周勋初出版《唐钞本〈文选集注〉汇存》。

2. 古抄《文选》残二十一卷本。该本出自李善注之前的无注三十卷写本。最早著录于 1856 年日人森立之②《经籍访古志》,仅一卷。1880—1884 年,杨守敬趁着出使日本,又搜得另外二十卷,杨氏将此二十卷及森立之所著录一卷悉数影写带回,现藏台北故宫博物院。

3. 古抄《文选》卷七。该本一轴,白文。封面题签:"古抄文选赭白马赋舞赋幽通赋无注古本卅刃",卷末有"文选卷第七"字样。该本为三十卷白文本,仅剩三赋,为杨守敬从日本访得,现藏北京大学图书馆。此本与诸抄本、刻本异文甚多,抄脱、误抄者亦多。

4. 九条家本。原为九条家旧藏,现为日本皇室御物。共二十二卷,卷十四重复,实为二十一卷。此本为无注白文三十卷本。抄写年代在 1099 年(宋哲宗元符二年)之前,顺序多合于李善本而异于五臣本。1938 年吉川幸次郎有摄影本。1958 年中村宗彦出版

---

① 神奈川县立金泽文库是日本北条实时为珍藏日本与中国的书籍所建。

② 森立之(1807—1885),号枳园居士,出生于七代世医之家。日本江户后期医学家、文献学家与考据学家。

《九条本文选古训集》。

5. 观智院本《文选》第二十六。该本为日本天理图书馆[①]藏品。此本为白文无注三十卷本。抄文自贾谊《过秦论》(有残)到韦弘嗣《博弈论》七篇。抄于 1330 年(日本元德二年,元朝天历二年)。1980 年由八木书店印行。

6. 三条家本《五臣注文选》卷第二十。为五臣注抄本,仅存一卷残卷。原为日本三条家藏,现藏日本天理图书馆。此本系日本平安朝抄本,底本为唐写本。所录正文以五臣注本为主,兼采李善注本正文。有 1937 年东方文化学院影印和 1980 年八木书店印行本。

二、四个刻本系统:李善、五臣、六家、六臣

刻本分李善单注本、五臣单注本、六家本、六臣本四个系统,除五臣本为三十卷外,余皆六十卷。

(一)李善单注本:有北宋天圣监本、尤刻本及胡刻本。

北宋仁宗天圣监本。李善注今知最早者为北宋真宗景德四年(1007)国子监校、秘书监三馆刻本,祥符中版毁于火。仁宗天圣七年(1029)重刻,即世传"天圣明道本""北宋国子监本",为递修本。此本为仅存《李善注文选》唯一北宋刻本,是现存《文选》最早刻本。原为清廷大内藏书。今国家图书馆藏二十一卷;台北故宫博物院存藏十一卷,为同一帙。

南宋尤刻本。南宋淳熙八年(1181)尤袤于池阳[②]郡斋所刻,是今存最早的李善注足本《文选》。以李善注本为主,又旁参五臣、六臣注本而成。此本有改动原文之处。原为清杨氏宝选楼藏书,现

① 天理大学附属图书馆起源于大正八年(1919)的天理教青年会图书室。该教会第二代教主中山正善(1905—1971)勤于搜集,遂使该馆成为日本国内有数的大馆之一。其书籍主要是宗教与人文学。参与搜集是弘文庄的汉学家反町茂雄,故所藏不乏精品汉籍,包括宋元极品。刊有《天理图书馆善本丛书汉籍之部》等。
② 安徽池州,别名秋浦。据传萧统曾在此编著《文选》。

藏北京图书馆。1974 年中华书局影印。

延祐本,元奉政大夫池州路同知张伯颜刻于延祐七年(1320),又称"张本"。该本价值在尤本和毛晋汲古阁本之间。今藏国家图书馆。

清胡刻本。清嘉庆十四年(1809)胡刻家以尤刻本为底本校勘重刻之本。其底本是屡经修补的递修后印本,与尤本原貌有很多不同。只能说,大量保存了李善注的原貌。1977 年中华书局影印出版。

(二)五臣单注本:五臣本最早刊刻于五代。现存主要有陈八郎本、杭州猫儿桥河东岸开笺纸马铺钟家刻本、朝鲜正德本。

南宋陈八郎本。南宋绍兴三十一年(1181)建阳刊五臣注三十卷本,①是书商江琪据陈八郎宅善本校考刊刻。该本是现存唯一宋刊五臣注本。但江琪刊刻时,曾将监本与古本参考校正,故非纯五臣注,其中有缺失,以李善本补。今藏台湾省图书馆。1981 年台湾影印出版。

南宋杭州猫儿桥河东岸开笺纸马铺钟家刻本,共存两卷。刊刻时代为南宋初期。卷二十九存北京大学图书馆,卷三十今存北京图书馆。此本与陈八郎本非同一系统,所用底本或与明州本、奎章阁本的五臣注底本为同一来源,即平昌孟氏刻本。此本比陈八郎本,更能见出五臣注原貌。

仿宋朝鲜正德本。朝鲜正德四年(1509)刊刻的五臣注本高丽刻本。此本保存完整,今韩国成均大学、日本东京大学各藏有一部。此本刊于明代,然而严谨,与陈八郎本参校有与李善注不同,而与杭州本及奎章阁本五臣注底本相同,是杭州本之外较能保持五臣注原貌的刻本。

(三)六家本:是五臣注在前,李善注在后的注本。主要有韩

---

　　①　为公元 1161 年宋代著名书商建阳崇化书坊(今福建省建阳市书坊乡)陈八郎宅所印行。

国奎章阁本、明州本、明袁褧本。

仿宋奎章阁本。是韩国于明永乐庚子(1420)冬十一月至宣德三年(1428)闰四月翻刻的本子。今为汉城大学图书馆奎章阁所藏,1983 年韩国正文社缩印出版。分三十七种文体,注释详五臣而略李善。该本以北宋元祐九年(1094)秀州(今浙江嘉兴)州学本《六家注文选》为底本翻刻。秀州本是第一部《六家注文选》,其编次所用五臣注底本是"平昌孟氏"本,所用李善注底本是北宋监本。校勘精心,对二注"无详略,文意不同者皆备录无遗,其间文意重叠相同者,辄省留一家"。"平昌孟氏"五臣注本刊刻于宋仁宗天圣四年(1026),早于天圣七年的北宋监本《李善注文选》,其底本是"二州""两浙"本五臣注本,校勘博洽,印制精美。奎章阁本虽时代相当于明代,但它以流布韩国的北宋秀州州学本精校仿刻,版本价值较高。

南宋明州(今浙江宁波)本。据日本书陵部藏本知是南宋绍兴二十八年(1158)直阁赵公镇明州时所刻。今存明州本皆其递修本。北京图书馆藏二残本。日本"金泽书库"藏本完好,现藏日本足利学校遗迹图书馆。1975 年由汲古书院影印出版,题"足利学校秘籍丛刊第三""足利学校遗迹图书馆后援会刊"。另有清宫藏本,佚一卷,其余五十卷在台北,九卷藏北京国家图书馆。此本详五臣略李善,但有二注互入之误。大抵与秀州本同,但有勘正之处。

仿宋明袁褧本。吴郡袁褧(字尚文)于明嘉靖甲午年(1534)至己酉年(1549)费十六年时间仿宋蜀郡广都裴氏善本重刻。今有日本静嘉堂文库①藏本,凡三十册。与明州本接近,但明州本省略之

① 静嘉堂文库在日本东京,是收藏中文、日文古籍的专门图书馆。明治二十五年(1892)前后,岩崎弥之助开始搜集中日古籍。清末藏书家陆心源去世后,其皕宋楼所藏宋元版刻本和名人手抄本 4146 部 43 218 册于 1907 年为岩崎购得,成为该库藏书的基础。该馆藏书约为 20 万册(汉籍 12 万、日本古籍 8 万),其中皕宋楼所藏宋刻本总量的 36%,占全部藏书量的 20%。被指定为重点保护文物的有宋版《周礼》残本(蜀大字本)2 册、宋版《说文解字》8 册、宋版《汉书》(湖北提拳茶盐司刊本)40 册、宋版《唐书》90 册、宋版《外台秘要方》42 册、宋版《李太白文集》12 册等。另有唐写本《说文解字》木部残卷、北宋刊本《史记集解》残本、宋绍兴九年刊《毛诗正义单疏本》、元版《东京梦华录》、清抄《广雅疏义》等。

注,此本详出。此本多有意改动注文处。

另有宋裴宅刻本,又称"蜀大字本""广都本"。宋徽宗崇宁五年(1106)镂版,成于政和元年(1111)。今存二十六卷,在台北。

(四)六臣本:是李善注在前、五臣注在后的版本。今传世较多,其根本是赣州本和建州本,又有茶陵(今湖南株洲)、明洪楩校刊、明万卷堂项笃寿校刊、明崔孔昕校刊、明吴勉学重校等本。源流为:赣州本→建州本→茶陵本→洪氏本→万卷堂,崔孔昕本也源于茶陵本。

南宋赣州本。南宋乾道(1165—1173)、淳熙(1174—1189)间刊刻于赣州的本子。今日本宫内厅书陵部藏一部。该本以六家本为底本,或即秀州州学本。其中删除五臣之枝蔓,加强了李善注。较明州本完备。台北故宫博物院藏残本两种。吉林图书馆存全帙递修本。

南宋建州本。南宋庆元(1195—1200)后刻本。建州本出自赣州本,但有所不同。1919商务印书馆据涵芬楼所藏印入《四部丛刊》初编,1987年中华书局影印出版,1990年浙江古籍再次影印出版。

南宋茶陵本。湖南茶陵人陈仁子刻本,陈官至侍郎,另著有《文选补遗》四十卷。此本属赣州本系统。有台北影印本。

第四节 "选学"简史

自从曹宪、李善讲授、注释《文选》,初盛唐兴起《文选》学,《文选》的影响愈来愈大。延及唐后之世,虽《文选》学时有起落,然学习、研治《文选》者代不乏人。《文选》的影响可分成学术与文学两方面。张之洞《𫐓轩语》称:"选学有征实、课虚两义。考典实、求训诂、校古书,此为学计;摹高格、猎奇采,此为文计。"所谓征实,就是征史释事、刊误正伪,即学术层面;而课虚,就是含英咀华、奇文赏析,是指对《文选》辞章的学习。

一、《文选》在科举、创作、集部编纂上的影响

（一）《文选》受追捧跟科举的指针与统治者的倡导所形成的文化风气息息相关。隋代杜正玄试秀才科，拟《文选》篇而获中，对后来颇有示范。盛唐时刘秩①写《选举论》称：

> 洎乎晋宋齐梁，递相祖习，其风弥盛。舍学问，尚文章，小仁义，大放诞，谈庄周、老聃之说，诵《楚词》《文选》之言。六经九流，时曾阅目；百家三史，罕闻於耳。撮群抄以为学，总众诗以为资，谓善赋者廊庙之人，雕虫者台鼎之器。下以此自负，上以此选材，上下相蒙，持此为业，虽名重於当时，而不达於从政。

刘秩批评六朝以降尚浮华的文风，认为其根在老庄，其华是《楚辞》《文选》。四部之中，其余经、史、子三部都被忽视，反过来，足可见出《文选》对科举以及学风的影响。唐高宗永隆二年（681）调整进士考试内容"先试杂文两首，识文律者，然后令试策"（《唐会要·贡举上》引高宗敕语）。清徐松考证："杂文两首谓箴、铭、论、表之类，开元间始以赋居其一，或以诗居其一，亦有全用诗赋者，非定制也。杂文之专用诗赋，当在天宝之间。"（《登科考记》卷一）其间，群抄之学、诗赋之学成为统治阶级的选人标准，于是士子竞相以为学业和事业。陈寅恪也曾讲："当时汉文化之中心在长安，以诗赋举进士致身卿相为社会心理群趋之鹄的。"②究其实，社会上下推重《文选》正是出于仕取的需要，对《文选》的注释与学习也正照应群抄与诗赋两个层面。

---

① 刘秩，字祚卿，徐州彭城人。初唐著名史学家刘知几之子。开元末历任左监门卫录事参军事、宪部员外郎、陇西司马。至德初迁给事中，出为阆州刺史，贬抚州长史，卒，赠工部尚书。

② 陈寅恪：《唐代政治史述论稿》，北京：三联书店 2001 年版，第 210 页。

所谓群抄之学始于太宗朝,《文选》学包括《汉书》学与群抄①都不无关系,许逸民曾论"'选学'与'类书学'一脉相承"。② 高宗时《文选》已很风行,③玄宗朝《文选》学达到顶峰,五臣注以及冯光震、萧嵩、陆善经的相继作注可为说明。著名书法家徐浩④以《文选》诗为内容书写屏风,⑤也显见时人对《文选》的普遍喜爱。

　　其实,无论喜爱与否,对仕进之人,《文选》都是必修课程。《旧唐书》记载,天宝末年,李德裕的祖父李栖筠凭借熟读《文选》"一举登第",李登第后却"不于私家置《文选》,盖恶其祖尚浮华,不根艺实"。其后,李吉甫、李德裕父子均靠祖荫入仕。而《文选》之用对普通士子实未改变,因为不是人人都有祖荫可以依傍。文宗太和元年秋,礼部侍郎高楷⑥负责科举,其评定试卷的标准是"其所试赋,则准常规;诗则依齐梁体格"。高在《先进五人诗赋奏》(见《全唐文》)中称:

　　　　今年诗赋题目,出自宸衷。体格雅丽,意思遐远。……进士李肱《霓裳羽衣曲》诗一首,最为迥出,更无其比。词韵既好,人才俱美。前场吟咏近三五十遍,虽使何逊复生,亦不能过。……次张棠诗一首……其次沈黄中《琴瑟合奏赋》,又似

---

①　据骆鸿凯《文选学》序,宋祁又名"选郎""选哥",曾抄《文选》三遍。

②　许逸民:《论隋唐"〈文选〉学"兴起之原因》,《文学遗产》2006 年第 2 期。

③　《旧唐书》:"高宗以行俭工于草书,尝以绢素百卷,令行俭草书《文选》一部,帝览之称善,赐帛五百段。"一如李善进注,可见一斑。

④　徐浩(703—782),字季海,越州(今浙江绍兴)人。官至彭王傅、会稽郡公、太子少师。得家传,自幼精通翰墨。书宗二王。玄宗时,宰相张说见所作《喜雨》《五色鸽》两赋,遂荐为丽正殿校理。肃宗时,由襄州刺史召为中书舍人,诏令多出其手。李邕赞:"徐季海书若春云之高,无梯可上,幽谷之深,无径可寻,开元以来无比者。"《宣和书谱》称:"盖浩书锋藏画心,力出字外,得意处往往近似王献之,开元以来,未有比者。"

⑤　司空图《书屏记》记载其父司空舆善书法,曾藏有徐浩所写屏风,"凡四十二幅,八体皆备。所题多《文选》五言诗,其'朔风动秋草,边马有归心',十数字或草或隶,尤为精绝"。

⑥　高锴,字弱金。元和九年进士,又中宏词科,累迁中书舍人。开成中拜礼部侍郎,迁吏部,出为鄂岳观察使。卒,赠礼部尚书。

《文选》中《雪》《月》赋体格,臣与第三人。其次王牧赋……其次柳棠诗赋……况属籍之中,读书为文者甚少,伏望圣明俯留宸览。

　　评价诸作皆以《文选》为准,而题目由皇帝开出,可见所本。史料中,关于唐人讲授、学习《文选》的故事很多。韩愈《中大夫陕府左司马李公墓志铭》(见《全唐文》)讲李郱十四五岁能记诵《文选》;《秋胡变文》称《文选》为秋胡游学必备十本书之一;《太平广记》讲晚唐时国子监助教张简曾为乡学讲《文选》,等等。有唐一代,《文选》堪与"五经"相亚,盛极一时。五代时,《文选》刻本出现,①影响更广。郑文宝《南唐近事》讲后主以张佖知贡举,张以《文选》中诗句作为考题。《蜀梼杌》记蜀人"郑奕尝以《文选》教其子"。王仲言《挥麈录》后唐毋昭裔"贫贱时,尝借《文选》于交游间。"敦煌遗书则反映出《文选》在当时西域的流传。②

　　宋金元明《文选》学不够兴盛。北宋初年有"《文选》烂,秀才半"之说,如宋祁曾三抄《文选》。但仁宗庆历新政后,以《文选》为代表的华丽文风受到抨击和遏制。尤其神宗时,王安石以新经取士,《文选》衰落。"熙丰之后,士以穿凿谈经,而选学废矣。"(王应麟《困学纪闻》)实际上,笃学之士如沈适、姚宽、洪迈、陆游、罗大经、王应麟等措意于《文选》考证的仍然很多,只是这些著述后来都亡佚了。③ 需要声明,《文选》出版、阅读的热度与对《文选》研究的衰落并无必然联系。南宋唐士耻有《代翰林学士谢赐五臣注文选表》,理宗以《文选》赐下,可见其仍为较流行的读本。明朝时,定制以时文取士,《选学》仍不兴。

---

　　① 据顾千里《重刻宋淳熙本文选序》:"文选於孟蜀时,毋昭裔已为镂板,载五代史补。"
　　② 陈延嘉:《钱锺书文选学述评》,长春:吉林文史出版社 2011 年版,第 136 - 138 页。
　　③ 许嘉璐:《〈文选〉黄氏学训诂探赜》,见赵福海、陈宏天:《昭明文选研究论文集》,长春:吉林文史出版社 1988 年版,第 224 页。

《文选》学再度繁荣是到清朝。乾隆二十二年（1757）规定乡试、会试中增五言八韵一首"试帖诗"，就像唐宋时的"省试诗"。张绶宗《文选后集·序》："（今天子）第次词臣优绌时，以诗赋考较轶材，于是天下乡风艺林，而《文选》一书复家纮户诵天于下。"

（二）《文选》在创作上的影响更为普遍、深远，作为现存第一部泛文学总集，其"衣被词人，非一代也"。李善《上文选注表》称："后进英髦，咸资准的。"章学诚《文史通义》称："辞章之圭臬，集部之准绳。"顾千里《重刻宋淳熙本文选序》讲："受书之士，均思熟精选理，以润色鸿业。"都是从创作角度指出《文选》的地位和影响。李白诗赋本于《文选》。"前后三拟《文选》，不如意，悉焚之。"①李诗有："解道澄江净如练，令人长忆谢玄晖"（《金陵城西楼月下吟》）；"蓬莱文章建安骨，中间小谢又清发"（《宣州谢脁楼饯别校书叔云》）。明白道出了对魏晋六朝作家的追慕，所以杜甫称赞李白："白也诗无敌，飘然思不群。清新庾开府，俊逸鲍参军。"（《春日忆李白》）也以南朝大家庾信、鲍照拟之。杜诗也同样源自《文选》，"熟精《文选》理，休觅彩衣轻。"（《宗武生日》）这是老杜对诗艺的体悟，所以《文选》自然是杜家的必读书，"呼婢取酒壶，续儿诵文选"（《水阁朝霁奉简严云安》）。朱熹指出："李太白终始学《选》诗，所以好，杜子美诗好者亦多是效《选》诗。"②

韩愈也同样学习《文选》，近代《文选》学家李审言著有《杜诗证选》《韩诗证选》，李氏讲："单词片典，遍加勾稽，得其来历，使知大家如杜韩，隶事之淳雅，盖无一不出于《选》。"（《二研堂全集叙录》）白居易称裴度之诗："报我之章何璀璨，累累四贯骊龙珠。毛诗三百篇后得，《文选》六十卷中无。"也是以《文选》为宗尚。

---

① ［唐］段成式：《酉阳杂俎》，北京：中华书局1982年版，第116页。
② ［宋］朱熹：《朱子语类》，北京：中华书局1986年版，第3326页。

后人作诗,多以李、杜、韩、白诸家为范,然亦不离《文选》。明人杨慎讲:"作诗者其可不熟《文选》乎?"(《升庵诗话》卷二)清人郎廷槐记载元明以降人们以《文选》为教材的作诗法:"善读者三复乃词,周知秘旨,目无全文,心无留义,体各不同,理实一致,采其精华,皆成本领,故杨载曰'取材于《选》,效法于唐';马伯庸曰'枕籍骚选,死生李杜'。"(《师友诗传录》)清代以降集句诗盛行,专集《文选》者颇多,如今人辑录有许祥光《选楼集句》、郭阶《集选诗》。① 这是《文选》影响诗文创作的一种特殊形式。

(三)《文选》在集部编纂上明显有垂范作用。殷璠《河岳英灵集序》讲:"梁昭明太子撰《文选》,后相效著述者十馀家,咸自称尽善。"这种效仿主要指"广续家",②诸史艺文志多有记载。《新唐书》著录有:孟利贞③《续文选》十三卷、卜长福(开元十七年上,授富阳尉)《续文选》三十卷、卜隐之(开元处士)《拟文选》三十卷、徐坚(开元中,诏张说括《文选》外文章,乃命坚与贺知章、赵冬曦分讨,会诏促之,坚乃先集诗赋二韵为《文府》上之。馀不能就而罢)《文府》二十卷、裴潾《大和通选》三十卷。④《宋史》著录有:卜邻《续文选》二十三卷、《文选后名人诗》九卷、宋白《文苑英华》一千卷。《明史》著录有:胡震亨《续文选》十四卷、马继铭《广文选》二十五卷、汤绍祖《续文选》二十七卷。未被记载的广续之作自然更多。《文选》在文体分类、编辑体例上对其后总集的编纂都有影响,如《唐文粹》《宋

---

① 张明华、李晓黎:《近代珍稀集句诗文集》,南京:凤凰出版社 2015 年版。

② 孙梅《四六丛话》将《文选》学家分为广续家、注释家、评论家。

③ 《旧唐书·孟利贞传》:"孟利贞者,华州华阴人也。父神庆,高宗初为沁州刺史,以清介著名。利贞初为太子司议郎,宗在东宫,深惧之。受诏与少师许敬宗、崇贤馆学士郭瑜、顾胤、董思恭等撰《瑶山玉彩》五百卷,龙朔二年奏上之,高宗称善,加级赐物有差。利贞累转著作郎,加弘文馆学士。垂拱初卒。又撰《续文选》十三卷。"又按《刘祎之传》:"刘祎之少与孟利贞、高智周、郭正一俱以文藻知名,时人号为刘、孟、高、郭。寻与利贞等同直昭文馆。"

④ 《旧唐书·文宗本纪》载太和八年春四月:"集贤学士裴潾撰《通选》三十卷,以拟昭明太子《文选》,潾所取偏僻,不为时论所称。"本传称:"当时文士,非素与潾游者,其章少在其选,时论咸薄之。"《新唐书》本传称:"当时文士非与游者皆不取,世恨其隘。"

文鉴》《元文类》《明文在》等,其实文人别集也不例外。①

二、《文选》研究史简述

(一)唐代是《文选》学勃兴期,也是《文选》研究的第一次高潮,除了李善和五臣,可知者还有数家。

曹宪的学生史载还有许淹、公孙罗、魏模。据《旧唐书·曹宪传》:"初,江、淮间为《文选》学者,本之于宪,又有许淹、李善、公孙罗复相继以《文选》教授,由是其学大兴于代。许淹者,润州句容人也。少出家为僧,后又还俗。博物洽闻,尤精诂训。撰《文选音》十卷。……公孙罗,江都人也。历沛王府参军,无锡县丞。撰《文选音义》十卷,行于代。"《新唐书·曹宪传》:"句容许淹者,自浮屠还为儒,多识广闻,精故训,与罗等并名家。罗,官沛王府参军事、无锡丞。模,武后时为左拾遗,子景倩亦世其学,以拾遗召,后历度支员外郎。"

许淹(两《唐书》又记为"释道淹")有《文选音义》十卷;公孙罗注《文选》六十卷、《文选音义》十卷。后来许书亡佚,可知其与魏模虽继承曹宪《文选》之学但创新较少。公孙罗《文选钞》在注重征引的同时,又对字词音义有疏解。不过该书既对文献的征引缺乏剪裁,不能与李善注媲美;对词义、文心的阐释又不够全面翔实,达不到后来五臣注的层次。

李善的学生有马怀素,②字惟白。润州丹徒人。马氏虽无《文选》研究见诸正史,但学问好,与早年好学不无关系。其为人刚直

---

① 别集的编纂体例,如《宋刻百家注本》(中华书局 1979 年版)四十六卷,含外集一卷。其文体编排多有借鉴《文选》处。

② 按《旧唐书·马怀素传》:"寓居江都,少师事李善。家贫无灯烛,昼采薪苏,夜燃读书,遂博览经史,善属文。举进士,又应制举,登文学优赡科,拜郿尉,四迁左台监察御史。……累转礼部员外郎,与源乾曜、卢怀慎、李杰等充十道黜陟使。怀素处事平恕,当时称之。使还,迁考功员外郎。时贵戚纵恣,请托公行,怀素无所阿顺,典举平允,擢拜中书人。开元初,为户部侍郎,加银青光禄大夫,累封常山县公,三迁秘书监,兼昭文馆学士。"

不附权贵,值得一记。马历仕武后、玄宗朝。玄宗尝师事之。据《旧唐书·马怀素传》载:"虽居吏职,而笃学,手不释卷,谦恭谨慎,深为玄宗所礼,令与左散骑常侍褚无量同为侍读。每次阁门,则令乘肩舆以进。上居别馆,以路远,则命宫中乘马,或亲自送迎,以申师资之礼。……会怀素病卒,年六十,上特为之举哀,废朝一日,赠润州史,谥曰文。"

李善子李邕,字泰和。于《文选》有造诣,"文名天下,时称李北海",有文集七十卷,另有《狄仁杰传》三卷、《金谷园记》一卷。《旧唐书·文艺传》载:"邕少知名。始,善注《文选》,释事而忘意。书成以问邕,邕不敢对,善诘之,邕意欲有所更,善曰:'试为我补益之。'邕附事见义,善以其不可夺,故两书并行。……邕之文,于碑颂是所长,人奉金帛请其文,前后所受巨万计。"可见,李邕于《文选》注释有所贡献,且得益于《文选》词赋之学。对李邕为其父"补益"之事,有争论,此不具。

康国安注《驳文选异义》二十卷,另有"《汉书》十卷,自述文集二十卷"。[①] 康氏的学问格局颇似萧该、曹宪诸人。按《新唐书·艺文志》:"以明经高第直国子监,教授三馆进士,授右典戎卫录事参军,太学崇文助教,迁博士,白兽门内供奉,崇文馆学士。"

五臣后,冯光震、萧嵩先后奏请改注《文选》,未成。唐写本《文选集注》残卷引有陆善经《文选注》二万余字。陆善经《文选注》有数条见于日本古抄卷子本《文选》的校语,大量条目在《文选集注》残卷中。陆注《文选》是继萧嵩注《选》不成,坚持之功。[②] 陆注既有引典和经籍旧注的引证,也有串讲和直接训释,其他如按语、考证,举凡李善、五臣注所用体式,除了音注,陆注均有。陆是唐代为《文

① 见《全唐文》卷三百四十四颜真卿《银青光禄大夫海濮饶房睦台六州刺史上柱国汲郡开国公康使君神道碑铭》(康希铣,字南金,康国安子)。
② 汪习波:《隋唐文选学研究》,上海:上海古籍出版社 2005 年版,第 242-244 页。

选》全书作注的最后一人,其成果并未后出转精,后世遂不甚流行。① 据日本平安朝藤原佐世《日本国见在书目》(平安朝宽平年间889—897,唐昭宗时):陆善经,吴郡(今苏州)人,博通经史,开元年间,萧嵩荐之入集贤院,预修国史及《开元礼》。开元二十年,受命注《文选》,未成。迁集贤院直学士。与修《唐六典》,与注《礼记·月令》。陆善经曾注有《周易》八卷、《周诗》十卷、《三礼》三十卷、《春秋三传》三十卷、《论语》六卷、《孟子》七卷、《列子》八卷、《古文尚书》十卷。曾任河南仓曹参军,天宝年间官至国子司业。② 日本学者水泽利忠著《陆善经史记注佚文拾遗》。另有《古今同姓名录》二卷。

《新唐书·艺文志》录有"常宝鼎《文选著作人名目》三卷",《宋史·艺文志》则录为"常宝鼎《文选名氏类目》十卷"。常宝鼎,生平不详。唐人著述中论及《文选》者李善之前有颜师古(581—645)《匡谬正俗》,晚唐有李匡文《资暇录》、丘光庭《兼明书》。

日藏古抄《文选集注》除汇录李善注、五臣注、陆善经注外,尚有《文选钞》(一般认为是公孙罗)《文选音诀》两家唐注。该书汇注以及敦煌残卷、日本永青文库所藏无白文纯注本,涉及著述凡十余种。

(二)宋代在《文选》的刊刻、传播史上很重要。《文选》几个重要的版本均刻于此期:北宋国子监本、平昌孟氏本、秀州本、明州本、赣州本、尤刻本、广都本、建州本、杭州本、陈八郎本等。且不少版本此期进行过不止一次的刊刻、递修。宋以降的《文选》版本,即使略有变更,内容有增删,均未脱离宋代《文选》刊本的基础。今日盛行的李善单注本是清代嘉庆年间胡克家刊刻的,然其祖本是尤袤刻本;今日的六臣本是影印的宋建州本;韩国影

---

① 汪习波:《隋唐文选学研究》,上海:上海古籍出版社 2005 年版,第 248 - 250 页。

② 据上书,清末杨守敬《日本访书志》载日本古卷子本《蒙求》中有国子司业陆善经天宝五载八月一日为饶州刺史李良作的《荐(蒙求)表》。

印的奎章阁本来自六家本的秀州本。可见,宋代又是《文选》版本史上的辉煌时代。

《宋史·艺文志》录有《文选》相关著述如下:黄简《文选韵粹》三十五卷,《文选双字类要》四十卷;苏易简《文选菁英》二十四卷;①张元幹《文选精理》二十卷;周明辨②《文选汇聚》十卷,《文选类聚》十卷;费衮③《李善五臣同异》一卷。另外,《文选》尤刻本附录《李善与五臣同异》,该书约成书于监本善注与平昌孟氏五臣注成书至秀州本成书之间,是宋《文选》校雠学的发轫之作。另有高似孙《选诗句图》,虽不能算严格意义上的《文选》批评著作,但其中包含摘句褒贬、推源溯流与意象批评的意味,所以超越了本来单纯为其子孙学习诗歌写作而随意编录的意图。

(三)金人对《文选》没有专门著述,偶有提及也是只言片语。如王若虚《滹南诗话》。元代享国不长,科举时兴时废,且科目设置重理学轻辞赋,故《文选》仍不盛。

---

① 按《宋史》卷二百六十六,"苏易简,字太简,梓州铜山人。……易简少聪悟好学,风度奇秀,才思敏赡。太平兴国五年,年逾弱冠,举进士。太宗方留心儒术,贡士皆临轩覆试。易简所试三千余言立就,奏上,览之称赏,擢冠甲科。解褐将作监丞,通判升州,迁左赞善大夫。八年,以右拾遗进知制诰。雍熙初,以郊祀恩进秩祠部员外郎。二年,与贾黄中同知贡举。……三年,充翰林学士。……淳化二年,同知京朝官考课,迁中书舍人,充承旨。……会郊祀,充礼仪使。……知审官院,言初任京朝官,未尝历州县,不得拟知州、通判。诏可。改知审刑院,俄掌吏部选,迁给事中、参知政事。……明年,易简亦以礼部侍郎出知邓州,移陈州。至道二年,卒,年三十九,赠礼部尚书。易简外虽坦率,中有城府。由知制诰入为学士,年未满三十。属文初不达体要,及掌诰命,颇自刻励。在翰林八年,眷遇夐绝伦等。李沆后入,在易简下,先参知政事,故以易简为承旨,锡赉均焉。太宗遵旧制,且欲稔其名望而后正台辅,易简以亲老急于进用,因亟言时政阙失,遂参大政。……易简性嗜酒,初入翰林,谢日饮已微醉,余日多沉湎。上尝戒约深切,且草书《劝酒》二章以赐,令对其母读之。自是每入直,不敢饮。及卒,上曰:'易简果以酒死,可惜也。'易简常居雅善笔札,尤善谈笑,旁通释典,所著《文房四谱》《续翰林志》及《文集》二十卷,藏于秘阁。"苏的著述还有《续翰林志》二卷、《淳化编敕》三十卷、《文房四谱》五卷、《文选菁英》二十四卷、《苏易简章表》十卷、《禁林宴会集》一卷。

② 周明辨另有《五经评判》六卷、《五经手判》六卷。

③ 费衮,字补之。无锡人。幼承家训,克绍箕裘,博学而能文。绍熙(1190—1194)国子监免解进士。用世辅政奇才而不得志,以著作自见。著有《梁溪漫志》一卷、《续志》三卷、《文章正派》十卷、《文选李善五臣注异同》一卷,今除《梁溪漫志》,余皆失传。

（四）据钱大昕《元史艺文志辑本》，此期《文选》相关的著述有两部：宋末元初方回《文选颜鲍谢诗评》四卷、张伯颜刊刻的《昭明文选李善注》六十卷，另有虞集《郡庵文选心诀》、刘履《风雅翼》，略算"存亡继绝"。另，在刊刻上还有陈仁子《增补文选六臣注》六十卷。评及《文选》者有杨载《诗法家数》、范德机《木天禁语》、韦居安《梅磵诗话》、吴师道《吴礼部诗话》、陈绎《诗谱》等。[①]

（五）明代科举考试讲对仗，考策论，对《文选》的适度回潮略有影响。成化之后，《文选》刊刻增加。据《中国古籍善本书目》《北京图书馆古籍善本书目》，评点、纂注《文选》刻本有十八种，研究著作有二十三种。

《文选》刻本大多出现于明中后期，李善注本系统有：成化二十三年（1487）唐藩朱芝址翻刻元张伯颜本，嘉靖元年（1522）汪谅覆刊张伯颜本，嘉靖六年（1527）晋藩养德书院刻本，隆庆间（1567—1572）唐藩朱硕熿刻本，万历十九年（1591）邓原岳刻本，明末毛氏汲古阁刻本。

六臣注本系统：嘉靖二十八年（1549）袁氏嘉趣堂覆刊宋广都裴氏本，万历二年（1574）崔孔昕新都刻本，万历六年（1578）徐成位据崔孔昕的修订本，还有年代不明的丁觐刻本，潘惟时、潘惟德刻本，吴勉学刻本，万卷堂刻本。

白文本系统：隆庆间楚少鹤山房刻本。万历六年（1578）楚府校刊本，吴彰刻本，万历十九年泫氏知县张居仁刊本，吴勉堂刻本，吴近仁刻本。

《文选》批点、评注类著作刊刻情况如下：

较为流行的有元刘履《选诗补注》（陈本深宣德八年［1433］刻、天顺四年［1460］刻、弘治十四年［1501］玉玺刻、嘉靖四年［1525］萧梅林刻、同年萧世贤刻、顾存仁养吾堂嘉靖三十一年

---

① 王书才：《明清文选学述评》，上海：上海古籍出版社 2008 年版，第 24 页。

［1552］刻）；元陈仁子《增补六臣注文选》（洪楩嘉靖二十八年［1549］刊）；明张凤翼《文选纂注》（万历十年［1582］余碧泉刻、天启六年［1626］卢之颐刻），张凤翼《文选纂注评林》（万历二十九年［1601］恽绍龙参订并刻、同年三衢徐氏四泉刻、叶敬溪刻年代不明）；张凤翼《新纂六臣注文选》（万历十四年［1586］），陈仁子辑订、张凤翼增订《新刊续补文选纂注》（万历二十二年［1594］）。

另嘉靖年间有刘士元、王銮刻明许宗鲁辑《选诗》三卷（嘉靖六年［1527］），明方叔静辑《文选拔萃》三卷（嘉靖三十年［1551］）。万历间有沈孝思刻明冯惟讷《选诗约注》（万历九年）、明陈与郊《文选章句》（万历二十五年）、正义堂刻明李淳删订评点《新刻文选》二十四卷（万历二十五年）、刘大文刻明顾大猷辑《选诗订注补》（万历二十八年［1600］）、瞿式耜批点吴近仁刻《文选音注》（万历二十八年）。天启年间刻有明邹思明删订《文选尤》（天启二年［1622］）、明孙矿评闵齐华瀹注《孙月峰先生评文选》。崇祯年间刻明有郭正域批点凌濛初辑评《选诗订注》、凌濛初辑评并刻《选诗》七卷（附《诗人世次爵里》一卷）、闵于忱刻郭正域评《文选后集》。具体年代不明者有明刘大文辑《选诗》三卷、大梁书院刻《文选增定》二十三卷、孙震卿刻明冯梦桢《文选删注旁训》十二卷。另存目有《文选双字类要》《文选类林》（杨士奇《文渊阁书目》卷九）、《文选五臣异同》（叶盛《箓竹堂书目》）《文选精义》（晁瑮《晁氏宝文堂书目》）。《明史·艺文志》注录有杨慎《选诗外编》九卷、凌迪知《文选锦字》二十一卷。

明代《文选》学可分为两类：一类是《文选》评点，元代刘履《选诗补注》开其先，明人著述有嘉靖间何孟伦《文选辑注》、方叔静辑《文选拔萃》三卷、许宗鲁辑《文选》三卷；万历间张凤翼以元陈仁子《增补六臣注文选》删注成《文选纂注》；其后评点者有孙矿、王世贞、李光缙、瞿式耜、郭正域、李淳等，其中以孙矿最为有名，因为孙是一代时文撰写大家，所撰所评均切合科举考试需要，广受欢迎。

孙本在晚清至民国时也颇受欢迎。

第二是明代中后期考据类的《文选》研究,此类虽非专著,但关涉《文选》颇多,如杨慎《升庵外集》、焦竑《焦氏笔乘》、陈耀文《正杨》、陈第《屈宋古音义》、方以智《通雅》等,不仅多有金玉,在方法上对后世影响也很大。[①]

(六)清代学术大成,选学也是巅峰。此期出版、翻印、抄写《文选》之多、研究之众、著述之丰、角度之广都盛况空前。清代出版印刷《文选》各类版本逾百种。清代的"选学"专著可分以下七类:

1. 校勘类。陈景云《文选举正》、许巽行《文选笔记》、孙志祖《文选考异》、胡克家《文选考异》、梁章钜《文选旁证》、程先甲《文选校勘记》。

2. 音义训诂类。余萧客《文选音义》、孙志祖《文选李注补证》、叶树藩《文选补注》、王念孙《读书杂志》、宋翔凤《过庭录》、汪煦《昭明文选李注拾遗》《文选剩言》、林茂春《文选补注》、胡绍煐《昭明文选笺证》、薛传均《文选古字通疏证》、杜宗玉《文选古字通疏证补编》、朱铭《文选拾遗》、陈仅《读选音劄》、吕锦文《文选古字通补训》、徐攀凤《选学纠李》、薛寿《续文选古字通》、刘庠《文选小学》、程先甲《文选古字补疏》《选学渊海记》、陈秉哲《学古堂读文选日记》。

3. 删注评点类。洪若皋《梁昭明文选越裁》、邵长蘅《邵氏评文选》、顾施桢《文选六臣注疏解》、李光地《李氏评文选》、张云章《文选评释》、何焯《义门读书记》、孙琮《孙氏山晓阁重订文选》、方廷珪《文选集成》、于光华《重订文选集评》、徐攀凤《选学纠何》、俞锡《俞氏评文选》、邓晸《文选集解》。

4. 选藻类。严长明《文选课读》《文选声类》、杭世骏《文选课虚》、何松《文选类隽》、石蕴玉《文选编珠》、张云璈《选藻》、胥斌《文

---

① 王书才:《明清文选学述评》,第 18 - 20 页。

选集腋》、李麟阁《萧选韵系》、吴承旺《文选类腋》、孙齐洙《文选拟题分类》、程先甲《选雅》。

5. 选诗选赋类。姜宸英《选诗类钞》、孙人龙《昭明诗选初学读本》、汪师韩《文选各家诗集》、陈光明《文选各家诗集四卷》、张庚《古诗十九首解》、徐昆《古诗十九首说》、钟驾鳌《选诗偶笺》、吴湛《选诗定论》、饶学斌《古诗十九首详解》、姜任修《古诗十九首绎》、蒋师爚《阮籍咏怀十七首注》、蒋衡《古诗十九首笺》、董正扬《文选集律》。

6. 综合类。汪师韩《文选理学权舆》、余萧客《文选纪闻》、孙志祖《文选理学权舆补》、张云璈《选学胶言》、朱珔《文选集释》。

7. 其他。沈家本《文选李善注引用书目》、孙梅《四六丛话》、赵晋《文选敏音》、周春《选材录》、程先甲《选学管窥》。

另外,姚范《援鹑堂笔记》、王念孙《广雅疏证》、段玉裁《说文解字注》、顾炎武《日知录》、姚鼐《惜抱轩笔记》、阮元《揅经室集》、朱彝尊《曝书亭集》、翁方纲《复初斋集》、张之洞《书目答问》、纪昀《四库提要》等也都有关涉"选学"的内容。

清代"选学"的兴盛与乾嘉考据学关系密切,"选学"家多是考据学家或与乾嘉考据学家有师承关系。当然,很多考据学家也会研磨《文选》。

第五节 现当代研究《文选》学

民国学术多有可观,其时"选学"也承上启下,不乏建树,值得关注的有李审言(1859—1931)、高步瀛(1873—1940)、丁福保(1874—1952)、黄侃(1886—1935)、周贞亮(1867—1933)、刘文典(1889—1958)、骆鸿凯(1892—1955)、屈守元(1913—2001)等人,多有专著。其中,骆鸿凯《文选学》堪为现代《文选》研究奠基之作。同时如李审言、黄侃、刘师培、刘文典、高步瀛、谭丕谟等在民国大学中开设《文选》课程者不少,可见"选学"影响并未因"选学妖孽"

说而泯灭殆尽。① 建国后到改革开放前关涉《文选》的成果主要有：

李嘉言《试谈萧统的文学批评》、王运熙《萧统的文学思想和文选》、郭绍虞《文选的选录标准和它与文心雕龙的关系》、殷孟伦《如何理解文选编选的标准》。②

现代学术视野下"选学"的复兴是到改革开放后，此期最重要的是学术活动的繁荣。"《文选》学研究会"的建立、"《文选》学年会"的规律性举办，将大陆、港台以及日本、韩国、美国的《文选》研究者联系在一起，新时期《选学》成为当代学术研究的一道风景。

一、当代《选学》研究及学术活动

1988 年，"首届《昭明文选》国际学术讨论会"在长春由长春师范大学（当时称长春师范学院）承办，这次学术活动吸引了倪其心、（日

---

① 按毛德富《中国大陆"文选学"研究概述》(《中外学者文选学论集》，第 1151 -1161 页)，民国期间的"选学"研究分五类：一版本、校勘、注释、音韵研究，刘盼遂《文选校笺》《文选篇题考误》(1931)、祝秀白《文选六臣注订讹》、朱少河《李善注文选诸家刊本源流考》、张寿林《唐写文选五臣注本残卷跋》、向宗鲁《书陆善经事——题文选集注后》、缪钺《文选赋笺》、刘文兴《北宋本李善注文选校记》、周祖谟《论文选音残卷之作者及其方音》、董懃《文选李注引说文笺》；二目录类研究，骆鸿凯《选学书著录》、蒋镜寰《文选书录述要》、寿普暄《文选书目》；三文学类研究，朱自清《文选序事出于沉思义归乎翰藻说》(1946)；四考证类研究，周贞亮《梁昭明太子年谱》、胡宗楙《昭明太子年谱》、何融《文选编撰时期及编者考略》、寿普暄《胡克家文选考异叙例》；五编纂研究，陈冠一《萧选姚纂曾钞在文学上之分析》、王锡睿《萧梁文选及古文辞类纂编例之比观》(1926)。专著有黄侃《文选平点》(1922)、高步瀛《文选李注义疏》(1940)、骆鸿凯《文选学》、刘文典《读文选杂记》(1938)。又，出版《文选》版本有：胡本校刊的《四部备要》本《文选》、商务印书馆"国学基本丛书"《文选李善注》、罗振玉《唐写本文选集注残本》。整理出版前人专著和今人成果：清赵晋《文选敏音》(上海大东书局)、张云璈《选学胶言》("文渊楼丛书"影印本)、朱珔《文选集释》(上海受古书店影印)、许巽行《文选笔记》("文渊楼丛书"影印本)、丁福保《文选类诂》(医学书局印)。另可补充者：李审言《选学拾沈》(1894)、《文选萃精说义》(1920 年代)、《杜诗证选》《韩诗证选》《文选李善注例》，黄侃《文选平点》、顾廷龙《读宋椠五臣注文选记》(1929)、刘文兴《北宋本李善注文选校记》(1930)，周贞亮《文选学》(1931)、高步瀛《文选李注义疏》(1930 年代)、燕京大学图书馆引得编纂处《文选注引书引得》(1935)、罗根泽《〈文选〉校笺》(1935)、徐英《文选类例证失》(1935)、董懃《文选李注引说文笺》、李庆福《文选解题及其读法》(1937)，等。

② 程毅中、白化文《略谈李善注文选的尤刻本》发表于 1976 年 11 月《文物》，应是"文革"后第一篇《文选》研究论文。

本)小尾郊一、饶宗颐、袁行霈、曹道衡、沈玉成、赵福海、陈复兴、马积
高、(美国)康达维、陈延嘉、穆克宏、屈守元、(日本)清水凯夫、(日本)
冈村繁、(日本)兴膳宏、孙钦善、王宁、(香港)何沛雄、白化文、许嘉
璐、阴法鲁、陈宏天①等一批知名学者关注和参与，这些人以及后来
陆续加入的《文选》研究者中，有不少成为《文选》研究的专家，术业专
攻，著述不辍，为新时期的"选学"研究做出了巨大贡献。1992 年，中
国《文选》学研究会成立。如今《文选》学年会已顺利举办十二届，成
为交流研究成果，推动《选学》不断进步的机制和纽带。

此期前后在出版、校理旧著与译注上成绩明显，专著等成果颇多。

1. 出版的《文选》版本有：1974 年，中华书局影印出版尤刻本；
1977 年中华书局影印胡刻本；1987 年影印出版六臣注本《文选》；
1986 年上海古籍出版社将李善注《文选》重新标点出版；1990 年中
州古籍出版社影印出版《昭明文选》李善注本；2000 年上海古籍出
版社出版《唐钞文选集注汇存》(周勋初辑)；国家图书馆出版社
2015 年出版清方廷珪等评点《增订昭明文选集成详注》(5 册)；郑
州大学出版社 2015 年出版俞绍初《新校订六家注文选》(6 册)。

2. 整理或影印旧著有：1984 年中华书局将曹道衡、沈玉成点
校的高步瀛《文选李注义疏》排印出版；1985 年上海古籍出版社将
黄焯整理的黄侃《文选平点》影印出版；1988 年天津古籍出版社出
版屈守元《昭明文选杂述及选讲》；1989 年中华书局将马积高整理
的骆鸿凯《文选学》增补校点出版；1990 年黄山书社将管锡华点校
的刘文典《读文选杂记》(三余札记)排印出版；1989 年江苏古籍出
版社标点排印李详《文选学著述五种》；1990 年江苏广陵古籍刻印
社影印胡绍煐《昭明文选笺证》；2000 年福建人民出版社出版梁章
钜《文选旁证》(穆克宏点校)；许逸民主编《清代文选学名著集成》
(20 册)，广陵书社 2013 年出版。宋志英、江涛选编《〈文选〉研究文
献辑刊》(60 册)，国家图书馆出版社 2013 年年版。

①　顺序基本按《昭明文选研究论文集》目录。

3. 译注有：陈宏天、赵福海、陈复兴主编《昭明文选译注》（吉林文史出版社1988年版）；张启成、徐达等《文选全译》（贵州人民出版社1994年版）。

4. 专著如：曹道衡《中古文学史论文集》，中华书局1986年版；程章灿《魏晋南北朝赋史》，江苏古籍出版社1992年版；曹道衡、沈玉成《南北朝文学史》，人民文学出版社1993年版；曹道衡《中古文学史论文集续编》，文津出版社1994年版；胡大雷《中古文学集团》，广西师范大学出版社1996年版；刘跃进《中古文学文献学》，江苏古籍出版社1997年版；曹道衡《南朝文学与北朝文学研究》，江苏古籍出版社1998年版；穆克宏《昭明文选研究》，人民文学出版社1998年版；顾农《文选与文心》，贵州人民出版社1998年版；程章灿《世族与六朝文学》，黑龙江教育出版社1998年版；曹道衡《汉魏六朝文学论文集》，广西师范大学出版社1999年版；罗国威《敦煌本〈昭明文选〉研究》，黑龙江教育出版社1999年版；刘跃进、范子烨《六朝作家年谱辑要》，黑龙江教育出版社1999年版；曹道衡、刘跃进《南北朝文学编年史》，人民文学出版社2000年版；傅刚《〈昭明文选〉研究》，中国社会科学出版社2000年版；傅刚《文选版本研究》，北京大学出版社2000年版；胡大雷《文选诗研究》，广西师范大学出版社2000年版；曹道衡、傅刚《萧统评传》，南京大学出版社2001年版；赵福海《〈昭明文选〉研读》，时代文艺出版社2001年版；俞绍初《昭明太子集校注》，中州古籍出版社2001年版；刘志伟《魏晋文化与文学论考》，甘肃人民出版社2002年版；王立群《现代〈文选〉学史》，中国社会科学出版社2003年版；胡大雷《中古诗人抒情方式的演进》，中华书局2003年版；范志新《文选版本论稿》，江西人民出版社2003年版；胡大雷《宫体诗研究》，商务印书馆2004年版；王立群《〈文选〉成书研究》，商务印书馆2005年版；力之《〈楚辞〉与中古文献考说》，巴蜀书社2005年版；陈延嘉《文选学研究论文集》，吉林人民出版社2006年版；陈延嘉《〈文选〉李善注与五臣注比较研究》，吉林文史出版社2009年版；胡大雷

《〈文选〉编纂研究》,广西师范大学出版社 2009 年版;陈延嘉《钱锺书文选学述评》,吉林文史出版社 2011 年版。范志新《文选何焯校集证》(3 册),河南大学出版社 2016 年版。

5. 论文集及工具书如:陈宏天、赵福海《昭明文选研究论文集》,吉林文史出版社 1988 年版;魏淑琴等《中外昭明文选研究论著索引》,吉林文史出版社 1988 年版;赵福海《文选学论集》,时代文艺出版社 1992 年版;郑州大学古籍所《文选学新论》,中州古籍出版社 1997 年版;俞绍初、许逸民《中外学者文选学论集》(二册),中华书局 1998 年版;俞绍初、许逸民《中外学者文选学论著索引》,中华书局 1998 年版;赵福海《〈昭明文选〉与中国传统文化》,吉林文史出版社 2001 年版;俞绍初《〈文选〉与文选学》,学苑出版社 2003 年版;赵昌智、顾农《李善注文选学研究》,广陵书社 2009 年版;南江涛《文选学研究》(3 册),国家图书馆出版社 2010 年版;孙浩宇《多维视野中的〈昭明文选〉研究》,吉林文史出版社 2013 年版。

6. 教程如:屈守元《文选导读》,巴蜀书社 1993 年版;胡大雷、韩晖《〈昭明文选〉教程》广西师范大学出版社 2016 年版。

此期研究内容、方法也多有创获。按照许逸民的总结,此期"新《文选》学"可分为"八学",即八项已有畛域与八个发展方向:

1.《文选》注释学。"选学"诞生于注释,对李善注、五臣注的得失精粗应进行总结,以期形成完善的新注本。

2.《文选》校勘学。新的校勘方向应包括继续校理旧注,同时还应利用唐写本、宋刻本和史传、笔记校订《文选》正文,勘定《文选》白文定本。

3.《文选》评论学。这些研究主要在分析义理、赏鉴文法,对正讹订误、借古鉴今不无益处。

4.《文选》索引学。唐宋即有"秀句"摘编的传统,现代日本学者斯波六郎有《文选索引》,继续开拓索引学仍很重要。

5.《文选》版本学。厘清版本渊源流变,鉴别异同,判断优劣是新《文选》学发展的一个基础课题。

6.《文选》文献学。文献主要指《文选》所产生的政治、历史、文学等背景史料以及相关的评论资料,这是一个有待开掘的新课题。

7.《文选》编纂学。既有的研究在这一方向上成果很多,从编纂体例、编纂过程到后世影响都值得继续用力。

8.《文选》文艺学。此类研究成果也很多,但让"选学"回归文学或侧重文学应是以后的发展方向。①

此外台湾地区包括香港《文选》研究也取得了较多成绩。按照游志诚的说法,台湾地区《文选》研究的发展情况可分四个阶段:

1. 发轫期:征之训诂,附丽于小学。如《昭明文选通假文字考》《昭明文选李善注引尚书考》,属于旁设之学。

2. 奠基期:发明善注,初奠《文选》学。如李维棻《文选李注纂例》、钱穆《读文选》、冯承基《论文选李善注五岳》、王礼卿《选注释例》、黄永武《昭明文选李善注摘例》。

3. 发展期:版本迭见,规模始备。斯波六郎《文选索引》由黄锦鋐翻译为《文选诸本之研究》、邱燮友《选学考》、张月云《宋刊文选李善单注史考》。年轻学者有黄志祥《北宋本文选残卷校证》、蒋复璁《文选版本的讲述》、邱棨鐊《文选集注所引文选钞研究》、游志诚《文选版本学》。

4. 繁荣期:专书专论,学人辈出。1980 年于大成、陈新雄出版《昭明文选论文集》,其后李淑华《昭明文选体式研究》、林聪明《昭明文选研究初稿》、游志诚《文选学新探索》。后来黄章明《昭明文选与文心雕龙之比较》。②

---

① 许逸民:《"新文选学"界说》,《郑州大学学报》2010 年第 3 期。

② 台湾出版著述还有:黄季刚《文选黄氏学》,台湾文史哲出版社 1970 年版;谢康《昭明太子和他的文选》,台湾学生书局编辑部 1971 年版;李景溁《昭明文选新注新解》,台湾暨南出版社 1993 年版;游志诚《文选学新探索》,1989 年自印;游志诚、徐正英《昭明文选斠读》,台湾骆驼出版社 1995 年版;游志诚《昭明文选学术论考》,台湾学生书局 1996 年版;颜智英《〈昭明文选〉与〈玉台新咏〉之比较研究》,花木兰文化出版社 2008 年版;郑婷尹《〈文选〉五臣注诗之比兴思维》,花木兰文化出版社 2008 年版;游志诚《文选学综观研究法》,花木兰文化出版社 2011 年版。

至于香港,主要是饶宗颐,有《日本古钞文选五臣注残卷》、《敦煌本文选斠证》。其他尚有何沛雄研治汉赋,扩及《选》赋。①

二、日韩及欧美《文选》学述略

1. 日本方面。日本传入《文选》很早。据载,日本元正帝养老二年(公元 718 年,唐玄宗开元六年)刊行《养老律令》:"凡进士试时务策二条,帖所读《文选》上秩七帖,《尔雅》三帖。"藤原佐世《日本国见在书目录》(撰于日本宽平年间 889—898 年)著录:《文选》三十卷,李善注《文选》,公孙罗《文选钞》,公孙罗《文选音决》,释道淹《文选音义》,曹宪《文选音义》,佚名《文选抄韵》《小文选》等。日本至今保留着平安时代的《文选集注》写本。

日本现代的《文选》研究开始于 20 世纪早年,标志性事件有两个:一是京都大学影印《文选集注》,值得一提的是,影印这部书的资金来自罗振玉离开日本时的卖房所得,罗氏把这笔钱捐赠给了京都大学。二是斯波六郎(1894—1959)创立现代日本《文选》学。他 1942 年 1 月在京都帝国大学获得文学博士学位,论文题目是《文选李善注所引尚书考证》。他编纂《文选索引》,附有其作《旧钞本文选集注卷第八校勘记》。小尾郊一②、花房英树、冈村繁③、森野繁夫④都继承了斯波的《文选》研究传统。其后研究《文选》者还

① 游志诚:《中国港台地区文选学研究概述》,见俞绍初、许逸民:《中外学者文选学论集》,北京:中华书局 1998 年版,第 1161 - 1165 页。

② 小尾郊一(1913—2004),毕业于广岛文理科大学。文学博士、广岛大学名誉教授。主要从事汉魏六朝文学研究。曾任日本文部省大型项目"《文选集注》综合研究"的负责人。相关著述有《文选》(八卷)(与花房英树合译,1976)、《文选李善注引书考证》(2 册)(与富永一登、衣川贤次合著,1992)、《真实与虚构:六朝文学》(1994)等。

③ 冈村繁(1922—2014),1947 年毕业于广岛文理科大学。文学博士、九州大学名誉教授、著名汉学家。主要从事汉魏六朝文学、《文选》及唐代文学研究。相关著述有《〈文选〉研究》(1999),相关论文有《文选集注和宋明版行的李善注》(1979)等多篇。

④ 森野繁夫,日本中国中世文学研究专家、六朝诗学专家。相关论述有《关于〈文选集注〉所引〈钞〉》(与富永一登合作,1977)、《关于五臣注〈文选〉》(1978)、《关于〈文选〉李善注——集注本李善注与版本李注的关系》(1979)、《关于陆善经〈文选注〉》(1991)等。

有兴膳宏①、清水凯夫②、富永一登③等。

2. 韩国方面。韩国传入《文选》在 7 世纪初叶,唐高祖、太宗年间。新罗于神文王二年(682)置国学于礼部,"诸生读书以三品出身,惟有通《文选》者方能为上品"。④《旧唐书·东夷传》称高丽:"俗爱书籍……其书有五经及《史记》《汉书》《后汉书》《三国志》《晋春秋》《玉篇》《字统》《字林》;又有《文选》,尤爱重之。"唐时长安的新罗学生多登唐科第,长于诗文。其后历代皆多学《文选》。新罗统一三国后,新文王二年(682),设立"国学",《文选》为重要的学习内容。高丽时代(918—1392,中国宋元时期)《文选》成为文人学士吟诗作文、学习写作的典范。金富轼(1075—1151)《三国史记》载有高丽时期韩国著名文人强首拜师读《文选》事。元正帝养老二年(718)刊行《养老律令》:"凡进士试时务策二条,帖所读《文选》上秩七帖,《尔雅》三帖。"可见《文选》地位之高。光宗九年(958)在中国后周人双冀建议下实行科举制。《高丽史·选举志》:"以诗、赋、颂及时务策取进士,兼取明经医卜等业。十一年,只试诗、赋、颂。十五年,复试以诗、赋、颂及时务策。"《文选》兴盛。

徐居正(1420—1488)《东人诗话》赞:高丽光、显以后,文士辈出,辞赋四六秋纤,非后人所及。韩国古代文士学习《文选》,创作辞赋和四六骈文,有很多例证。崔滋(1187—1260)写《三都赋》,模拟左思《三都赋》(李家源:《韩国汉文学史》,汉城普成出版社,第121 页)。《文选》是当时文士作诗的必备参考书。崔滋《补闲集》载,"文安公常言:凡为制作引用古事,于文则六经三史,诗则《文

---

① 兴膳宏(1936—),文学博士。京都大学名誉教授,中国古典文学、古典文论研究家。毕业于京都大学,1964 年曾留学于北京大学。相关著述有《六朝文学论稿》(彭恩华译,1986)《异域之眼:兴膳宏中国古典论集》(戴燕选译,2006)等。

② 清水凯夫(1941—),文学硕士。毕业于立命馆大学。《文选》学研究专家。有《六朝文学论文集》(韩基国译,1989)、《清水凯夫〈诗品〉〈文选〉论文集》(1995)、《新文选学:〈文选〉新研究》(1999)等。

③ 富永一登(1949—),毕业于广岛大学,文学博士。主要研究中国中世文学尤其是《文选》。

④ 范文澜:《中国通史简编》,石家庄:河北教育出版社 2000 年版,第 797 页。

选》、李、杜、韩柳,此外诸家文集不宜据引为用。"

李氏王朝时代(1392—1910)受中国古文运动的影响,推重梁代以后的文集,《文选》地位下降,但并非完全放弃。朝鲜初期太宗(1369—1422)很关心《文选》,诏令将收藏地方"史库"的《文选》,移送首都"春秋馆"藏之,以便随时参阅。世宗十年(1428),又用"庚子字"(铸造于世宗二年的活字)印行了六十卷六十册《六臣注文选》珍藏于"奎章阁",流传至今(朝鲜时代王家图书馆馆藏,移于国立汉城大学图书馆)。朝鲜时代刊印《文选》还有五六次。成宗九年(1478),徐居正奉王命编纂《东文选》,这是韩国第一部包罗历代汉文作品的诗文集,体制完全仿照《文选》。

韩国当代的《文选》研究主要包括版本研究、分类和选录标准研究、内容特色研究及收录作家作品研究等方面。

另外,欧美学者也较早地加入了《文选》的译介和研究。最早的有威利博士(1889—1966),他做了部分英译。德国的何可思,由俄国移居法国的马古烈做了部分的德译和法译。奥地利的赞克博士对马古烈的翻译做了研究(1928)。其后美国的海陶伟、马瑞志、华滋生、康达维、雷久密、高德耀、柏士隐,法国的吴德明,澳大利亚的傅德山、程曦,加拿大白润德,德国施密特都相继在《文选》上下过功夫,尤其是康达维,从20世纪70年代开始,数十年如一日,置身《文选》翻译工作。这是一项意义非凡的文学事业和文化事业,它将使《文选》成为东西方人类共知共识的世界文化遗产。

古代的《文选》学成就主要集中在训诂、注音上,现代《文选》学研究在继承传统的基础上,更科学、系统。在研究内容与方法上都多有创新,而研究者的学科建构意识也日益增强。

第六节 《文选》与常州

常州作为萧统祖居地,研究《文选》者代不乏人,如尤袤、邵长蘅、段玉裁、宋翔风、李兆洛、顾千里等。

尤袤(1127—1194)字延之,小字季长,号遂初居士,晚号乐溪、木石老逸民,常州府无锡县人(常州府辖境包括今常州、无锡等地),南宋著名诗人、藏书家,又善书法,与杨万里、范成大、陆游并称为"南宋四大诗人",有著名的《东湖》诗四首。尤袤出身书香门第,受家学熏陶,五岁能诗,十岁有神童之誉,十五岁以辞赋闻名当地。绍兴十八年(1148)登进士第。初为泰兴令,后奉调入京,任秘书丞兼国史馆编修官和实录院检讨官,寻又升任著作郎兼太子侍读。孝宗时为大宗正丞,累迁至太常少卿,权充礼部侍郎兼修国史,又曾权中书舍人兼直学士。光宗朝为焕章阁待制、给事中,后授礼部尚书兼侍读。尤袤恤民有为,为百姓拥戴。直言敢谏,被孝宗赞为"如卿才识,近世罕有"。光宗朝曾弹劾韩侂胄。卒后谥号"文简"。有《遂初小稿》六十卷、《内外制》三十卷。其《梁溪集》,早佚,清尤侗辑有《梁溪遗稿》两卷。

尤袤嗜书,有"尤书橱"之称。他"嗜好既笃,网罗斯备"。杨万里描述其抄书情景:"延之每退,则闭门谢客,日计手抄若干古书,其子弟亦抄书……其诸女亦抄书。"袤自称"吾所抄书今若干卷,将汇而目之。饥读之以当肉,寒读之以当裘;孤寂而读之,以当友朋;幽忧而读之,以当金石琴瑟"。尤袤藏书丰富,作藏书楼"遂初堂",编有《遂初堂书目》,著录书籍 3 200 余种。陆游称:"异书名刻堆满屋,欠身欲起遗书围。"

淳熙八年(1118)尤袤刊李善注《文选》,称尤刻本,是《文选》现存最早的完帙。学界对于尤刻本的底本来源和参校本详有考述,莫衷一是。但此本仍是南宋以来李善注单刻本的祖本。

邵长蘅(1637—1704),明末清初人,一名衡,字子湘,号青门山人,工于诗文,为王士禛、汪琬所称。长蘅少颖悟,读书数行俱下。十岁补诸生。弱冠以古文辞名。客游京师,与施闰章、汪琬、陈维崧、朱彝尊等时相过从。后入太学,罢归乡里,再未求仕,以布衣终。早年诗学唐人,后改学宋人,前后诗风迥异。内容多为写景、吊古,常借以寄托怀念明室之意。其诗具有浑脱苍凉、流畅自然的特点。文宗唐宋,继承唐顺之、归有光为文传统,与侯方域、魏禧齐名。著有《青门全集》。曾为宋荦幕,编选王士禛、宋荦诗为《二家诗钞》并作序。所著《清史列传》行于世。2015 年国家图书馆出版社《增订昭明文选集成详注》作为重点收入邵氏《文选》批注。

段玉裁(1735—1815),文字训诂学家、经学家,朴学大师中的翘楚,字若膺,号懋堂,晚年又号砚北居士,长塘湖居士,侨吴老人,常州金坛区人,戴震学生,龚自珍外公,乾隆时举人。与钱大昕、邵晋涵、姚鼐、刘台拱、汪中、王念孙等人先后相交。历任贵州玉屏、四川巫山等县知县,引疾归,居苏州枫桥,闭门读书。著有《说文解字注》《六书音均表》《古文尚书撰异》《毛诗故训传定本》《经韵楼集》等。其中《说文解字注》30 卷经过三十多年才得以完成。

段玉裁遵循戴震,在研究中贯彻求真精神。批评王应麟著《困学纪闻》和顾炎武著《日知录》的著书方法,认为这种著书方法有两种弊端,一是好为异说,二是剿说雷同,中无所得,仅邀名而已。在哲学立场上,继承戴震反宋儒的观点,坚持"阴阳气化即道""必于物上求理",反对"执意见以为理"。

段玉裁被誉为清代"选学四君子"之一,他校读、研究《文选》,体现出重视古音韵学的关注点,综合形、音、义的切入方法,先立义例的操作顺序,还于当下的历史观念,求真求是的校勘原则,以及旁观综理的通达理念,颇为独到。

李兆洛(1769—1841),乾嘉著名学者、文学家,字申耆,晚号养一老人,江苏武进人。精舆地、考据、训诂之学,是阳湖派代表作家之一。嘉庆十年进士,选庶吉士,充武英殿协修,改凤台知县;后主讲江阴暨阳书院达 20 年。自称"少读《文选》",有《养一斋集》《骈体文钞》。

自古以来,常州将萧统尊为"常文之祖",较之别地,常州读书人更是对《文选》推崇备至。在时常依《文选》取士的中国科举史上,常州人的成绩尤其显著。以武进县为例,1300 年来,进士出了 1546 名,是名副其实的"国家级进士之乡"。如果加上所属金坛区(县)、溧阳市,进士数更多达 1948 名。其中状元 15 名,榜眼 11 名,探花 16 名,荣登科举三甲者共计 42 名,全国罕有其匹。

第六章　萧统后裔及其成就

　　梁武帝文治武功,缔造了江南二百年来少有的文物之盛;其子也多秉承他的好学、多艺、能文,几乎人人有集,文脉之隆可谓史间罕有。萧统虽年寿不永,但他编《文选》,传文之功彪炳,何让其父! 文化之家,恩泽绵长。如果说,萧氏在隋代振起还有两个政治人物:后梁末帝萧琮和其姊——隋炀帝萧皇后的荫萌,那么入唐后的"八叶宰相"、学者辈出则充分彰显出一个家族文脉相承的化育作用。潜移默化中,萧统的《文选》成为萧氏的"传家宝",虽然他的后代中径以文学卓立一代者不多,但文化素养的累积是自然的。像萧嵩奏请注释《文选》便是出于这种隐衷。《文选》泽溉万家,衣被百代,自然更维系了萧家。萧统的后代已不是皇族,但贵族却代不乏人,诸辈成就多在政治文化,其中《文选》的资政、文化之功是不可磨灭的。

第一节　后梁三帝及萧欢、萧誉

一、后梁宣帝萧詧

　　萧詧(chá,519—562),萧统第三子,在位八年。"幼而好学,善属文,尤长佛义。特为梁武帝所嘉赏。"普通六年(525)封曲江县公。中大通三年(531)萧统死,梁武帝不立萧统诸子而立萧纲,心存愧疚,于是遍封萧统诸子,萧詧为岳阳郡王。诸王听封,惟有萧詧"流涕受拜,累日不食"。

萧詧后历官宣惠将军、知石头戍事、琅琊及彭城二郡太守、东扬州刺史。武帝执政后期,国势渐衰,萧詧于是蓄积资财,延揽人才,因为他礼贤下士,仗义疏财,勇侠之人一时汇聚有数千人。中大同元年(546)任持节,都督雍、梁、东益、南秦、北秦五州及郢州之竟陵、司州之随郡诸军事,授西中郎将,兼任宁蛮校尉、雍州刺史。襄阳形势险要,是梁武帝开创基业的地方,萧詧在此经营颇为勤勉,"克己励节,树恩于百姓,务修刑政,志存绥养",境内称治。

太清二年(548),梁武帝授萧詧之兄萧誉湘州刺史,代替张瓒,而授张瓒雍州刺史,代替萧詧。张缵结怨于萧詧兄弟,于是勾结湘东王萧绎,准备铲除两兄弟。其后萧詧与身在江陵的萧绎互相攻杀,"恐不能自固",于是在太清三年年,称藩于西魏,作附庸。

承圣三年(554)西魏伐江陵梁元帝萧绎,萧詧与之会师。江陵陷落,宇文泰立萧詧为梁主,住江陵东城,管辖江陵一州之地。原襄阳统辖之地,全部归西魏。于是萧詧在江陵称帝,年号大定,史称西梁或后梁。追尊其父萧统为昭明皇帝,庙号高宗,萧统之妃蔡氏为昭德皇后。尊其生母龚氏为皇太后,儿子萧岿为皇太子。后梁向西魏上疏须称臣,奉年号。西魏宇文泰设置江陵防主,带兵住西城,称"助防"。后梁领土狭小,又兵连祸结,萧詧郁郁不乐。后大定八年(562)二月,郁结而死。谥号宣皇帝,庙号中宗,葬于平陵。

萧詧少有大志,不拘小节。有《建除诗》:"除苛逾汉祖,偃后类殷汤。满盈既亏度,否运理还康。平阶今复睹,德星行见祥。定寇资雄略,静乱属贤良。执讯穷郢鲁,吊伐遍徐扬。破敌勋庸盛,佩紫日怀黄。"其人虽喜欢猜忌,但能知人善任,能得将士人心。性不饮酒,安于俭素,对母亲很孝顺,又不好声色。《周书》称其:"任术

251

好谋,知贤养士,盖有英雄之志,霸王之略焉。及淮海版荡,骨肉猜贰,拥众自固,称藩内款,终能据有全楚,中兴颓运。虽土宇殊于旧邦,而位号同于曩日。贻厥自远,享国数世,可不谓贤哉。"

萧詧自幼好学,继承家传,工于文学,有文集十五卷。今存诗多咏物或与佛事有关者。如《咏弓诗》"虞人招不进,繁氏久称工。已悲轩主迹,复挹楚王风。"《咏兰诗》"折茎聊可佩,入室自成芳。开花不竞节,含秀委微霜。"又长于佛教经义,《华严》《般若》《法华》《金光明》等义疏共四十六卷,都流行于世。《周书》有传。

萧詧五子,除萧岿外,有:萧嶚,追谥孝惠太子;萧岩,封安平王;萧岌,封东平王;萧岑,封河间王,后改封吴郡王。

二、后梁昭帝萧岿

萧岿(542—585),字仁远,萧詧第三子。在位二十三年。大定四年(558),曾前往北周京师朝见。大定八年(562)萧詧去世,北周武帝宇文邕令萧岿继位,次年改元天保。尊嫡母王皇后为皇太后,生母曹贵嫔为皇太妃。天保五年(567),陈国湘州刺史华皎、巴州刺史戴僧朔同来归附,请求出兵讨伐陈国。北周武帝宇文邕命宇文直率荆州总管权景宣、大将军元定等出兵。萧岿派柱国王操率水军两万与华皎会合于巴陵。被陈将吴明彻打败,元定逃亡。后梁李广、许孝敬等人也被俘虏,长沙、巴陵、河东被攻陷。天保十年(572),华皎朝见周武帝。到襄阳时向宇文直请求借给数州,宇文直上报周武帝,后梁得划归三州。此后与陈国多有攻伐。天保十六年(577),宇文邕灭亡北齐,萧岿到邺城朝见,凭借机敏善辩获得赏识。等到杨坚执政后,萧岿坚决予以支持。开皇元年(581),杨坚受禅,建立隋朝。对萧岿更为恩典、礼遇。开皇二年(582),隋文帝备下礼金,娶萧岿女儿萧氏为晋王杨广王妃。又打算让萧岿之子萧玚娶兰陵公主。并废去江陵总管一职。开皇四年(584),萧岿从江陵来长安朝见,隋文帝十分尊敬,派武乡公崔弘度将兵戍江陵。萧琮叔父萧岩及弟萧瓛等害怕崔弘度,就带着居民投奔了陈

国。隋文帝于是废梁国。后拜萧琮为柱国,封莒国公。开皇五年
(585)萧琮因病去世,葬于显陵,谥孝明皇帝,庙号世宗。

《周书》称其"孝悌慈仁,有君人之量。四时祭享,未尝不悲慕
流涕。性尤俭约,御下有方,境内称治",又"机辩有文学"。善文学
及佛经,有文集及《孝经》《周易义记》《大小乘幽微》十四卷,流传
于世。

萧岿有子七人:萧琮,孝靖皇帝;萧瓛,义兴王;萧璟,晋陵王;
萧璯,临海王;萧珣,南海王;萧瑒,义安王;萧禹,新安王。

三、后梁孝靖皇帝萧琮

萧琮(558—607),字温文,萧岿之子。萧琮初封东阳王,后立
为太子。开皇三年(583)五月初八日,萧岿派太子萧琮出使隋朝,
祝贺隋朝迁都长安。开皇五年(585),萧琮继位,年号广运。同年,
萧琮派遣大将军戚昕率领水军偷袭陈朝的公安。隋文帝征召萧琮
叔父萧岑入朝,任命为大将军,封怀义公。又设置江陵总管。开皇
七年(587),隋文帝征召萧琮入朝,萧琮的叔父萧岩和弟弟萧瓛反
叛降陈,隋文帝于是废黜西梁,任萧琮为上柱国,封莒国公。隋炀
帝继位后,萧琮深受亲近器重,任内史令,改封梁公。萧琮在朝并
不认真处理政务,退朝则放纵饮酒。后童谣说西梁将再兴,于是大
业三年(607)萧琮被废为庶民,同年去世,追赠左光禄大夫。萧琮
侄子萧铣称帝后,于618年在江陵称帝,国号梁,追谥他的太伯父
萧琮为孝靖皇帝,庙号惠宗。从萧詧即位到隋文帝废梁,后梁一共
存在了三十三年。

《隋书》称其:"性宽仁,有大度,倜傥不羁,博学有文义。兼善
弓马。"有文集七卷,已佚。今存诗文各一篇。

四、萧欢、萧誉

萧欢(? —540),字孟孙,萧统长子,初封华容公,任东中郎将、
南徐州刺史。萧统去世时,作为嫡长孙的萧欢因故未能成为皇位

继承人,梁武帝将其封为豫章王,后改云麾将军。大同六年(540)二月为江州刺史,十二月去世,谥安王。有三子:萧栋、萧桥、萧樛。长子萧栋袭爵为豫章王。天正元年(551),侯景废简文帝萧纲,扶立萧栋即位,追尊萧欢为安皇帝。

萧誉(?—550),字重孙,萧统次子。普通二年,萧誉初封枝江县公。萧统死时,改封"河东郡王"。累迁南中郎将、湘州刺史。太清三年(549)侯景之乱,带兵入援,至青草湖,台城陷落。奉命回师,仍镇守湘州。萧誉自幼骁勇,善于马上用弩,有胆气,善于安抚士兵,很受部下拥戴。后为其叔湘东王萧绎所杀。

第二节 隋唐五代

一、隋炀帝萧皇后

隋炀帝皇后萧氏(567—647),萧岿之女。

隋文帝建立隋朝,选为爱子晋王杨广之妃。《隋书》称,萧后婉顺聪慧、知书达礼,又通医术,颇知占候,深得文帝欢心和杨广宠爱,诞育三子一女。助力杨广夺嫡成功。隋炀帝即位后,萧后虽年过四十,仍得宠爱和敬重。杨广称其"凤禀成训,妇道克修,宜正位轩闱,式弘柔教"。炀帝其后失德,萧后婉谏无果,作有《述志赋》。江都之变炀帝遇害后,五十多岁的萧后带着幼孙和皇室诸女,先后流落于叛军宇文化及、窦建德处,后义成公主迎其至东突厥。唐贞观四年李靖灭东突厥,萧后等归长安。唐贞观二十一年萧后去世,唐太宗以皇后礼将其与炀帝合葬扬州,谥曰愍。

因为萧后,萧氏多受恩遇。《隋书》载:"琮之宗族,缌麻以上,并随才擢用,于是诸萧昆弟布列朝廷。"据龚斌统计,萧誉第八子萧岑拜大将军,封怀义郡公。萧琮子萧铉拜襄城太守。萧琮侄萧钜为梁公,隋炀帝常以为侍从游宴。萧琮弟萧璟为朝请大夫、尚衣奉御。萧琮弟萧瑒历卫尉卿、秘书监、陶丘侯。萧琮弟萧瑀历任内史侍郎、河池太守。一个灭国的氏族重新开始崛起。魏徵认为萧后之所以不败于当时,不损先世基业,甚至能复兴家族,都是因为"处之以道""不预权宠"。① 这种素养和智识也是萧氏绵延隆盛的根脉,所以到了唐,萧氏又有八叶宰相,这在中国历史上是罕见的。

可以说,萧后的贤德,不仅对炀帝一朝有匡补之功,而且也以身示范,确立萧家的门风和世风,萧氏后人在隋唐两度崛起,不能不说有萧皇后的恩泽在。

二、唐朝萧氏宰相世家

入唐,萧氏一族累代兴盛。《新唐书》评价"梁萧氏兴江左,实有功在民,厥终无大恶,以浸微而亡,故余祉及其后裔。自瑀逮遘,凡八叶宰相,名德相望,与唐盛衰。世家之盛,古未有也。"

1. 萧瑀(575—648),字时文,萧岿第七子,萧琮异母弟,萧皇后之弟。初封新安郡王,西梁灭亡随萧皇后入长安,被隋炀帝委以机要事务,任内史侍郎。萧瑀耿直刚烈,对隋炀帝的骄奢无道,屡次劝谏,后贬为河池太守。萧瑀妻子是隋文帝独孤皇后娘家侄女,李渊是独孤皇后外甥,李渊与萧瑀之妻是表兄妹。萧瑀唐时受封宋国公,任光禄大夫。太宗李世民即位后六次担任宰相,又因故六次被罢免,甚至被削爵贬出京城。贞观二十二年六月二十日,萧瑀身染重病,又因姐姐萧皇后去世备受打击,不久便去世了。卒赠司空、荆州都督,谥曰贞褊公。贞观十七年二月成为凌烟阁二十四功臣的第九位。

萧瑀从小以讲孝道闻名天下,且精通佛法。其个性正直磊落,虽有严厉刻板之失,但不贪财好利,一副公心。唐高祖赞其"公之言,社稷所赖"。唐太宗称赞他"疾风知劲草,板荡识诚臣"。有唐一代,萧瑀一门兴旺发达,有多人为相。

---

① 龚斌:《南兰陵萧氏家族文化史稿》,上海:上海古籍出版社 2015 年版,第 404 - 405 页。

2. 萧嵩(? —749),字乔甫,号体竣。后梁明帝玄孙。萧嵩相貌英俊,不善学问。娶妻会稽贺氏,与陆象先连襟。神龙元年(705),任洺州(今河北永年)参军事,受刺史桓彦范器重,后被河北黜陟使姜师度表奏为判官。景云元年(710),改任醴泉尉,被中书侍郎陆象先引为监察御史。次年,陆象先拜相,引萧嵩为殿中侍御史。开元元年(713),擢升中书舍人,受紫微令姚崇赏识,历任宋州刺史、尚书左丞、兵部侍郎。开元十五年(727),吐蕃攻陷瓜州;回纥杀死河西节度使王君㚟,河西陇右震动。唐玄宗任萧嵩为兵部尚书、河西节度使,判凉州事。萧嵩将裴宽、郭虚己、牛仙客招至幕府,命建康军使张守珪为瓜州刺史,安定河陇地区。翌年,萧嵩因边功为同中书门下三品。开元十七年(729),兼任中书令,并遥领河西节度使,后加封为金紫光禄大夫、集贤殿学士、知院事,兼修国史,晋爵徐国公。其子萧衡为驸马都尉,恩宠备至。后罢相,任尚书右丞相。开元二十四年(736),拜太子太师。《旧唐书》评价其"位极中令,异政无闻,树破虏之勋,真致远之器"。其诗文5篇,收录于《全唐诗》《全唐文》,皆应制之作。其注《文选》事见前述。

3. 萧华(? —762年),萧嵩长子。早年以门荫入仕,萧嵩罢相后升为给事中,又任工部侍郎。天宝八年(749),萧嵩病逝,袭爵徐国公。他生性稳重,家风严谨,后拜兵部侍郎。安史之乱被叛军擒获,授魏州刺史。后复归朝廷,历任秘书少监、尚书右丞、河中节度使。乾元二年(759),萧华返回长安,因曾接受叛军任职,降为秘书少监,后升任尚书右丞。萧华出镇河中府,任河中尹、河中晋绛节度使。上元二年(761)拜相,授任中书侍郎、同中书门下平章事、集贤殿崇文馆大学士,并监修国史。宦官李辅国掌握禁军,倚仗恩宠,求取相位,并讽劝裴冕,让他推荐自己。萧华拒绝,于是得罪李辅国。罢为礼部尚书。代宗继位,贬萧华硖州司马,逝于贬所。大中二年(848),唐宣宗将三十七位功臣的画像挂在凌烟阁内,萧华位列其中。其诗文各存一篇。

4. 萧复(732—788),字履初。唐玄宗李隆基外孙,萧嵩之孙。

父萧衡,母新昌公主。萧复出身名门,志励名节。伯父萧华夸其"此子当兴吾宗"。萧复以祖荫袭为黄门郎,后历任歙州、池州和常州刺史。他勤于政事,正直廉洁,其政绩在当朝群臣中名列第一。唐德宗建中元年(780),任陕西同州(大荔)刺史,大旱无收。第二年春,百姓饿死不计其数。萧复开仓放粮,赈济灾民。因擅用仓中皇粮被免职。建中三年任兵部侍郎,迁户部尚书兼统军长史。朱泚内乱,萧复护德宗逃至奉天。是年十月,被任为吏部尚书、同中书门下平章事。建中四年拜相。唐德宗贞元三年(787),因堂弟萧升妻郜国公主(唐肃宗女)案受株连,贬至饶州(江西上饶),第二年病逝。《新唐书》评价他:"复望阀高华,厉名节,不通狎流俗。及为相,临事严方,数咈(fèi)帝意,故居位亟解。然性孝友,既贬晏然,口未尝言所累。"

5.萧俛(?—842),字思谦,萧华之孙。贞元七年(791)以进士入仕,历任翰林学士、太仆少卿。元和十三年(818)进御史中丞,袭爵徐国公(曾祖萧嵩封爵)。长庆元年(821),唐穆宗李恒即帝位。萧俛迁任中书侍郎、同中书门下平章事。萧俛重惜名誉,嫉恶如仇。四川节度使王播贿赂宦官,欲为宰相。萧俛力排众议,因唐穆宗偏听偏信,遂辞相位,改任吏部尚书、兵部尚书、太子少保等。唐敬宗宝历二年(826),以少保分司东都。萧俛初有大志,曾献《太平策》,主张偃武习文,以仁义治天下。后人评他"贞独疾恶,不为利回,而以夷、惠拟之,俾之经纶,则其道至矣"。

6.萧仿(?—875),字思道。大和中,擢进士第,咸通初官左散骑常侍,除累给事中。懿宗奉佛,他上疏切谏,后出为滑州刺史,充义成军节度使。滑州濒临黄河,屡岁水灾,萧改黄河道,民得以安。僖宗即位,进中书侍郎、同中书门下平章事。乾符二年(875)卒。

7.萧寘(?—865),唐懿宗时任兵部侍郎、中书侍郎、同平章事。萧复之孙,萧遘之父。

8.萧遘(?—887),字得圣。中书侍郎萧置之子。咸通五年(864)进士,初任秘书省校书郎,历任太原从事、右拾遗,期间因开罪宰相韦保衡被贬为播州司马。后担任礼部员外郎、户部侍郎。黄巢之乱爆发后,随唐僖宗李儇逃入四川,中和元年(881),受任中书侍郎、同平章事之职。光启元年(885),黄巢之乱被平定,萧遘进拜司空,封楚国公。萧自幼便志向远大,自负王佐才,拜相后更严肃端庄,深受皇帝器重。当时田令孜掌握禁军,权势熏天,公卿百官畏服,只有萧遘不肯屈从。第二年,邠宁节度使朱玫率军入京,宦官田令孜挟持僖宗李儇逃亡宝鸡。萧遘未及随行,朱玫主张另立新君,萧遘极力反对并拒绝草拟诏书,被罢为太子太保。光启三年(887),朱玫之乱被平定,宰相孔纬以萧遘曾接受朱玫任命为借口诬陷附逆。遂遭贬官,后又被赐死。《旧唐书》评价他"形神秀伟,志操不群。遘为大臣,士行无缺。逢时不幸,为伪檄所污,不以令终,人士惜之"。《全唐诗》收录有萧遘诗作三首:《春诗》《成都》《和王侍中谒张恶子庙》。

三、萧祯与江氏

萧祯,字德熹。萧遘第二子,萧江氏之祖。唐哀帝天佑四年(907),朱温灭唐。萧祯因先世历代仕唐,耻于再仕朱温,一度图谋复兴唐室。后遭挫败,渡江避难,指江为姓,隐居歙县篁墩。江祯长子江董任婺源主簿,自篁墩迁婺源,成萧江氏婺源始祖。萧江氏之后人才辈出,如明代抗倭名将江一麟、医家江瓘、宫廷太医江一道、清代朴学大师江永、民国教育家江谦等。①

此中尤堪一述的是江永:江永(1681—1762),清代皖派经学创始人,戴震、程瑶田、金榜等皆其弟子。字慎修、慎斋,徽州婺源县(今江西省婺源县江湾镇)人。生员出身,晚年入贡。自幼熟读诸经,过目能诵。21岁考取秀才,但无心功名。27岁开始以教书为业。晚年应编修程恂延请游京师讲学,深为当时三礼馆总裁方

---

① 李俊编著:《徽州文化古村——江湾》,非正式出版物,2002年3月。婺源县政协文史委员会编:《走进江湾》,非正式出版物,2003年12月。

苞等人所敬重。其由礼学而小学（训诂学、文字学、音韵学）、天文、历算，学术思想日臻成熟，皖派朴学开始形成。其学博通古今，尤长考据，深究《三礼》，撰《周礼疑义举要》颇有创见。江永一生蛰居乡里，潜修砥行，著述颇丰，约有 39 种凡 260 余卷。乾隆三十八年（1773），《四库全书》编纂采书，江永被四库馆采入 16 种凡 166 卷。被评为："考证精核""全书持义多允，非深於古义者不能也。"

齐梁二代皇帝的祖先萧整不过是个县令，所谓七品芝麻官。他的后代萧道成和萧衍都以武功起家。"皇舅房""齐皇房""梁皇房"给萧道成、萧衍的助力，不可轻视。当然这只是外因，更重要的是内因。在那个朝代变革如走马灯的时期，他们靠自身的聪明才智、文治武功，从基层一步步上升，最后以禅让的形式登上帝位。特别是梁武帝在皇帝中文才出众，采取政治、经济、文化一系列措施，使梁朝比较长时间出于上升期，社会安定，文化繁荣。这是萧统成长的背景。

萧统天资聪颖，在做太子的过程中受到极好的教育，又勤奋超群，用他给陶渊明的评语说就是"莫与之京"。萧统能成为"选圣"有其时代和个人的必然性。

萧统虽未当上皇帝，但他的诗礼传家的优良家风，对后代有深远的影响，这应是他的后代屡出名人的一个原因，所谓诗礼传家久也。这个"久"提醒我们，重视道德教育、重视优良家风传承是多么重要！

代结语：昭明太子赞

萧统昭明，储君楷模。一代选圣，成就斯卓。生于乱世，长于
治国。武帝厚望，悉心琢磨。精择隽逸，殷勤辅佐。

少阳之位，事或抚监。为臣为子，义薄云天。助父谳狱，明审忠奸。
量核然否，抗论察言。体恤民瘼，菲衣减餐。亡无可敛，为备櫬棺。

出自天性，《孝经》是耽。出宫不乐，恒加思恋。一起一坐，面
向西南。入朝未五，城门立站。宿被召入，危坐达旦。生母有疾，
寝食难安。衣不解带，子心惓惓。慈薨恸绝，十围减半。

有纵生知，过目不忘。沉潜儒典，横决大江。泛滥百家，溯潮
而上。辞章篇翰，心游目想；二谛法身，夜半钟响。

总揽时才，讨论商量。殚极丘坟，遍该绵缃。摘文敷藻，泛酤
飞觞。文学之盛，丕植堪当。

握牍投翰，风飞电起。字无点窜，手不停笔。综辑辞采，文华
错比。宏文廿卷，兼备众体。日升松茂，偕长天地。

渊明全集，有传有文。莫与之京，田园诗魂。先知先觉，陶氏
功臣。钟情总集，《英华》《善文》。文质彬彬，犹有遗恨。《文选》是
撰，儒典攸根。沉思翰藻，八代美文。化成天下，金声玉振。一书
成学，烛耀古今。

参 考 文 献

（汉）司马迁撰：《史记》，北京：中华书局 2014 年版

（汉）班固撰、颜师古注：《汉书》，北京：中华书局 2000 年版

（唐）李延寿撰：《南史》，北京：中华书局 1974 年版

（梁）沈约撰：《宋书》，北京：中华书局 1974 年版

（梁）萧子显撰：《南齐书》，北京：中华书局 1972 年版

（唐）姚思廉撰：《梁书》，北京：中华书局 1973 年版

（唐）魏徵等撰：《隋书》，北京：中华书局 1973 年版

（宋）欧阳修、宋祁撰：《新唐书》，北京：中华书局 1975 年版

（后晋）刘昫：《旧唐书》，北京：中华书局 1975 年版

（南朝宋）颜之推：《颜氏家训》，长春：时代文艺出版社 2001 年版

（梁）萧统编，李善注：《文选》，影印胡克家刻本，北京：中华书局 1977
年版

（梁）萧统编，六臣注：《文选》，影印《四部丛刊》本，杭州：浙江古籍出版
社 1999 年版

（梁）萧统编，六臣注：《文选》，宋刊明州本，北京：人民文学出版社 2008
年版

（唐）段成式：《酉阳杂俎》，北京：中华书局 1982 年版

（唐）李匡文：《资暇录》，北京：中华书局 1985 年版

（宋）唐士耻：《灵岩集》，文渊阁《四库全书》本

（宋）朱熹：《朱子语类》，北京：中华书局 1986 年版

（宋）朱熹：《四书章句集注》，上海：上海书店 1987 年版

（宋）李昉等编：《太平广记》，北京：中华书局 1961 年版

（宋）胡仔：《苕溪渔隐丛话》，北京：人民文学出版社 1962 年版

（宋）郭茂倩：《乐府诗集》，北京：中华书局 1979 年版

（明）张燮著，王京州笺注：《七十二家集题辞笺注》，上海：上海古籍出版社 2016 年版

（清）阮元校刻：《十三经注疏》，北京：中华书局 1980 年版

（清）严可均校辑：《全上古秦汉三国六朝文》，北京：中华书局 1958 年版

（清）孙梅著，李金松校点：《四六丛话》，北京：人民文学出版社 2010 年版

（清）阮元撰，邓经元点校：《揅经室集》，北京：中华书局 1993 年版

（汉）韩婴撰，许维遹校释：《韩诗外传集释》，北京：中华书局 1980 年版

（梁）萧统著，俞绍初校注：《昭明太子集校注》，郑州：中州古籍出版社 2001 年版

（梁）徐陵撰，许逸民校笺：《徐陵集校笺》，北京：中华书局 2008 年版

（清）章学诚著，叶瑛校注：《文史通义校注》，北京：中华书局 1985 年版

（清）严可均校辑，陈延嘉等点校：《全上古三代秦汉三国六朝文》，石家庄：河北教育出版社 1997 年版

殷孟伦注：《汉魏六朝百三家集题辞注》，北京：人民文学出版社 1963 年版

逯钦立：《先秦汉魏晋南北朝诗》，北京：中华书局 1983 年版

俞绍初、刘群栋、王翠红点校：《新校订六家注文选》，郑州：郑州大学出版社 2013 年版

陈宏天、赵福海、陈复兴主编：《昭明文选译注》，长春：吉林文史出版社 1988 年版

高步瀛：《文选李注义疏》，北京：中华书局 1989 年版

黄侃：《文选平点》（重辑本），北京：中华书局 2006 年版

骆鸿凯：《文选学》，北京：中华书局 2015 年版

罗国威：《敦煌本〈文选注〉笺证》，成都：巴蜀书社 2000 年版

穆克宏：《昭明文选研究》，北京：人民文学出版社 1998 年版

陈延嘉：《钱锺书文选学述评》，长春：吉林文史出版社 2001 年版

陈延嘉：《〈文选〉李善注与五臣注比较研究》，长春：吉林文史出版社 2009 年版

赵福海、陈宏天：《昭明文选研究论文集》，长春：吉林文史出版社 1988 年版

赵福海主编：《文选学论集》，长春：时代文艺出版社 1992 年版

傅刚：《〈昭明文选〉研究》，北京：中国社会科学出版社 2000 年版

傅刚：《〈文选〉版本研究》，北京：北京大学出版社 2000 年版

胡大雷、韩晖：《〈昭明文选〉教程》，桂林：广西师范大学出版社 2016 年版

曹道衡、傅刚：《萧统评传》，南京：南京大学出版社 2011 年版

南江涛选编：《文选学研究》，北京：国家图书馆出版社 2010 年版

俞绍初、许逸民：《中外学者文选学论集》，北京：中华书局 1988 年版

清水凯夫著，韩基国译：《六朝文学论文集》，重庆：重庆出版社 1989 年版

清水凯夫：《清水凯夫〈诗品〉〈文选〉论文集》，北京：首都师范大学出版社 1995 年版

富永一登，《李善伝记考》，広岛大学文学部纪要 1996 年版

富永一登，《〈文選〉李善注考：〈后汉书〉李贤注との比较》，広岛大学文学部纪要 1998 年版

冈村繁：《文选之研究》，上海：上海古籍出版社 2002 年版

王立群：《文选成书研究》，北京：商务印书馆 2005 年版

王书才：《明清文选学述评》，上海：上海古籍出版社 2008 年版

范志新：《文选版本论稿》，南昌：江西人民出版社 2003 年版

汪习波：《隋唐文选学研究》，上海：上海古籍出版社 2005 年版

俞绍初、许逸民编：《中外学者文选学论集》，北京：中华书局 1998 年版

中国文选学研究会编：《文选与文选学》，北京：学苑出版社 2003 年版

（南朝梁）萧绎撰，许逸民校笺：《金楼子校笺》，北京：中华书局 2011 年版

圆仁撰，顾承甫、何泉达点校：《入唐求法巡礼行记校注》，上海：上海古

籍出版社 1986 年版

刘建国,顾宝田:《庄子译注》,长春:吉林文史出版社 1993 年版

杨柳桥:《荀子诂译》,济南:齐鲁书社 1985 年版

钱锺书:《管锥编》,北京:中华书局 1986 年版

陈寅恪:《金明馆丛稿初编》,北京:生活·读书·新知三联书店出版社 2001 年版

杨义:《屈子楚辞还原》,北京:中国社会科学出版社 2016 年版

孟二冬注译:《陶渊明集》,长春:吉林文史出版社 1996 年版

曹旭:《诗品集注》(增订本),上海:上海古籍出版社 2011 年版

程章灿:《古刻新诠》,北京:中华书局 2009 年版

黄节注:《汉魏六朝诗六种》,北京:人民文学出版社 2008 年版

李长之:《陶渊明传论》,天津:天津人民出版社 2007 年版

冈村繁:《陶渊明李白新论》,上海:上海古籍出版社 2002 年版

黄侃:《文心雕龙札记》,北京:中华书局 2006 年版

张明华、李晓黎:《近代珍稀集句诗文集》,南京:凤凰出版社 2015 年版

鲁迅:《鲁迅全集》,北京:人民文学出版社 1956 年版

闻一多:《神话研究》,成都:巴蜀书社 2002 年版

钱穆:《晚学盲言》,上海:上海三联书店 2010 年版

王庆祥:《毛泽东 周恩来与溥仪》,长春:吉林人民出版社 2012 年版

陈寅恪:《唐代政治史述论稿》,北京:三联书店 2001 年版

杜洁祥主编:《中国佛寺史志汇刊》第 2 辑第 3 册《江南梵刹志》,台北:明文书局 1980 年版

王运熙、顾易生主编:《中国文学批评通史》,上海:上海古籍出版社 1996 年版

冯友兰:《中国哲学简史》,北京:北京大学出版社 2013 年版

任继愈主编:《中国哲学发展史》,北京:人民出版社 1985 年版

任继愈主编:《中国道教史》,上海:上海人民出版社 1990 年版

任继愈主编:《中国佛教史》,上海:上海人民出版社 1990 年版

吴恩培主编:《吴文化概论》,南京:东南大学出版社 2006 年版

刘志伟、史国良、李永祥:《齐梁萧氏文化概论》,上海:上海古籍出版社 2015 年版

龚斌:《南兰陵萧氏家族文化史稿》,上海:上海古籍出版社 2015 年版

《马克思恩格斯选集》,北京:人民文学出版社 1972 年版

孟德斯鸠:《论法的精神》,北京:商务印书馆 2014 年版

泰戈尔:《人生的亲证》,北京:商务印书馆 1992 年版

萧 统 年 谱

齐和帝中兴元年(501)一岁

昭明太子萧统,字德施,小字维摩,南兰陵郡兰陵县中都里(今江苏常州市武进区)人。

祖父萧顺之,官至丹阳尹。父萧衍,字叔达,梁武帝。母丁令光,贵嫔,谯国人,世居襄阳。萧衍为雍州刺史,镇守襄阳,纳丁氏为妾,时年十四。中兴元年,丁氏十七岁生萧统。时萧衍三十八岁。中年得子,为一庆。又传来东昏侯宁朔将军徐元瑜投降,齐和帝尚书令萧颖胄暴卒,时人谓之"三庆"。十二月,建康(今南京)平定,随母至京。

梁天监元年(502)二岁

萧衍称帝。十一月,萧统立为皇太子。以年幼,居皇宫永福省。

梁武帝正妻病逝,母以子贵,丁氏立为贵嫔。

以殷钧、到洽、刘孝绰为太子舍人。

天监二年(503)三岁

生而聪睿,受读《孝经》《论语》。

丁贵嫔生萧纲。

天监三年(504)四岁

　　梁武帝舍道事佛,佛法大兴。梁武之世,只帝京一处,就有佛寺七百之多,僧尼凡十万。

天监四年(505)五岁

　　遍读五经,皆能讽诵。读书数行并下,过目皆忆。

　　武帝崇文尚儒,建国子学,置五经博士。

天监五年(506)六岁

　　右光禄大夫沈约领太子詹事。谢举为太子家令。

　　萧纲立为晋安王。

天监六年(507)七岁

　　出居东宫。

　　刘孝绰、王茂为太子詹事。临川王萧宏为太子太傅。沈约为太子少傅。王筠为太子舍人。徐勉为太子中庶子,敕知宫事。

天监七年(508)八岁

　　四月,太子纳妃蔡氏。

　　八月,异母弟萧绎生。

　　置东宫侍读学士,殷钧、到洽、庾黔娄、明山宾侍太子讲五经。到洽与陆倕掌东宫管记。张缅为太子中舍人。

天监八年(509)九岁

　　九月,太子于寿安殿讲《孝经》,尽通大义。讲毕,亲临国子学行释奠(置酒以祭先圣先师孔子)礼。

天监九年(510)十岁

　　受武帝令入国子学学习。

天监十年(511)十一岁

天监十一年(512)十二岁

　　始于内省决狱。从轻判处一罪犯,杖五十。武帝笑而从之。此后,欲轻罚者即送太子决之。天监十一年后,建康县轻判一拐卖人口罪犯杖四十,太子以为太轻,判十年冶铁苦工,见《罪诬人诱口令》。

闻陆襄美行,启武帝以陆襄为太子洗马,后迁中舍人,掌管记。

天监十二年(513)十三岁

太子作《大言诗》《细言诗》,殷钧等六人皆奉令和之。

太子舍人刘遵撰成《东宫四部目录》。东宫藏书几三万卷。

天监十三年(514)十四岁

萧绎立为湘东王。

天监十四年(515)十五岁

正月朔旦,武帝亲临太极殿,为太子行加冠礼。太子始行监国抚军之权。武帝大赦天下,赏赐各有差。

《梁书》本传:"太子孝谨天至,每入朝,未五鼓便守城门开。东宫虽燕居内殿,一坐一起,恒向西南面台。宿被召入,危坐达旦。"

晋安王萧纲赴江州刺史任,太子作《示云麾弟诗》,萧纲有答诗。《梁书》本传:"每游宴祖道,赋诗至十数韵。或命作剧韵赋之,皆属思便成,无所点易。"

天监十五年(516)十六岁

武帝又命王锡、张缵、陆倕、张率、谢举、王规、王筠、刘孝绰、到洽、张缅为东宫十学士。

太子舍人萧子云作《东宫新记》。

天监十六年(517)十七岁

梁武帝大弘佛教,亲自讲说。

太子亦崇信三宝,遍览众经。于宫内别建慧义殿,专为法集之所。招引名僧十人入玄圃园讲经。

天监十七年(518)十八岁

太子应释法云(梁武帝招为家僧)之请,在玄圃园讲经,自立二谛、法身义,即《解二谛义令旨》《解法身义旨》,并有新意。

梁武帝对此极为重视,赠太子水犀如意、佛经讲疏以助之,又遣使者赴讲筵侍候、观讲。太子作《谢敕赍水犀如意启》《谢敕赍制旨大涅槃经讲疏启》《谢敕赍看讲启》等。萧纲有与太子书并《上皇太子玄圃园讲颂启》。萧统作《答玄圃园讲颂启令》,赞扬萧纲行文之美——"卓尔不群,览以回环,良同愈疾"。

当时,对太子所立二谛义和法身义,皆有论辩。名僧法云、慧令等十四人,王侯晋安王萧纲、衡山侯萧恭等八人,参与论辩,反复质疑,太子皆一一解答,洞照疑暗,足见其深厚的佛法修养。

天监十八年(519)十九岁

四月,梁武帝心受菩萨戒。大乘菩萨僧之戒律,可蓄发戴冠。太子脱度(超脱出离俗世)为约法师弟子。

《梁书》本传:"性宽和容众,喜愠不形于色。引纳才学之士,赏爱无倦。恒自讨论篇籍,或与学士商榷古今;闲则继以文章著述,率以为常。……文学之盛,晋宋以来未之有也。"

《正序》《诗苑英华》或始撰于此年。

太子第三子萧詧生。

普通元年(520)二十岁

春正月朔改元,大赦天下。

太子作《和上游钟山大爱敬寺诗》。大爱敬寺,梁武帝为其父萧顺之建立,其寺在钟山竹涧,原为昭明太子读书台。梁武帝有《游钟山大爱敬寺》诗。太子因留守建康,未能陪从,《和上游钟山大爱敬寺诗》是事后奉和之作。

时俗渐奢,太子从己做起,欲改变奢侈之风,服用朴素,穿洗了又洗的衣服,菜肴只有一种肉。

普通二年(521)二十一岁

春,晋安王萧纲出任南徐州刺史,太子作《示徐州弟诗》。

秋,往游钟山开善寺,预法会,参讲席,作《开善寺法会诗》《钟山解讲诗》。

普通三年(522)二十二岁

七月,庾仲容以中记室随安成王萧机离京赴湘州刺史任。太子特降饯行宴,并作《饯庾仲容诗》以赠,时人荣之。

十一月,始兴王萧憺薨。旧事,以东宫礼绝傍亲,书翰并依常仪。太子以为疑,命太子仆刘孝绰议之。太子不从刘孝绰之议,另命人议之,以太子之见为是,令付典书遵用,以为永准。

太子命刘孝绰编《昭明太子集》十卷,刘孝绰有《序》称颂之。萧纲立为太子后,又增为二十卷。现存者五卷。

作《答湘东王(萧绎)求文集及诗苑英华书》,《书》对《诗苑英华》"犹有遗恨,而其书已传",故成为编撰《文选》之因。

普通四年(523)二十三岁

东宫新置学士,以明山宾居之。太子有《贻明山宾诗并令》。之前,明山宾在任北兖州刺史时,属县平陆歉收,大饥。明山宾启出仓米以救民。后任刺史检查,而发放仓米记录遗失,认为明山宾"为耗阙",可能有贪腐行为,追责,没收其宅入官。

明山宾不申辩,另买地造新宅,但钱不够,中间停下来了。明山宾是大儒,曾在东宫服务。太子对其为人十分了解,听说明山宾建宅款不继而停工时,有令曰:"明祭酒(国子学校长)虽出抚大藩,拥旄推毂,珥金拖紫,而恒事屡空。闻构宇未成,今送薄助。"并作诗赞美他。

普通五年(524)二十四岁

连年大军北伐,京都米贵,太子因命菲衣减膳,改常馔为小食。又对贫困家密加救济,若死而无可埋者,则为备棺木。常常忧虑百姓赋役繁多劳苦,心里不安。

普通六年(525)二十五岁

太子仆刘孝绰迁廷尉卿,因"携少妹于华省,弃老母于下宅",遭御史中丞到洽弹劾,入狱,免官。梁武帝为隐其恶,改

"妹"为"姝"。刘孝绰出狱后,武帝百般抚慰。刘氏兄弟写信给湘东王萧绎,揭发到洽"不平者十事,其辞皆鄙到氏。又写别本封呈东宫,昭明太子命焚之,不开视也",可见太子信任刘孝绰,不相信他能干那种"名教罪人"的事,知道是到洽携怨报复。

普通七年(526)二十六岁

弟邵陵王萧伦作恶多端,肆行非法,车服僭拟皇帝,梁武帝将赐死,太子固谏,得免。

湘东王萧绎赴任荆州刺史,太子赠以筝,并作《咏弹筝人诗》:"故筝犹可惜,应度新人边。"对萧绎寄予厚望。

十一月,母丁贵嫔卒,时年四十二。《梁书》本传载:"贵嫔有疾,太子还永福省,朝夕侍疾,衣不解带。及薨,步从丧还宫,至殡,水浆不入口,每哭辄恸绝。高祖遣中书舍人顾协宣旨曰:'毁不灭性,圣人之制。《礼》,不胜丧比于不孝。有我在,那得自毁如此!可即强进饮食。'太子奉敕,乃进数合。自是至葬,日进麦粥一升。高祖又敕曰:'闻汝所进过少,转就羸瘵。我比更无余病,正为汝如此,胸中亦坷塞成疾。故应强加馒粥,不使我恒尔悬心。'虽屡奉敕劝逼,日止一溢(一把小米),不尝菜果之味。体素壮,腰带十围,至是减削过半。每入朝,士庶见者莫不下泣。"

《梁书·丁贵嫔传》:"贵嫔性仁恕,及居宫内,接驭自下,皆得其欢心。不好华饰,器服无珍丽,未尝为亲戚私谒。及高祖弘佛教,贵嫔奉而行之,屏绝滋腴,长进蔬膳。受戒日,甘露降于殿前,方一丈五尺。高祖所立经义,皆得其指归,尤精《净名经》。所受供赐,悉以充法事。"史臣曰:"穆(丁氏谥号)贵嫔徽华早著,诞育元良,德懋六宫,美矣。"太子深受母亲影响。

普通八年、大通元年(527)二十七岁

梁武帝舍身同泰寺。

三月辛未,甲戌还宫,大赦,改元大通。

春,萧统母葬于宁陵。

庾信侍讲读东宫。

释僧旻卒。太子为制碑文,已佚。

明山宾卒。太子十分悲痛,作《与殷芸令》,追忆称美之。又为举哀,赙钱十万,布百匹,使舍人监护丧事。

到洽卒。太子作《与晋安王纲令》,痛惜东宫学士相继"零落,特可伤恻"。

编成《陶渊明集》,并有《序》,又作《陶渊明传》。

大通二年(528)二十八岁

达摩讣至,太子为文祭之。《释藏》之《传法正宗纪五》,菩提达摩,南天竺(古印度)王香至之子,名僧。普通元年,到广州,梁武帝迎至建康。两人对语,达摩以武帝"不悟",去北魏,在嵩山少林寺观壁。北魏孝明帝招之不起。大通二年圆寂。孝明帝讣告梁武。武帝赠送宝玉以助葬,并制碑赞德。太子作祭文,其略云:"洪惟圣胄大师,荷十力之智印,乘六通而泛海。运悲智于梵方,拯颠危于华土。"据此估计,达摩与武帝对语时,太子可能在场,或另有交集。

大通三年、中大通元年(529)二十九岁

刘孝绰复为太子仆,后以母忧去职。

殷芸卒。太子作《宴阑思旧诗》:"灌蔬(殷芸字)实温雅,摘藻每清新。"

萧子恪卒。子恪曾做过太子詹事。

释法云卒。太子悲之。

十一月,以南平王萧伟为太子太傅。

《文选》或编成于此年。

梁武帝敕赐太子太乐女妓一部。《梁书》本传:"性爱山水,于玄圃穿筑,更立亭馆,与朝士名素者游其中。尝泛舟后池,番禺侯(萧)轨盛称'此中宜奏女乐'。太子不答,咏左思《招隐》诗曰:'何必丝与竹,山水有清音'。侯惭而止。出宫二

十余年,不畜声乐。少时,敕赐太乐女妓一部,略非所好。"同年亦给萧纲、萧绩一部。

中大通二年(530)三十岁

正月,晋安王萧纲从雍州刺史调任扬州刺史。

吴兴郡屡有水灾,诏发吴郡、吴兴、义兴三郡民丁开漕沟渠,导泄于震泽(今江苏太湖)。太子上《请停吴兴等三郡丁役疏》,认为此举虽为解民之困,但时机不对。吴兴累年失收,粮价大涨,民多流亡,可服劳役者少。有关部门皆隐瞒不报。如官吏强征,"吏一呼门,动为民蠹"。如善良百姓去服役,劫盗者已多,更会增加,结果是"吴兴未受其益,内地已罹其弊"。太子请暂停此役,待情况好转后再兴此功。武帝"优诏以喻"。

中大通三年(531)三十一岁

张缅卒。太子往临哭。《与张缵书》云:"贤兄学业该通,莅事明敏……自列宫朝,二纪将及,义惟僚属,情实亲友……言及增哽,揽笔无次。"张缵曾为太子舍人为萧统母作《哀册文》。

《梁书》本传:"三年三月,恐贻高祖忧,敕参问,辄自力手书启。及稍笃,左右欲闻,犹不许,曰:'云何令至尊知我如此恶。'因便呜咽。四月乙巳薨,时年三十一。高祖幸东宫,临哭尽哀。诏敛以衮冕。谥曰昭明。"又载:"太子仁德素著,及薨,朝野惋愕。京师男女奔走宫门,号泣满路。四方氓庶及疆徼之民,闻丧皆恸哭。"

五月,葬安宁陵。诏司徒左长史王筠作《哀册文》。又贵池县(今属安徽省)有太子衣冠冢。

诏以晋安王纲为皇太子。

六月,遍封昭明诸子为郡王,女皆同正主。蔡妃别居金华宫。旧东宫官属皆遣散。

七月,正式策立萧纲为皇太子。后即位为简文帝。著《昭明太子传》五卷。

后　记

　　写作《萧统评传》，是一次重新学习、深入认识萧统的过程，也是一次提高自我、灵魂升华的过程。这个过程使我们进一步认识到，《文选》是值得为之付出全部生命的经典。

　　写作《萧统评传》，对我们而言是一次挑战。中国《文选》学研究会已故会长曹道衡先生和现任会长傅刚先生的同名大作在前，竖立一个高标准，已在学界产生深远影响。纵或不能超越，也必须有所不同，所以，挑战是对自我，而不是对他们。当然，写同一人的评传在材料取舍和具体评价上不可能完全不同，只能同中有不同。但如何不同才是关键，否则就失去了意义。

　　另一个问题是文体。中国文人特别注重文体。上古的第一部儒家经典《尚书》就提出："词尚体要。"明代彭时为吴纳的《文章辨体》作《序》说："海虞吴先生有见于此，谓文辞宜以体制为先。"钱锺书先生指出："吾国文学……体制定其得失，品类辨其尊卑。"好像封建等级制度一样不可逾越，因不符合文体要求而遭批评者多矣。王安石评苏轼《醉白堂记》戏曰："文词虽工，然不是《醉白堂记》，乃是《韩白优劣论》耳。"我们的《萧统评传》也存在这个问题。《文选》学的争论很多，涉不涉及？涉及是必然的。但如何涉及？颇费斟酌。本评传是通俗读物，面向一般读者。读者中之少数人对《文选》学中之争论可能知道一些，但多数人不甚了然。仅从正面叙述，担心说不清楚，可能以己之昏昏使人昏昏，不利于读者。如萧统是否《文选》主编的问题争论极大，至今没有共识。萧统之所以成为"选圣"，就是因为编撰了《文选》。如果这个问题不首先解决，一切免谈，也没有必要为他写评传了。而这个问题涉及《文选》学研究的方方面面，很复杂；其他争论问题也一样。如不涉及，萧统的贡献不能得到比较充分的认识和肯定；涉及，则与一般评传的写法拉开了距离。怎么办？是循规蹈矩，还是离方遁圆？我们采取了后者，因为古人有言：文有惯体而无定体。同时，还有一个奢望，既然谈了《文选》学研究中的争论问题，与"惯体"不同了，不妨扩展一点，深入一点，冀其有助于争论问题的进一步讨论。再如中国人思维的独特性是没有争论的，但它是认识萧统之作和《文选》的前提，故写了一节。这些做法是耶非耶？敬请读者和方家指正。

常州市齐梁文化课题组和上海古籍出版社给了我们这个学习机会，在撰写中，薛峰、储佩成二位先生提出具体修改意见，一并致以谢意！

《评传》由三人合作：第一、二章，王大恒执笔；第三、四章，萧统年谱，本书开端语和结语，陈延嘉执笔；第五、六章，孙浩宇执笔。陈延嘉总体设计、统稿。

陈延嘉

2017 年 7 月 3 日于文选斋

总　目

归田录 I

南唐近事 33

画墁录 55

泊宅编 79

孔氏谈苑 125

江邻幾杂志 163

归田录

（外五种）

［宋］欧阳修 等撰 韩谷 等校点

江邻幾杂志 南唐近事

画墁录 泊宅编

孔氏谈苑

图书在版编目(CIP)数据

归田录(外五种)/(宋)欧阳修等撰;韩谷等校点.
—上海:上海古籍出版社,2012.12(2024.7重印)
(历代笔记小说大观)
ISBN 978-7-5325-6349-4

Ⅰ.①归… Ⅱ.①欧… ②韩… Ⅲ.①笔记小说-小说集-中国-宋代 Ⅳ.①I242.1

中国版本图书馆 CIP 数据核字(2012)第 044837 号

历代笔记小说大观

归田录(外五种)

[宋]欧阳修 等撰

韩 谷 等校点

上海古籍出版社出版发行

(上海市闵行区号景路 159 弄 1-5 号 A 座 5F 邮政编码 201101)

(1) 网址:www.guji.com.cn

(2) E-mail:guji1@guji.com.cn

(3) 易文网网址:www.ewen.co

常熟文化印刷有限公司印刷

开本 635×965 1/16 印张 12.25 插页 2 字数 164,000

2012 年 12 月第 1 版 2024 年 7 月第 3 次印刷

印数:3,201—4,300

ISBN 978-7-5325-6349-4

I·2503 定价:30.00 元

如有质量问题,请与承印公司联系

归　田　录

［宋］欧阳修　撰

韩　谷　校点

校 点 说 明

　　《归田录》二卷,宋欧阳修(1007—1072)撰。欧阳修字永叔,号醉翁、六一居士,吉州庐陵人。天圣八年(1030)进士。曾为馆阁校勘。景祐三年(1036)以范仲淹被贬,贻书责司谏高若讷,贬夷陵令。庆历三年(1043)知谏院,擢知制诰,支持范仲淹新政,后贬知滁州。至和元年(1054)入为翰林学士,编修《新唐书》,后官至枢密副使,参知政事。熙宁四年(1071)致仕。有《欧阳文忠公集》,为唐宋八大家之一。

　　此书自序云:"《归田录》者,朝廷之遗事,史官之所不记,与夫士大夫笑谈之余而可录者,录之以备闲居之览也。"书中记载了朝廷轶事、职官制度和人物事迹,多为欧阳修耳闻目睹,随手记叙,有重要史料价值。《四库全书总目》称其"大致可资考据"。

　　《归田录》的成书,据其自序,作于治平四年(1067)。向有原本和上进本之说。宋朱弁《曲洧旧闻》云,其书"初成未出而序先传,神宗见之,遽命中使宣取。时公已致仕在颍州,以其间记事有未欲广者,因尽删去之;又恶其太少,则杂记戏笑不急之事,以充满其卷帙。既缮写进入,而旧本亦不敢存。今世之所有皆进本,而元书盖未尝出之于世,至今其子孙犹谨守之。"周煇《清波杂志》云:"元本亦尝出,《庐陵集》所载上下才二卷,乃进本也。"今二卷本当为呈上之进本,而所言原本,除以上两家外,宋人笔记中多有述之,说法各异,但均未实见其流传。《宋史·艺文志》著为八卷,是否为原本或为误记;《名臣言行录》、《皇宋事实类苑》、《事文类聚》等宋人著作引文中亦多有今本所无者，这些佚文是否就是出自《归田录》原本，凡此种种，尚待进一步证实。

　　《归田录》通行版本有《稗海》本、《学津讨原》本、《知不足斋丛书》本等。1919年上海商务印书馆以宋周必大所编《欧阳文忠公集》的元刊本为底本，"校以宋椠《文集》本，其祠堂刻本《文集》本及《稗海》刻本略有同异，皆附注之"。并从朱熹《名臣言行录》中辑录两条作为补遗，刊入涵芬楼小说丛书。今即以此本为底本，并参校文澜阁《四库全书》本及《说郛》诸本。文字择善而从，不出校记。底本原有夏敬观所作校语。今依丛书体例，予以删除。

目　　录

自序 7

卷一 9

卷二 20

补遗 31

自　序

　　《归田录》者，朝廷之遗事，史官之所不记，与夫士大夫笑谈之余而可录者，录之以备闲居之览也。有闻而诮余者曰："何其迂哉！子之所学者，修仁义以为业，诵六经以为言，其自待者宜如何？而幸蒙人主之知，备位朝廷，与闻国论者，盖八年于兹矣。既不能因时奋身，遇事发愤，有所建明，以为补益；又不能依阿取容，以徇世俗，使怨嫉谤怒丛于一身，以受侮于群小。当其惊风骇浪，卒然起于不测之渊，而蛟鳄鼋鼍之怪，方骈首而闯伺，乃措身其间，以蹈必死之祸。赖天子仁圣，恻然哀怜，脱于垂涎之口而活之，以赐其余生之命，曾不闻吐珠衔环，效蛇雀之报。盖方其壮也，犹无所为，今既老且病矣，是终负人主之恩，而徒久费大农之钱，为太仓之鼠也。为子计者，谓宜乞身于朝，退避荣宠，而优游田亩，尽其天年，犹足窃知止之贤名；而乃裴回俯仰，久之不决，此而不思，尚何归田之录乎！"余起而谢曰："凡子之责我者皆是也，吾其归哉！子姑待。"治平四年九月乙未庐陵欧阳修序。

卷一

太祖皇帝初幸相国寺,至佛像前烧香,问当拜与不拜。僧录赞宁奏曰:"不拜。"问其何故,对曰:"见在佛不拜过去佛。"赞宁者,颇知书,有口辩。其语虽类俳优,然适会上意,故微笑而颔之,遂以为定制。至今行幸焚香皆不拜也。议者以为得礼。

开宝寺塔在京师诸塔中最高,而制度甚精,都料匠预浩所造也。塔初成,望之不正而势倾西北。人怪而问之,浩曰:"京师地平无山,而多西北风,吹之不百年,当正也。"其用心之精盖如此。国朝以来木工一人而已。至今木工皆以预都料为法。有《木经》三卷行于世。世传浩惟一女,年十余岁。每卧则交手于胸为结构状,如此逾年,撰成《木经》三卷,今行于世者是也。

国朝之制,知制诰必先试而后命。有国以来百年,不试而命者才三人:陈尧佐、杨亿,及修忝与其一尔。

仁宗在东宫,鲁肃简公宗道为谕德,其居在宋门外,俗谓之浴堂巷。有酒肆在其侧,号仁和,酒有名于京师,公往往易服微行,饮于其中。一日,真宗急召公,将有所问。使者及门而公不在,移时乃自仁和肆中饮归。中使遽先入白,乃与公约曰:"上若怪公来迟,当托何事以对,幸先见教,冀不异同。"公曰:"但以实告。"中使曰:"然则当得罪。"公曰:"饮酒,人之常情;欺君,臣子之大罪也。"中使嗟叹而去。真宗果问使者,具如公对。真宗问曰:"何故私入酒家?"公谢曰:"臣家贫无器皿,酒肆百物具备,宾至如归。适有乡里亲客自远来,遂与之饮。然臣既易服,市人亦无识臣者。"真宗笑曰:"卿为宫臣,恐为御史所弹。"然自此奇公,以为忠实可大用,晚年每为章献明肃太后言群臣可大用者数人,公其一也。其后章献皆用之。

太宗时,亲试进士,每以先进卷子者赐第一人及第。孙何与李庶几同在科场,皆有时名,庶几文思敏速,何尤苦思迟。会言事者上言:"举子轻薄,为文不求义理,惟以敏速相夸。"因言:"庶几与举子于饼肆中作赋，以一饼熟成一韵者为胜。"太宗闻之大怒，是岁殿试，庶几最先进卷子，遽叱出之，由是何为第一。

故参知政事丁公_度、晁公_{宗悫}往时同在馆中，喜相谐谑。晁因迁职以启谢丁，时丁方为群牧判官，乃戏晁曰："启事更不奉答，当以粪墼一车为报。"晁答曰："得墼胜于得启。"闻者以为善对。

石资政_{中立}好谐谑，士大夫能道其语者甚多。尝因入朝，遇荆王迎授，东华门不得入，遂自左掖门入。有一朝士好事语言，问石云："何为自左掖门入？"石方趁班，且走且答曰："只为大王迎授。"闻者无不大笑。杨大年方与客棋，石自外至，坐于一隅。大年因诵贾谊《鹏赋》以戏之云："止于坐隅，貌甚闲暇。"石遽答曰："口不能言，请对以臆。"

故老能言五代时事者云：冯相道、和相凝同在中书，一日，和问冯曰："公靴新买，其直几何？"冯举左足示和曰："九百。"和性褊急，遽回顾小吏云："吾靴何得用一千八百？"因诟责久之。冯徐举其右足曰："此亦九百。"于是烘堂大笑。时谓宰相如此，何以镇服百僚。

钱副枢_{若水}尝遇异人传相法，其事甚怪，钱公后传杨大年，故世称此二人有知人之鉴。仲简，扬州人也，少习明经，以贫佣书大年门下。大年一见奇之，曰："子当进士及第，官至清显。"乃教以诗赋。简天禧中举进士第一甲及第，官至正郎、天章阁待制以卒。谢希深为奉礼郎，大年尤喜其文，每见则欣然延接，既去则叹息不已。郑天休在公门下，见其如此，怪而问之。大年曰："此子官亦清要，但年不及中寿尔。"希深官至兵部员外郎、知制诰，卒年四十六，皆如其言。希深初以奉礼郎锁厅应进士举，以启事谒见大年，有云："曳铃其空，上念无君子者；解组不顾，公其如苍生何？"大年自书此四句于扇，曰："此文中虎也。"由是知名。

太祖时，郭进为西山巡检，有告其阴通河东刘继元，将有异志者。太祖大怒，以其诬害忠臣，命缚其人予进，使自处置。进得而不杀，谓曰："尔能为我取继元一城一寨，不止赎尔死，当请赏尔一官。"岁余，其人诱其一城来降。进具其事送之于朝，请赏以官。太祖曰："尔诬害我忠良，此才可赎死尔，赏不可得也。"命以其人还进。进复请曰：

"使臣失信，则不能用人矣。"太祖于是赏以一官。君臣之间盖如此。

鲁肃简公立朝刚正，嫉恶少容，小人恶之，私目为"鱼头"。当章献垂帘时，屡有补益，谠言正论，士大夫多能道之。公既卒，太常谥曰"刚简"，议者不知为美谥，以为因谥讥之，竟改曰"肃简"。公与张文节公知白当垂帘之际，同在中书，二公皆以清节直道为一时名臣，而鲁尤简易，若曰"刚简"，尤得其实也。

宋尚书祁为布衣时，未为人知。孙宣公奭一见奇之，遂为知己。后宋举进士，骤有时名，故世称宣公知人。公尝语其门下客曰："近世谥用两字，而文臣必谥为文，皆非古也。吾死，得谥曰'宣'若'戴'足矣。"及公之卒，宋方为礼官，遂谥曰"宣"，成其志也。

嘉祐二年，枢密使田公况罢为尚书右丞、观文殿学士兼翰林侍读学士。罢枢密使当降麻，而止以制除。盖往时高若讷罢枢密使，所除官职正与田公同，亦不降麻，遂以为故事。真宗时，丁晋公谓自平江军节度使除兵部尚书、参知政事，节度使当降麻，而朝议惜之，遂止以制除。近者陈相执中罢使相除仆射，乃降麻，庞籍罢节度使除观文殿大学士，又不降麻，盖无定制也。

宝元、康定之间，余自贬所还过京师，见王君贶初作舍人，自契丹使归。余时在坐，见都知、押班、殿前马步军联骑立门外，呈榜子称"不敢求见"，舍人遣人谢之而去。至庆历三年，余作舍人，此礼已废。然三衙管军臣僚于道路相逢，望见舍人，呵引者即敛马驻立，前呵者传声"太尉立马"，急遣人谢之，比舍人马过，然后敢行。后予官于外十年而还，遂入翰林为学士，见三衙呵引甚雄，不复如当时。与学士相逢，分道而过，更无敛避之礼，盖两制渐轻而三衙渐重。旧制：侍卫亲军与殿前分为两司。自侍卫司不置马步军都指挥使，止置马军指挥使、步军指挥使以来，侍卫一司自分为二，故与殿前司列为三衙也。五代军制已无典法，而今又非其旧制者多矣。

国家开宝中所铸钱，文曰"宋通元宝"，至宝元中则曰"皇宋通宝"。近世钱文皆著年号，惟此二钱不然者，以年号有"宝"字，文不可重故也。

建隆末，将议改元。语宰相勿用前世旧号，于是改元乾德。其后因于禁中见内人镜背有"乾德"之号，以问学士陶穀，穀曰："此伪蜀时年号也。"因问内人，乃是故蜀王时人。太祖由是益重儒士，而叹宰相寡闻也。

仁宗即位，改元天圣。时章献明肃太后临朝称制，议者谓撰号者取天字，于文为"二人"，以为"二人圣"者，悦太后尔。至九年，改元明道，又以为明字于文"日月并"也，与"二人"旨同。无何，以犯契丹讳，明年遽改曰景祐，是时连岁天下大旱，改元诏意冀以迎和气也。五年，因郊又改元曰宝元。自景祐初，群臣慕唐玄宗以开元加尊号，遂请加景祐于尊号之上，至宝元亦然。是岁赵元昊以河西叛，改姓元氏，朝廷恶之，遽改元曰康定，而不复加于尊号。而好事者又曰"康定乃谥尔"，明年又改曰庆历。至九年，大旱，河北尤甚，民死者十八九，于是又改元曰皇祐，犹景祐也。六年，日蚀四月朔，以谓正阳之月，自古所忌，又改元曰至和。三年，仁宗不豫，久之康复，又改元曰嘉祐。自天圣至此，凡年号九，皆有谓也。

寇忠愍公准之贬也，初以列卿知安州，既而又贬衡州副使，又贬道州别驾，遂贬雷州司户。时丁晋公与冯相拯在中书，丁当秉笔，初欲贬崖州，而丁忽自疑，语冯曰："崖州再涉鲸波，如何？"冯唯唯而已。丁乃徐拟雷州。及丁之贬也，冯遂拟崖州，当时好事者相语曰："若见雷州寇司户，人生何处不相逢！"比丁之南也，寇复移道州，寇闻丁当来，遣人以蒸羊逆于境上，而收其僮仆，杜门不放出，闻者多以为得体。

杨文公亿以文章擅天下，然性特刚劲寡合。有恶之者，以事潜之。大年在学士院，忽夜召见于一小阁，深在禁中，既见赐茶，从容顾问。久之，出文稿数箧，以示大年，云："卿识朕书迹乎？皆朕自起草，未尝命臣下代作也。"大年惶恐不知所对，顿首再拜而出，乃知必为人所潜矣。由是佯狂，奔于阳翟。真宗好文，初待大年眷顾无比，晚年恩礼渐衰，亦由此也。

王文正公曾为人方正持重，在中书最为贤相，尝谓："大臣执政，不当收恩避怨。"公尝语尹师鲁曰："恩欲归己，怨使谁当！"闻者叹服，以为名言。

李文靖公沆为相沉正厚重，有大臣体，尝曰："吾为相无他能，唯不改朝廷法制，用此以报国。"士大夫初闻此言，以谓不切于事，及其后当国者或不思事体，或收恩取誉，屡更祖宗旧制，遂至官兵冗滥，不可胜纪，而用度无节，财用匮乏，公私困弊。推迹其事，皆因执政不能遵守旧规，妄有更改所致。至此始知公言简而得其要，由是服其识虑之精。

陶尚书_谷为学士，尝晚召对，太祖御便殿，陶至，望见上，将前而复却者数四，左右催宣甚急，谷终彷徨不进。太祖笑曰："此措大索事分！"顾左右取袍带来。上已束带，谷遂趋入。

薛简肃公_奎知开封府，时明参政_镐为府曹官，简肃待之甚厚，直以公辅期之。其后公守秦、益，常辟以自随，优礼特异。有问于公何以知其必贵者，公曰："其为人端肃，其言简而理尽，凡人简重则尊严，此贵臣相也。"其后果至参知政事以卒。时皆服公知人。

腊茶出于剑、建，草茶盛于两浙。两浙之品，日注为第一。自景祐已后，洪州双井白芽渐盛，近岁制作尤精，囊以红纱，不过一二两，以常茶十数斤养之，用辟暑湿之气。其品远出日注上，遂为草茶第一。

仁宗退朝，常命侍臣讲读于迩英阁。贾侍中_{昌朝}时为侍讲，讲《春秋左氏传》，每至诸侯淫乱事，则略而不说。上问其故，贾以实对。上曰："六经载此，所以为后王鉴戒，何必讳。"

丁晋公自保信军节度使、知江宁府召为参知政事。中书以丁节度使，召学士草麻，时盛文肃为学士，以为参知政事合用舍人草制，遂以制除，丁甚恨之。

寇忠愍之贬，所素厚者九人，自盛文肃_度以下皆坐斥逐，而杨大年与寇公尤善，丁晋公怜其才，曲保全之。议者谓丁所贬朝士甚多，独于大年能全之，大臣爱才一节可称也。

太祖时，以李汉超为关南巡检使捍北虏，与兵三千而已。然其齐州赋税最多，乃以为齐州防御使，悉与一州之赋，俾之养士。而汉超武人，所为多不法，久之，关南百姓诣阙讼汉超贷民钱不还及掠其女以为妾。太祖召百姓入见便殿，赐以酒食慰劳之。徐问曰："自汉超在关南，契丹入寇者几？"百姓曰："无也。"太祖曰："往时契丹入寇，边

将不能御，河北之民岁遭劫虏，汝于此时能保全其资财妇女乎？今汉
超所取，孰与契丹之多？"又问讼女者曰："汝家几女，所嫁何人？"百姓
具以对。太祖曰："然则所嫁皆村夫也。若汉超者，吾之贵臣也，以爱
汝女则取之，得之必不使失所，与其嫁村夫，孰若处汉超家富贵？"于
是百姓皆感悦而去。太祖使人语汉超曰："汝须钱何不告我，而取于
民乎？"乃赐以银数百两，曰："汝自还之，使其感汝也。"汉超感泣，誓
以死报。

仁宗万机之暇，无所玩好，惟亲翰墨，而飞白尤为神妙。凡飞白
以点画象物形，而点最难工。至和中，有书待诏李唐卿撰飞白三百点
以进，自谓穷尽物象。上亦颇佳之，乃特为"清淨"二字以赐之，其六
点尤为奇绝，又出三百点外。

仁宗圣性恭俭。至和二年春，不豫，两府大臣日至寝阁问圣体，
见上器服简质，用素漆唾壶盂子，素瓷盏进药，御榻上衾褥皆黄绨，色
已故暗，宫人遽取新衾覆其上，亦黄绨也。然外人无知者，惟两府侍
疾，因见之尔。

陈康肃公尧咨善射，当世无双，公亦以此自矜。尝射于家圃，有卖
油翁释担而立，睨之久而不去。见其发矢十中八九，但微颔之。康肃
问曰："汝亦知射乎？吾射不亦精乎？"翁曰："无他，但手熟尔。"康肃
忿然曰："尔安敢轻吾射！"翁曰："以我酌油知之。"乃取一葫芦置于
地，以钱覆其口，徐以杓酌油沥之，自钱孔入而钱不湿，因曰："我亦无
他，惟手熟尔。"康肃笑而遣之。此与庄生所谓"解牛"、"斫轮"者
何异。

至和初，陈恭公罢相，而并用文、富二公彦博、弼。正衙宣麻之际，
上遣小黄门密于百官班中听其论议，而二公久有人望，一旦复用，朝
士往往相贺。黄门具奏，上大悦。余时为学士，后数日，奏事垂拱殿，
上问："新除彦博等，外议如何？"余以朝士相贺为对。上曰："自古人
君用人，或以梦卜，苟不知人，当从人望，梦卜岂足凭耶！"故余作《文
公批答》，云"永惟商、周之所记，至以梦卜而求贤，孰若用搢绅之公
言，从中外之人望"者，具述上语也。

王元之在翰林，尝草夏州李继迁制，继迁送润笔物数倍于常，然

用启头书送,拒而不纳。盖惜事体也。近时舍人院草制,有送润笔物稍后时者,必遣院子诣门催索,而当送者往往不送。相承既久,今索者、送者皆恬然不以为怪也。

内中旧有玉石三清真像,初在真游殿。既而大内火,遂迁于玉清昭应宫。已而玉清又大火,又迁于洞真。洞真又火,又迁于上清。上清又火,皆焚荡无孑遗,遂迁于景灵。而宫司道官相与惶恐,上言:“真像所至辄火,景灵必不免,愿迁他所。”遂迁于集禧宫迎祥池水心殿。而都人谓之“行火真君”也。

丁文简公度罢参知政事,为紫宸殿学士,即文明殿学士也。文明本有大学士,为宰相兼职,又有学士,为诸学士之首。后以“文明”者,真宗谥号也,遂更曰紫宸。近世学士皆以殿名为官称,如端明、资政是也。丁既受命,遂称曰丁紫宸。议者又谓紫宸之号非人臣之所宜称,遽更曰观文。观文是隋炀帝殿名,理宜避之,盖当时不知。然则朝廷之事,不可以不学也。

王冀公钦若罢参知政事,而真宗眷遇之意未衰,特置资政殿学士以宠之。时寇莱公在中书,定其班位依杂学士,在翰林学士下。冀公因诉于上曰:“臣自学士拜参知政事,今无罪而罢,班反在下,是贬也。”真宗为特加大学士,班在翰林学士上,其宠遇如此。

景祐中,有郎官皮仲容者,偶出街衢,为一轻浮子所戏,遽前贺云:“闻君有台宪之命。”仲容立马愧谢久之,徐问其何以知之。对曰:“今新制台官,必用稀姓者,故以君姓知之尔。”盖是时三院御史乃仲简、论程、掌禹锡也。闻者传以为笑。

太宗时,宋白、贾黄中、李至、吕蒙正、苏易简五人同时拜翰林学士,承旨扈蒙赠之以诗云:“五凤齐飞入翰林。”其后吕蒙正为宰相,贾黄中、李至、苏易简皆至参知政事,宋白官至尚书,老于承旨,皆为名臣。

御史台故事:三院御史言事,必先白中丞。自刘子仪为中丞,始榜台中:“今后御史有所言,不须先白中丞杂端。”至今如此。

丁晋公之南迁也,行过潭州,自作《斋僧疏》云:“补仲山之衮,虽曲尽于巧心;和傅说之羹,实难调于众口。”其少以文称,晚年诗笔尤精，在海南篇咏尤多，如"草解忘忧忧底事，花名含笑笑何人"，尤为人所传诵。

张仆射齐贤体质丰大，饮食过人，尤嗜肥猪肉，每食数斤。天寿院风药黑神丸，常人所服不过一弹丸，公常以五七两为一大剂，夹以胡饼而顿食之。淳化中，罢相知安州，安陆山郡，未尝识达官，见公饮啖不类常人，举郡惊骇。尝与宾客会食，厨吏置一金漆大桶于厅侧，窥视公所食，如其物投桶中。至暮，酒浆浸渍，涨溢满桶，郡人嗟愕，以谓享富贵者，必有异于人也。然而晏元献公清瘦如削，其饮食甚微，每析半饼，以箸卷之，抽去其箸，内捻头一茎而食。此亦异于常人也。

宋宣献公绶、夏英公竦同试童行诵经。有一行者，诵《法华经》不过，问其"习业几年矣"，曰："十年也。"二公笑且闵之，因各取《法华经》一部诵之，宋公十日，夏公七日，不复遗一字。人性之相远如此。

枢密曹侍中利用，澶渊之役以殿直使于契丹，议定盟好，由是进用。当庄献明肃太后时，以勋旧自处，权倾中外，虽太后亦严惮之，但呼侍中而不名。凡内降恩泽，皆执不行。然以其所执既多，故有三执而又降出者，则不得已而行之。久之为小人所测，凡有求而三降不行者，必又请之。太后曰："侍中已不行矣。"请者徐启曰："臣已告得侍中宅奶婆或其亲信，为言之，许矣。"于是又降出，曹莫知其然也，但以三执不能已，俛偄行之。于是太后大怒，自此切齿，遂及曹芮之祸。乃知大臣功高而权盛，祸患之来，非智虑所能防也。

曹侍中在枢府，务革侥幸，而中官尤被裁抑。罗崇勋时为供奉官，监后苑作岁满叙劳，过求恩赏，内中唐突不已。庄献太后怒之，帘前谕曹，使召而戒励。曹归院坐厅事，召崇勋立庭中，去其巾带，困辱久之，乃取状以闻。崇勋不胜其耻。其后曹芮事作，镇州急奏，言芮反状，仁宗、太后大惊，崇勋适在侧，因自请行。既受命，喜见颜色，昼夜疾驰，锻成其狱。芮既被诛，曹初贬随州，再贬房州。行至襄阳渡北津，监送内臣杨怀敏指江水谓曹曰："侍中，好一江水。"盖欲其自投也，再三言之，曹不谕。至襄阳驿，遂逼其自缢。

宋郑公庠初名郊，字伯庠，与其弟祁自布衣时名动天下，号为"二宋"。其为知制诰，仁宗骤加奖眷，便欲大用。有忌其先进者谮之，谓其"姓符国号,名应郊天"。又曰:"郊者交也,交者替代之名也,'宋交',其言不祥。"仁宗遽命改之。公怏怏不获已,乃改为庠,字公序。公后更践二府二十余年,以司空致仕,兼享福寿而终。而谮者竟不见用以卒,可以为小人之戒也。

曹武惠王彬,国朝名将,勋业之盛,无与为比,尝曰:"自吾为将,杀人多矣,然未尝以私喜怒辄戮一人。"其所居堂室弊坏,子弟请加修葺,公曰:"时方大冬,墙壁瓦石之间,百虫所蛰,不可伤其生。"其仁心爱物盖如此。既平江南回,诣阁门入见,榜子称"奉敕江南勾当公事回"。其谦恭不伐又如此。

真宗好文,虽以文辞取士,然必视其器识,每御崇政赐进士及第,必召其高第三四人并列于庭,更察其形神磊落者,始赐第一人及第;或取其所试文辞有理趣者。徐奭《铸鼎象物赋》云:"足惟下正,讵闻公悚之欹倾;铉乃上居,实取王臣之威重。"遂以为第一。蔡齐《置器赋》云:"安天下于覆盂,其功可大。"遂以为第一人。

钱思公生长富贵,而性俭约,闺门用度,为法甚谨。子弟辈非时不能辄取一钱。公有一珊瑚笔格,平生尤所珍惜,常置之几案。子弟有欲钱者,辄窃而藏之,公即怅然自失,乃榜于家庭,以钱十千赎之。居一二日,子弟佯为求得以献,公欣然以十千赐之。他日,有欲钱者又窃去。一岁中率五、七如此,公终不悟也。余官西都,在公幕亲见之,每与同僚叹公之纯德也。

国朝雅乐,即用王朴所制周乐。太祖时,和岘以为声高,遂下其一律。然至今言乐者犹以为高,云今黄钟乃古夹钟也。景祐中,李照作新乐,又下其声。太常歌工以其太浊,歌不成声,当铸钟时,乃私赂铸匠,使减其铜齐,而声稍清,歌乃叶而成声,而照竟不知。以此知审音作乐之难也。照每谓人曰:"声高则急促,下则舒缓,吾乐之作,久而可使人心感之皆舒和,而人物之生亦当丰大。"王侍读洙身尤短小,常戏之曰:"君乐之成,能使我长乎?"闻者以为笑,而乐成竟不用。

邓州花蜡烛名著天下,虽京师不能造,相传云是寇莱公烛法。公尝知邓州,而自少年富贵,不点油灯,尤好夜宴剧饮,虽寝室亦燃烛达旦。每罢官去,后人至官舍,见厕溷间烛泪在地,往往成堆。杜祁公为人清俭,在官未尝燃官烛,油灯一炷,荧然欲灭,与客相对清谈而已。二公皆为名臣,而奢俭不同如此。然祁公寿考终吉,莱公晚有南迁之祸,遂殁不返,虽其不幸,亦可以为戒也。

故事:学士在内中,院吏朱衣双引。太祖朝李昉为学士,太宗在南衙,朱衣一人前引而已,昉亦去其一人。至今如此。

往时学士入札子不著姓,但云"学士臣某"。先朝盛度、丁度并为学士,遂著姓以别之,其后遂皆著姓。

晏元献公以文章名誉,少年居富贵,性豪俊,所至延宾客,一时名士多出其门。罢枢密副使,为南京留守,时年三十八。幕下王琪、张亢最为上客。亢体肥大,琪目为牛;琪瘦骨立,亢目为猴。二人以此自相讥诮。琪尝嘲亢曰:"张亢触墙成八字。"亢应声曰:"王琪望月叫三声。"一坐为之大笑。

杨文公尝戒其门人,为文宜避俗语。既而公因作表云:"伏惟陛下德迈九皇。"门人郑戬遽请于公曰:"未审何时得卖生菜?"于是公为之大笑而易之。

夏英公竦父官于河北,景德中契丹犯河北,遂殁于阵。后公为舍人,丁母忧起复,奉使契丹,公辞不行,其表云:"父殁王事,身丁母忧。义不戴天,难下穹庐之拜;礼当枕块,忍闻夷乐之声。"当时以为四六偶对,最为精绝。

孙何、孙僅俱以能文驰名一时。僅为陕西转运使,作《骊山诗》二篇,其后篇有云:"秦帝墓成陈胜起,明皇宫就禄山来。"时方建玉清昭应宫,有恶僅者欲中伤之,因录其诗以进。真宗读前篇云"朱衣吏引上骊山",遽曰:"僅小器也,此何足夸!"遂弃不读,而陈胜、禄山之语卒得不闻,人以为幸也。

杨大年每欲作文,则与门人宾客饮博、投壶、弈棋,语笑喧哗,而不妨构思。以小方纸细书,挥翰如飞,文不加点。每盈一幅,则命门人传录,门人疲于应命,顷刻之际成数千言,真一代之文豪也。

杨大年为学士时,草《答契丹书》云"邻壤交欢"。进草既入,真宗自注其侧云:"朽壤、鼠壤、粪壤。"大年遽改为"邻境"。明旦,引唐故事,学士作文书有所改,为不称职,当罢,因亟求解职。真宗语宰相曰:"杨亿不通商量,真有气性。"

太常所用王朴乐,编钟皆不圆而侧垂。自李照、胡瑗之徒,皆以为非及。照作新乐,将铸编钟,给铜铸泻务,得古编钟一枚,工人不敢销毁,遂藏于太常。钟不知何代所作,其铭曰:"粤朕皇祖宝龢钟,粤斯万年,子子孙孙永宝用。"叩其声,与王朴夷则清声合,而其形不圆侧垂,正与朴钟同,然后知朴博古好学,不为无据也。其后胡瑗改铸编钟,遂圆其形而下垂,叩之掩郁而不扬,其镈钟又长甬而震掉,其声不和。著作佐郎刘羲叟窃谓人曰:"此与周景王无射钟无异,必有眩惑之疾。"未几,仁宗得疾,人以羲叟之言验矣。其乐亦寻废。

自太宗崇奖儒学,骤擢高科至辅弼者多矣。盖太平兴国二年至天圣八年二十三榜,由吕文穆公蒙正而下,大用二十七人。而三人并登两府,惟天圣五年一榜而已。是岁王文安公尧臣第一,今昭文相公韩仆射琦、西厅参政赵侍郎槩第二、第三人也。予忝与二公同府,每见语此,以为科场盛事。自景祐元年已后至今治平三年,三十余年十二榜,五人已上未有一人登两府者,亦可怪也。

卷二

真宗朝岁岁赏花钓鱼，群臣应制。尝一岁，临池久之而御钓不食，时丁晋公谓《应制诗》云："莺惊凤辇穿花去，鱼畏龙颜上钓迟。"真宗称赏，群臣皆自以为不及也。

赵元昊二子：长曰佞令受，次曰谅祚。谅祚之母，尼也，有色而宠，佞令受母子怨望。而谅祚母之兄曰没藏讹哤者，亦黠虏也，因教佞令受以弑逆之谋。元昊已见杀，讹哤遂以弑逆之罪诛佞令受子母，而谅祚乃得立，而年甚幼，讹哤遂专夏国之政。其后谅祚稍长，卒杀讹哤，灭其族。元昊为西鄙患者十余年，国家困天下之力，有事于一方，而败军杀将不可胜数，然未尝少挫其锋。及其困于女色，祸生父子之间，以亡其身，此自古贤智之君或不能免，况夷狄乎！讹哤教人之子杀其父，以为己利，而卒亦灭族，皆理之然也。

晏元献公喜评诗，尝曰："'老觉腰金重，慵便枕玉凉'，未是富贵语，不如'笙歌归院落，灯火下楼台'，此善言富贵者也。"人皆以为知言。

契丹阿保机，当唐末五代时最盛。开平中，屡遣使聘梁，梁亦遣人报聘。今世传李琪《金门集》有《赐契丹诏》，乃为阿布机，当时书诏不应有误；而自五代以来，见于他书者皆为阿保机，虽今契丹之人，自谓之阿保机，亦不应有失。又有赵志忠者，本华人也，自幼陷虏，为人明敏，在虏中举进士，至显官。既而脱身归国，能述虏中君臣世次、山川风物甚详，又云："阿保机，虏人实谓之阿保谨。"未知孰是。此圣人所以慎于传疑也。

真宗尤重儒学，今科场条制，皆当时所定。至今每亲试进士，已放及第，自十人已上，御试卷子并录本于真宗影殿前焚烧，制举登科者亦然。

近时名画，李成、巨然山水，包鼎虎，赵昌花果。成官至尚书郎，其山水寒林往往人家有之。巨然之笔，惟学士院玉堂北壁独存，人间不复见也。包氏,宣州人,世以画虎名家,而鼎最为妙,今子孙犹以画虎为业,而曾不得其仿佛也。昌花写生逼真,而笔法软俗,殊无古人格致,然时亦未有其比。

寇莱公在中书,与同列戏云:"水底日为天上日。"未有对,而会杨大年适来白事,因请其对,大年应声曰:"眼中人是面前人。"一坐称为的对。

朝廷之制,有因偶出一时而遂为故事者。契丹人使见辞赐宴,杂学士员虽多皆赴坐,惟翰林学士只召当直一员,余皆不赴。诸王宫教授入谢,祖宗时偶因便殿不御袍带见之,至今教授入谢,必俟上入内解袍带复出见之,有司皆以为定制也。

处士林逋居于杭州西湖之孤山。逋工笔画,善为诗,如"草泥行郭索,云木叫钩辀",颇为士大夫所称。又《梅花》诗云:"疏影横斜水清浅,暗香浮动月黄昏。"评诗者谓:"前世咏梅者多矣,未有此句也。"又其临终为句云:"茂陵他日求遗稿,犹喜曾无封禅书。"尤为人称诵。自逋之卒,湖山寂寥,未有继者。

俚谚云:"赵老送灯台,一去更不来。"不知是何等语,虽士大夫亦往往道之。天圣中有尚书郎赵世长者,常以滑稽自负,其老也求为西京留台御史,有轻薄子送以诗云:"此回真是送灯台。"世长深恶之,亦以不能酬酢为恨,其后竟卒于留台也。

官制废久矣,今其名称讹谬者多,虽士大夫皆从俗,不以为怪。皇女为公主,其夫必拜驸马都尉,故谓之驸马。宗室女封郡主者,谓其夫为郡马,县主者为县马,不知何义也。

唐制:三卫官有司阶、司戈、执干、执戟,谓之四色官。今三卫废,无官属,惟金吾有一人,每日于正衙放朝喝,不坐直,谓之四色官,尤可笑也。

京师诸司库务,皆由三司举官监掌。而权贵之家子弟亲戚,因缘请托,不可胜数,为三司使者常以为患。田元均,为人宽厚长者,其在三司深厌干请者,虽不能从,然不欲峻拒之,每温颜强笑以遣之,尝谓人曰:"作三司使数年,强笑多矣,直笑得面似靴皮。"士大夫闻者传以为笑,然皆服其德量也。

茶之品，莫贵于龙凤，谓之团茶，凡八饼重一斤。庆历中蔡君谟为福建路转运使，始造小片龙茶以进，其品绝精，谓之小团。凡二十饼重一斤，其价直金二两。然金可有而茶不可得，每因南郊致斋，中书、枢密院各赐一饼，四人分之。宫人往往缕金花于其上，盖其贵重如此。

太宗时有待诏贾玄，以棋供奉，号为国手，迩来数十年，未有继者。近时有李憨子者，颇为人所称，云举世无敌手。然其人状貌昏浊，垢秽不可近，盖里巷庸人也，不足置之樽俎间。故胡旦尝语人曰："以棋为易解，则如旦聪明尚或不能；以为难解，则愚下小人往往造于精绝。"信如其言也。

王副枢畴之夫人，梅鼎臣之女也。景彝初除枢密副使，梅夫人入谢慈寿宫，太后问："夫人谁家子？"对曰："梅鼎臣女也。"太后笑曰："是梅圣俞家乎？"由是始知圣俞名闻于宫禁也。圣俞在时，家甚贫，余或至其家，饮酒甚醇，非常人家所有。问其所得，云："皇亲有好学者宛转致之。"余又闻皇亲有以钱数千购梅诗一篇者。其名重于时如此。

钱思公虽生长富贵，而少所嗜好。在西洛时，尝语僚属言："平生惟好读书，坐则读经史，卧则读小说，上厕则阅小辞，盖未尝顷刻释卷也。"谢希深亦言："宋公垂同在史院，每走厕必挟书以往，讽诵之声琅然闻于远近，其笃学如此。"余因谓希深曰："余平生所作文章多在三上，乃马上、枕上、厕上也。"盖惟此尤可以属思尔。

国朝宰相最少年者惟王溥，罢相时父母皆在，人以为荣。今富丞相弼入中书时年五十二，太夫人在堂康强。后三年，太夫人薨，有司议赠恤之典，云："无见任宰相丁忧例。"是岁三月十七日春宴，百司已具，前一夕有旨："富某母丧在殡，特罢宴。"此事亦前世未有。

皇祐二年、嘉祐七年季秋大享，皆以大庆殿为明堂，盖明堂者，路寝也，方于寓祭圜丘，斯为近礼。明堂额御篆，以金填字，门牌亦御飞白，皆皇祐中所书，神翰雄伟，势若飞动。余诗云"宝墨飞云动，金文耀日晶"者，谓二牌也。

钱思公官兼将相，阶、勋、品皆第一。自云："平生不足者，不得于黄纸书名。"每以为恨也。

三班院所领使臣八千余人，莅事于外，其罢而在院者，常数百人。每岁乾元节醵钱饭僧进香，合以祝圣寿，谓之"香钱"，判院官常利其余以为餐钱。群牧司领内外坊监使副判官，比他司俸入最优，又岁收粪墼钱颇多，以充公用。故京师谓之语曰"三班吃香，群牧吃粪"也。

咸平五年，南省试进士《有教无类赋》，王沂公为第一。赋盛行于世，其警句有云："神龙异禀，犹嗜欲之可求；纤草何知，尚薰莸而相假。"时有轻薄子拟作四句云："相国寺前，熊翻筋斗；望春门外，驴舞《柘枝》。"议者以谓言虽鄙俚，亦着题也。

国朝之制，自学士已上赐命带者例不佩鱼。若奉使契丹及馆伴北使则佩，事已复去之。惟两府之臣则赐佩，谓之"重金"。初，太宗尝曰："玉不离石，犀不离角，可贵者惟金也。"乃创为金铐之制以赐群臣，方团球路以赐两府，御仙花以赐学士以上。今俗谓球路为"笏头"，御仙花为"荔枝"，皆失其本号也。

宋丞相庠早以文行负重名于时，晚年尤精字学，尝手校郭忠恕《佩觿》三篇宝玩之。其在中书，堂吏书牒尾以俗体书宋为宋，公见之不肯下笔，责堂吏曰："吾虽不才，尚能见姓书名，此不是我姓！"堂吏惶惧改之，乃肯书名。

京师食店卖酸豏者，皆大出牌榜于通衢，而俚俗昧于字法，转酸从食，豏从臽。有滑稽子谓人曰："彼家所卖馂馅，音俊明。不知为何物也。"饮食四方异宜，而名号亦随时俗言语不同，至或传者转失其本。汤饼，唐人谓之不托，今俗谓之馎饦矣。晋束皙《饼赋》有馒头、薄持、起溲、牢九之号，惟馒头至今名存，而起溲、牢九，皆莫晓为何物。薄持，荀氏又谓之薄夜，亦莫知何物也。

嘉祐八年上元夜，赐中书、枢密院御筵于相国寺罗汉院。国朝之制，岁时赐宴多矣，自两制已上皆与。惟上元一夕，只赐中书、枢密院，虽前两府见任使相，皆不得与也。是岁昭文韩相、集贤曾公、枢密张太尉皆在假不赴，惟余与西厅赵侍郎槩、副枢胡谏议宿、吴谏议奎四人在席。酒半相顾，四人者皆同时翰林学士，相继登二府，前此未有也。因相与道玉堂旧事为笑乐，遂皆引满剧饮，亦一时之盛事也。

国朝之制，大宴，枢密使、副不坐，侍立殿上，既而退就御厨赐食，与阁门、引进、四方馆使列坐庑下，亲王一人伴食。每春秋赐衣门谢，则与内诸司使、副班于垂拱殿外廷中，而中书则别班谢于门上。故朝中为之语曰："厨中赐食，阶下谢衣。"盖枢密使唐制以内臣为之，故常与内诸司使、副为伍。自后唐庄宗用郭崇韬，与宰相分秉朝政，文事出中书，武事出枢密，自此之后，其权渐盛。至今朝遂号为两府，事权进用，禄赐礼遇，与宰相均，惟日趋内朝、侍宴、赐衣等事尚循唐旧。其任隆辅弼之崇，而杂用内诸司故事，使朝廷制度轻重失序，盖沿革异时，因循不能厘正也。

蔡君谟既为余书《集古录目序》刻石，其字尤精劲，为世所珍。余以鼠须栗尾笔、铜绿笔格、大小龙茶、惠山泉等物为润笔，君谟大笑，以为太清而不俗。后月余，有人遗余以清泉香饼一箧者，君谟闻之叹曰："香饼来迟，使我润笔独无此一种佳物。"兹又可笑也。清泉，地名，香饼，石炭也，用以焚香，一饼之火，可终日不灭。

梅圣俞以诗知名三十年，终不得一馆职，晚年与修《唐书》，书成未奏而卒，士大夫莫不叹惜。其初受敕修《唐书》，语其妻刁氏曰："吾之修书，可谓猢狲入布袋矣。"刁氏对曰："君于仕宦，亦何异鲇鱼上竹竿耶！"闻者皆以为善对。

仁宗初立今上为皇子，令中书召学士草诏，学士王珪当直，诏至中书谕之。王曰："此大事也，必须面奉圣旨。"于是求对。明日面禀得旨，乃草诏。群公皆以王为真得学士体也。

盛文肃公丰肌大腹，而眉目清秀；丁晋公疏瘦如削。二公皆两浙人也，并以文辞知名于时。梅学士询在真宗时已为名臣，至庆历中为翰林侍读以卒。性喜焚香，其在官，每晨起将视事，必焚香两炉，以公服罩之，撮其袖以出，坐定撒开两袖，郁然满室浓香。有窦元宾者，五代汉宰相正固之孙也，以名家子有文行为馆职，而不喜修饰，经时未尝沐浴。故时人为之语曰"盛肥丁瘦，梅香窦臭"也。

宝元中，赵元昊叛命，朝廷命将讨伐，以鄜延、环庆、泾原、秦凤四路各置经略安抚招讨使。余以为四路皆内地也，当如故事置灵夏四面行营招讨使。今自于境内，何所招讨？余因窃料王师必不能出境。

其后用兵五六年,刘平、任福、葛怀敏三大将皆自战其地而大败,由是至于罢兵,竟不能出师。

吕文穆公_{蒙正}以宽厚为宰相,太宗尤所眷遇。有一朝士,家藏古鉴,自言能照二百里,欲因公弟献以求知。其弟伺间从容言之,公笑曰:“吾面不过楪子大,安用照二百里?”其弟遂不复敢言。闻者叹服,以谓贤于李卫公远矣。盖寡好而不为物累者,昔贤之所难也。

国朝百有余年,年号无过九年者。开宝九年改为太平兴国,太平兴国九年改为雍熙,大中祥符九年改为天禧,庆历九年改为皇祐,嘉祐九年改为治平。惟天圣尽九年,而十年改为明道。

唐人奏事,非表非状者谓之榜子,亦谓之录子,今谓之札子。凡群臣百司上殿奏事,两制以上非时有所奏陈,皆用札子,中书、枢密院事有不降宣敕者,亦用札子,与两府自相往来亦然。若百司申中书,皆用状,惟学士院用咨报,其实如札子,亦不书名,但当直学士一人押字而已,谓之咨报。_{今俗谓草书名为押字也。}此唐学士旧规也。唐世学士院故事,近时隳废殆尽,惟此一事在尔。

燕王元俨,太宗幼子也。太宗子八人,真宗朝六人已亡殁,至仁宗即位,独燕王在,以皇叔之亲,特见尊礼。契丹亦畏其名。其疾亟时,仁宗幸其宫,亲为调药。平生未尝语朝政,遗言一二事皆切于理。余时知制诰,所作赠官制,所载皆其实事也。

华原郡王允良,燕王子也,性好昼睡。每自旦酣寝,至暮始兴,盥濯栉漱,衣冠而出,燃灯烛治家事,饮食宴乐,达旦而罢,则复寝以终日,无日不如此。由是一宫之人皆昼睡夕兴。允良不甚喜声色,亦不为佗骄恣,惟以夜为昼,亦其性之异,前世所未有也。故观察使刘从广,燕王婿也,尝语余:“燕王好坐木马子,坐则不下,或饥则便就其上饮食,往往乘兴奏乐于前,酣饮终日。”亦其性之异也。

皇子颢封东阳郡王,除婺州节度使、检校太傅。翰林贾学士黯上言:“太傅,天子师臣也,子为父师,于体不顺。中书检勘自唐以来亲王无兼师傅官者。盖自国朝命官,只以差遣为职事,自三师三公以降,皆是虚名,故失于因循尔。”议者皆以贾言为当也。

端明殿学士,五代后唐时置,国朝尤以为贵,多以翰林学士兼之。

其不以翰院兼职及换职者,百年间才两人,特拜程戡、王素是也。

庆历八年正月十八日夜,崇政殿宿卫士作乱于殿前,杀伤四人。取准备救火长梯登屋入禁中,逢一宫人,问:"寝阁在何处?"宫人不对,杀之。既而宿直都知闻变,领宿卫士入搜索,已复逃窜。后三日,于内城西北角楼中获一人,杀之。时内臣杨怀敏受旨"获贼勿杀",而仓卒杀之,由是竟莫究其事。

叶子格者,自唐中世以后有之。说者云,因人有姓叶号叶子青者撰此格,因以为名。此说非也。唐人藏书,皆作卷轴,其后有叶子,其制似今策子。凡文字有备检用者,卷轴难数卷舒,故以叶子写之,如吴彩鸾《唐韵》、李郃《彩选》之类是也。骰子格,本备检用,故亦以叶子写之,因以为名尔。唐世士人宴聚,盛行叶子格,五代、国初犹然。后渐废不传。今其格世或有之,而无人知者,惟昔杨大年好之,仲待制简,大年门下客也,故亦能之。大年又取叶子彩名红鹤、皂鹤者,别演为鹤格。郑宣徽戬、章郇公得象皆大年门下客也,故皆能之。余少时亦有此二格,后失其本,今绝无知者。

国朝自下湖南,始置诸州通判,既非副贰,又非属官,故尝与知州争权。每云:"我是监郡,朝廷使我监汝。"举动为其所制。太祖闻而患之,下诏书戒励,使与长吏协和,凡文书非与长吏同签书者,所在不得承受施行。自此遂稍稍戢。然至今州郡往往与通判不和。往时有钱昆少卿者,家世余杭人也。杭人嗜蟹,昆尝求补外郡,人问其所欲何州,昆曰:"但得有螃蟹无通判处则可矣。"至今士人以为口实。

嘉祐二年,余与端明韩子华、翰长王禹玉、侍读范景仁、龙图梅公仪同知礼部贡举,辟梅圣俞为小试官。凡锁院五十日。六人者相与唱和,为古律歌诗一百七十余篇,集为三卷。禹玉,余为校理时,武成王庙所解进士也,至此新入翰林,与余同院,又同知贡举,故禹玉赠余云:"十五年前出门下,最荣今日预东堂。"余答云"昔时叨入武成宫,曾看挥毫气吐虹。梦寐闲思十年事,笑谈今此一尊同。喜君新赐黄金带,顾我宜为白发翁"也。天圣中,余举进士,国学南省皆忝第一人荐名,其后景仁相继亦然,故景仁赠余云"澹墨题名第一人,孤生何幸继前尘"也。圣俞自天圣中与余为诗友,余尝赠以《蟠桃》诗,有韩、孟之戏,故至此梅赠余云:"犹喜共量天下士,亦胜东野亦胜韩。"而子华笔力豪赡,公仪文思温雅而敏捷,皆勍敌也。前此为南省试官者,多窘束条制,不少放怀。余六人者,欢然相得,群居终日,长篇险韵,众制交作,笔吏疲于写录,僮史奔走往来,间以滑稽嘲谑,形于风刺,更相酬酢,往往烘堂绝倒,自谓一时盛事,前此未之有也。

往时学士,循唐故事,见宰相不具靴笏,系鞋坐玉堂上,遣院吏计会堂头直省官,学士将至,宰相出迎。近时学士,始具靴笏,至中书与常参官杂坐于客位,有移时不得见者。学士日益自卑,丞相礼亦渐薄,盖习见已久,恬然不复为怪也。

张尧封者,南京进士也,累举不第,家甚贫。有善相者谓曰:"视子之相,不过一幕职,然君骨贵,必享王封。"人初莫晓其旨。其后尧封举进士及第,终于幕职。尧封,温成皇后父也,后既贵,尧封累赠太师、中书令兼尚书令,封清河郡王,由是始悟相者之言。

治平二年八月三日,大雨,一夕都城水深数尺。上降诏责躬求直言,学士草诏,有"大臣惕思天变"之语。上夜批出云:"淫雨为灾,专戒不德。"遽令除去"大臣思变"之言。上之恭己畏天,自励如此。

章郇公_{得象}与石资政_{中立}素相友善,而石喜谈谐,尝戏章云:"昔时名画,有戴松牛、韩幹马,而今有章得象也。"世言闽人多短小,而长大者必为贵人。郇公身既长大,而语声如钟,岂出其类者是为异人乎!其为相务以厚重,镇止浮竞,时人称其德量。

金橘产于江西,以远难致,都人初不识。明道、景祐初,始与竹子俱至京师。竹子味酸,人不甚喜,后遂不至。而金橘香清味美,置之尊俎间,光彩灼烁,如金弹丸,诚珍果也。都人初亦不甚贵,其后因温成皇后尤好食之,由是价重京师。余世家江西,见吉州人甚惜此果,其欲久留者,则于菉豆中藏之,可经时不变,云橘性热而豆性凉,故能久也。

凡物有相感者,出于自然,非人智虑所及,皆因其旧俗而习知之。今唐、邓间多大柿,其初生涩,坚实如石。凡百十柿以一榠樝置其中,_{榅桲亦可。}则红熟烂如泥而可食。土人谓之烘柿者,非用火,乃用此尔。淮南人藏监酒蟹，凡一器数十蟹，以皂荚半挺置其中，则可藏经岁不沙。至于薄荷醉猫，死猫引竹之类，皆世俗常知，而翡翠屑金，人气粉犀，此二物则世人未知者。余家有一玉罂，形制甚古而精巧。始得之，梅圣俞以为碧玉。在颍州时尝以示僚属，坐有兵马钤辖邓保吉者，真宗朝老内臣也，识之，曰："此宝器也，谓之翡翠。"云："禁中宝物皆藏宜圣库，库中有翡翠盏一只，所以识也。"其后予偶以金环于罂腹信手磨之，金屑纷纷而落，如砚中磨墨，始知翡翠之能屑金也。诸药中犀最难捣，必先镑屑，乃入众药中捣之，众药筛罗已尽，而犀屑独存。余偶见一医僧元达者，解犀为小块子，方一寸半许，以极薄纸裹置于怀中，近肉，以人气蒸之。候气薰蒸浃洽，乘热投臼中急捣，应手如粉，因知人气之能粉犀也。然今医工皆莫有知者。

石曼卿，磊落奇才，知名当世，气貌雄伟，饮酒过人。有刘潜者，亦志义之士也，常与曼卿为酒敌。闻京师沙行王氏新开酒楼，遂往造焉。对饮终日，不交一言。王氏怪其所饮过多，非常人之量，以为异人，稍献肴果，益取好酒，奉之甚谨。二人饮啖自若，傲然不顾，至夕殊无酒色，相揖而去。明日都下喧传，王氏酒楼有二酒仙来饮。久之乃知刘、石也。

燕龙图肃有巧思，初为永兴推官，知府寇莱公好舞《柘枝》，有一鼓甚惜之，其镮忽脱，公怅然，以问诸匠，皆莫知所为。燕请以镮脚为锁簧内之，则不脱矣。莱公大喜。燕为人宽厚长者，博学多闻，其漏刻法最精，今州郡往往有之。

刘岳《书仪》，婚礼有"女坐婿之马鞍，父母为之合髻"之礼，不知用何经义。据岳自叙云："以时之所尚者益之。"则是当时流俗之所为尔。岳当五代干戈之际，礼乐废坏之时，不暇讲求三王之制度，苟取一时世俗所用吉凶仪式，略整齐之，固不足为后世法矣。然而后世犹不能行之，今岳《书仪》十已废其七八，其一二仅行于世者，皆苟简粗略，不如本书。就中转失乖缪，可为大笑者，坐鞍一事尔。今之士族当婚之夕，以两椅相背，置一马鞍，反令婿坐其上，饮以三爵，女家遣人三请而后下，乃成婚礼，谓之"上高坐"。凡婚家举族内外姻亲，与其男女宾客，堂上堂下，竦立而视者，惟"婿上高坐"为盛礼尔。或有偶不及设者，则相与怅然咨嗟，以为阙礼。其转失乖缪，至于如此。今虽名儒巨公，衣冠旧族，莫不皆然。呜呼！士大夫不知礼义，而与闾阎鄙俚同其习，见而不知为非者多矣。前日濮园皇伯之议是已，岂止坐鞍之缪哉？

世俗传讹，惟祠庙之名为甚。今都城西崇化坊显圣寺者，本名蒲池寺，周氏显德中增广之，更名显圣，而俚俗多道其旧名，今转为菩提寺矣。江南有大小孤山，在江水中嶷然独立，而世俗转孤为姑。江侧有一石矶，谓之澎浪矶，遂转为彭郎矶，云："彭郎者，小姑婿也。"余尝过小孤山，庙像乃一妇人，而敕额为圣母庙，岂止俚俗之缪哉？西京龙门山，夹伊水上，自端门望之如双阙，故谓之阙塞。而山口有庙，曰阙口庙。余尝见其庙像甚勇，手持一屠刀尖锐，按膝而坐，问之，云："此乃豁口大王也。"此尤可笑者尔。

今世俗言语之讹，而举世君子小人皆同其缪者，惟"打"字尔。打丁雅反。其义本谓"考击"，故人相殴、以物相击，皆谓之打，而工造金银器亦谓之打可矣，盖有槌击之义也。至于造舟车者曰"打船"、"打车"，网鱼曰"打鱼"，汲水曰"打水"，役夫馌饭曰"打饭"，兵士给衣粮曰"打衣粮"，从者执伞曰"打伞"，以糊粘纸曰"打粘"，以丈尺量地曰"打量"，举手试眼之昏明曰"打试"，至于名儒硕学，语皆如此，触事皆谓之打，而遍检字书，了无此字。丁雅反者。其义主"考击"之打自音"谪耿"，以字学言之，打字从手、从丁，丁又击物之声，故音"谪耿"为是。不知因何转为"丁雅"也。

用钱之法，自五代以来，以七十七为百，谓之"省陌"。今市井交易，又克其五，谓之"依除"。咸平五年，陈恕知贡举，选士最精，所解七十二人，王沂公曾为第一，御试又落其半，而及第者三十八人，沂公又为第一。故京师为语曰："南省解一百依除，殿前放五十省陌"也。是岁取人虽少，得士最多，宰相三人，乃沂公与王公随、章公得象；参知政事一人，韩公亿；侍读学士一人，李仲容；御史中丞一人，王臻；知制诰一人，陈知微。而汪白青、杨楷二人虽不达，而皆以文学知名当世。

唐李肇《国史补序》云："言报应，叙鬼神，述梦卜，近帷箔，悉去之；纪事实，探物理，辨疑惑，示劝戒，采风俗，助谈笑，则书之。"余之所录，大抵以肇为法，而小异于肇者，不书人之过恶。以谓职非史官，而掩恶扬善者，君子之志也。览者详之。

补遗

太宗飞白书张咏、向敏中二人名付中书曰："二人者名臣,为朕记之。"向公自员外郎为谏议,知枢密院,止百余日。咸平四年除平章事,后坐事出知永兴。驾幸澶渊,手赐密诏:"尽付西鄙,得便宜从事。"公得诏藏之,视政如常。会邦人大傩,有告禁卒欲倚傩为乱者,密使麾兵被甲衣袍伏庑下幕中。明旦,尽召宾僚兵官,置酒纵阅,无一人预知者。命傩入,先令驰骋于中门外,后召至阶,公振袂一挥,伏卒齐出,尽擒之。果各怀短刃,即席诛之。剿讫屏尸,亟命灰沙扫庭,张乐宴饮,宾从股慄。

李文靖公沆为相,王魏公旦方参预政事。时西北隅尚用兵,或至旰食,魏公叹曰:"我辈安能坐致太平,得优游无事耶!"文靖曰:"少有忧勤,足为警戒。他日四方宁谧,朝廷未必无事。"其后北狄讲和,西戎纳款,而封岱祠汾,搜讲坠典,靡有暇日,魏公始叹文靖之先识过人远矣。以上二条从宋本朱子《名臣言行录》补。

南 唐 近 事

［宋］郑文宝　撰

徐时仪　校点

校 点 说 明

　　《南唐近事》一卷,宋郑文宝(953—1013)撰。文宝字仲贤,太平兴国进士。初仕南唐为校书郎。入宋,受知于李昉。太宗和真宗时,数任陕西转运使,熟悉西边山川形势和人情风俗,曾献《河西陇右图》,建议营田,积粟实边,多次参与抵御西夏及辽的战役。官终兵部员外郎。《宋史》本传称其"好谈方略,以功名为己任","能为诗,善篆书,工鼓琴"。著有《谈苑》、《江表志》和《南唐近事》等。

　　据其书前自序称南唐烈祖、元宗和后主三世"史籍荡尽,惜夫前事十不存一",遂以"耳目所及,志于缣缃,聊资抵掌之谈"。《四库全书总目》称其"世仕江南,得诸闻见。虽浮词不免,而实录终存"。书中所记皆为南唐李氏三主四十年间杂事,半为史实故迹实录,半为小说异闻。由于南唐史籍多毁于兵燹,故此书所记旧闻琐事亦颇为史家所重,可据以补正史之阙。陆游撰《南唐书》,采用此书资料约占十分之五六,足见其价值之一斑。

　　据郑文宝自序,此书成于太平兴国二年五月。《宋史·艺文志》作《南唐近事集》。《唐宋丛书》、《续百川学海》、《宝颜堂秘笈》续集、《说郛》、《四库全书》和《丛书集成》皆收录此书,然内容不尽一致。现据《宝颜堂秘笈》所录55则为底本,又据《说郛》补入《宝颜堂秘笈》本未收录的6则,加以标点,并校以《唐宋丛书》和《四库全书》本。诸本所载字词不同之处则择善而从,不出校记。

目　　录

南唐近事序 39

南唐近事 41

南唐近事补遗 52

    讥嘲 52

    使酒 52

    好物不在多 52

    掠地皮 53

    捋须钱 53

    梦谶 53

南唐近事序

　　南唐烈祖、元宗、后主三世,共四十年。起天福丁酉之春,终开宝乙亥之冬。君臣用舍,朝廷典章,兵火之余,史籍荡尽,惜夫前事十不存一。余匪鸿儒,颇常嗜学,耳目所及,志于缣缃,聊资抵掌之谈,敢望获麟之誉,好事君子无或陋焉。太平兴国二年,岁次丁丑夏五月一日,江表郑文宝序。

南唐近事

烈祖辅吴之初，未逾强仕，元勋硕望，足以镇时靖乱。然当时同立功如朱瑾、李德诚、朱延寿、刘信、张崇、柴再同、周本、刘金、张宣、崔太初、刘威、韦建、王绾等，皆握强兵，分守方面。由是朝廷用意牢笼，终以跋扈为虑。上虽至仁长厚，犹以为非老成无以弹压，遂服药变其髭鬓，一夕成霜。洎历数有归，让皇内禅，诸藩入觐，竟无异图。

烈祖尝昼寝，梦一黄龙缭绕殿槛，鳞甲炳焕，照耀庭宇，殆非常状。逼而视之，蜿蜒如故。上既寤，使视前殿，即齐王凭槛而立，侦上之安否。问其至止时刻，及视向背，皆符所梦。上曰："天意谆谆，信非偶尔。成吾家事，其惟此子乎！"旬月之间，遂正储位。齐王即元宗居藩日所封之爵也。

江都县大厅相传云阴有鬼物所据，前政令长升之者必为瓦砾所掷。或中夜之后毁去按砚，或家人暴疾，遗火不常。斯邑皆相承居小厅莅事，始获小康。江梦孙闻之，尝愤其说。然梦孙儒行正直，众所推服。无何自秘书郎出宰是邑，下车之日，升正厅受贺讫，向夜具香案端笏当中而坐，诵《周易》一遍。明日如常理事，笕尔无闻。自始来至终考，莫睹怪异。后之为政者皆饮其惠焉。

金陵城北有湖，周回十数里。幕府、鸡笼二山环其西，钟阜、蒋山诸峰耸其左。名园胜境，掩映如画。六朝旧迹，多出其间。每岁菱藕罟网之利不下数十千。《建康实录》所谓玄武湖是也。一日，诸阁老待漏朝堂，语及林泉之事。坐间冯谧因举玄宗赐贺监三百里镜湖，信为盛事。又曰："予非敢望此，但赐后湖，亦畅予平生也。"吏部徐铉怡声而对曰："主上尊贤待士，常若不及，岂惜一后湖？所乏者知章尔。"冯有大惭色。

朱巩侍郎童蒙日，在广陵入学。其师甚严，每朝午归餐，指景为约。其时不至，当行榎楚。朱虽禀师之命，然常为里巷中一恶犬当道，过辄嗥吠。巩乃整衣望犬再拜祈之曰："幸无啮我，早入学中，免为夫子笞责。"精诚所至，涕泗交流。犬亦狂吠不顾。是夕，犬暴卒于家。

　　处士史虚白，北海人也。清泰中客游江表，卜居于浔阳落星湾，遂有终焉之志。容貌恢廓，高尚不仕。尝对客弈棋，旁令学徒四五辈，各秉纸笔，先定题目。或为书启表章，或诗赋碑颂，随口而书，握管者略不停缀。数食之间，众制皆就。虽不精绝，然词彩磊落，旨趣流畅，亦一代不羁之才也。晚节放达，好乘双犊板辕，挂酒壶于车上，山童总角负瓢以随，往来庐阜之间，任意所适。当时朝士咸所推仰。保大末，淮甸未宁，割江之际，虚白乃为《割江赋》以讽曰："舟车有限，沿汀岛以俱闲；鱼鳖无知，尚交游而不止。"又赋《隐士》诗云："风雨揭却屋，浑家醉不知。"其讥刺时政，率皆类此。元宗南幸，道由蠡泽。虚白鹤氅杖藜，谒銮辂于江左。元宗驻跸存问，颁之谷帛。又知其嗜酒，别赐御酝数壶，以厚其意也。他日，病将终，谓其子曰："皇上赐吾上樽，饮之略尽，固留一榼，藏之于家。待吾死日，殓以时服，置挂杖一条及此酒于棺中，葬之足矣。四时慎勿享奠，无益劳费，何利死者？吾当不歆矣。"泊卒，家人一遵遗命，而其子顿绝时祀。每因节序，必修奠讫爇纸缯于灵座，纸皆不化。用意焚之，火则自灭，遂不复更祭奠矣。

　　严续相公歌姬，唐镐给事通犀带，皆一代之尤物也。唐有慕姬之色，严有欲带之心，因雨夜相第有呼卢之会，唐适预焉。严命出妓解带较胜于一掷，举座屏气观其得失。六骰数巡，唐彩大胜。唐乃酌酒命美人歌一曲以别相君。宴罢拉而偕去，相君怅然遣之。

　　昇元初，许文武百僚观内藏，随意取金帛尽重载而去，惟蒋廷翊独持一缣还家，余无所取。士君子以是而多之，终尚书郎。

　　钟谟性聪敏，多记问，奏疏理论，颖脱时辈。自礼部侍郎聘周，忤旨，左授耀州典午。盛夏之月，自周徂秦，每见道旁古碑，必驻马历览，皆默识。或止邮亭，命笔缮写。一日之行，不过数里而已。又见一圭首丰碑，制度甚广，约其词旨不下数千余字，卧诸荒堙之中，半为水潦所淹，无由披读。谟欣然解衣游泳堙中，以手扪揣，默记其文，志诸纸墨。他日征还，重经是路，天久不雨，无复沉碑之泉，乃发箧得旧录本,就瘗较之,无一字差误。

冯谧总戎广陵,为周师所陷,乃削发披缁以给周人,将图间道南归,为识者所擒,送至行在。时钟谟亦使周。人或讥之,曰:"昔日旌旗拥出坐筹之将,今朝毛发化为行脚之僧。"世宗甚悦,因释罪归之,终中书侍郎。

贾崇自统军拜使相,镇江都。周师未及境,尽焚其井邑,弃垒而渡。元宗引见于便殿,责其奔溃之由,且曰:"朝野谓卿为贾尉迟,朕甚赖卿。一旦敌兵未至,弃甲宵遁,何施面目至此耶?"崇扣首具陈"舒元既叛,大军失律,城孤气寡,无数旅之兵以御要害,虽真尉迟亦无所施其勇。臣当孥戮,惟陛下裁之。"以忤旨释罪,长流抚州。

元宗少跻大位,天性谦谨。每接臣下,恭慎威仪,动循礼法,虽布素僚友无以加也。夏日御小殿,欲道服见诸学士,必先遣中使数使宣谕。或诉以小苦,巾裹不及冠褐可乎?常目宋齐丘为子嵩,李建勋为史馆,皆不之名也。君臣之间,待遇之礼率类于此。

沈彬长者,有诗名。保大中以尚书郎致仕,闲居于江西之高安,三吴侯伯多饷粟帛。尝荷杖郊原,手植一树于平野之间,召诸子戒曰:"异日葬吾此地,违之者非人子也。"居数年,彬终。诸子将起坟于植树之所。寻有术士语以吉凶事,近树北数尺之地卜葬,家人诺之。是夕,诸子咸梦家君诃责擅移葬地,"复违吾言,祸其至矣"。诘朝乃依遗命,伐树掘土深丈余,得一石椁,工用精妙,光洁可鉴,盖上刊八篆字云:"开成二年寿椁一所。"乃举棺就椁而葬之,广狭之间皆中其度。彬第二子道者,亦能为诗,以色丝系铜佛像长寸余悬于襟上,衣道士服,辟谷。隆冬盛夏惟单褐布裙,跣足日驰数百里,狂率嗜酒,罕接人事。多往来玉笥、浮云二山,林栖野宿,不常厥居。至今尚在,南中人多识之。

位崇文以旧德殊勋,位崇台衮,巨镇名藩节制逮之。坐镇浮竞,出入三朝,喜愠莫形,世推名将。临武昌日,阅兵于蹴踘场。武昌厅有古屋百余间,久经霖雨,一旦而颓,出乎不意,声闻数里,左右色动心恐。惟崇文指纵点阅,安详如故,亦无所顾问。

何敬洙善弹射,性勇决。微时为鄂帅李简家僮。李性严毅,果于杀戮，左右给使之人小有过僽，鲜获全宥。何尝因薄暮与同辈戏于小厅下，有苍头取李公所爱砚擎于手中，谓诸僮曰："谁敢破此？"何时余酣，乘兴厉色而应曰："死生有命，吾敢碎之。"乃掷砚于石阶之上，铿然毁裂。群竖迸散，无敢观者。翌日，李衙退视事，责碎砚之由。主者具以实对。李极怒，即命擒何以至，死不旋踵矣。李之夫人素贤明，知何有奇相，每曰："异日当极贵。"至是，匿何后堂中。旬浃之间，李怒未解，夫人亦不敢救。一日，李独坐小厅，有一鸟申喙向李而噪，其声甚厉。李恶之，遂拂衣往后园池亭中，鸟亦随其所之，叫噪不已。命家人多方驱逐，略无去意。李性既褊急，怪怒愈甚，顾左右曰："何敬洙善弹，亟召来，能毙此畜，当释尔罪。"何应召而至，注丸挟弹，精诚中激，应弦毙之。李佳赏至再，遂舍其罪。洎成立，擢为小校，以军功累建旌钺。建隆初，自江西移镇鄂渚。下车之日，小亭中复见一鸟，顾何而鸣。何曰："昔日全吾之命得非尔乎？"乃取食物，自置诸掌，鸟翻然而下，食何掌中。其后何位至中书令，守太师致仕，功算崇极，时莫与比。灵禽之应，岂徒然哉？

冯僎即刑部尚书谧之子也。举进士。初年少众誉籍籍，以为平折丹桂。秋赋之间，僎一夕梦登崇孝寺幡刹极高处打方响。先是徐幼文能圆梦，遂诣徐请圆之。徐曰："虽有声价至下地。"洎来春，僎俄成名于侍郎韩熙载榜下。或有责徐之言谬者。徐曰："诚如吾语，后当知之。"放榜数日，中书奏主司取士不当，遂追榜御试，冯果覆落。

邓匡图为海州刺史，有野客潘扆谒之。邓不甚礼遇，馆于外厩。忽一日，邓命潘观猎近郊。邓妻因诣厩中觇扆栖泊之所，弊榻莞席竹笼而已。笼中有锡弹丸二枚，其他一无所有。艾夜扆从禽归，启笼之际忽为叹骇之声，且曰："定为妇人所触。幸吾朝来摄其光铓，不尔，断妇人颈久矣。"圉人异之，乃闻于邓。邓诘其由，室家具以实告。邓颇惊异，遂召潘升堂，屏左右，曰："先生其有剑术乎？"潘曰："素所习之。"邓曰："愿先生陈其所妙，使某拭目一观可乎？"潘曰："何不可也。明日公当斋戒三日，择近郊平广之地，可试吾术。"邓如其约，至期，命潘联镳而出至城东。其始潘自怀袖中出二弹丸置掌中，俄有气两条如白虹之状微微出指端，须臾上接于天，若风雨之声，当空而转。又绕邓之颈，左盘右旋千余匝。其势奔掣，其声铮㧄，虽震电迅雷无以加也。邓据案危坐，丧精褫魄，雨汗浃体，莫知己身之所从。乃稽首祈谢曰："先生神术，固已知矣。幸摄其威灵，无相见怖。"潘笑举一手，二白气复贯掌中，若云雾之乍收。数食间复为二锡弹丸矣。邓自此礼遇弥厚，表荐于烈祖纳焉。其后欲传之于人。一夕，梦其师怒戾擅泄灵术，传非其人，阴夺其法。既寤，不复能剑矣。寻病终于紫极宫。临终上言，乞桐棺葬于近地，后当尸解。上从之，使中贵人护葬于金波园。至保大中，元宗命亲信发冢观之，骸骨尚在，讫无异焉。

进士黄可，字不可。孤寒朴野，深于雅道。诗句中多用驴字，如《献高侍郎》诗云"天下传将舞马赋，门前迎得跨驴宾"之类。又尝谒舍人潘佑，潘教服槐子，云："丰肌却老。"明旦潘公趋朝，天阶未曙，见槐树烟雾中有人若猿狙之状，迫而视之，即可也。怪问其故，乃拥条而谢曰："昨蒙明公教服槐子法，故今日斋戒而掇之。"潘大噱而去。

孙晟为尚书郎，上赐一宅在凤台山西冈垅之间。徙居之日，群公萃止。韩熙载见其门卑巷陋，谓孙曰："湫隘若此，岂称为相第耶？"举座莫喻其旨。明年孙拜御史大夫，旬日之间果正台席。

昇元格，盗物直三缗者，处极法。庐陵村落间有豪民，暑雨初霁，曝衣箧于庭中，失新洁衾服不少许，计其资直不下数十千。居远僻远，人罕经行，唯一贫人邻垣而已。周访踪状，必为邻人盗之，乃诉于邑。邑白郡，郡命吏按验，归罪于贫人，诈服为盗。诘其赃，即言散鬻于市，盖不胜捶掠也。赴法之日，冤声动人。长吏察其词色似非盗者，未即刑戮，遂具案闻于朝廷。烈祖命员外郎萧俨覆之。俨持法明辩，甚有理声。受命之日，乃绝荤茹，斋戒理棹，冥祷神祇。昼夜兼行，伫雪冤枉。至郡之日，索案详约始末，讫无他状。俨是夕复焚香于庭，稽首冥祷，愿降儆戒，将行大辟。翌日，天气融和，忽有雷雨自西北起至失物之家，震死一牛，尽剖其腹，腹中得所失衣物。乃是为牛所啖，犹未消溃。遂赦贫民，而俨骤获大用。

谏议大夫张义方命道士陈友合还丹于牛头山，频年未就。会义方遘疾将卒，恨不成九转之功。一旦，命子弟发丹灶，灶下有巨虺，火吻锦麟，蜿蜒其间，若为神物护持。乃取丹自饵一粒，暗痖而终。当时识者以为气未尽，服之阴者不寿也。

刘仁赡镇寿春，周师坚垒三载，蹙而不降。一夕，爱子泛舟于敌境，艾夜为小校所擒，疑有叛志，请于赡。赡将行军法，监军使恳救不回，复使驰告其夫人。夫人曰："某郎，妾最小子，携提爱育，情若不及。奈军法至重，不可私也；名义至大，不可亏也。苟屈公议，使刘氏之门有不忠之名，妾与令公何颜以见三军？"遂促令斩之，然后成其丧礼。战士无不堕泪。

高越，燕人也。将举进士，文价蔼然，器宇森挺，时人无出其右者。鄂帅李公贤之，待以殊礼，将妻以爱女。越窃谕其意，因题《鹰》一绝，书于屋壁云："雪爪星眸众鸟归，摩天专待振毛衣。虞人莫谩张罗网，未肯平原浅草飞。"遂不告而去。后为范阳王卢文纳之为婿，与王南归烈祖。累居清显，终礼部侍郎。江文蔚俱以词赋著名，故江南士人言体物者，以江、高为称首焉。

朱匡业、刘存忠虽无勋略，然以宿旧严整，皆处环卫之长。刘彦贞寿阳既败，我师屡北，京师危之。元宗临轩旰食，问其守御之方。匡业对曰："时来天地皆同力，运去英雄不自由。"遂忤旨流抚州。存忠在侧，赞美匡业之言不已，流饶州。

韩寅亮，渥之子也。尝为予言渥捐馆之日，温陵帅闻其家藏箱笥颇多，而缄镝甚密，人罕见者，意其必有珍玩，使亲信发观，惟得烧残龙凤烛金缕红巾百余条，蜡泪尚新，巾香犹郁。有老仆泫然而言曰："公为学士日，常视草金銮内殿，深夜方还翰苑。当时皆宫妓秉烛炬以送，公悉藏之。自西京之乱，得罪南迁，十不存一二矣。"余丱岁延平家有老尼，尝说斯事，与寅亮之言颇同。尼即渥之妾云耳。

张易为太弟宾客，方雅真率，而好乘醉凌人，时论惮之。尝侍宴昭爱宫，储后持所爱玉杯亲酌易酒，捧玩勤至，有不顾之色。易张目排座抗音而让曰："殿下轻人重器，不止亏损至德，恐乖圣人慈俭之旨。"言讫碎玉杯于殿柱，一座失色。储后避席而谢之。

庐山九天使者庙有道士，忘其姓名，体貌魁伟，饮啖酒肉，有兼人之量。晚节服饵丹砂，躁于冲举。魏王之镇浔阳也，郡斋有双鹤，因风所飘，憩于道馆，回翔嘹唳，若自天降。道士且惊且喜，焚香端简，前瞻云霓，自谓当赴上天之召，命山童控而乘之。羽仪清弱，莫胜其载。毛伤背折，血洒庭除，仰按久之，是夕皆毙。翌日驯养者诘知其状，诉于公府，王不之罪。处士陈沆闻之，为绝句以讽云："啖肉先生欲上升，黄云踏破紫云崩。龙腰鹤背无多力，传语麻姑借大鹏。"

庆王茂，元宗第二子也。雅言俊德，宗室罕伦，未冠而薨，上深轸悼。每顾侍臣曰："子夏丧明，不为异也。"或对曰："臣闻仁而不寿，仙经所谓炼形于太阴之中。然庆王必将侍三后于三清，友王乔于玉除。伏望少寝矜念。"上泫然焉。

烈祖辅吴，将有禅让之事，人情尚怀彼此一二不乐。周宗请之，上曰："吾夜梦为人引剑断吾之颈，意所恶之。"宗遽下阶拜贺，曰："当策立耳。"居数日而内禅。

王鲁为当涂宰，颇以资产为务。会部民连状诉主簿贪贿于县尹，鲁乃判曰："汝虽打草，吾已蛇惊，为好事者口实焉。"

邓亚文，高安乡野之人也。烈祖时自尚书郎拜青阳令，升厅就案而食。自谓尊显弥极，还语儿子辈云："当思为学自致烟霄。吾为百里之长，声鼓吃饭，脑后接笔，此吾稽古之力也。"

宋齐丘微时，日者相之曰："君贵不可说，然亚夫下狱之相，君实有之。位极之日，当早引退，庶几保全。"齐丘登相位数载致仕，复以大司徒就征。保大末，坐陈觉谋干记事，乃饿死于青阳。

元宗幼学之年，冯权常给使左右，上深所亲幸。每曰："我富贵之日，为尔置银靴焉。"保大初，听政之暇，命亲王及东宫旧僚击鞠欢极，颁赉有等。语及前事，即日赐银三十斤以代银靴。权遂命工锻靴穿焉，人皆哂之。

元宗嗣位之初，春秋鼎盛，留心内宠，宴私击鞠，略无虚日。常乘醉命乐工杨花飞奏《水调词》进酒，花飞唯歌"南朝天子好风流"一句，如是者数四。上既悟，覆杯大怿，厚赐金帛，以旌敢言。上曰："使孙陈二主得此一句，固不当有衔璧之辱也。"翌日罢诸欢宴，留心庶事，图闽吊楚，几致治平。

常梦锡为翰林学士，刚直不附，贵近侧目。或谓曰："公罢直私门，何以为乐？"常曰："垂帏痛饮，面壁而已。"盖冯魏擅权之际也。

周业为左街使，信州刺史本之子也。与刘郎素有隙。_{刘即长公主婿，}
_{时为禁师。}无何，昇元中金陵告灾，业方潜饮人家，醉不能起。有闻上
者，上顾亲信施仁望曰："率卫士十人诣灾所，见其驰救则释，不然就
戮于床。"仁望既往，亟使召业家语之。业大怖，衣女子服奔见仁望。
仁望怒之。洎火息复命，至使殿门，会刘郎先至，亦将白灾事。仁望
揣刘意不能蔽业，又惧与之偕罪，计出仓卒，遽排刘越次见上曰："火
不为灾。业诚如圣旨。"上曰："戮之乎？"仁望曰："业父本方临敌境，
臣未敢即时奉诏。"上抚几大悦曰："几误我事。"仁望自此大获奖用。
业乃全恕。

陈海嗜鸽，驯养千余只。海自南剑牧拜建州观察使，去郡前一
月，群鸽先之富沙，旧所无孑遗矣。又尝因早衙，有一鸽投海之怀袖
中，为鹰鹯所击故也。海感之，自是不复食鸽矣。

章齐一为道士，滑稽无度，善于嘲毁，倡里乐籍多称其词，曰齐
二，次曰齐三。保大中，任乐坊判官。一旦暴疾，齐一䑛舌而终。

女冠耿先生，长爪玉貌，甚有道术，获宠于元宗。将诞前三日，谓
左右曰："我子非常，产之夕当有异。"及他夕，果震雷绕室，大雨河倾，
半夜雷止。耿身不复孕，左右莫知所产，将子亦随失矣。

陈继善自江宁尹拜少傅致仕，富于资产。性鄙屑，别墅林池，未
尝暂适。既不嗜学，又杜绝宾客。惟自荷一锄，理小圃成畦，以真珠
之余颗若种蔬状布土壤之间，记颗俯拾，周而复始，以此为乐焉。

烈祖镇建业日，义祖薨于广陵，致意将有奔丧之计。康王已下诸
公子谓周宗曰："幸闻兄长，家国多事，宜抑情损礼，无劳西渡也。"宗
度王似非本意，坚请报简示信于烈祖。康王以匆遽为词，宗袖中出
笔，复为左右取纸，得故著纸贴，乞手札。康王不获已而札曰："幸就
东府举哀。多垒之秋，二兄无以奔丧为念也。"明年，烈祖朝觐广陵，
康王及诸公子果执上手大恸，诬上不以临丧为意，诅让百端，冀动物
听。上因出王所书以示之，王靦颜而已。

兵部尚书杜业，任枢密，有权变，足几会，兵赋民籍，指之掌中。
其妻张氏妒悍尤甚，室绝婢妾。业惮之如事严亲。烈祖尝命元皇后
召张至内庭，诫之曰："业位望通显，得置妾媵，何拘忌如此，岂妇道所

宜耶?"张垂涕而言曰:"业本狂生,遭逢始运。多垒之初,陛下所藉者驽马未竭耳,而又早衰多病,纵之必贻其患,将误于任使耳。"烈祖闻之大加奖叹,以银盆彩段赏之。

烈祖辅吴,四方多垒,虽一骑一卒,必加姑息。然群校多从禽聚饮近野,或搔扰民庶,上欲纠之以法,而方藉其材力,思得酌中之计。问于严求,求曰:"无烦绳之,易绝耳。请敕泰兴、海盐诸县罢采鹰鹞,可不令而止。"烈祖从其计。期月之间,禁校无复游墟落者。

严求微时为阳邑吏,阳宰器之,待以宾礼。每曰:"卿当自爱。他日极人臣之位,吾不复见卿之贵,幸以遗孤留意。"期年,严亟登公辅。宰殁既久,其子理遗命候谒严门。严赠担石束帛而已,其子慊怀而退。严不甚顾,密遣家人赍黄金数十斤,伺于逆旅间,谢之曰:"非阳宰之子乎?相君使奉金以备行李。"又荐一官,地宅仆马毕为之置。其子他日及门致谢,严曰:"聊以报尊府君平昔之遇耳。"一见后,终身谢绝焉。

烈祖辅吴,日与诸侯会射延宾亭。刘信擘牙注矢揎拟四座,小校孙汉威疑不利于上,忽引身障烈祖以己当之。上自此益加宠遇,位至侍中九江帅。

刘信攻南康,终月不下。义祖遣信使者而杖之,詈曰:"语刘信要背即背,何疑之甚也!"信闻命大怖,并力急攻,次宿而下。凯旋之日,师至新林浦,犒锡不至,亦无所存劳。他日谒见,义祖命诸元勋为六博之戏,以纾前意。信酒酣,掬六骰于手曰:"令公疑信欲背者,倾西江之水终难自涤。不负公,当一掷遍赤。诚如前旨,则众彩而已。信当自拘,不烦刑吏耳。"义祖免释不暇,投之于盆,六子皆赤。义祖赏其精诚昭感,复待以忠贞焉。

李建勋镇临川,方与僚属会饮郡斋,有送九江帅周宗书至者,诉以赴镇日近,器用仪注或阙,求辍于临川。李无复报简,但乘醉大批其书一绝云:"偶罢阿衡来此郡,固无闲物可应官。凭君为报群胥道,莫作循州刺史看。"

赵王李德诚镇江西,有日者自称世人贵贱一见辄分。王使女妓数人与其妻滕国君同妆梳服饰,偕立庭中,请辨良贱。客俯躬而进曰:"国君头上有黄云。"群妓不觉皆仰首。日者曰:"此是国君也。"王悦而遣之。

陈觉微时为宋齐丘之客。及为兵部侍郎也,其妻李氏妒悍,亲执庖爨,不置妾媵。齐丘选姿首之婢三人与之,李亦无难色,奉侍三婢若舅姑礼。问其故,李曰:"此令公宠幸之人,见之若面令公,何敢倨慢?"三婢既不自安,求还宋第,宋笑而许之。

冯延巳镇临川,闻朝议已有除替。一夕,梦通舌生毛。翌日,有僧解之曰:"毛生舌间,不可剃也。相公其未替乎?"旬日之间,果已寝命。

张泊计偕之岁,为润帅燕王冀所荐,首谒韩熙载。韩一见待之如故,谓曰:"子好一中书舍人。"顷之,韩主文,泊擢第。不十年,果主纶阁之任。

进士李冠子善吹中管,妙绝当代。上饶郡公尝闻于元宗,上甚欲召对,属淮甸多故,盘桓期月,戎务日繁,竟不获见。出关日,李建勋赠一绝云:"韵如古涧长流水,怨似秋枝欲断蝉。可惜人间容易听,新声不到御楼前。"

钟传镇江西日,客有以覆射之法求谒。传以历日包一橘致袖中使射之。客口占一歌以揭之云:"太岁当头立,诸神莫敢当。其中有一物,常带洞庭香。"

程员举进士,将逼试,夜梦乌衣吏及门告员曰:"君与王伦、廖徽、陈度、魏清并已及第。"员梦中惊喜,理服驰马诣省门。见杨遂、张观、曾颜立街中谓曰:"榜在鸡行,何忽至此?"员怅然而觉,秘不敢言。其年考功员外郎张佖权知贡举,果放杨遂等三人,员辈卒无征应。既夏,内降御札,尚虑遗贤,命张泊舍人取所试诗赋就中书重定,务在精选。泊果取员等五人附来春别榜及第。明年岁在癸酉也。

李德来任大理少卿,持法甚峻,忌刻便佞,时号"李猫儿"。本无学术,诈称博闻。每呼马为韩卢,乐工为伶伦,谄佞为謇谔,以此贻讥于世。

木平和尚,不知何许人也。保大初征知阙下,倾都瞻礼,阗咽里巷。金帛之施,日积数万。常出入宫禁中。他日,从上登百尺楼。上曰："新建此楼，制度佳否？"木平曰："尤宜望火。"上初不喻其旨。居数岁，木平卒，淮甸大扰，自寿阳置烽堠以应龙安山，旦夕上多登览，以瞻动静。又上最钟爱庆王，王初幼学，上问："寿命几何？"木平曰："郎君聪明哲智，预知六十年事。寿当七十。"是岁疾终，年十七，盖反语以对之也。

李徵古，宜春人也。少时贱游，尝宿同郡潘长史家。是夜潘妻梦门前有仪注鞍马，拥剑锵铩，衙队约二百人。或坐或立，且云太守在此，洎见乃寓宿秀才。觉后言于潘曰："此客非常人也。妾来晨略见。"饯酒一钟，赠之金栀腕，曰："郎君他日富贵，慎勿相忘。"李不可知也。来年至京，一举成名。不二十年，自枢密副使除本州刺史。离阙日，元宗赐内库酒二百瓶。

韩熙载放旷不稽，所得俸钱，即为诸姬分去。乃著衲衣负匡，令门生舒雅报手板，于诸姬院乞食，以为笑乐。使中国，作诗云："我本江北人，去作江南客。舟到江北来，举目无相识。不如归去来，江南有人忆。"

陶縠学士奉使，恃上国势，下视江左，辞色毅然不可犯。韩熙载命妓秦弱兰诈为驿卒女，每日敝衣持帚扫地。陶悦之与狎，因赠一词名《风光好》云："好因缘，恶因缘，只得邮亭一夜眠。别神仙。　琵琶拨尽相思调。知音少。待得鸾胶续断弦，是何年。"明日，后主设宴，陶辞色如前，乃命弱兰歌此词劝酒。陶大沮，即日北归。

韩熙载，北人，仕江南，致位通显，不防闲婢姜，有北齐徐之才风。侍儿往往私客。客赋诗有云"最是五更留不住，向人枕畔著衣裳"之句，熙载亦不介意。

南唐近事补遗

讥　嘲

李尧，广陵布衣，常以喉舌掉阖为己任。宋齐丘罢镇江西，尧裹足来谒。齐丘问："客素习何业？"尧曰："修相业于今十年矣。"宋曰："君修相福乎？"尧不能答。他日复求见，宋属子卒，左右不复通知，乃题一绝而去。词曰："中兴唐祚灭强胡，总是先生设远谟。今日丧雏犹解哭，让皇宫眷合何如？"

使　酒

朱业为宣州刺史，好酒凌人，性复威厉，饮后恣意斩决，无复见者，惟其妻钟氏能制之，搴帏一呼，慑栗而止。张易令通倅之职，至府数日，业为启宴。酒举未及三爵，易乘宿酲，掷觥排席，诟让蜂起。业怡声屏幛之间，谓左右曰："张公使酒未可当也。"命扶易而出。此后府公无复使酒焉。

好物不在多

元宗曲燕保和堂，命从官赋诗。学士朱巩诗成独晚，洎众制皆就，巩已醉矣，唯进一联。上疑其构思大，久复不终篇。巩再拜致谢曰："好物不在多。"左右掩口而笑。自是金陵士庶遗饷不丰好者，皆以朱公为口实。

掠　地　皮

魏王知训为宣州帅,苛政敛下,百姓苦之。因入觐侍宴,伶人戏作绿衣大面胡人,若鬼状。旁一人问曰:"何为者?"绿衣人对曰:"吾宣州土地神。王入觐和地皮掠来,因至于此。"

捋　须　钱

张崇帅庐州,好为不法,士庶苦之。尝入觐,江都庐人幸其改任,皆相谓曰:"渠伊必不复来矣。"崇来,计口征渠伊钱。明年再入觐,盛有罢府之议,不敢指实,道路相见皆捋须为庆。崇归,又征捋须钱。尝为伶人所戏,一伶假为人死有谴当作水族者,阴府判曰:"焦湖百里,一任作獭。"崇大惭。

梦　谶

后主篡位之初,尝梦一羊升武德殿御床,意甚恶之。及金陵之陷,补阙杨克让首知府事。盛衰之理其明征欤。

画　墁　录

［宋］张舜民　撰

丁如明　校点

校 点 说 明

　　《画墁录》著者张舜民,字芸叟,号浮休居士、矴斋。宋邠州(今陕西彬县)人。英宗治平二年(1065)进士。历官监察御史、秘书少监,知陕、潭、青三州。宋徽宗时,坐元祐党籍,贬楚州团练副使,商州安置。后复集贤殿修撰。《宋史》有传。工诗,有《画墁集》。

　　书中多记朝野杂事,间亦阑入私人意气,有诬妄失实之处。然文字简洁传神,颇可照见当时世态风情。如叙乌台诗案的情形云,有甲乙两人同里,相得甚欢。一日,甲不见乙,问之乙家,云外出。后遇之,询其外出之由,乙答说是因为避查贼赃的嫌疑。后乙不见甲,询之,乃云是为了和贼诗(指苏轼诗)的缘故。虽是戏谈,然文字狱的恐怖、士人的惊惶、士大夫的谑浪,都跃然纸上。书中尚有一些关于宋代典章制度的记载,有一定的史料价值。

　　《直斋书录解题》、《宋史·艺文志》小说家类著录,一卷,作《画墁集》。今传有《百川学海》本、《稗海》本、《四库全书》本等,均一卷,题《画墁录》。今以《稗海》本作底本,字多脱误,径以《四库全书》本改补,概不出校。

画墁录

《吴岳碑》自首至座七段，明皇八分书，为黄巢所焚，摧剥仅可辨。当时日书三字，发三驿，刻工亦然。徐常侍谪三山，过庙下，徘徊旬日，察碑之兴功不可得。一田父进曰："当时积土而立。"唯而去。

相国寺烧朱院旧日有僧惠明，善庖，炙猪肉尤佳，一顿五斤。杨大年与之往还，多率同舍具殽。一日，大年曰："尔为僧，远近皆呼'烧猪院'，安乎？"惠明曰："奈何？"大年曰："不若呼'烧朱院'也。"都人亦自此改呼。

予尝登大伾，仓窖仍存，各容数十万，遍冒一山之上。李密坐据敖仓，便谓得计，亦井蛙耳。

郭祖微时，与冯晖同里闬，相善也。椎埋无赖，靡所不至。既而各窜赤籍。一日，有道士见之，问其能，曰："吾业雕刺。"二人因令刺之，郭于项右作雀，左作谷粟；冯以脐作瓮，中作雁数只。戒曰："尔曹各于项脐自爱。尔之雀衔谷，尔之雁出瓮，乃亨显之时也。"寒食，冯之妇得麻鞋数双，密藏之，将以作节。冯搜得之，蒲博醉归，卧门外，其妇勃然曰："节到也，如何办得？"冯徐扪腹曰："休说办不办，且看瓮里飞出雁。"郭祖秉旄之后，雀谷稍近，登位之后，雀遂衔谷。冯秉旄，雁自瓮中累累而出。世号郭威为郭雀儿。冯，继业之父，朔方节度使、卫王。

刘伯寿少年不羁，其父晔尹京，每旦，父趋郡，随马而出，簿佐侦伺父还，先入，其自课书史，从容无阙。一旦早至白矾楼下，天未明，独坐茶坊中。有一老人继入就坐，因相问劳共茶。老人曰："少年能饮酒乎？"伯寿曰："性不能饮酒。"老人曰："少年不能饮，老夫自饮。可登此楼乎？"伯寿欣然从之。既上，阒无一人，老人一举已斗余矣。熟视伯寿曰："少年人清气足，可以致神仙，然肩骨低一指，犹位跻三品。至耄年，文武双全，子孙蕃衍。"乃授以丹术。元丰二年冬，予自蒲中之京师，访伯寿于嵩阳，是时年七十又四矣。同登峻极，行步如飞，予与登封令庞元常、杜子春明经奔喘不及。伯寿顾而笑曰："三年少乃尔耶？"祖露髀股示人，皆无肉，皮裹骨，毛长数寸，扣之有声，光彩烂然。足未歇，歌所为大曲，略数千言，响振山谷。累夕对榻，竟旦不眠。至元祐初方卒，无疾也。

国初侯涉，木强人也，主铨事。雷德骧诣部求官，拟宁州司理参军，曰："官人未三十，不可典狱。"以笔勾退。

均、房之人，取山中枯木作胶，傅破布单，施虎径中，木叶蔽之。虎践履，着足不脱，则恐，微若奋厉，便能固半身。虎怒，顿锉不能去，就擒，既刲剥，肠皆断。虎身臭，蚊蚋或集耳鼻中，虽尽力，无能去之，以至顷扑而死。开腹，肠亦断，俗云"蚊子咬杀大虫"。《本草》著八月后蟹与虎斗，而虎败，骨入虎耳，以此而死。非力不赡，知有所穷也。

临潼县驿前有俚妇，三子皆售诸过客，二为正使，一为郎官。正使者一田、一刘，郎官者，县人田升卿也。田登第，嫡父自陈，升卿大怒，闻公决杖。元祐中，升卿坐市易钱不明，配流广南。人谓无亲之报也。

凤翔妇与黄冠通奸，即妊，不能决，在禁中四年。至英庙登极赦到，宣竟而妇生子，发被面，齿满口。余未之信，至岐下，取案文阅之，不谬。

许下西湖，一州之冠，始沮洳未广，自宋公序开拓，遂弥漫，菰蒲鱼稻，采取不资。于是以诗落成，人多称美。西南水心有观音堂，昔乃四门亭子，常有大蛇居之，民不敢近。其后改置此像，蛇不复出，像乃慈圣光献法容云。

宁州之南二十里枣社镇，以狄梁公两为宁州刺史，民立祠植枣，取两束之义。今其民社前一日祭，谬为早云。

《本草》著糯米为稻米，累朝释略数千言，无一字言堪为酒，正如《白氏六帖》录禽遗大鹏也。

北虏待南人，礼数皆约，毫末工伎，皆自幽、涿遣发之帐前，人以为劳。乐列三百余人，节奏讹舛，舞者更无回旋，止于顿挫伸缩手足而已。角抵以倒地为负，不倒为胜。两人相持，终日欲倒不可得。又物如小额，通蔽其乳，脱若裈露之，则两手覆面而走，深以为耻也。待客则先汤后茶,揖则礼恭,今人唱喏,乃喏也,非揖也,北人得之。

永洛之役,一日丧马七千匹,城下沙烬中大小团茶可拾也,乃是将以买人头者,有人能道。夜二更,城既陷,李舜举以笔摘略数千百字,以烛蜡固之,付有司上之,实遗奏也。神宗得之,不胜悲涕累日。是时,胡人虽入月城而未逼,左右以马御之,舜举以鞭挥击,不肯上马。少顷僵踣,人犹见。李复上马,将出门,失彗。或云面上中箭,在瓮城内,然夜黑沸涛中,面上中箭,恐非敌人也。独徐禧不知所归,人无道者。或云有还人见之夏国者三五,颇符合,疑亦有之。

熙宁中,郎中赵诚自富顺监代还,过凤翔,自言一任二年,裁两次杖罪。元丰中,河中人刘勃自南京军巡官代还,自言一任断绞刑二百六十有奇,斩刑六十余,钉呙二十七,此一院数也。绍圣二年冬,予至陕府,三年七月,裁断绞刑一。是年冬移潭,在任二年半,凡五服相犯悉具,言之可伤,生所未见也。子杀父、父杀子各一,兄弟相杀、妻杀夫者数人。

士人举止,不可不慎也。近见陕西一漕使,为当涂荐终南太平宫道士张景先,既前席,与之并轿同涂,所在官吏迎送,漕使自轿中举手揖,景先亦举手。至咸阳,为一监官大诟,使人捽褫,波及漕使,竟无如之何,观者快之。景先后主亳州太清宫,黄履守亳,每走见,执弟子礼,内寝馈食,再拜问遗,必百缣。凭陵郡官,狎饮无所不至。范彝叟来,客将赞名,仪石南一喏而退,观者又快之。

王铣为侍禁三班院,差监修主第,语同事曰:"吾辈受寒热修成,不知谁家厮居此?"既而铣尚主,不逾年身居之,正与刘美打银、杨景崇担土事同。

黄巢入长安,苦王李之难,僖宗再狩,近毂之民,争入攘宝货,唯幽民取佛,至今虽民家充满,或铜或漆,其工致精采,非今人之作也。环州有肃宗引驾佛坐像,崇丈余,精彩照人,旁视可畏。土人云:国初欲置之京,千人不能举。每有军事,则守臣致告。

唐宫城两横街,今西京内是也。大明宫太极殿与宣政正衙相重,宣政后是第一横街,直紫宸后,延英后第二横街,才是后殿。每朔望宣政排仗。是日诸陵上食,故不御前殿,即是东西上阁门,鸣仗而入,谓之入阁。今东京内城一重横街。文德殿正衙与大庆殿排行,殿后即是横街。仗入而无所属,故未即鸣仗。皇祐中考求入门故事,谓之入门仪,以至问策贡士,久之不决。一日,仁宗因阅长安图,指内次第。翌日喻执政,始判然。初以谓入门自是一仪也。

仁宗庆历初,改锡庆院为太学,都下举子稍稍居之,不过数十人,至暮出归,不许宿,以火禁也。至嘉祐中,孙复、胡瑗领教事,乞弛太学火禁,准小三馆秘阁令,脱有不戒,愿以身任之。自尔诸生方敢宿留,四方学者稍稍臻集。然熙宁之初,犹不上五百人,今乃千数人矣。

大礼自中散大夫至逢直郎一等支赐,元符星变,自三省、枢密院皆乞罢。

唐制五品阶不着绯,三品不着紫,今参知政事、宰臣皆着绯也。

司马温公云:茶墨正相反:茶欲白,墨欲黑;茶欲新,墨欲陈;茶欲重,墨欲轻;如君子小人不同。至如喜干而恶湿,袭之以囊,水之以色,皆君子所好玩,则同也。

韩玉汝自言为太常博士赴宴,比坐一朝士,素不识,聆其语,似齐人。坐间序揖后,酒到辄尽。时酒行无筹,盏空则酒来,不食顷,略已数杯,意似醺醐。玉汝独念邻坐,不敢不告,因戒其少节片时,再坐将起,满引任醉无害,今万一为台司所纠。朝士怫然云:"同院是何言,贤不看殿上主人,奈何不吃!"反不能堪,因复曰:"殿上主人只为你一个。"

祖宗朝内臣出使,不得预职事外事,责军令状。

东水门外觉照院,元祐末,予缘干适彼,与寺僧纵步道旁,指一圹云:"此陶穀坟也。"墓门洞开,其间无一物,因讽寺僧为掩覆。僧曰:"屡掩屡开,不可晓。十余年前,有陶姓人作寒食,尔后不复来。"陶为人轻检,尝指其头曰:"必戴貂蝉。"今则髑髅亦不复见矣。

钱若水暇日在家延一术士,戒阍者不得进客。既而门外喧争久之,呼问阍者,曰:"有一秀才欲请谒,辞以有客,不肯去。"因命之进,则刺字书云"临江军进士王钦若"。既入,无冠、头巾,皂衫黄带,雀跃嘶声而结喉,鄙状可掬。钱意甚轻之。术士一见,不复顾钱,侧坐向王,咨嗟不已。少顷,王辞,术士不揖钱,褰衣从之。钱大骇,使人呼术者,诘之,乃曰:"斯人大富贵人也,名位寿考无不极,但无嗣,当以外姓为嗣。"既卒,真庙俾其婿张环主祀。

李舜举在官省,言行有常,神宗尝毗之。一日,谓曰:"尔养取一子服事。"舜举敬唯之。夕又喻旨,唯如前。近年又喻旨,舜举谢曰:"臣唯有一子,待与陛下监税。"

张璞者,幽人,少屡盗,贝丘之役应募坎窟得官。后为正使带亲御器械、泾原钤辖,知镇戎军,被重疾,忽叩头乞三年葬毕死,未几疾已。一日,蜕壳如蝉,竟三年亦不葬,遂死。不岁余,其子令发其墓,取金带抵罪。世谓不葬之罪,最有征验。

王钦若罢相,出知杭州,人皆以诗送行,独杨大年不作诗于上前。真宗遣近侍谕旨作诗,大年竟不作。

钱明逸每宿戒,必诘其谒者曰:"是吃酒,是筵席?"筵席客无数,一巡酒一味食也。吃酒客不过三五人,酒数斗,瓷盏一只,青盐数粒,席地而坐,终日不交一谈,恐多酒气也,不食,恐分酒地也。翌日,问其旨否,往往不知,其志不在味也。终日倾注,无涓滴挥洒,始可谓之酒徒,其视揖让饮酒如牢狱中。

苏舜钦、石延年辈有名曰鬼饮、了饮、囚饮、鳖饮、鹤饮。鬼饮者,夜不以烧烛;了饮者,饮次挽歌哭泣而饮;囚饮者,露头围坐;鳖饮者,以毛席自裹其身,伸头出饮,毕复缩之;鹤饮者,一杯复登树,下再饮耳。

慈恩与含元殿正相直,其来以高宗每天阴则两手心痛,知文德皇后常苦捧心之病,因针而差,遂造寺建塔,欲朝坐相向耳。始置十层,后减为七层,所以卢照邻诗云:"十层碧瓦摇虚空,四十门开面面风。"夫高宗知母之诚笃哉,而报母之恩何其薄也!

同州北境良辅镇,即唐魏郑公庄也。田邑极雕弊,不蔽风雨。嘉祐中,求唐贤之后有道严者,中人欢然相率出城看夜叉。既至野次,见之如人形状,正如图画,发朱,皮如螺蚌,腰著豹皮裈。观者略数千人。常以大树庇身,累日乃不复见。又泷州吴山县汉高村,关中李氏所居,一日大雨,有物堕庭中,如马台状,乃一皮幞头也。垢腻寸余,蛇蝎出入,臭闻十余步。李氏子欲焚之,长老曰:"不可。"然雷鸣不去,在屋上丈余,观者不少。众观之少间,黑云如墨,下庭中,遂失去。

元丰中诗狱兴,凡馆舍诸人与子瞻和诗,罔不及。其后刘贡父于僧寺闲话子瞻,乃造语有一举子与同里子弟相得甚欢,一日同里不出,询其家,云近出外县。久之复归,诘其端,乃曰:"某不幸典著贼赃,暂出回避。"一日,举子不出,同里者询其家,乃曰:"昨日为府中追去。"未几复出,诘其由,曰:"某不幸和著贼诗。"子瞻亦不能喜愠。

古昷凤翔府麟游县,每令长上事,必作招祓舞,其节奏与诸处不同,乃曰:"此唐九成宫本,山县无妓子,但止以手分书耳。"

尧之治历象,日月星辰敬授人时,欧阳文忠公序唐历志,以无补于人伦。

翁肃,闽人,守江州。昏耄,代者至,既交割,犹居右席,代者不校也。罢起,转身复将入州宅,代者揽衣止之,曰:"这个使不得。"

张安道晚年病目,家厚资,南京库帑不迨也。常闭目使人运筹,一算差,必能摘之。库物精粗,分毫不谬。

尝见吕相简与一邻县官托买酒,云:"今为亲将至,专致钱一千托沽酒。"又于后批:"切不得令厅下人送来。纳钱二百,烦雇一人担来。"

吾家旧畜镜,传为杨妃故物,径尺许,厚七分,背文精古,有铭,其略曰:"粉壁交映,珠帘对看。潜窥圣淑,丽则常端。"圣淑字名少空,有并后之象。明皇八月五日生也,始置诞节名千秋,藩镇进镜若紫丝承露囊,此几是耶?

郭诇性善谑,攻词曲,以选人入市易务,不数年至中行。元祐初,厘校市易,复以为承议郎。亲知每见之,必诘问所因,郭词吃,不能答,作《河传》咏甘草以见意,云:"大官无闷,刚被旁人,竞来相问。又难为捷便敷陈,且只将,甘草论。　朴消大戟并银粉,疏风紧,甘草间相混。及至下来,转杀他人,尔甘草,有一分。"

在京朝官,四年磨勘,元无著令。熙宁中,审官变行之,至今以为常格。

狄武襄,西河书佐也,逋罪入京,窜名赤籍,以三班差使殿侍,出为清涧城指使。种世衡知城,范文正帅鄜延,科阅军书至夜分,从者皆休,唯狄不懈,呼之即至。每供事,两手如玉,种以此异之,授以兵法,然又延之于范公,遂成名。

北人信誓,两界非时不得葺理城堞。李元则知雄州,欲展城无由,因作银香炉,置城北土地堂。一旦,使人窃取之,遂大喧勃,踪迹去来,辞连北疆,纷纭久之。因兴工起筑,今雄州城北是也。又建浮屠九层,躬率十缁,日修供具,不日成之。既而下瞰幽级,如指诸掌。

熙宁中,余知宁州襄乐县,排架阁,以周祖广顺中平兖州慕容彦超露布为祖。潭州架阁,以建隆四年求遗书诏为祖。

周世祖展汴京外郭,登朱雀门,使太祖走马,以马力尽处为城也。

郭祖受命讨守真,驻师河中城下逾年。望气者言:守真必破,城下有三天子气,谓郭祖、柴世宗、太祖也。守真犹豫不决,使术者视家人,至子妇符氏,术者大咤曰:"母后相也。"守真曰:"吾妇乃尔,吾可知矣。"遂决。既婴城,无炮材,颇患之。居一日,河水自上浮木千百,皆炮材也。守真大喜,以为受命之符。其后既破,郭祖以符氏纳世宗,是为符后。

郭祖宿师河中逾年,常登蒲坂以望城中,其蒲之民为逆者固守,乃失言曰:"城开之日,尽诛之。"幕府曰:"若然,恐愈固矣。第告之曰:'非守真者,余皆免。'"一日城开,乃即其地为普救寺。

太祖微时,多游关中,虽甚窘乏,未尝干投。人或周之,必择而后纳;有伯钱之余,必有与人。人颇异之。长武城寺僧严者常周之,往来无倦,阴异其骨气,使工人貌之,今置神御,过者朝谒。其绘事本褐衫青巾,据地六博,后易靴袍矣。

建隆初,春宴方就次,雨大作,乐舞失容。上色愠,范质乃言曰:"今岁二麦必倍收。"上喜动色,命满泛,入夜方罢,莫不沾醉。

自唐末五代,每至传禅,部下分扰剽劫,莫能禁止,谓之靖市,虽至王公,不免剽劫。太祖陈桥之变,即与众誓约,不得惊动都人。入城之日,市不改肆,灵长之祐,良以此乎?

太祖北征,群公祖道于芳林园。既授绥,承旨陶穀牵衣留恋,坚欲致拜,上再三避。穀曰:"且先受取两拜,回来难为揖酌也。"

太祖少亲戎事,性乐艺文,即位未几,召山人郭无为于崇政殿说书，至今讲官衔谓之崇政殿说书云。

太祖朝，进讲为难，每遇疑义，必面加诘难，往反久之。尔后累朝，但端默谛听，得有商榷。仁宗尤所耽味，日昃不倦，每及祖宗彝训及二典政实，必拱手上加肃敬。

神庙博涉多识，闻一该十，每发疑难，迥出众人意表，故讲官每以进讲为难，退而相语曰："今日又言行过也。"黄履见苏子由，以手扪其腹曰："予腹每趋讲，未尝不汗出也。"

太祖招军格，不全取长人，要琵琶腿车轴身，取多力。唐募军有翘关负石之格，取其关，持其末，五举为合格。

太祖射，使搦折弓靶，绝力断弦，踏翻地面，射倒箭垛。

王德用射诀："铺前脚，坐后脚，两手要停不须高，靶里弦外觑帖子，急拽后手托弓梢。"刘昌祚云："某把弓，万事皆忘。"是亦不可分其志也。

祖、宗征河东，皆自土门还师，驻驿真定潭园。有两朝行宫，岁谨缮完。器甲所储，至二十四库。累有旨批排，二年裁毕四库而已。潭园方广六里有畸，亭榭皆王氏父子所辑。宫后八角大亭，乃耶律德光造羓之所也。

神宗于崇政殿设二十四库，以储金帛，亲制库铭，其略曰"昔在前朝，猃狁孔炽，嗟予小子，其承"云云。诸分置作院。

河北设五都仓，讲好高丽，良以此也。然功未绝而上宾，是天未欲燕蓟之民归中国乎？

阶级条，太祖制也，若曰一阶一级全归状事之仪，至今枢司以匦藏之也。

庆历、康定以前，朝士不披毛凉衫，公服重戴而已。冬月或披毛衫而得寒疾。今则无问寒暑，虽六军卫士，重戴披衫，与士大夫错杂路冲无别。虽曰凉衫，实热衫也。

杜常，昭宪太后之族子也。神宗闻宪之门有登甲科者，深喜之，有旨上殿。翌日，喻执政曰："杜常第四人及第，却一双鬼眼，可提举农田水利。"太祖常谓陶穀一双鬼眼。

太祖深鉴唐末五代藩镇跋扈，即位，尽收诸镇之兵，列之畿甸，节镇惟置州事，以时更代，至今百四十年，四方无吠犬之警，可谓不世之功矣。或云陈希夷之策。

《唐书》太宗在洛登端门，见新进士缀行而出，喜曰："天下英雄入吾彀中矣！"赵嘏诗云："太宗皇帝真长策，赚得英雄尽白头。"按太宗一朝五放榜，每榜一名，安得缀行之士？又武元衡遇盗之事，是时裴晋公同行，并辔趋朝。史载毡帽虽伤不害，以马逸得脱。考其时，乃六月下旬也。

仁宗深患七史读之不成文，嘉祐中，有诏重修，唯《唐书》卒业，所费缗钱十万有奇。既进御，翌日，有《旧唐书》不得毁，久之谕执政等云："当时何不令欧阳修为之？"魏公对曰："修分作帝纪、表、志。"既退，语曰："尔应其父病也。"

嘉祐末，余在太学，有佣书陈逵者，携一子方孩，饥冻不可支，书亦不佳。或曰："此陈彭年嫡孙也。其父彦博守汀州，以赃败，杖脊流海岛，遂至无赖。"时余方冠，未知彭年之为人，独念祖为执政而孙已若是耶？既而见刘贡父，尽得彭行事，所谓九尾野狐者，乃知天之报也不差。后逵困甚，与其弟归，发彭年冢，取金带分货抵罪云。

王君贶拜三司，二十有七岁矣。自尔居洛起第，至八十岁，位至宣、徽二府，尽其财力，终身而宅不成。子舍早世，唯有一孙与其侄居之，不能充一隅，未完亟坏。富郑公亦起大第，无子，族子绍定居之。绍定本始姑苏人，富家，又无子。

范祥领制置解盐，始抄法，初年课一百二十万，末年一百六十五万，以谓抄盐，法止此可矣。或征而多取之，则法不弊，是以一百六十五万不专为以抄请盐，兼为飞钱耳。今以百年之多，移致池州，以为重载，易之为抄，则数幅纸耳。于是禁绝盐法，边置折博务，张官置吏，买到钱充折斛斗。枭客得钱，不能置远，必来买抄，是用边籴不匮，抄法通行。逮至熙宁，边事稍勤，用抄日增。元丰初年，赈饥亦用，自尔军须国计，无所不资。商贾入京，价折于金部，岁出见钱三千万贯，买抄以摧。见钱不继，抄法朘削，冶盐水泠，解池遂失所利原。天时人事，符会如此，良可叹息。

有唐茶品，以阳羡为上供，建溪北苑未著也。贞元中，常衮为建州刺史，始蒸焙而研之，谓研膏茶。其后稍为饼样其中，故谓之一串。陆羽所烹，惟是草茗尔。迨至本朝，建溪独盛，采焙制作，前世所未有也。士大夫珍尚鉴别，亦过古先。丁晋公为福建转运使，始制为凤团，后又为龙团。贡不过四十饼，专拟上供，虽近臣之家，徒闻之而未尝见也。天圣中，又为小团，其品迥加于大团，赐两府，然止于一斤。唯上大齐宿八人两府，共赐小团一饼，缕之以金。八人折归，以侈非常之赐，亲知瞻玩，赓唱以诗，故欧阳永叔有《龙茶小录》。或以大团问者，辄方封付以供佛、供仙、家庙，已而奉亲，并待客、享子弟之用。熙宁末，神宗有旨：建州制密云龙，其品又加于小团矣。然密云之出，则二团少粗，以不能两好也。予元祐中详定殿试，是年秋，为制举考第官，各蒙赐三饼，然亲知诛责，殆将不胜。宣仁一日叹曰："指挥建州，今后更不许造密云龙，亦不要团茶，拣好茶吃了，生得甚好意智。"熙宁中，苏子容使虏，姚麟为副，曰："盍载些小团茶乎？"子容曰："此乃供上之物，俦敢与虏人？"未几，有贵公子使虏，广贮团茶，自尔虏人非团茶不纳也，非小团不贵也。彼以二团易蕃罗一匹，此以一罗酬四团，少不满则形言语。近有贵貂处边，以大团为常供，密云为好茶。

嘉祐末，得石经二段于洛阳城，乃蔡邕隶书《论语》，文无甚异，唯"求之欤，抑与之欤"。

古今事有符合者：韩信破齐历下，田横烹郦生，耿弇破张步杀伏隆；曹丕甄后，周世宗符后；死诸葛走生仲达，死姚崇算生张说；张德舆捃裴晋公，与皇祐中言者摘王德用；夏人杀杨挺，与孙膑斩庞涓，皆同。

魏严，唐魏郑公裔孙也，曾拜国子四门助教。熙宁末，予过其门，见严年可六十许，语言成理，出郑公画像，乃近年笔，多为俗人书题。唐之谱牒诏诰，无一存者。乃曰："为官员持去尽矣，唯有周特登城县帖判状辈数种。"有免车牛状，县判云："魏公唐室勋贤，名传青史，既是簪缨之后，难与百姓雷同，其车牛特免。"今之县令敢尔乎！

凡自岷州趋宕州，沿水而行，稍下，行夫山中，入栈路，或百十步复出，略崖嵚嵚，不可乘骑。必步至临江寨，得白江，至阶州须七八日,其所经皆使传所不可行。宕之山水秀绝,天下无有也。临江之上一处当大山中,西望雪山,日晃如银,其高无际,出众山上。居人曰:"此雪山佛居也。"有狮子,人常见之。非西域雪山,是蜀所记无忧城,东北望陇山,积雪如玉也。

嘉祐初,仁宗寝疾,药未验,间召草泽,始用针,自脑后刺入。针方出,开眼曰:"好惺惺。"翌日,圣体良已。自尔以其穴目为惺惺穴,《针经》初无此名。或曰即风府也。

熙宁以前,凡郊祀大驾还内,至朱雀门外,忽有绿衣人出道,蹒跚潦倒,如醉状,乘舆为之少扼,谓之天子避酒客。及门,两扇遽阖,门内抗声曰:"从南来者是何人?"门外应曰:"是赵家第几朝天子。"又曰:"是也不是?"应曰:"是。"开门,乘舆乃进,谓之勘箭。此近司门符节之制,然踏袭鄙俗,至是果命罢之。

泾州东长武城在城派,最为控扼要害之地。唐太宗亲征薛举尝驻跸,门楼十二间,御榻在其下。或云柱上有太宗题字尚在也。北阻泾水,即高墌二城,楼堞坚完。

历日后宫宿相属相联,本是一甲子,以真庙后年五十九,嫌于数穷,遂演之为一百二十岁。然竟以是年登遐。

前汉京师有大庙曰原庙,颜师古以原为重,谓京城已有庙而又立为重,至引原蚕之原。大抵汉陵皆作原,京城在渭涘,故谓之原庙。

陶隐居不详北药,时有诋谬,多为唐人所质。人固有不知,无足怪也。

《新唐书》以浅水原怀中冢为浑城平凉会明所杀战士敛死者。平凉离浅水原三百里,无容以数千人迁至三百里,谬甚矣。怀中冢乃太宗征薛举战士也,亦有马处。是时天下创建十昭仁寺,宜禄县乃其一处,为其中当战地也。蜀人吴缜有《新书纠谬》,至十二卷。

《考工记》之文,可谓文矣。或以为周公之文,然乎?亦必三代之文,汉诸儒不及矣。

《禹贡》曰:"砥柱、析城,至于王屋。"峡府三门是也。绝河流若岩墙然,凿为三门,河经其中,东洋如小城状,即析城也。禹庙在西漘,有寺,下望砥柱,上百步,屹然中流,高数百丈,尺铭勒其上,但取稍平处或险处，互布昌一峰之间。其字方可尺余，魏公撰文，正字薛纯，稷之子也。每欲印拓，伺天气晴明，先维舟砥下，下梯而升上，数日不可竟。俯视洪流，足酸目眩，用是难得真本。元符中，大水环三门，一夕寺庙皆失，略无孑遗，铭亦失数十字。

房岁使正旦、生辰，驰至京，见毕，密赐大使一千五百两，副使一千三百两，中金也。南使至北房帐前，见毕，亦密赐羊羓十枚、毗黎邦十头。毗黎邦，大鼠也，房中上供佛，善麇物，如猪猫，若以一裔置十斤肉鼎，即时麇烂，臣下不敢畜，唯以赐南使。绍圣初，备员北使，亦蒙此赐。余得之，即纵诸田，房传大骇，亟求不见，乃曰："奈何以此纵之？ 唯上意礼厚南使，方有一枚。本国岁课其方更无租徭，唯此采捕十数以拟上供，一则以待南使也。如帐前问之，某等皆被责，今已四散收捕。"因辞以不杀无用。自尔直至还界，无日不及之嗟惜也。其贵重如此。

刘综知开封府，一日奏事毕，真庙延之，从容曰："卿与中宫近属，已拟卿差遣，当知否？"综变色作秦音："启陛下，臣本是河中府人，出于孤寒，不曾有亲戚在宫中。"未几，出知庐州。

颜师古注《前汉》"蹴踘"：以韦为之，中实以物，蹴踏为戏乐。若于气球中用物，如何胜踢？ 古人亦有谬作。

唐家二百八十余年，河决二榖、洛城，岁为患，攘天津，浸宫阙，垫城郭不已。本朝无五年不河决而榖、洛之患殊稀。洛中耆旧言：伊、洛水六十年一泛滥为祥害。自祥符至熙宁中，自福善坡以北，率被昏垫，公私荡没。富公晏夫人尚无恙也，仓卒以浴桶济之而沉。水退，死者众多，妇人簪珥皆失，多有脱腕之苦。城下惟福善坡不及，城外惟长夏门不及。洛中故有语云："长夏门外有庄，福善坡头有宅。"平日但知以其形势耳，至此乃知水讖不苟云。

唐印文如丝发，今印文如箸，开封府三司印文尤粗，犹且岁易，以此可见事之繁简也。

唐京省入伏假，三日一开印，公卿近郭皆有园池，以至樊、杜数十里间，泉石占胜，布满川陆，至今基地尚在。省寺皆有山池，曲江各置船舫，以拟岁时游赏。诸司唯司农寺山池为最，船惟户部为最，所以文字鄙却。舟御,户部船也。

建中、贞元间,藩镇至京师,多于旗亭合乐。郭汾阳缠头彩率千匹,教坊、梨园小儿所劳各以千计。元丰中,刘伯寿谢事后,以议乐召至京城,已事得请,薄有沾赉,与唐、沈、丁竦,皆期望日阅于樊楼。凡京籍者率造焉。未几,种谔自鄜延陈边事到阙,一日期集于樊,服紫花织成袍,令束带,刘、沈皆葛巾鹤氅,都人观者颇塞。是日谔挥散亦数千人。神宗密令黄门窥之。既而谔辞,上举贞元故事,勉以浑、郭功名。

希夷先生陈抟,后唐长兴中进士也。既而弃科举,之武当山,又止房陵九室洞林,丹乳炼气,年已七十余,华阴葺云台废观居之。祖宗三庙皆召见,问以河东征伐,抟不答,师出果无功。居数年,见太宗曰:"今可以。"遂克。又告以其皇景命策藩侯,而今之本镇,所补治道甚多。知人贵贱休咎,今有《人伦风鉴》行于世,后人集先生之言,以为书也。

熙宁中,有一朝士,齐人,知定平县。韩子华宣抚经由,怪其县印漫汗,因取观之。宰公遽前曰:"此即锥,故非是本县铸造。"子华曰:"何为?"宰因阴指其题刻曰:"太平兴国二年少府,以此知之。"子华顾幕府曰:"县故正无有是也。"

本朝草圣,少得人知名者苏舜元。舜元之书不迨舜钦,笔简而意足。其子溆,元丰中为江东提举,上殿,神宗问:"颇收卿父书否?"对曰:"臣私家有之。"上曰:"可进来。"溆退,迫走亲知,裒得数帖。上一阅,命内侍辈取之,乃舜元书也。上鉴之精妙类如此。

河中范鼎臣,潘佐外孙也,有才辩高识,能道南朝故事。予之尊外祖母温,杨涉之外孙也。予兄初游学,温夫人无恙,年八十余,耳目聪明,日视针指,每道唐室故事,历历可听。或见予兄服皂衫纱帽,谓曰:"汝为举子,安得为此下人之服?当为白纻襕系里织带也。"或命饮宴燕,则以琴自随:"此汝外祖出入体也,必有仓头负荷,今胡不然?脱或侵夜,厢巡防卫至所居,颇如是乎?"予兄曰:"今不镇了,已是幸事。"

李元则再守长沙,裁供备库副使也,至今湖南兵政、财用、农田、学校询之，莫非其事。湖湘之地，下田艺稻谷，高田水力不及，一委之莱莽。元则一日出令曰："将来并纳粟米、秆草。"湖湘之农夫以为患，且未知粟米、秆草为何物也。或曰：惟襄州有之，可构致也。湘民皆往襄州，每一斗一束，至湘中为钱一千，自尔誓以田艺粟。至今湖南无荒田，粟米妙天下焉。秆草，湖北就南湖致；粟米，马秣荬也。

嘉祐以前，惟提点刑狱不得赴妓乐，熙宁以后，监司率禁，至属官亦同。唯圣节一日，许赴州郡大排筵，于便寝别设留倡，徒用小乐，号呼达旦。或咏东野三月晦诗云："共君今夜不须睡，未到晓钟犹是春。"又咏中秋诗云："莫辞终夕有，动是隔年期。"

赵韩王两京起第，外门皆柴荆，不设正寝。（阙）三间小厅事堂中位七间，左右分子舍三间，南北各七位，与堂相差。每位东西庑凿二井，后园亭榭制作雄丽，见之使人竦然。厅事有椅子十只，样制古朴，保坐分列，自韩王安排至今不易。太祖幸洛，初见柴荆，既而观堂筵以及后圃，哂之曰："此老子终是不纯。"堂中犹有当时酒，如胶漆，以水参之，芳烈倍常，饮之皆醉。初河南府岁课修内木植，或不前，俾有司督按，乃曰："为赵普修宅买木所分。"既而有旨：修赵普宅了上供。

长安启夏门里道东南亭子，今杨六郎园子，即退之所谓符读书城南处也。樊川花□所居，焦咏府竹园，皆韩公别业也。少东，白序都官桦金台军别业，老杜所咏处也。

王世则，长沙人，冠岁辞亲，入南岳读书，其父遗之一千。居数年，还家宁亲，既而出二千，封识如故。明年状元及第。

西京留台李建中，博雅多艺。其子宗鲁，善相人。一年春榜之京师，命择婿。行次任村逆旅，方就食，有丈夫荷布囊从驱驴，亦就食于逆旅。宗鲁一见，前揖寒温，延之共案。询其所自，曰："今春不第，将还洛也。"宗鲁不复之京师，与之同归洛中。其父诘之，曰："今既得贵婿，可复回矣。此人生不出选调，死封真王。"于是婿之，乃张尧封也，实生温成皇后。天圣中登进士第，终亳州军事推官，后封清河郡王。

司马温公与庞元鲁俱为张存龙图婿。张夫人贤惠。庞颍公帅太原，温公从辟。是年三十余，未有子。庞公与刘夫人欲有所置，刘发之，张欣然莫逆。未几得之，凡岁几朝，温公未尝盼睐。庞、刘知之，必以主母在嫌。一日,召张夫人赏花,温公不出,食已具,是婢靓妆就书院供茶。温公怫然曰:"这下人,今日院君不在宅,尔出来此作甚么?"明日,颍公幕府白:"司马院丞却有祖风。"谓相如、卓氏也。县君孙兆曰:"司马院丞可惜不会弹琴,却会鳖厮趚。"闻者大笑。

柳三变既以词忤仁庙,吏部不放改官,三变不能堪,诣政府。晏公曰:"贤俊作曲子么?"三变曰:"只如相公亦作曲子。"公曰:"殊虽作曲子,不曾道'彩线慵拈伴伊坐'。"柳遂退。

唐笏短厚不屈,今往往见之,王钦臣所执是也。西京任谔所守,任圜笏也。贾种民所守,贾耽笏也。以其短厚,故可以击人。今人之笏,虽有段秀实,亦无能为也。

房陵有猎人,射雉冠一境,矢无虚发。尝遇猿,凡七十有余发,皆不中。猿乃举手长揖而去。因弃弓矢,不复猎。

神宗自隶明川郡王即位,熙宁初,升颍川为顺昌,久知其军谬,遂升许州为颍昌府。

季布为河东太守,帝曰:"河东,吾股肱郡也。"即今之河中府,以言密邻王室,股肱相须。今人守太原,谢上表皆引股肱,疏矣。嘉祐、治平间,有中官杜渐者,好与举子同游,学文谈不悉是非,然居扬州,凡答亲旧书,若此事甚大,必曰"兹务孔洪",如此甚多。苏子瞻过维扬,苏子容为守,杜在座。子容少息,杜遽曰:"相公何故溘然?"其后子瞻与同会,问典客曰:"为谁?"对曰:"杜供奉。"子瞻曰:"今日直不敢睡,直是怕那'溘然'。"

贝丘之役,凡六十日而城下。田京为河北提刑,廨舍在贝州,方出城而难作。其室就乳,一家分散区民家,遗其乳子而去。事定,还旧居,凝尘满室,地上犹有被蓐。觉有物动,视之,乳子在焉。目精炯如,以口左右掠乳。收而鞠之,今河南李籲妻是也。有子登高科,至今无恙。

《新唐书》最可哂:唐有天下二百八十年,奸臣亦多矣,所载者才九人,可尽信乎?

汾阳王足掌有黑子,一日使浑咸宁洗足,咸宁捧玩久之。王曰:"何也?"对曰:"瑊也足亦有之。"王使跣而视之,哂曰:"不迨吾。"谓浑中寿也。

或荐王迥于荆公，介甫唯唯，既而曰："奈奇俊何？"客不喻。或哂曰：此介甫谐也。王迥字子高，有遇仙事，六么云奇倚俊，王家郎也。

予尝于浑氏见德宗所赐诏书，金钺。杂诏数命，其二奉天诏也。一曰："今赐卿剑一口，上至天，下至泉，将军裁之。"一曰："今赐卿笔一管，空名补牒一千纸，有立功将士，可随大小书给，不必中覆。如有急，令马希倩奏来，朕今与卿诀矣。"钺乐铎无柏，金彩尚存。画像少年，袁生也。与蒲中□水异，侍立，彩抱胡须人袁日善射，郝将军。浑咸宁少给事汾阳，未尝惮劳。汾阳在军中，咸宁席未下，夜中酒溺器必温，汾阳问之，对曰："向峡以请寝。"汾阳念之，曰："此可教也。"遂授以兵法。

唐高祖武德初，铸开通钱，仰篆隶八分体，十文重一两，为开通元宝，亦曰开元通宝。背有眉，乃大复窦后指甲痕也，进样时，误以甲承之。其铜剂，后人皆不能法。今独隶体钱行于世，八分与篆体钱皆不复见矣。开元之谶，已见武德年宝。

承相领京兆，辟张先都官通判。一日，张议事府中，再三未答。晏公作色，操楚语曰："本为辟贤会，贤会道'无物似情浓'，今日却来此事公事。"

陶隐居注《本草》"蒲萄"：北人多肥健，谅食此物。却不知有羊肉面也。

张耆四十二男子，冯行已儿息二十二人。或传耆开窗直厩舍，先以马合，纵婢隔观之，从而为之，罔不成孕。行已每五更以汤沃其下部，日出方罢，无他术。

仁宗庙有侯杰者，踏弩六石，拜官，世谓侯之六石。元丰团教太保长却为陈留弩，踏六石者，不数也；七石以上，方着籍。弓平射一石七斗为应格。建中靖国，予为定州，各散保州兵士，射三石七斗，取舍从容矣。循州如人五七斗者。

予尝行泷外百家镇温汤，即哥舒别业也。寺有小碣石色蓝者。大中十四年，崇信孙梁记着。

天祐元年，渭州空同山寺所藏李茂贞牒，天祐十年，河东不禀朱梁正朔，所不得行，不为正统。朱梁系唐，史氏之识浅矣。

元祐末，宣仁圣烈太后上宾，辽人遣使吊祭。虏使回至滑州死，刳其中央，以头内孔中，植其足，又取叶数百，披掮遍体。以疏别造毂车，方能行。次年春。予被差报谢入蕃，见其辙路深尺余，此蕃国贵人礼也。贱者则燔之以归。耶律之羓尚矣。

李译谏议知凤翔，卒，有蝴蝶之祥，自殡所以至府宇，蔽映无下足处。府宫尊卑，接武不相辨。挥拂不开，践踏成泥。其大者如扇。丧行逾日方散，至今岐人能言之。

丁晋公南迁，过潭州云山海会寺，供僧，致猕猴无数，满山谷林木皆折，不可致诘也。

西域之蕃处中国，以至夏契丹交驰，罔不在邻郭，今青唐是也。货到，每十橐驼税一，如是积六十年，宝货不资，唯真珠、翡翠以柜，金玉、犀象埋之土中。元丰末年，官军下青唐，皆为兵将所有，县官十不一二。王瞻以马驮真珠，每线长六尺，象犀辈为粗重，弃之不取也。中途有旨搜检，凡战兵所挟，投之黄河，唯环庆一官露两祖，大语曰："我杀人得之，有死而已。"吏不敢问。王瞻在房陵卖金，皆佛臂，脆金不精，土人不售。一日，出一手断之，纳诸煎器，鼓橐久之。既出，金在掌，而手完如故。瞻匠大骇，而至今呼瞻为歌利王。

彭汝砺，饶州人，治平状元，熙宁中为江西运判，妻宁氏。适有曾氏子监洪州盐米仓，卒于官。其妻养明宋氏有色，彭意欲纳之，而方服未暇也。后十二年，竟如初志。宋氏有姿色，彭委顺不暇。或曰：宋氏中间曾归一朝官，而彭不知。绍圣中，彭典九江，病革将逝，命索笔，人以为必有偈颂，乃曰："宿世冤家，五年夫妇，从今而往，不打这鼓。"投笔而逝。

长安今府宇，即唐尚书省也；府院，即吏部也；府录厅前石幢，即郎官题名石也。张长史书序，笔画整楷。如张君作字，诡怪颠倒，不可名状；至为楷法，整若军阵。乃为能事之极，无所不可。

波唐善词曲，始为楚州职官。胡知州楷差打蝗虫，唐方少年，负气不堪，其后作"蝗虫三叠"，且曰："不是这下辈无礼，都缘是我自家遭逢。"楷大怒，科其带禁军随行，坐赃三十年。至熙宁，魏公札子特旨改官,辟充大名府签判,作《霜飞叶》云"愿早作归来计"之语,介甫大怒,矢言曰:"谁教你!"及河大决曹村,凡豫事者皆获免,其惟唐冲替久之。王广渊以乡闾之素,辟渭州签判,作《雨中花》云:"有谁念我,如今霜鬓,远赴边堠。"广渊闻之亦怒,责歌者,唐郁不自安,竟卒于官。先自曲初成,识者曰:"唐不归矣。"以其有"身在碧云西畔,情随陇水东流"之语,已而果然。

元祐末,宇文昌龄命称聘契丹皇城使,张璪价焉。张頵龄,枢府难其行,璪哀请。故事:死于虏,朝廷恩数甚渥,北虏棺银装校三百两。既行,璪饮冷食生无忌,昌龄戒之,不纳。既至虏境,益甚,昌龄颇患之,禁从者无供。璪怒骂不足,果病噤,不纳粥药,至十许日。一行人病之,既而三病三愈,竟不复命。登对进前,上面哂之,退语近臣曰:"张璪生还,奈何诣政堂?"诸公大笑。昌龄直被他害杀,每夜使人防视,若有些好恶,只是自家不了。至其家,妇孙睥睨,阿翁划地又却来也。

文德殿祖庙,仪鸾司于萧屏上以皮条系一牌,上刻"行室"二字。余曰:"天子正衙而谓之行室,社弦大卿回,此有司之失也,命作衔在所。"同行曰:"本事见他社出自法云:凡自外诏京者,官既降,告付阁门札万本,官必曰:可依条交割本职公事,乘递马发来赴阙。予在都司,以此白宰相,凡州县监司行遣文字,当著依条令札坐。圣旨是□口□,犹曰依条,恐非也。"宰执唯唯,即持指挥去二字,不期岁久复着,所谓官抑不如曹抑也。

韩魏公庆历初自副枢出知扬州至使相,凡十四年。

《开元礼》不著凶礼,以为预凶事。凡朝廷大故,仓卒裁处,绝无所考据。柳子言之详矣。唐定边事三十年,国史无一字言之,以讳国恶。《传灯录》不着二祖偿偿宿债,此皆切要因缘,俗学所讳。

熙宁中,萧注上殿,神宗曰:"臣僚中孰贵?"注曰:"文彦博。"又问其次,曰:"王安石。"上曰:"何谓?"注曰:"牛形人任重而道远。"上面之,既退,语近侍曰:"兼注衔。"

许相文节张公,嘉祐中长宪台,言事无所避。一日,神宗慰之曰:"卿孤寒,凡言照管。"公再拜,对曰:"臣非孤寒,陛下乃孤寒。"上曰:

"何也?"曰:"臣家有妻孥,外有亲戚友,陛下惟中宫二人而已,岂非孤寒?"上罢入内,光宪觉上色不怡,进早膳踌躇。光宪启问,上以公语道之。光宪挥洒,上亦随睫,自尔立贤之意遂决。

州东王文公寝疾,真庙屡访,医者视之,仍不得辄归,如是半年。一日,王氏以讣闻,而医者语人曰:"半年厮系绊,与一服药,且大家厮离。"

前辈虽介胄士,有执一不移之节。有裴镇崇班者,晋公之后,监华州赤水镇酒。段少连领漕事,巡过督其职事,命去幞头。既而曰:"且与幞头,以待再来点检。"裴曰:"此幞头是受官日朝廷所命之服,运判既命去之,不敢擅裹,须候朝廷指挥。"自尔露头治事,凡出入见宾客,以至迎送,露头穿执者三年。朝廷亦闻之,有旨:段少连不合去命官巾幞,罚食。裴即日复冠。人方之贡禹。

泊 宅 编

［宋］方 勺 撰

田松青 校点

校 点 说 明

　　《泊宅编》，宋方勺(1066—?)著。勺字仁声，婺州金华(今属浙江)人，一说严濑(在今浙江桐庐)人。后寓居乌程(今浙江吴兴)泊宅村，因号泊宅翁。元丰六年(1083)入太学，后任虔州(今江西赣州)管勾常平。元祐五年(1090)自江西赴杭州应试不举，遂无仕进之意，直至晚年才又得一官。为人神情散朗，淡泊名利。事迹见《宋史翼》卷三六等。

　　书中所记，多为宋仁宗至徽宗政和年间的朝野杂事。方勺因常与当时名士如苏东坡、苏子容、叶梦得、朱服、王汉之、洪兴祖、王昇等人交游，故于当代时事、名人逸事、掌故稗闻多有所见闻，因予记录，汇编成书。书中有些内容，如方腊起义始末，宋神宗熙宁、元丰年间的财政状况，《黄鹤引》词牌以及某些医药的记述，都从不同的角度提供了宋代的历史资料，颇足珍贵。

　　本书有十卷和三卷两种版本体系。陈振孙《直斋书录解题》著录为十卷，明陶宗仪《说郛》所收《泊宅编》21条，亦据十卷本，成书于明嘉靖六年(1527)的《吴兴掌故》也著录为十卷。直到《稗海》本出，方见三卷本原貌。据考证，十卷本是在三卷本稿本基础上，由作者增订厘定后付梓的原本，故记事比三卷本有所增删，遣词用语亦有更动。

　　此次校点，即以十卷本《金华丛书》本为底本，校以《读画斋丛书》本等其他诸本。凡底本有误者，皆据校本改正，不出校记。

目　录

方氏泊宅编序 .... 洪兴祖　85

卷一 87

卷二 91

卷三 96

卷四 100

卷五 104

卷六 107

卷七 110

卷八 113

卷九 117

卷十 121

方氏泊宅编序

　　泊宅翁学博而志刚，少时谓功名可力取，不肯与世俯仰。晚得一官，益龃龉不合，慨然叹曰："大丈夫不为人则为己。先圣有言：朝闻道，夕死可矣。"乃取浮图、老子性命之说，参合其要，以治心养气，反约而致柔，年老而志不衰。酒后耳热，抵掌剧谈，道古今理乱、人物成败，使人听之竦然忘倦。时出句律，意匠至到。扁舟苕、霅之上，侣婵娟，弄明月；兴之所至，辄悠然忘归。使翁少而遇合，未必如岁晚所得之多也。一日，过予于桐汭，出所著《泊宅编》示予。予曰："此翁笔端游戏三昧耳，胸中不传之妙，盍为我道其崖略？"翁默然无言。予因书以序之。丹阳洪兴祖庆善。

卷一

　　阳孝本字行先,居虔州城西,学博行高。东坡谪惠州,过而爱之,号曰"玉岩居士",仍为作真赞。居士不娶,坡每来,直造其室,尝戏以元德秀呼之。居士曰:"某乃阳城之裔。"故坡诗曰:"众谓元德秀,自称阳道州。"皆谓无妻也。居士后以遗逸得官。

　　吴师仁字坦求,钱塘人。笃学励志,不事科举。守臣陈襄、邓温伯、蒲宗孟皆以遗逸荐于朝。元祐初,被召命以学官。初,坦求丧亲,庐其墓,日托栖真寺随僧造饭一钵以充饥,不复置庖爨、蓄奴僮,闭户翛然读书,倦则默坐而已。尝一夕,已灭烛,室中忽自明,有僧长揖而入,与坐谈玄久之,谓坦求曰:"教授行且仕宦,寿不过六十。"僧去而复暗如初。坦求为太学博士,十年无他除改,其后以选除颍川、吴王宫教授,卒年五十七。

　　王昇字君仪,居严州乌龙山。布衣蔬食,无书不读,道、释二典,亦皆遍阅。为湖、婺二州学官,罢归山中,杜门二年不赴调。一日,自以箕子《易》筮之,始治装西去,时年将六十矣。旅京师数月,良倦,将谋还乡,左丞薛昂以其所撰《冕服书》献之,稍历要官。君仪之学,尤深于《礼》《易》,久为明堂司常。宣和乙巳,以待制领宫祠,复居乌龙故庐。每正旦,筮卦以卜一岁事,豫言灾祥,其验甚多。金人据临安,诸郡惊扰,严人皆引避山谷间,公独燕处如平时,且增葺舍宇,以示无虞。壬子正月,微感疾,谓贰车黄策曰:"陆农师待我为属官,不久当往,但《太元书》未毕,且不及见上元甲子太平之会,此为恨尔。"数日卒,年七十九。

　　东坡既就逮下御史狱,一日,曹太皇诏上曰:"官家何事数日不怿?"对曰:"更张数事未就绪,有苏轼者,辄加谤讪,至形于文字。"太皇曰:"得非轼、辙乎?"上惊曰:"娘娘何自闻之?"曰:"吾尝记仁宗皇帝策试制举人罢归,喜而言曰:'今日得二文士,然吾老矣,度不能用,将留以遗后人。'二文士盖轼、辙也。"上因是感动,有贷轼意。

朱行中自右史带假龙出典数郡，年才逾壮。守东阳日，尝作春词云："小雨廉纤风细细，万家杨柳青烟里。恋树湿花飞不起。愁无比，和春付与西流水。　九十光阴能有几，金龟解尽留无计。寄语东城沽酒市，拚一醉，而今乐事他年泪。"自以为得意。后历中书舍人，帅番禺，得罪，安置兴国军以死。流落之兆，已见于此词。

王钦臣自西京一县令召入，议法与介甫不合，令学士院试赋一篇，但赐出身，却归本任。以二诗献公，其一云："蜀国相如最有词，武皇深恨不同时。凌云赋罢还无用，寂寞文园意可知。"其二云："古木阴森白玉堂，老年来此试文章。宫檐日永挥毫罢，闲拂尘埃看画墙。"

东坡帅杭，一日，与徐琦坐双桧堂，吟曰"二疏辞汉去"，琦应声曰："大老入周来。"琦字全夫，少年登科，疏纵不事事，晚益流落，终于武义县主簿。尝寓婺州清涟寺，醉中题壁云："惊雷殷殷南山曲，一夜山前春雨足。美人睡起怯轻寒，衣褪香绡红减玉。朝云霭霭弄晴态，野柳狂花无管束。东风也自足春情，吹皱两溪烟水绿。"

元祐中，东坡帅杭。予自江西来应举，引试有日矣，忽同保进士讼予户贯不明，赖公照怜，得就试；因预荐送，遂获游公门。公尝云："王介甫初行新法，异论者诿诿不已。尝有诗云：'山鸟不应知地禁，亦逢春暖即啾啾。'又更古诗'鸟鸣山更幽'作'一鸟不鸣山更幽'。"

欧公作《醉翁亭记》后四十九年，东坡大书重刻于滁州，改"泉洌而酒香"作"泉香而酒洌"，"水落而石出"作"水清而石出"。

冯当世未第时，客余杭县，为官逋拘窘，计无所出，题小诗于所寓寺壁。一胥魁范生见之，为白令，亏宽假。令疑胥受赇游说，胥云："冯秀才甚贫，某但见其所留诗，知他日必显。"出其诗，令笑释之："韩信栖迟项羽穷，手提长剑喝秋风。吁嗟天下苍生眼，不识男儿未济中。"

介甫尝戏作《走卒集句》云："年去年来来去忙，倚他门户傍他墙。一封朝奏缘何事，断尽苏州刺史肠。"

先子晚官邓州，一日，秋风起，忽思吴中山水，尝信笔作长短句《黄鹤引》，遂致仕。其叙曰：予生浙东，世业农。总角失所天，稍从里闬儒者游。年十八，婺以充贡。凡七至礼部，始得一青衫。间关二十年,仕不过县令,擢才南阳教授。绍圣改元,实六十有五岁矣。秋风忽起,亟告老于有司,适所愿也。谓同志曰:"仕无补于上下,而退号朝士。婚嫁既毕,公私无虞。将买扁舟,放浪江湖中,浮家泛宅,誓以此生,非太平之幸民而何?"因阅阮田曹所制《黄鹤引》,爱其词调清高,寄为一阕,命稚子歌之,以侑尊焉。"生逢垂拱。不识干戈免田陇。士林书囿终年,庸非天宠。才初阗茸。老去支离何用?浩然归弄。似黄鹤、秋风相送。 尘事塞翁心,浮世庄周梦。漾舟遥指烟波,群山森动。神闲意耸。回首名靮利鞚。此情谁共?问几斛、淋浪春瓮。"

韩退之多悲,诗三百六十,言哭泣者三十首。白乐天多乐,诗二千八百,言饮酒者九百首。

徽宗兴画学,尝自试诸生,以"万年枝上太平雀"为题,无中程者。或密扣中贵,答曰:"万年枝,冬青木也;太平雀,频伽鸟也。"是时,殿试策题,亦隐其事以探学者。如大法断案,一案凡若干刑名,但取其合者,不问词理优劣。或曰:"王言而匿,其指奈何?"曰:"此正古之射策,在兵法所谓多方以误之也。"

自古继世宰相,前汉所称韦、平而已,汉袁、杨二族最盛,亦不过三四人。唯李唐一门十相者良多。至闻喜裴氏、赵郡李氏,一家皆十七人秉钧轴,何其盛也!本朝父子继相,韩、吕之后未闻。

自古相国最久者,唯召公三十六年;一朝宰相最多者,唯武后六十八人。

韩忠献公之子粹彦帅定武,或劝取幽燕者,粹彦折之曰:"国家奄有四海,宁少此一弹之土耶?"唐庚作传赞曰:"仁人之言,其利博哉!始之者寇莱公,成之者公也。"

王黼自入仕登庸,无他异,唯合眼时觉有物隐隐如玉箸,头长不盈寸,开眼则无之,他人不知也。每有庆事,则微痒而动摇,率以为常。靖康初,金人犯阙,黼正忧遽,忽痒甚,喜不自胜;微以手按之,其物忽落掌中,状如箸。不久及祸。

介甫尝昼寝,谓叶涛曰:"适梦三十年前所喜一妇人,作长短句赠之,但记其后段:'隔岸桃花红未半,枝头已有蜂儿乱。惆怅武陵人不管。清梦断，亭亭伫立春宵短。'"

姚祐自殿监迁八座，不数进见。母夫人久病痢，诸药不效，忧闷不知所出，令李昂筮轨革，有"真人指灵草"之语。一日，登对，上讶其悴，具以实奏。诏赐一散子，数服而愈，仍喻只炒椿子熟末之饮下。

王直方云：王介甫在翰苑，见榴花止开一朵，有"浓绿万枝红一点，动人春色不须多"之句。陈正敏谓此乃唐人诗，介甫尝题扇上，非其所作。

卷二

予弟㧑字仁宅,博学好古,未壮而卒。平生不喜作科举文,既卒,于其箧中得二跋尾遗稿,今载于此:

《秦诅楚文跋尾》曰:

右秦《告巫咸神碑》,在凤翔府学;又一本《告亚驰神》者,在洛阳刘忱家。书辞皆同,唯偏旁数处小异。案:《史记·世家》,楚子连“熊”为名者二十二,独无所谓熊相者。以事考之,楚自成王之后,未尝与秦作难。及怀王熊槐十一年,苏秦为合从之计,六国始连兵攻秦,而楚为之长,秦出师败之,六国皆引而归。今碑云“熊相率诸侯之兵以加临我”者,真谓此举,盖《史记》误以熊相为熊槐耳。其后五年,怀王忿张仪之诈,复发兵攻秦,故碑又云“今又悉兴其众,以逼我边境”也。是岁秦惠王二十六年也。王遣庶长章拒楚师,明年春,大败之丹阳,遂取汉中之地六百里,碑云“克齐,楚师复略我边城”是也。然则碑之作正在此时,盖秦人既胜楚而告于诸庙之文也。秦人尝与楚同好矣,楚人背盟,秦人疾之,幸于一胜,遍告神明,著诸金石,以垂示后世,何其情之深切一至是欤!余昔固尝怪秦、楚虎狼之国,其势若不能并立于天下,然以邻壤之近,十八世之久,而未闻以弓矢相加。及得此碑,然后知二国不相为害,乃在于盟诅之美、婚姻之好而已。战国之际,忠信道丧,口血未干而兵难已寻者比比皆是,而二国独能守其区区之信,历三百有余岁而不变,不亦甚难得而可贵乎!然而《史记》及诸传记皆不及之也。碑又云:“熊相背十八世之诅盟。”今《世家》所载,自成王至熊相才十七世尔。又云:“楚取我边城新郢及郏长。”而《史记》止言六国败退而已。由是知简策之不足尽信,而碑刻之尤可贵也。秦惠公二十六年,周赧王之三年也。自碑之立,至今绍圣改元,实一千四百六年。廷博案:绍圣,原误“绍兴”。一千四百六年,原误“一千四百四十九年”。今订正之。

《石经跋尾》云：

　　右石经残碑在洛阳张景元家，世传蔡中郎书，未知何所据。汉灵帝熹平四年，邕以古文、篆、隶三体书五经，刻石于太学。至魏正始中，又为一字石经相承，谓之《七经正字》。今此所传，皆一体隶书，必魏世所立者。然《唐·经籍志》又有邕《今字论语》二卷，岂邕五经之外复为此乎？据《隋·经籍志》，凡言一字石经，皆魏世所为。有一字《论语》二卷，不言作者之名，而《唐·志》遂以蔡邕所作，则又疑《唐史》传之之误也。盖自北齐迁邕石经于邺都，至河滨岸崩，石没于水者几半。隋开皇中，又自邺运入长安，未及缉理，寻以兵乱废弃。唐初，魏郑公鸠集所余，十不获一，而传拓之本犹存秘府。前史所谓三字石经者，即邕所书，然当时一字石经存者犹数十卷，而三字石经止数卷而已。由是知汉石经之亡久矣，不能若此之多也。魏石经近世犹存，五代湮灭殆尽。往年洛阳守困阅营造司所弃碎石，识而收之，遂加意搜访，凡得《尚书》、《论语》、《仪礼》合数十段。又有《公羊》碑一段在长安，其上有马日磾等名号者；魏世用日磾等所正定之本，因存其名耳。案《洛阳记》，日磾等题名本在《礼记》碑，而此乃在《公羊》碑上，益知非邕所为也。《尚书》、《论语》之文，与今多不合者，非孔安国、郑康成传之本也。独《公羊》当时无他本，故其文与今文无异，皆残阙已甚，句读断绝，一篇之中，或不存数字，可胜叹惜哉！吾友邓人董尧卿自洛阳持石经纸本归，靳然宝之如金玉，而予又从而考之。其勤如是，予二人亦可谓有志于斯文矣！

崇宁五年，长星见。蔡京斥居浙西，时事小变，士大夫观望，或于秉笔之际有向背语。蔡既再相，门人苏棫者自漳州教授召赴都堂，审察献议，乞索天下学官五年所撰策题，下三省委官考校，以定优劣。坐是停替者三十余人。棫为太学博士，迁司业卒。

今之巧宦者，皆谓之"钻"。班固云："商鞅挟三术以钻孝公。"仕有不称职者，许郡将或部使者两易其任，谓之"对移"。汉薛宣为左冯翊，以频阳令薛恭本县孝者，未尝知治民，而粟邑令尹赏久用事，宣即奏赏换县，乃对移之所起也。

狄武襄公青，本拱圣兵士，累战功致位枢府。既贵，时相或讽其去面文者，但笑不答。仁庙亦宣喻之，对曰："臣非不能，姑欲留以为天下士卒之劝。"上由此益爱之。

宗泽，婺州农家子，登进士科，调馆陶尉，凡获逃军即杀之，邑境为之无盗。时吕大资^{惠卿}帅大名，闻其举职，因召与语，仍荐之，且诫之曰："此虽除盗之一策，恨子未阅佛书，人命难得，安可妄杀，况国有常刑乎！"泽靖康中为副元帅，后尹开封卒。

河阳三城，其中城曰中潬，^{音诞}。黄河两派贯于三城之间，秋水泛溢时，南北二城皆有濡足之患，唯中潬屹然如故。相传此潬随水高下，若所谓地肺浮玉者。《楞严经》云："干为洲潬，湿为巨海。"

乌程之东数十里，有泊宅村。予买田村下。因阅金石遗文，昔颜鲁公守湖州，张志和浮家泛宅，往来苕、霅间，此乃志和泊舟之所也。《续仙传》云："志和，越人。"而《唐史》以为婺人。予喜卜筑之初，闻同里之高风，遂得友其人于千载，因作诗识之。王侍郎^{汉之}一见，号予"泊宅少翁"，仍为作真赞曰："形色保神，环无初终，粉饰大钧，而为之容，是曰泊宅之少翁。"

唐李一品贵极当时，尝为滁州刺史，作怀嵩楼西城上，刻文于石，以怀嵩、洛，有"白鸡黄犬"之叹，后竟以谪死。楼有公画像，颀然七尺，真伟人也，但鼻端微曲耳。

秦之长城，西起临洮，尽辽海。今但穴其下以来往，望之若紫云横亘沙漠上。

自登州岸一潮渡海，即至岛。岛有五所，即《禹贡》之羽山。

西汉梅福自九江尉去，隐为吴门卒。今山阴有梅市乡，山曰梅山，即其地也。

会稽山为东南巨镇，周回六十里，北出数垅，葬者纷纷，得正垅者，赵、陆二祖坟而已。二坟同一山，下瞰鉴湖，湖外有山，横抱如几案，案外尖峰名梅李尖，地里家谓之"笔案"。陆氏葬后六十年，生孙佃，为尚书左丞。赵氏葬八十年生曾孙抃，为太子太师。自是陆公赠太保，赵公赠少保。

泉州万安渡水阔五里，上流接大溪，外即海也。每风潮交作，数日不可渡。刘𬭤据岭表，留从效等据漳、泉，恃此以负固。蔡襄守泉州，因故基修石桥，两涯依山，中托巨石。桥岸造屋数百楹，为民居，以其僦直入公帑，三岁度一僧掌桥事。春夏大潮，水及栏际，往来者不绝，如行水上。十八年，桥乃成，即多取蛎房，散置石基，益胶固焉。元丰初，王祖道知州，奏立法，辄取蛎房者徒三年。

古法：凿井者先贮盆水数十，置所欲凿之地，夜视盆中有大星异众者凿之，必得甘泉。范文正公所居宅，必先浚井，纳青朮数斤于其中，以辟温气。

湖州豪右吴伯阳有子偶，寓太学，方预荐，伯阳梦若游奕使者立厅事东阶，欲延之坐，不可；问："秀才在否？"对曰："不在。"遂去。伯阳送出门，见道中旌幢仪物弥望不绝，语伯阳曰："秀才归，但道天赦曾来。"偶是举礼部奏名第一。

崇宁更钱法，以一当十，小民嗜利，亡命犯法者纷纷。或捕得数大缶，诬以枢密张康之子纵之所铸也。初，遣监察御史张茂直就平江鞠之，案上，纵不伏。再遣侍御史沈畸，既至，系者已数百人，尽释之，阅实以闻。时宰大怒，别选锻炼，纵竟坐刺配，籍没其家。沈既得罪，归乡以死，张再迁亦不显。今三十年间，沈氏有子登科，张氏不复振矣。二子皆东吴贤者，不幸而当此，大抵张之失，在于但畏人而不畏天。吁！可以为世之戒矣。

诗中用"乾坤"字最多且工，唯杜甫。记其十联："乾坤万里眼，时序百年心。""身世双蓬鬓，乾坤一草亭。""江汉思归客，乾坤一腐儒。""吴楚东南坼，乾坤日夜浮。""不眠忧战伐，无力正乾坤。""纳纳乾坤大，行行郡国遥。""日月笼中鸟，乾坤水上萍。""胡虏三年入，乾坤一战收。""日月低秦树，乾坤绕汉宫。""开辟乾坤正，荣枯雨露偏。"

玉山郑泰者，粗有家资。一夕，梦若使者来谒，延之坐，忽曰："从尔贷万缗。"泰方自叙力薄，其人曰："天符已下。"径去不顾。后数日，火，邑人见一四目道士，郊外舞笏而入；凡笏之所指，则火随而起。它日验之，所指皆郑之僦舍，其直恰万缗。

一士人沿汴东归，夜泊村步，其妻熟寐，撼之。问何事，不答。又撼之,妻惊起,视之,舌肿已满口,不能出声。急访医,得一叟负囊而至,用药糁,比晓复旧。问之,乃蒲黄一味,须真者佳。

邓菊甲于天下,父老云其品无虑六七十。绍圣初,先子为教官,主善堂后所有仅五十种,乃前任刘正夫求于诸邑得之,闻颇恨不尽其佳品而去。

卷三

元丰初,卢秉提点两浙刑狱,会朝廷议盐法,秉请自钱塘县杨村场上接睦、歙等州,与越州钱场等水势稍淡,以六分为额;杨村下接仁和县汤村为七分;盐官场为八分;并海而东为越州余姚县石堰场、明州慈溪县鸣鹤场,皆九分;至岱山、昌国,又东南为温州双穟、南天富、北天富场十分;著为定数。盖自岱山及二天富,皆取海水炼盐,所谓"熬波"者也。自鸣鹤西南及汤村,则刮碱以淋卤;以分计之,十得六七而已。盐官、汤村用铁盘,故盐色青白,而盐官盐色或少黑,由晒灰故也。杨村及钱清场织竹为盘,涂以石灰,故色少黄,竹势不及铁,则黄色为嫩,青白为上,色黑即多卤,或有泥石,不宜久停。石堰以东,虽用竹盘,而盐色尤白,以近海水咸故尔。后来法虽少变,公私所便,大抵不易卢法。且水性以润下为咸,其势不少折,则终不可成盐。安邑池盐,以浊河曲折,故因终南山南风以成。若明、越、温、杭、秀、泰、沧等州,为海水隈奥曲折,故可成盐。其数亦不等,唯隈奥多处则盐多,故二浙产盐尤盛他路。自温州界东南止闽、广,盐胜五钱,比浙贱数倍。盖以东南最逼海,润下之势既如此,故可以为咸,不必曲折也。

西安州即唐盐州,西至流沙六日,沙深细,没马胫,无水源,但干沙尔。又二日至西海,水味不甚咸,中有颗盐。大者重三四斤,其色红莹,军行以和食饮。

西安有池,产颗盐,周回三十里,四旁皆山,上列劲兵屯守。池中役夫三千余,悉亡命卒也。日支铁钱四百,亦多窃盐私贸。盖绝塞难得盐,自熙、河、兰、鄯以西,仰给于此。初得此池,戎人岁入寇。其后拓地六十里,斥堠尤谨,边患遂绝。

汉法:聘后用黄金二万斤,为钱二万。而宝货法,凡黄金一斤直钱万,朱提银八两为一流,直钱一千五百八十,余银一流直钱千。朱提县出银,音殊时。当是时,万金一两才六百,银一两才二百。东坡常怪今之黄金不若昔时之多,盖今糜之者众,宜其少而价贵也。

升斗古小而今大。量酒之升斗小,量谷之升斗大。昔人饮酒,有数硕不乱者。班固论一夫百亩,所收之粟,人食月一硕五斗。古之人亦今之人也,岂有一人能饮数硕,而日食五升米乎?无是理也。

七闽地狭瘠而水源浅远,其人虽至勤俭,而所以为生之具比他处终无有甚富者。垦山陇为田,层起如阶级,然每远引溪谷水以灌溉,中途必为之砲,不唯碓米,亦能播精。播精谓去其糠秕,以水运之。正如人为,其机巧如此。朱行中知泉州,有"水无涓滴不为用,山到崔嵬犹力耕"之诗,盖纪实也。

闽广多种木绵,树高七八尺,叶如柞,结实如大菱而色青,秋深即开,露白绵茸然。土人摘取去壳,以铁杖杆尽黑子,徐以小弓弹,令纷起,然后纺绩为布,名曰"吉贝"。今所货木绵,特其细紧者尔。当以花多为胜,横数之得一百二十花,此最上品。海南蛮人织为巾,上出细字、杂花卉,尤工巧,即古所谓"白叠巾"。李琮诗有"腥味鱼中墨,乌贼也。衣成木上绵"之句。

螺填器本出倭国,物像百态,颇极工巧,非若今市人所售者。

崇观以来,天下珍异悉归禁中,四方梯航殆无虚日,大则宠以爵禄,其次锡赍称是。宣和五年,平江府朱勔造巨舰,载太湖石一块至京,以千人舁进。是日,役夫各赐银碗,并官其四仆,皆承节郎及金带。勔遂为威远军节度使,而封石为槃固侯。

盐官县安国寺双桧,唐宣宗时悟空大师手植,今三百余年矣。其大者蜿蜒盘礴,如龙凤飞舞之状;小者与常桧不甚异。宣和乙巳春,朱勔遣使臣李𫓶取以供进。大者载由海道,遇风涛,舟、桧皆碎;小者只自漕路入。既献,上𫓶转二官,知县鲍慎好赐绯。

虔州龙南、安远二县有瘴,朝廷为立赏增俸,而邑官常阙不补。它官以职事至者,率不敢留,甚则至界上移文索案牍行遣而已。大抵此地唯水最毒,尝以铜盆贮水,须臾铜色微黑,或大锡瓶挈佳泉以自随。处瘴乡者有诗云:"避色如避难,冷暖随时换。少饮卯前酒,莫吃申后饭。"

越州禹庙有元圭,匮藏之,色黑如黳;径五寸,厚寸余,肉好相倍,上下有邸。州将掌封钥。

赣石数百里之险，天下所共闻。若雨少溪浅，则舟舫皆杌以待，有留数月者。虔州水东有显庆庙，甚灵。或至诚祷之，则一夕长水数尺，送舟出石。故无雨而涨，土人谓之"清涨"。前此，士大夫有祷辄应，刻石以识于庙庭甚多。东坡北归，行次清都观，有"自笑劳生消底物，半篙清涨百滩空"之句。

山阴兰亭有逸少砚池，寺曰天章，以藏真宗皇帝御书故也。当时朝廷每有颁降诏札，则池水尽黑，可以染缯。太常少卿沈绅尝记其事。

明州有僧佯狂，颇言人灾福，时号"癫僧"。王君仪年弱冠，寓陆农师佃门下，力学工文，至忘寝食。一日，癫僧来托宿，陆公曰："王秀才虽设榻，不曾睡，可就歇息。"明日，僧夙兴，见君仪犹挟策窗下，一灯荧然，睥而言曰："若要官，须四十九岁。"君仪闻之，颇不怿。其后累应书不偶。直至年四十八，又梦癫僧笑而谓曰："明年做官矣。"是时癫僧迁化已久，而来年又非唱第之年，君仪叵测。明年，陆公入预大政，首荐君仪，遂除湖州教授。君仪尝谓予云："欲游四明求师遗事，为作传以报之，而未能也。"

大通禅师善本退居龙山，时节使吕吉甫帅杭，暇日常入山见师，春容道论，颇似契合。有问："吕太尉如何？"师摆头曰："无力，腊月三十日要你有力。"

圆照禅师宗本常语人曰："我不劝尔出家学佛，只劝尔惜福修行。"大通常语人曰："我只劝尔生处放教熟，熟处放教生。"大通乃圆照弟子，时称"吴中二本"。

婺州有僧，嗜猪头，俗号"猪头和尚"，而莫测其人。祥符寺转轮藏成，僧俗设斋以落之。一僧丐斋，众见蓝缕，不为礼，僧拂袖而去。或曰：此猪头和尚也。使人邀请，僧怒，指大藏曰："我不转，此藏亦不转。"众闻其语异，相与追之，僧曰："要我转，更三十年。"竟不顾而去三衢。衢守馔猪头召师食，守自牖窥之，见一鬼食其旁。已而师坐亡，衢人奉香火良谨，有祷辄应。一日，见梦于人曰："吾将还乡矣。"盖自师之出，至是恰三十年，寂无施金转藏者。故老忆师言，备礼迎其真身，归置藏院。郡人辐辏，轮不暂停。此寺因建长堂。予因阅师

《辞世颂》，知是定光佛也。

王沩之字彦祖，为京西佐漕，摄河南府事，因丁外艰，有群雀集几筵，啄践祭食，挥去复来。彦祖偶扑得一雀，自以刀断其首，掷弃中庭。徐察之，此雀忽身首相就，翩然飞去。其后彦祖还南徐，为人讼田，安置广德军。未几，妖人张怀素辞连就逮，竟谪死南方。

范迪简，南剑州人。起白屋，官至卿监。年八十余，诸子自峋以下，皆登科显宦，近世享福，殆少其比。其居地名黯淡滩，初欲买宅，或云："中有怪，不可居。"试使数仆宿其堂庑伺之，每夕但见一物，人首而蛇身，往来其间，不甚畏人。诸仆相与谋，以卧具裹之，束缚就烹，其怪遂绝。或云：此丧门也。

卷四

枢密蔡公卞帅五羊，道无锡，挈家游惠山。是日，邑人杨生与数僧闲步殿上，闻公来，戏言曰："蔡侍郎无子，吾与之为子矣。"公至广之明年，生仍。后三岁还朝，次无锡，仍忽悟前身为杨生，能言其居舍亲戚，与平时所嗜玩毫厘不差。因召杨生二子曰陟、曰昇者，问其父死之日，仍生之时也。然三日后复问，则懵不能言矣。二家至今往来如姻眷，后奏补陟将仕郎。

前世法书名画，有藏之秘阁者，谓之"阁本"。流俗看画，但云"阁本"，则翕然称善。范文正公知睦州，奏以唐处士方干配食严光。谓干为御史方蒙远祖，下鸬鹚源御史所居。取画像，本家无以塞命，乡人但塑一幅巾道服者，置之祠中。元祐间，有旨下诸郡，取前贤画像，睦守以严、方应诏。后人见玄英之像，岂不谓之阁本乎？

联句或云起于《柏梁》，非也。《式微》诗曰："胡为乎泥中？胡为乎中露？"泥中、中露，卫之二邑。刘向以谓此诗二人所作，则一在泥中，一在中露。其理或然，此则联句之所起也。

世言"行李"，据《左氏》，杜预云："使人也。"唐李济翁云："当作行使。"予案：《史记》皋陶为"大理"，一本"大李"。又《天官书》曰："荧惑为李。"徐广注云："外则理兵，内则理政。"又黄帝有《李法》一篇。颜师古曰："李者，法官之号，总兵刑，故名《李法》。"《北史·叙传》：李氏先为尧之理官，因为氏，后改曰李。则"李"与"理"其义自通，盖人将有行，必先治装，如孟子之言治任，郑当时之言治行，理亦治也。《左传》曰"一介行李"，又曰"行理之命"。

今州县狱皆立皋陶庙，以时祠之。盖自汉已然。范滂系狱，吏俾祭皋陶，滂曰："皋陶贤者，知滂无罪，将理之于帝。如其无知，祭之何益！"

政和丙申岁，杭州汤村海溢，坏居民田庐凡数十里，朝廷降铁符十道以镇之。壬寅岁，盐官县亦溢，县南至海四十里，而水之所啮去邑聚才数里,邑人甚恐。十一月,铁符又至,其数如汤村,每一片重百斤,正面铸神符及御书咒,贮以杀青木匣,遣曹官同道正下县建道场设醮,投之海中。<small>海溢又谓之海啸,吏文只云海毁。</small>

通州治近海七十里,今止十里。宣和癸卯,盐官县蜀山、雷山一带沙涨,而静海并海十里内沙再毁。初,盐官自投符后,稍稍沙涨,前此经制司差武经郎路升等措置水利,乃欲筑长堤以捍潮势,其论尤迂诞不可行。

番阳吴令昇知灵壁县,会朝廷定乐,下县造石磬;磬成,每溯汴进入县境。别有一河号青河,取都城稍径,或由此河载磬以入,则磬声率不协律。此理殆不可晓。

宣和己亥夏,吴中雨下如墨色,明年乃有青溪之变。

状头时彦,母怀之弥月,梦数人皂衣,肩舆一金紫人,径入房中。明日,犬生九子,皆黑;晚遂生彦,故小名“十狗”。《同年录》见之。

从事郎林毅,尝梦黄衣吏持文书,列十人姓名在其中,谓林曰:“召公等作酆都使者,请书名。”林视余人,往往皆相识,而俱未书名,乃语吏:“候九人皆签字,然后及我。”吏曰:“诺。”月余,又梦如前,而九人者皆已书押,林遂书之,相次所谓九人者,已二三死矣。林方治任西游,至泗州,卒。从政郎任楫初闻林说,戏曰:“公果作使者,幸一援我。”林卒未久,任俎谢。

鼓汝砺元祐末自八座出江州,与妇翁宋朝散俱之官。朝散忽梦上天召作文记,遽答曰:“某不能,请召尚书为之。”未几,尚书卒。其夫人宋尚少艾,临终于领巾留颂为别,云:“百世因缘,六年夫妇。从今以去,不打这鼓。”

福州幽岩寺千人面床,君谟作帅,因圣节遣人舁置使厨。久之,院僧祷护伽蓝神:“春会动,无面床何以聚众?施利不至,神亦何依?”一夕,公独坐便斋,神声诺而不见形,问:“何人?”神对:“幽岩每岁恃春会以瞻众,愿请面床以归。”公颔之。明日,公库中夜失面床,令问幽岩,果已还院,莫不异之。

朱晓容者,尝为浮屠,以善相游公卿间。后因事返初,惟工相贵人。初,朱临、姚辟久同学校,每试,姚多在朱上。冯京榜中,二人俱赴廷对。未唱名前数日，京师忽传一小赋，乃朱殿试之作也。姚谓人曰："果尔，纵不作魁，亦须在甲科。"自叹平时滥居其先，及至鱼龙变化之地，便尔悬绝，因遍诣术士质之，亦访容师，未见。殿唱日，禁门未开，或云晓容在茶肆中。姚走见之，容方与一白袍偶坐，指示姚曰："状元已在此。"偶坐者，冯当世也。姚力挽，就邻邸灯下视之，曰："公第几甲，朱第几甲。"相次辨色入听胪传，皆如师言。

朱临年四十以大理寺丞致仕，居吴兴城西；取《训词》中"仰而高风"之语，作仰高亭于城上，杜门谢客。一日，晓容来谒，公欣然接之。是时，二子行中、久中秋赋不利，皆在侍下，公强冠带而出。容一见行中，惊起贺曰："后举状元也。老僧自此不复更阅人，往杭州六和寺求一小室寄迹，待科诏下，乃西游耳。"公初未之信。后三年春，久中偶至六和，容叩伯仲行期，久中告之，师曰："某是日亦当离杭矣。"是秋，二朱至京，舍开宝寺，容寓智海。相次行中预荐，明年省闱优等，唯殿试病作，不能执笔。是时，王氏之学士人未多得，行中独记其《诗义》最详，因信笔写以答所问，极不如意。卷上，日方午，遂经御览，神宗爱之。行中日与同舍围棋，每拈子欲下，必骂曰："贼秃！"盖恨容许之误也。未唱名前数日，有士人通谒，行中方棋，遽使人却之。须臾，谒又至，且曰："愿见朱先辈。"行中叱其仆曰："此必省下欲出关者耳！"同舍曰："事不可知，何惜一见。"行中乃出，延之坐，不暇寒温，揖行中起，附耳而语曰："某乃梁御药门客，御药令奉报足下，卷子上已置在魁等，他日幸相记。"行中唯唯而入，再执棋子，手颤不能自持。同舍觉而叩之，具述士人之言。行中念容，独往智海，容闻其来，迎门握手曰："非晚唱名，何为来见老僧？必是得甚消息来。"行中曰："久不相见，略来问讯尔。"师曰："胡不实告我？冯当世未唱第时，气象亦如此。"行中因道梁氏之事。师喜甚，为命酒留款，且曰："吾奉许固有素，只一人未见尔，当邀来同饮。"仍戒曰："此人蓝缕，不可倨见，亦不得发问，问即彼行矣。"烛至，师引寺廊一丐者入，见行中不甚为礼，便据上坐，相与饮酒斗余，不交一谈。师徐曰："此子当唱第，先生能一留目否？"丐者曰："尔云何？"师曰："可冠多士否？"丐者摆头曰："第二人。"师蹑行中足，使先起，密征其说，但曰："偶数多。"更无他语而散。

明日，饭罢，率行中寺庭闲步，出门遥见余行老亦入寺，师不觉拊髀惊叹，谓行中曰："始吾见子，以谓天下之美尽此矣，不知乃有此人！"行中曰："此常州小余也，某识之。"师曰："子正怕此人。昨夕闻偶多之说，今又睹此人，兹事可知也。"行中发解过省，皆占二数。及听胪传，行老果第一，行中次之。行中释褐了，往谢师，师劳之曰："子诚福人，今日日辰，以法推之，魁天下者官不至侍从。"其后，行老止带贴职领郡而已。行中名服，行老名中。

　　尚书右丞胡宗愈夫人丁氏，司封员外郎宗臣之女。自幼颖惠，无所不能；其善相人，盖出天性。在西府时，尝于窗隙遥见蔡丞相确，谓右丞曰："蔡相全似卢多逊。"或以卢、蔡肥瘠色貌不同难之，丁氏曰："吾尝一睹卢像，与今丞相神彩相似。"其后蔡果南窜。又户部尚书李常除老龙，尹成都，途中贻右丞书。夫人一见其字画，惊曰："此人身笔已倒，不久数尽，仍须病咽喉而死。"李公行次凤翔，中毒而卒。

卷五

蜀人石藏用以医术游都城,其名甚著。陈承余杭人,亦以医显。然石好用暖药,陈好用凉药。古之良医,必量人之虚实,察病之阴阳,而后投以汤剂,或补或泻,各随其证。二子乃执偏见于冷暖,俗语曰:"藏用担头三斗火,陈承箧里一盘冰。"

道士王裕,福唐人,术数颇工,常云:"天运四百二十年一周,而七甲子备,谓天、地、人、江、河、海、鬼凡七。今正行鬼元,后十八年复行天元,当有太平之应。"又云:"唐明皇时,正行天元故也。"乙巳年说。

服金石药者,潜假药力,以济其欲,然多讳而不肯言;一旦疾作,虽欲讳不可得也。吴兴吴景渊刑部服硫黄,人罕有知者。其后二十年,长子囊为华亭市易官,发背而卒,乃知流毒传气尚及其子,可不戒哉!

古之贤人,或在医卜之中。今之医者,急于声利,率用诡道以劫流俗,殆与穴坏挟刃之徒无异。予目击二事,今书之,以为世警。王居安秀才久苦痔,闻萧山有善工,力不能招致,遂命舟自乌墩走钱塘,舍于静邸中,使人迎医。医绝江至杭,既见,欣然为治药饵,且云:"请以五日为期,可以除根本。"初以一药放下大肠数寸,又以一药洗之,徐用药线结痔。信宿痔脱,其大如桃;复以药饵调养,数日遂安。此工初无难色,但放下大肠了,方议报谢之物,病者知命悬其手,尽许行囊所有为酬,方肯治疗。又玉山周仅调官京师,旧患膀胱气,外肾偏坠。有货药人云,只立谈间可使之正。约以万钱及三缣报之。相次入室中,施一针,所苦果平。周大喜,即如数负金帛而去。后半月,其疾如旧,使人访医者,已不见矣。

故老云王捷烧金,先用毒蛇,不计多少,杀埋庭中,浇以米泔,令生菌,因取以合药。后造室筑基,掘得一蛇,头如人形,捷不久而终。

和州乌江县高望镇升中寺,真宗登封,曾此驻跸,因赐寺额。寺僧有负主僧金久而不偿,病且革,自誓为畜产以报。既卒,主僧昼寝,梦病僧披衣入床下，觉而异之。须臾，猫生一子。稍长，极驯扰，每客至，则欢迎走报；见非其人者，辄谨随之。人有知者，呼其名，必前怒噬。至主僧呼，则昂首号叫，若求隐其事者。

宣和二年十月，睦州青溪县堨村居人方腊，托左道以惑众，县官不即锄治。腊自号"圣公"，改元永乐；置偏裨将，以巾饰为别，自红巾而上凡六等，无甲胄，唯以鬼神诡秘事相扇訹。数日，聚恶少千余，焚民居，掠金帛、子女，胁虏良民为兵，旬日有众数万。十一月二十九日，将领蔡遵等与贼战于息坑，死之，遂陷青溪县。十二月四日，陷睦州。初七日，歙守天章阁待制曾孝蕴，以京东贼宋江等出入青、齐、单、濮间，有旨移知青社，一宗室通判州事，守御无策，十三日又陷歙州，乘势取桐庐、新城、富阳等县。二十九日，进逼杭州，郡守弃城走；州即陷，节制直龙图阁陈建、廉访使者赵约被害，贼纵火六日，官吏居民死者十二三。朝廷遣领枢密院事童贯、常德军节度使谭稹二中贵，率禁旅及京畿关右、河东蕃汉兵制置江、浙。明年正月二十四日，贼将方七佛引众六万攻秀州，统军王子武聚兵与州民登城固守，属大兵至，开门表里合击，斩首九千，筑京观五，贼退据杭州。二月七日，前锋至青河堰，贼列阵以待，王师水陆并进，战六日，斩馘二万。十八日，再火官舍、学宫、府库与僧民之居，经夕不绝。翌日，宵遁，大兵入城。当是时，少保刘延庆等由江东入至宣州泾县，遇贼伪八大王，斩五千级，复歙州，出贼背。统制王禀、王涣、杨惟忠、辛兴宗自杭趋睦，取睦州，与江东兵合，斩获百七十里，生擒方腊及伪将相方肥等、妻邵、子亳二太子凡五十二人。亳二太子，其子之号。于梓桐石穴中，杀贼七万，招徕老幼四十余万，复使归业，四月二十六日也。余党走衢、婺，而兰溪县灵山贼朱言、吴邦起应之，据处州。越州剡县魔贼仇道人、台州仙居人吕师囊、方岩山贼陈十四公等皆起兵，略温、台诸县。四年三月讨平之。是役也，用兵十五万，斩贼百余万；自出至凯旋，凡四百五十日；收杭、睦、歙、处、衢、婺六州与五十二县。贼所杀平民，不下二百万。始，唐永徽四年，睦州女子陈硕真反，自称文佳皇帝，刺史崔义玄平之。故梓桐相传有天子基、万年楼，方腊因得凭藉以起。又以《沙门宝志谶记》诱惑愚民，而贫乏游手之徒相承为乱。青溪为睦大邑，梓桐、帮源等号山谷幽僻处，东南趋睦而近歙。民物繁庶，有漆楮材木之饶，富商巨贾，多往来江、浙。地势迂险，贼一旦发，焚荡无一存者，群党据险以守，因谓之洞。而浙人安习太平，不识兵革，一闻金鼓声，即敛手听命。不逞小民，往往反为贼乡导，劫富室，杀官吏士人，以徼货利。渠魁未授首间，所掠妇人自洞中逃出，倮而雉经于林中者，由汤岩榴树岭一带，凡八十五里，九村山谷相望，不知几人。会稽进士沈杰尝部民兵深入贼境，亲睹其事，为予言贼之始末。因稽合众论，摭其实著于篇。

自青溪界至歙州界，有鸟道萦纡，两旁峭壁，仅通单车。方腊之乱，曾待制出守，但于两崖上驻兵防遏，下瞰来路，虽蚍蜉之微皆可数，贼亦不敢犯境。会宋江扰京东，曾公移守青社，掌兵者以雾毒为解，移屯山谷间，州遂陷。

后汉张角、张燕辈托天师道陵，立祭酒治病，使人出米五斗而病随愈，谓之“五斗米道”。至其滋盛，则剽劫州县，无所不为，其流至今，蔬食事魔夜聚晓散者是也。凡魔拜必北向，以张角实起于北方，观其拜，足以知其所宗。原其平时不饮酒食肉，甘枯槁，趋静默，若有志于为善者。然男女无别，不事耕织，衣食无所得，则务攘敓以挺乱，其可不早辨之乎？有以其疑似难识，欲痛绳之，恐其滋蔓，因置而不问，驯致祸变者有之。有舍法令一切弗问，但魔迹稍露，则使属邑尽驱之死地，务绝其本根，肃清境内，而此曹急则据邑聚而反者有之。此风日煽，殆未易察治，如能上体国禁之严，下念愚民之无辜，迷而入于此道，不急不怠，销患于冥冥之中者，良有司也。

庐州慎县黄山连接无为军寿州六安界，盖贼巢穴也。山下居民千余户，而藏贼以活者十七八。贼间发，官兵粘踪逐捕，有数年不获者。

卷六

李伯纪初赴举辇下，一夕，酒渴，梦雪下，以双袖承接，欲快啖之，细视雪片上各有女真字，殊不晓。试罢，往二相祠下求梦，梦立殿陛；少顷，帘中出三纸示之：一曰上舍登第，二曰监察御史孙宗鉴，三曰宋十相公。虽喜有成名之兆，而后二幅语叵测。宣和己亥夏，京师水溢，朝廷方以有司失堤防，劾官吏。公时为右史在侍下，抗疏指明灾异，而未敢以告。忽庭闱昼寝惊寤，呼诸子语曰："适梦一快行家来报云：舍人被大水飘出，修撰已授崇德使。此何祥也？"公因皇恐，自叙所奏。慈颜闻之喜，但趣家人治任待命而已。明日，谪沙县监当，逾年得自便，而修撰感疾卒，葬惠山。服阕，为太常少卿，岁在丙午。金人犯阙，渊圣欲亲征，公建议力驻乘舆，遂预大政。初，公尝除察官，乃与宗鉴同制，今上登极，进拜上宰，以御营使抚军，实宋十叶后。即惠山寺赐额曰崇亲报德禅院云。

东坡谪黄州，元丰五年，因诞日置酒赤壁高峰，与客饮，有进士李委怀笛以进，因献新曲曰《鹤南飞》，仍求诗。坡醉，信笔赠诗，有"山头孤鹤向南飞，载我南游到九疑"之句。盖南迁之兆，已见于此，七年远谪，岂偶然哉？

渊圣尝问聂山："古之名者不以山川，今名山可乎？"山因乞更名。渊圣许自择以进，于是以何、参、崇、璟等条上，自比萧、曹、姚、宋，最后及周昌，御批："周昌强直可慕，可赐名昌。"有石刻记之。

京师不榷酤，官置院造曲，增其直出贸，凡酒户定年额斤数占买，虽不榷亦榷也。院之井淳秽，不堪汲用，唯以造曲特善，它井皆不如。

许昌士人张孝基娶同里富人女，富人只一子，不肖，斥逐之。富人病且死，尽以家财付孝基，与治后事如礼。久之，其子丐于途，孝基见之，恻然谓曰："汝能灌园乎？"答曰："如得灌园以就食，何幸！"孝基使灌园，其子稍自力。孝基怪之，复谓曰："汝能管库乎？"答曰："得灌园已出望外，况管库，又何幸也！"孝基使管库，其子颇驯谨，无他过。

孝基徐察之，知其能自新，不复有故态，遂以其父所委财产归之。此似《法华》穷子之事。其子自此治家励操，为乡间善士。不数年，孝基卒，其友数辈游嵩山，忽见旌幢骑御满野，如守土大臣，窃视专车者，乃孝基也。惊喜前揖，询其所以致此，孝基曰："吾以还财之事，上帝命主此山。"言讫不见。

乌青墩镇在湖、秀二郡之间，有乌将军庙，前一池，鼋居其中，孳息日繁，窟穴渐深。其大者如瓮盎，每春夜遗卵岸草，镇人竞取盐之，以为包苴之物。靖康初，右史周离亨谪监镇税，虑其为患，效韩退之为文投之，徙吴松江中，众渔争取，鬻以充庖，数日而尽。

许几信州人，自户部尚书除帅太原。既陛辞，故人韩昭大卿遗之一马，遂乘以行。到府数日，因行香，未明跨鞍，众军声诺，马忽惊逸，独由衙门疾驰，众莫能及，逮晓方就鞿。八座两手流血，急归，移疾；顷之，谪宜春，流落以死。公生于甲午，而有马祸，亦异矣。近时，陈与义赴湖州，乘马朝拜，辄惊逸退走出门；未几，得宫祠以薨。陈亦午生。

吏部尚书曾楙初取吴氏，生子辄不育。异人劝勿食子物，如鸡鸭子、鱬子、膭子之类，公信之，既久不食。后取李氏。李氏尝梦上帝诏与语，指殿前莲花三叶赐之，曰："与汝三子。"已而果然。

欧阳公知应天府三日，谒庙史白有五郎庙甚灵，请致礼，不然且为祟，公颔之。一日，食，夹子辄失之；明日，夹子在土偶手中。遂命扃其庙，以留守印封之，戒曰："予去此，则可开。"然亦无他异。

曾几学士儿皆早慧，中子才十岁，一日，谓父曰："孔子死时，宰予必不行心丧三年。"问："何以验之？"答曰："予亲丧以期为久，况师乎！"其姊曰："只恐闻'于汝安乎'之语，不敢违也。"乃兄从旁对曰："记得夫子没时，宰予已先亡矣。"

宜兴邵颖达赴澶州学官，过黎驿，挈家谒庙，因观庑下画壁，忽指壁谓妻曰："我亦有姓名在此，所掌功德司。"妻视之，独不见。明日，颖达无疾而卒。

黄银出蜀中，南人罕识。朝散郎颜经监在京抵当库，有以十钗质钱者，其色重与上金无异，上石则正白。昔唐太宗以黄银带赐房玄龄,时杜如晦已死,又欲赐之,乃曰:鬼神畏黄银,易以金带。又隋文帝时,并州出黄银,刺史辛公义尝以献上。前史唯载此二事。

宣和七年,驾幸龙德宫。太宰王黼献诗,有"巧将千嶂遮晴日,借得三眠作翠帷"之句。识者曰:"黼将不复见君矣。"

"山色有无中",王维诗也。欧公《平山堂词》用此一句,东坡爱之,作《水调歌头》,乃云:"认取醉翁语,山色有无中。"

湖州城南居人姚许,元祐初,为军资库吏,盗官钱储其家。一日,钱飞空中,散而之他。事浸闻,府廷追究,决配广西。

建炎己酉秋,杭州清波门里竹园山平地涌血,须臾成池,腥闻数里。明年,金人杀戮万人,即暗竹园也。

米黻字元章,为文时出险怪,而书特奇逸,世以米颠名之。仕宦久,不偶晚节。大臣荐对,尝有诗曰:"笏引上天梯,鞾鸣奋地雷。谁云天尺五?亲见玉皇来。"或问其意,答曰:"初叩轩陛,阁门臣僚以笏引之升殿,此上天梯也。"

铅山朱光将治装赴调汴都,一日,出门闲步,忽见二介声诺云:"府君有牒召君。"光览之,惊忙而归,二人随之,因恳以母老,愿自陈,觊少宽假,二人许之。既至家,写状授之,二人收状并牒,忽不见。光走龙虎山,求道士作醮,青词具道所睹,醮罢还家,一日卒。

政和中,忽有旨:自王府记室至四京、列郡诸曹,及特奏名进士、流外人应带参军者,悉去之。记室止称某府某宫记室,诸曹称司某曹事,特奏名、流外人改为助教。意以承平之久,不当复以军旅名其官也。然自睦寇一作,兵革不息,古人以偃兵为造兵之本,岂无意乎?

蔡京当国,每缘制作置局,辟官不可胜数。其间如欲变衣冠之制,令稍近古,讲求累年,糜费不赀,止易靴为履而已。

术者云:"久晴欲得雨,须遇木克土。"谓如乙未日之类。又云:"久雨而暮忽云绽日出,但西望黑云在日上,当晴;若在日下,则未霁。"验之信然。世有法,以每月节朔日辰所遇风、雷、雨、雾、月食、虹见之类,占五谷贵贱,中者十七八。

刘原父帅长安,得汉宣帝时铜甬一,上有识云:"容十斗,重四十斤。"原父以今权量校之,止容三斗,重十五斤。

卷七

东坡《岐亭》诗凡二十六句,而押六韵,或云无此格。退之有《杂诗》一篇,亦二十六句,押六韵。

《越绝书》曰:"慧种生圣,痴种生狂;桂实生桂,桐实生桐。"以世事观之,殆未然也。《齐民要术》曰:"凡种梨,一梨十子,唯二子生梨,余皆生杜。"段氏曰:"鹊生三子,一为鸤。"《禽经》曰:"鹳生三子,一为鹤。"《造化权舆》曰:"夏雀生鹑,楚鸠生鹞。"《南海记》曰:"鳄生子百数,为鳄者才十二,余或为鼋,或为鳖。"然则尧之有丹朱,瞽叟之有舜,鲧之有禹,文王之有周公,又有管、蔡,奚足怪哉!

国家治赃吏至有决杖者,或以为太峻。予曰:今人但见唐韩、杜诸诗谓判司簿尉不离箠楚,独不知自后汉时,郎官犹不免杖责。侯汶为侍御史,赋贫民廪糜不实,献帝令杖之五十。唐礼部侍郎令狐峘忤宰相杨炎,德宗欲杖而流之。然献帝、德宗不足法也,至若赃吏贪黩,何足恤哉!

《唐律》禁食鲤,违者杖六十。岂非"鲤"、"李"同音,彼自以为裔出老君,不敢斥言之,至号鲤为"赤鯶公",不足怪也。旧说鲤过禹门则为龙,仙人琴高、子英皆乘以飞腾,古人亦戒食之,非以其变化故耶。

闽人陈舜邻为信州教授,其父湜尝传法于风僧哥,时时语人灾祥,十得七八。一日,复遇僧哥于京之城西,责饶舌,且戒自此勿受教授拜,它日当死于水。湜归靳其子,曰:"世岂有子不拜父者!"无何,日长至,舜邻率子弟罗拜,湜急止之,已再跪矣。是日,湜一手中风,不能举。明年春,约客为泛溪之游,未举爵,湜起更衣,久之不至;视之,已仆于舟尾,不复能言。舆归,信宿而卒。是时,玉山郑同以八行延入郡学,亦预此会。湜未尝识郑氏故庐,忽谓同曰:"君宅前水,旧是数上声。钱声,今变为呵喝声矣。"郑素高资,至是散尽,而长子澪宣和辛丑上舍登第。

政和六年,江、浙大水,秋籴贵,饿莩盈路。张大忠知宣城县,出郊验灾伤,见岸傍群乌衔土,状若累冢。大忠异之,令发视,果有僵尸在其下,衣带间有《金刚经》一卷。

王易简,江州人。道君朝起寒族,与子寓遭遇,皆致位通显。建炎间还乡,属李承乱,全家被害。初,王氏奉事九天采访使者甚谨,寇压境,城中士大夫皆迁避,王氏亦逃于使者祠下,夜梦神告曰:“依城自佳,何必外求。”明日复还旧居,城陷,遂及祸。使祠在城外二十里。

山间小青蛙一名青凫,飞走竹树上如履平地;与叶色无别,每鸣,则雨作。又一种褐色而泽居,名旱渴,晴则鸣,乡人以此卜之。

宣和辛丑,罢郊学及贡法,并依熙、丰故事。翁养源为国子祭酒,颇患文敝,欲革之而未能。蒋存诚代之白堂,具学官异论者众,请从罢黜。太宰王黼问:“异论者谁?”对曰:“固非一辈,而宋齐愈为之首。”黼曰:“百家诸子,自前古不废。”忽悟言失,遽曰:“但元祐学术,不可不痛惩耳!”蔡太师闻之,因对,力诋黼“崇奖异学,将害陛下绍述之政”,又称黼“引用非人”。黼曰:“洪炎,京所用,黄庭坚甥也。”因取蔡绦所撰《西清诗话》奏之,上令御史台弹劾,即逐炎。而蔡、王之党,自此始矣。

《方言》曰:“齐、宋之间,凡物盛多谓之寇。”注云:“今江东有小凫,其多无数,俗谓寇凫。”《陆龟蒙集》有《禽暴》一篇,正为野凫害稼而作。

人有所不为,然后可以有为,凡物亦然。《裴氏新书》曰:“虎豹无事,行步若不胜其躯;鹰在众鸟之间,若睡寐然。盖积怒而后全刚生焉。此越人以灭吴之道也。”

“鹑”之字有三义:师旷曰:“赤凤曰鹑,故南方朱鸟七宿取名焉。”《诗》曰:“匪鹑匪鸢。”鹑,鸰也,音团。又曰:“鹑之奔奔。”则今之鹑鷃也。《白虎通》曰:“一谷不升撤鹑鷃。”

鹘、隼,皆鸷鸟也,而有义焉。鹘冬取小禽燠爪掌,旦则纵之,视其所适之方,则是日不于其方击搏。杜甫作《义鹘行》是也。隼击物,遇怀胎者释之。《化书》曰隼悯胎是也。可以人而不如乎?天地之间,有吐而生子者,鸱、鹑、兔,凡三物。

予外舅莫强中喜为诗，颇有思致。掌丰城，得蜀漕蔡冲允书，岁余始达。小诗寄谢云："故人音信动经年，蜀道间关不易传。将谓天涯消息断，西风一叶落阶前。"

王荆公当国，欲逐张方平，白上曰："陛下留张方平于朝，是留寒气于内也。留寒气于内，至春必发为大疾疠，恐非药石所能攻也。"东坡著《乐全先生集序》，乃以安道比孔文举、诸葛孔明。二公议论，不侔如此。安道元丰间以宣徽南院使退居睢阳，是时东坡就逮下御史狱，安道独上书，力陈其可贷之状。刘莘老、苏子容同辅政，子容曰："昨得张安道书，不称名，但著押字而已。"莘老曰："某亦得书，尚未启封。"令取视之，亦押字也。二事人罕知，故记之。

朱肱，吴兴人，进士登科，喜论医，尤深于伤寒。在南阳时，太守盛次仲疾作，召肱视之，曰："小柴胡汤证也。"请并进三服，至晚乃觉满。又视之，问所服药安在，取以视之，乃小柴胡散也。肱曰："古人制㕮咀，谓锉如麻豆大，煮清汁饮之，名曰汤，所以入经络，攻病取快。今乃为散，滞在膈上，所以胃满而疾自如也。"因依法旋制，自煮以进二服，是夕遂安。因论经络之要，盛君力赞成书，盖潜心二十年而《活人书》成。道君朝，诣阙投进，得医学博士。肱之为此书，固精赡矣。尝过洪州，闻名医宋道方在焉，因携以就见。宋留肱款语，坐中指驳数十条，皆有考据，肱憪然自失，即日解舟去。由是观之，人之所学固异邪？将朱氏之书亦有所未尽邪？后之用此书者，能审而慎择之，则善矣。

朝散郎路时中行天心正法，于驱邪尤有功，俗呼"路真官"。尝治一老狐，亦立案，具载情款，如世之狱吏所为。云狐能变美妇以媚人，然必假冢间多年髑髅，以戴于首而拜北斗，但髑髅不落，则化为冠，而用事已，则埋之；欲用，则复以为常。盖不假此，则不能变也。人死骨朽，为髑髅尚有灵。古方治劳疾用天灵盖，既能治疾，岂不能为妖邪？世有术者，事髑髅能知人已往事。

杨蟠宅在钱塘湖上，晚罢永嘉郡而归，浩然有挂冠之兴。每从亲宾，乘月泛舟，使二笛婢侑樽，悠然忘返。沈注赠一阕，有曰："竹阁云深，巢虚人阒，几年湖上音尘寂。风流今有使君家，月明夜夜闻双笛。"人咨其清逸。

卷八

祥符中,颍州饥,当路者奏出省钱十万缗,以纾艰食之民,令明年蚕事已缗纳缣,谓之和买。当是时,一缣之直不满千,民得本钱,经营数月,收什一之息,至期输公,颇优为也。近时,有司往往不复支钱,视物力以输缣,物价翔贵,一缣非六七千不可;官吏督责,急于水火,民不堪命久矣。比年二浙薄旱,已轸宸虑,至以亲诏下求民瘼,谓州县不给和买本钱,以致怨咨感天变。上之恤隐,可谓至矣,岂知州县奉行之不谨邪?

唐杜牧欲来吴兴寻旧约,三上时相书,以弟颙病求医为辞,乞知湖州。既至,而私愿复不谐,后世果可欺邪?

周离亨尝言作馆职时,一同舍得疾,遍体疼,每作殆不可忍,都下医或云中风,或云中湿,或云脚气,用药悉不效。疑气血凝滞所致,为制一散,饮之甚验。予未及问所用药,沉思久之,因曰:"据此证,非延胡索不可。"周君大骇,曰:"何以知之?"予曰:"以意料之,恐当然耳。"延胡索、桂、当归等分,依常法治之为末,疾作时,温酒调三四钱,随人酒量频进之,以知为度。盖延胡索活血化气第一品也。其后赵待制霆道引失节,支体拘挛,数服而愈。

橘皮宽膈降气,消痰逐冷,有殊功。他药多贵新,唯此种贵陈,须洞庭者最佳。外舅莫强中知丰城县,得疾,凡食已,辄胸满不下,百方治之不效。偶家人辈合橘红汤,取尝之,似有味,因连日饮之。一日,坐厅事,正操笔,觉胸中有物坠于腹,大惊,目瞪,汗如雨,急扶归。须臾,腹疼利下数块,如铁弹子,臭不可闻,自此胸次廓然。盖脾之冷积也。抱病半年,所服药饵凡几种,不知功乃在一橘皮,世人之所忽,岂可不察哉!其方:橘皮去穰取红一斤,甘草、盐各四两,水五碗,慢火煮干,焙捣为末点服。又古方:以橘红四两、炙甘草一两,为末汤点,名曰二贤散,以治痰特有验。盖痰久为害,有不可胜言者。世医惟知用半夏、南星、积实、茯苓之属,何足以语此。

四物汤,妇人之宝也。洛阳李敏求赴官东吴,其妻病牙疼,每发呻吟宛转,至不能堪忍。令婢辈钗股按置牙间,少顷,银色辄变黑,毒气所攻,痛楚可知也。沿路累易医,殊无效。嘉禾僧慧海为制一汤,服之半月,所苦良已。后因食热面又作,坐间煮汤以进,一服而愈,其神速若此。视药之标题,初不著名,但云凉血、活血而已。敏求报之重,徐以情叩之,始知是四物汤。盖血活而凉,何由致壅滞以生疾?莫强中一侍人久病经阻,发热咳嗽,倦怠不食,憔悴骨立;医工往往作瘵疾治之,其势甚危愗。强中曰:"妇人以血气为本,血荣自然有生理。"因谢遣众工,令专服此汤。其法㕮咀,每慢火煮,取清汁,带热以啜之,空腹日三四服。未及月,经候忽通,余疾如失。

一妇人暴渴,唯饮五味汁。名医耿隅诊其脉,曰:"此血欲凝,非疾也。"已而果孕。以古方有血欲凝而渴饮味之证,不可不知也。又,一士人无故舌出血,仍有小穴,医者不晓何疾,隅曰:"此名舌衄。"炒槐花为末,糁之而愈。

道士王裕曰:"有忽患脚心如中箭,发歇不时,此肾之风毒也,泻肾愈。又有人因惊而心不荫脾,忽仆,不知人,面色黄,是脾绝不治。又有人六脉皆细,面拂拂红色,是心绝不治。"

痔肠风、脏毒一体病也,极难得药,亦缘所以致疾不同。虽良药若非对病,固难一概取效。常人酒色饮食不节,脏腑下血,是谓风毒。若释子辈患此,多因饱食久坐,体气不舒而得之,乃脾毒也。王涣之知舒州,下血不止,郡人朝议大夫陈宜父令随四时取其方,柏叶如春取东枝之类,烧灰调二服而愈。予得方后,官赣上,以治贰车吴令昇,亦即效。提点司属官陈逸大夫偶来问疾,吴倅告以用陈公之方而获安。陈君蹙頞曰:"先人也,仍须用侧柏尤佳。"道场慧禅师曰:"若释子恐难用此,不若灼艾最妙。平立,量脊骨与脐平,处椎上,灸七壮。或年深,更于椎骨两旁各一寸,灸如上数,无不除根者。"又予外兄刘向为严掾,予过之,留饮,讶其瘦瘠,问之,答曰:"去岁脏毒作,凡半月,自分必死,得一药服之,至今无苦。"问何药,不肯言;再三叩,始云:"只这桌子上有之。"乃是干柿烧灰,饮下二服。《本草》云:"日柿治肠僻,解热毒,消宿血。"后有病者,宜以求之。《素问》:肠僻为痔。

提点铸钱、朝奉郎黄沔久病渴，极疲悴。予每见，必劝服八味丸。初不甚信，后累医不痊，谩服数两遂安。或问渴而以八味丸治之，何也？对曰："汉武帝渴，张仲景为处此方。盖渴多是肾之真水不足致然，若其势未至于痟，但进此剂殊佳，且药性温平无害也。"

风淫末疾谓四肢，凡人中风，悉归手足故也。而疾势有轻重，故病轻者俗名"小中"。一老医常论小中不须深治，但服温平汤剂，正气逐湿痹，使毒流一边，余苦不作，随性将养，虽未能为全人，然尚可苟延岁月。若力攻之，纵有平复者，往往恬不知戒；病一再来，则难以支梧矣。譬如捕寇，拘于一室，则不使之逸越，自亡他虑；或逐之，再至则其祸当剧于前矣。此语甚有理。而予见世之病者，大体皆如是。但常人之情，以幻质为已有，岂有得疾为废人而不力治者？此未易以笔舌喻也。

小麦种来自西国寒温之地，中华人食之，率致风壅。小说载天麦毒，乃此也。昔达磨游震旦，见食面者，惊曰："安得此杀人之物？"后见莱菔，曰："赖有此耳。"盖莱菔解面毒也。世人食面已，往往继进面汤，云能解面毒，此大误。东平董汲尝著论，戒人煮面须设二锅，汤煮及半，则易锅煮，令过熟，乃能去毒，则毒在汤明矣。

治痢以樱粟，古方未闻。今人所用，虽其法小异，而皆有奇功。或用数颗，慢火炙黄，为末饮下；或去粟用壳如上法；或以壳七五枚、甘草一寸，半生半炙，大碗水煎，取半碗温温呷。蜀人山叟曰："用壳并去核鼠查子各数枚，焙干，末之饮下，尤治噤口痢。"

凡病唯发背、脚气无补法。发背非药毒，即饮食毒；脚气乃风毒，毒在内，不可不攻，故先当泻之。发背灼艾最要，然亦须治之早。谚云："背无好疮。"但生于正中者，为真发背。虞奕侍郎背中生小疮，医者不悟，只以药调补；数日，不疼不痒，又不滋蔓。疑之，呼外医灸二百壮，已无及。此公平生不服药，一年来唯觉时时手脚心热，疾作，既不早治，又服补药，何可久也？

天禧二年，开封解榜出，有廖复者被黜，率众诣鼓院诉有司不公。朝廷差钱惟演等重考，取已落者七十余人，复亦预荐，时号"还魂秀才"。前发解官皆谪外郡监当。明年，殿前放王整以下及第。是日，睦、衢二州各有一王言待唱。初唤王言赐进士及第,乃衢人。久之,又唤一王言,上问其乡贯,方知前赐第者乃是睦人,而衢州者只合得同进士出身。及再唤二人审问,衢人奏:"悬念臣已谢圣恩。"遂只赐睦州者同出身而已。明日,忽有旨赐睦人王言进士及第。自后殿前唱名,必传呼"某州某人",以防差互。

天禧元年四月五日申后,京师黑风自北起,晦冥,市人咫尺不相见。久之,大雨作,天复明。父老云:往年疾疫起,得黑风而民安。

天圣中,陆轸同判衢州。一日早起,觉印堂痒,以手揣摸,司空部上有肉突起,如指面许大;两日渐坚实。又两月,天庭上亦然。又一月,天中、辅角二部亦然。又两月,左右龙角骨起,映印堂甚低。是月,印堂连山根与二龙角相应,相次左右眉棱连额角起。每以相书考验,此诸部骨起,皆主封侯公相之贵,然轸止吏部郎中、直昭文馆,典郡而已。其后孙佖入政府,赠公官至司空,乃知赠官亦非虚名也。

天禧初,滑州河决已塞,唯龙门未合。忽有大风鼓沙起,如连冈势,于未合处淤定,于是人得致力而毕功。已上四事,出陆轸《日记》也。

卷九

有称中兴野人和东坡《念奴娇》词，题吴江桥上。车驾巡师江表，过而睹之，诏物色其人，不复见矣。"炎精中否，叹人才委靡，都无英物。胡虏长驱三犯阙，谁作长城坚壁？万国奔腾，两宫幽陷，此恨何时雪！草庐三顾，岂无高卧贤杰？ 天意眷我中兴，吾皇神武，踵曾孙周发。河海封疆俱效顺，狂虏何劳灰灭。翠羽南巡，扣阍无路，徒有冲冠发。孤忠耿耿，剑铓冷浸秋月。"

徐积仲车居山阳，以疾不仕，而士大夫称其高风籍甚。其家节序享祀，动遵礼法，然唯祀母，而不祀父。此人所未喻。

传曰："地反物为妖。"以所睹验之，有未然者。绍兴中，迎侍居杭之西湖。明年春，圃中桃实皆双。又明年，先子捐馆。李友闻来吊，因语及之，蹙颡曰："某为婺州录参，廨舍樱桃一株尽双实，亦丁外艰。"勾近游建康，见太府少卿吴德素云："先舍人顷寓太学，斋后千叶桃忽结子十八枚，其中一颗甚大。诏下，会同舍拈阄以卜升沉，唯徐铎得其大者。是举本斋预奏名者十八人，而铎遂冠多士。"

命堂阁轩亭名，不可不慎。黄葆光知处州，作宾馆，号"如归"。或曰："视死如归，不祥。"黄寻即死于职。龚澈为瑞安令，亦作如归亭，后得罪，编置雷州。蔡京尝游吴兴慈感院，院有新堂未名，京为书榜曰"超览"。有坐客贺曰："行即走召，而人臣四见矣。"明年，京遂入相。若是者，其偶然邪？亦事有符合邪？然语忌不可不避尔。

旧传：赣川清涨，有神司之。据《梁史·武陵王纪》：伐蜀前，此江水可揭，及登舟而水长数尺，皆喜曰："天赞我也。"又陈武帝自南康赴江州，水暴长，三百里赣石皆没，此非清涨乎？

后汉郎官亲主文案，与令史不异，故郎中二十五人，令史止二十人。是时，郎官不免杖责，士人多耻为之。至齐明帝时，始用赎刑。魏晋以下，参用高华矣。

古者，尚书令史防禁甚密。宋法：令史白事不得宿外，虽八座命，亦不许。李唐令史不得出入，夜则锁之。韩愈为吏部侍郎，乃曰："人所以畏鬼，以其不见；鬼如可见，则人不畏矣。选人不得见令史，故令史势重；任其出入，则势轻。"始不禁其出入，自文公始。

令史有久任，淹练故实，尚书郎往往咨所未喻。陆慧晓曰："吾年六十，不复能咨都史为吏部郎也。"苻坚问尹纬何官，对曰："吏部令史。"坚叹曰："宰相才也，王景略之俦，然则萧、曹岂欺我哉？"

大梁二相祠，世传游、夏也。士有未遇，上书乞灵，往往见梦，虽远必应。越人石公辙妙年乡举，抵京，梦帘中出一纸，只"邻州"二字。石后累举，年逾五十，不得已，就特奏名，遂为第一，例赐出身。是时，上驻跸临安府也。

维扬僧了因尝寓长芦寺，暇日与其侣闲步江上，见潮泛小虾登岸，有化而为蜻蜓翩然飞去者。一虾再至岸，未及化，又为潮所荡；及三登，忽化蜈蚣入水。盖忿心所激，有如此者。

仪真许叔微累举不第，寄迹浙右村落中，合药施人。久之，梦人赠四句曰："药市收功，陈、楼间阻。堂上呼卢，喝六得五。"叔微张九成榜过省唱名第六，以系合推恩人升第五，乃在陈祖言之下、楼材之上。所谓"呼卢"者，胪传也。

陈安节学士云：福州一农家子张生，幼时父使持钱三千，入山市斧柯。遇村人有为逋负所迫欲自经者，恻然尽以所赍赠之，而亲释其缚。因坐石上，旁有人不相识，问："饥渴乎？"曰："然。"指路隅竹萌，令食之，坚不可咀。徐倾小瓢水于掌，以饮之。生饮水，顿觉精爽非常，自此绝粒。忽识字，能为诗，颇言人未来事。后祝发为浮屠，住一小院，有不逞系马于堂上者，辄病心疼，或教使谢过，病良已，因丐师言以自惊，信笔示之曰："众生骑畜生，两个不相争。坐底只管坐，行者只管行。"闽人敬仰之。独一贵人不信，贵人者无孙，师曰："今日得孙矣。然无大小便利。"诘其故，答曰："皆心法所招也。"果得孙而不育。参议何大圭自闽来，云与师熟，所遇乃钟离先生，至今往来不绝。师《观棋》诗曰："路从平处险，人向静中忙。"或云：贵人者，余丞相也。

前辈敦事，契情亲而礼极严，其后礼渐烦，情渐薄，今则情礼俱衰矣。吴德素云:"苏丞相父绅,与章郇公、吕申公同年进士也。二公当轴,丞相登科,称年家侄,诣门谢谒,入独不召。见众宾了,入宅换道服,坐听事,令将命者引趋庭下,赞拜而退,亦不延坐,但传语勉之而已。然二公力推挽丞相入翰林为学士,登庸之命盖基于此。"

哲宗山陵,开封府推官白同提点顿地云:"初开圹,得小碑志,乃有唐一妇人旧所藏穴,实贞元二年岁庚辰正月十二日葬,与哲宗上仙年月日皆同。"

宣和中,取燕山,群臣称贺。蔡太师京令一馆职代作表,仍语以"燕人悦则取之"一句,不得不使其人归搜经句,欲对未得。王安中曰:"何不曰'昆夷维其喙矣?'"遂用之。

萧振侍郎永嘉人,知湖州日,二亲皆八十余,极康宁。予尝因语赞叹,公曰:"先祖一百四岁,祖母百二岁。"世未闻也。

侍其傅服水银,久之,发痒爬搔,成赤疹,水银随指爪出,细如粟颗。建炎中,帅杭,已昏不任事。既罢,疾革,未属纩,诸姬皆散不禁,可为世戒。

陈去非谓予曰:"秦少游诗如刻就楮叶,陈无己诗如养成内丹。"又曰:"凡诗人,古有柳子厚,今有陈无己而已。"又曰:"崔鹏能诗。或问作诗之要,答曰:'但多读,而勿使斯为善。'"

王通隋末隐白牛溪教授,学者常数百人。唐将相如王、魏辈皆其门人也,既显,绝口不道其师,此何理哉!

崇宁初,茅山刘混康先生赴阙,一夕,拜章罢,诏问:"何久?"答曰:"值天门放春榜。"欲叩其所睹,乞书而密缄之,它日验其事。明年,殿唱毕,发视,止书二草二木,乃蔡薿、柯棐也。

韩魏公判大名府,被旨修大内,于一堂中得壁记,乃太宗诗一首,意属燕云。或劝进之,不答。后韩绛以献,公闻之,叹曰:"吾非不能,但人主未忘开边之志,老臣不当更启之耳!"

左朝议大夫白同尝云:"佛经:凡人三世不妄语者,舌长舒之可及肱。予平生不妄语,虽未及肱,比常人已为长矣。"

旧说眼疾不可浴,浴则病,甚至有失明者。右承直郎白彦良云,未壮之前,岁岁患赤眼,一道人劝,但能断沐头,则不复病此。彦良自此不沐，今七十余，更无眼病。

思慧住道场山，予常往见之。一夕，梦谒师不见，但于禅床上大书"一龙绝地"四字。明日入山，知师已授帖，移径山，而不省所梦。绍兴壬戌，始游径山，首见长老觉明云："此山本龙所居，因一禅师行脚过山下，龙化老人，与语契合，因劝师营居演化，云：'此山东天目也，吾当迁西天目，但留一穴出入，它日勿以僧供为虑。'至今寺无寸土，而常聚千众。"予《赠明老诗》断章云："三十年前曾见梦，兹游端可冠平生。"盖谓此也。

成都府园西楼有大蟒居，人不敢登，率尝扃钥。虞经臣作帅，宴客楼下，蟒忽遗溺，正中一武臣之肩；须臾，皮肉溃烂成疮，得妙药治之方愈。经臣为遣吏祭之，即日毁楼，蟒亦不见。

卷十

王球为龙德宫提举官,眷遇特厚。丁未春,渊圣已幸青城,上皇密遣球哀宫中器用,得金万两,熔为二百挺,藏废井中,瓷之以石;谓球异时国有艰窘,白发之。上狩淮南,球奏之,有旨输行在。方具舟,会宫中旧卒有知其端者,恐球潜载以遁,诣开封府陈告,尹欣然召球,喻以兵须正急,此机不可失。球度力不能夺,因尽辇致,持符归报。朝廷初不加谴。其后范丞相当国,疑球与尹乾没其金,下大理鞠治,球竟废死。

富韩公曰:"契丹正强盛,奚、霫、渤海、党项、高丽、女真、新罗、黑水达靼、回鹘、元昊凡十国皆役服之,贡奉不绝,唯与中原为敌国。兵马略集,便有百万,多作大舟,安四轮陆行,以载辎重;遇塘水、黄河,则脱轮以度人马,亦欲自沧州东泛海而来,为牵制掎角之势。"

神宗兴太学,初议堂试式,时唯经义、论、策凡三场,有司拟进,上批"季一周之"四字,遂著之令,遵行已久。勹元丰六年秋七月入学,年尚幼,见司业朱行中服奉行新规甚峻,生员犯不检,许人告,赏钱三百贯,同保皆连坐,屏斥出学,甚者殿举,人皆慑息。既以经术造士,恐其忘武备及不知法律,因令每旬休斋,轮五人过武学习射。又许生员附律,学生试律义,以合格者理为本学考察。又于论场添试律义一道。然学者于肄业苟简,至观者,有"射天地四方"之语,答律义,或约法至徒八年,往往传以为笑。元祐初,皆罢。

东坡记管仲之无后,与桑羊、韦坚、王铁、杨慎矜、王涯皆及祸,谓兴利之人如此。又子由论李沆为相,自言无善可称,唯力阻言利者,可以报国,厥有旨哉!

东坡为郡,尤急于荒政。元祐中守杭,米斗八十,已预行措置。常云:熙宁八年,只缘张、沈二守不知此策,致二浙灾荒疾疫,只西路死者五十余万人。是年本路放秋苗一百三十万硕,酒税亏六十七万贯。

　　司马氏南渡，据《地理志》云："九分天下，有其二而已。"李暠亦云："五岳神山，狄污其三；九州名都，夷秽其七。"当是时，虽自洛徙建康，而未尝弃洛，则嵩尚为晋有，与衡为二矣，故曰"狄污其三"。晋能保洛而不能有蜀，今能有蜀，而不能存洛，绝长挈大，则今之土宇亦若晋耳。

　　元丰初，文武见任官二万四千五百四十九员，文一万一百九十三，武一万二千八百二十六，宗室九百四十四，内臣五百八十六。

　　元丰初，在京吏人自中密下至诸司共二百九十一处，共五千一百四十人，岁支六十二万三千一百八十六贯硕匹斤两。

　　熙宁十年，夏税两浙最多，二百七十九万七百六十七贯硕匹斤两，成都、夔州二路各只七万有零。秋税河北最多，七百七十五万八千一十七贯硕匹斤两，夔州六万有零。

　　熙宁十年，在京商税，诸门镇四十九万八千五百一十一贯有零，左右厢店宅务管赁屋一万四千六百二十六间，空地六百五十四段，宅子一百六十四所，岁收二十一万六千五百八十一贯六十六文省。

　　诸路酒税，唯两浙所入最多。熙宁末年，本路税收六十万五千九百八十四贯七百十五文，酒收一百六十万八千八百三十四贯一百九十八文。

　　当年在京岁支宰臣已下百官料钱五十二万九千九百五十七贯四百二十六文，诸路官员料钱二百二十五万六千八百六十七贯，而陕西一路支数最多。

　　熙宁末，天下寺观宫院四万六百十三所，内在京九百十三所；僧尼、道士、女冠二十五万一千七百八十五人，内在京一万三千六百六十四人。三年中死亡还俗共二万三千一百三十九人。

　　南郊赏给：景德六百一万一千一百贯匹两硕领条，皇祐一千二百万有零，治平一千三十二万有零，熙宁末八百万二千六百八十九贯匹斤两条段。

　　岁赐大辽银三十万两，绢三十万匹，正旦衣著四千匹，银器二千两，生辰衣著五千匹，银器五千两。

　　熙宁八至十凡三年，天下大辟五千一百八十二人，三年内，官过犯自刺配至赎铜二千五百九十二人。

　　元丰中，详定礼文，神宗尤笃于大裘衮冕之制。时检讨何洵直欲以黑缯创为大裘如衮，唯领袖用羔。帝颇疑其非，乃问陆佃。佃对曰："《礼记》曰：'礼不盛，服不充。'故大裘不裼，则大裘袭可知。"又曰："郊之日，王被衮象天，则大裘袭衮可知。大裘袭衮，则戴冕藻十二旒可知，故曰冕服有六。而《弁师》云掌王之五冕也。"帝称善，遂下诏有司，制黑羔以为裘，而被以衮。议者又谓纯用羔，恐裘重难服。及裘成，轻重才与袍等，帝甚喜。唯衮之制未明。帝尝曰："北虏曾贡衮冕一袭，其绘星辰在背，疑有所传。"宣和中，王昂上疏云："衮服由汉至今画山皆用青，有戾于《周礼》山以章之义。画虎与蜼，而不画虎、蜼之彝，有戾于《书》宗彝之义。至于画藻，则丛以碎叶，亦不知古人观象与藻梲同意。臣谓画山尚以赤白，故《考工记》曰：'绘画之事，赤与白谓之章。'而下文曰：'山以章也。'画山以赤白之章，亦犹画黼以白与黑，画黻以黑与青也。《诗》曰：'象服是宜。'郑氏云：'揄翟阙翟之类，不独后夫人之服如此，人君之服亦然。'《书》亦曰：'予欲观古人之象，然则衮服岂无所取象乎？'谨案天垂象，见吉凶，是天言象也。《易》有四象，所以示，是《易》言象也。衮之制，绘日月星辰，岂非法天之象欤？画山、龙、华、虫、藻、火、粉米、黼黻，岂非法《易》之象欤？《系辞》曰：'黄帝、尧、舜，垂衣裳而天下治。'盖取诸乾坤，是衣以阳而在上，取《乾》之象；裳以阴而在下，取《坤》之象。而衮服山取《艮》之象，黼取《巽》之象，黻取《坎》之象，宗彝取重《震》之象，触类而长之，无有无所象者，亦患不细考之耳！"

　　往年车驾巡师建康，诏以防秋在近，令侍从职事官各条其利害，实可施行者闻奏。郎官张虞卿所陈最善，其略曰："臣尝历考前世南北战争之际，魏军尝至瓜步矣，石季龙掠骑尝至历阳矣，石勒寇豫州至江而还，此皆限于江而不得骋者也。然江出岷山，跨郡十数，备之不至，一处得渡，皆为我忧。使吾斥堠既明，屯戍唯谨，士气振而人心固矣，恃长江为阻可也，虽无长江之阻亦可也。苻坚百万之众，马未及一饮江水，谢玄以八千锐卒破之于肥水，岂非其效也欤？不然，如黄巢以奇兵八百泛舟渡，吴人有'北来诸军乃飞过江'之语。韩擒虎以五百人宵济采石，守者皆醉，遂袭取之。由是观之，徒恃江而人不足与守，鲜克有济矣。曹操初得荆州，议者谓：'东南大势可以拒操者，长江也。操得荆州，蒙冲战舰，浮江而下，则长江之险已与我共之矣！'独周瑜谓：'舍鞍马，仗舟楫，非彼所长。'赤壁之役，果有成功。至于羊祜之言，则以南人所长，唯在水战，一入其境，长江非复所用，它日成功，略如祜策。故臣以谓有如瑜者为用，则祜之言谓之不然可也；无如瑜者为用，则祜之言不可不察也。彼为说者，谓虏人以马为强，而江流迅急，渡马为难；虏人便于作筏，而江流迅急，非筏能济。是未知侯景以马数百，一夕而渡，王濬自上流来，尝用大筏也。州县一也，有最为要害者；津渡一也，有最宜备豫者。苻坚自项城来寿阳，侯景自寿阳移历阳，孙恩自广陵趋石头；王敦渡河格，苏峻济横江，侯景渡采石。考前世盗贼与夫南北用兵，由寿阳、历阳来者十之七，由横江、采石渡者三之二，至于据上流之势以窥江左者，尚未论也。"文多不载。

吴伯举舍人知苏州日，谒告归龙泉，迁葬母夫人。已营坟矣，及启堂殡，见白气氤氲，紫藤绕棺，急复掩之。术人视殡处，知自是吉地，因即以为坟。然颇悔之，舍人竟卒于姑苏。

虞经臣策，元祐中历察官知杂。绍圣初，自修注擢给事中入台。值都城开渠，忽有异犬自渠中出，直入其家，驯伏若素蓄养者；家人辈爱之，名曰"渠来"。常日唯喜睡，至或乱啮帘帷窗牖之类，则经臣必有迁改锡赉恩数。自尔每有庆事，则啖以肉一斤，渠来必欢喜跳跃，然后食之以为常。凡数年，拜郎前一夕，渠来死。

李济翁曰："案《王府新书》：杜元凯遗其子书曰：'书勿借人。'古人云借书一嗤，还书二嗤。嗤，笑也。后讹为'痴'字，而增至四，谓借一痴，借之二痴，索三痴，还四痴。"皆济翁云。前辈又以"痴"为"瓻"。瓻，酒器也。盖云借书以一瓻酒，还之亦以一瓻酒。"瓻"通作"鸱"。吴王取马革受子胥尸，沉之江。颜师古曰："即今之盛酒鸱夷媵。"

孔 氏 谈 苑

[宋] 孔平仲　撰
　　王根林　校点

校 点 说 明

　　《孔氏谈苑》四卷，又名《谈苑》，旧题宋孔平仲撰。孔平仲，字义甫，清江（今属江西）人。治平二年进士，为集贤校理，又曾官提点京西刑狱，帅鄜、延、环庆路。长史学，工文辞。著有《续世说》、《良史事证》等。据《宋史·艺文志》，平仲有《稗说》、《杂说》各一卷，而无此书。故学者多疑此书为后人取《稗说》、《杂说》再撷取他书增补而成。

　　本书是一部以记载北宋及前朝政事典章、人物轶闻为主的史料笔记，同时间涉社会风俗和动植物知识，为宋代笔记小说中较有名的一种。

　　《孔氏谈苑》现见主要版本，有《宝颜堂秘笈》本、《四库全书》本、《艺海珠尘》本（该本收入《丛书集成初编》）几种。今以《四库全书》本为底本，而以他本进行校点，凡改动处皆不出校记。

目　　录

卷一 131

卷二 139

卷三 147

卷四 155

卷一

张邓公、吕许公同作宰相。一日，朝退，仁宗独留吕公，问曰："张士逊久在政府，欲与一差遣出去。"吕公曰："士逊出入两朝，亦颇宣力。"仁宗曰："恩命如何？"吕公曰："与除静江军节度使检校太傅知许州。"仁宗曰："不亏它否？"吕公曰："圣恩优厚。"吕公既退，张、吕，亲姻也，私焉。曰："主上独留公，必是士逊别有差遣。"因祈以恩命。吕沉吟久之，曰："使弻使弻。"张亦欣然慰望。是日，张公打屏阁子内物色过半矣，既夕，锁院。明日早，张公令院子尽般阁子内物色归家，更不趋待漏院，只就审官东院待漏。既入朝，张公唯祗候宣麻，吕公唯准拟押麻耳。忽有堂吏报吕公云："相公知许州。"吕公大惊，于是张公押麻，乃吕公除静江军节度使检校太傅知许州也。

太祖朝，都知押班皆以供奉官为之，内中祗应裹头巾衣褐衫而已。仁宗朝，王守忠官至留后，乞缀本品班赴宴阁门，从之，自知未允，辞而不赴。

禁中近清明节，神宗侍曹太皇。因语自来却无人做珠子鞍辔，虽云太华，然亦好也。太皇闻此语，已密令人描样矣。不数日，实促就珠子鞍辔，传宣索玉鞍辔一副，神宗莫测所欲用，亦莫敢问。依旨进入，太后令送后苑拆修，遂施珠鞯焉。其上作小红罗销金坐子，劣可容体。甫近上巳，以鞍架载之，送神宗。神宗大感悦，取小乌马于福宁殿亲试之，驾幸金明池回，遂乘此鞯。士论皆谓：虽神宗绝孝，亦光献至慈，上下相得，以成其美焉。光献太皇太后疾病稍间，神宗亲制一小辇，极为轻巧，以珠玉黄金饰之，进于太皇，曰："娘娘试乘此辇，往凉殿散心。"太皇曰："今日意思无事，天气亦好。"遂载而之凉殿。太后扶其左，神宗扶其右，太皇下辇曰："官家、太后亲自扶辇，当时在曹家作女时，安知有今日之盛！"喜见颜色。王正仲进光献挽词云："珠鞯锡御恩犹在，玉辇亲扶事已空。"盖用此两事也。鞯音笺。

有一朝士，因宰相生日献诗。卒章云："长居廊庙福苍生。"朱巽草制云"某官夙负官材",真宗令出典藩。

　　丁崖州虽险诈,然亦有长者言。真宗尝怒一朝士,再三言之,谓稍退不答。上作色曰:"如此叵耐,辄问不应。"谓进曰:"雷霆之下,臣若更加一言,则虀粉矣。"真宗欣然嘉纳。

　　杨大年与王文穆不相得,在馆中,文穆或继至,大年必径出,它处亦然,如袁盎、晁错也。文穆去朝,士皆有诗,独文公不作,文穆辞日,奏真庙传宣令作诗,竟不肯送。

　　真宗将立明肃作后,令丁谓谕旨于杨大年,令作册文。丁云:"不忧不富贵。"大年答曰:"如此富贵,亦不愿。"王旦相,罕接见宾客,惟大年来则对榻卧谈。卒时,属其家事一付大年,丁晋公来求昏,大年令绝之。

　　王文正公以清德事真皇,上特敬重。一日,御宴,陈设鲜华,旦顾视,意色不悦,上已觉其如此,至中休,命左右以旧陈设易之矣。

　　苏轼以吟诗有讥讪,言事官章疏狎上,朝廷下御史台差官追取。是时,李定为中书丞,对人太息,以为人才难得,求一可使逮轼者,少有如意。于是太常博士皇甫僎被遣以往。僎携一子二台卒倍道疾驰。驸马都尉王诜与子瞻游厚,密遣人报苏辙。辙时为南京幕官,乃亟走介往湖州报轼,而僎行如飞不可及。至润州,适以子病求医留半日,故所遣人得先之。僎至之日,轼在告,祖无颇权州事。僎径入州廨,具靴袍秉笏立庭下,二台卒夹侍,白衣青巾,顾盼狞恶,人心汹汹不可测。轼恐,不敢出,乃谋之无颇。无颇云:"事至于此,无可奈何,须出见之。"轼议所以服,自以为得罪,不可以朝服。无颇云:"未知罪名,当以朝服见也。"轼亦具靴袍秉笏立庭下,无颇与职官,皆小帻列轼后。二卒怀台牒拄其衣,若匕首然。僎又久之不语,人心益疑惧。轼曰:"轼自来激恼朝廷多,今日必是赐死。死固不辞,乞归与家人诀别。"僎始肯言曰:"不至如此。"无颇乃前曰:"太博必有被受文字。"僎问:"谁何?"无颇曰:"无颇是权州。"僎乃以台牒授之。及开视之,只是寻常追摄行遣耳。僎促轼行,二狱卒就执之,即时出城登舟,郡人送之雨泣,顷刻之间,拉一太守如驱犬鸡。此事无颇目击也。

　　吕申公作相,宋郑公参知政事。吕素不悦范希文,一日,希文答元昊书录本奏呈，吕在中书自语曰："岂有边将与叛臣通书?"又云："奏本如此，又不知真所与书中何所言也?"以此激宋。宋明日上殿，果入札子，论希文交通叛臣。既而中书将上，吕公读讫，仁宗沉吟久之，遍顾大臣，无有对者。仁宗曰："范仲淹莫不至如此。"吕公徐应曰："擅答书不得无罪，然谓之有它心，则非也。"宋公色沮无辞。明日，宋公出知扬州。又二年，希文作参知政事，宋尚在扬，极怀忧挠，以长书谢过云："为憸人所使。"其后，宋公作相，荐范纯仁试馆职，纯仁尚以父前故，辞不愿举。

苏子瞻随皇甫僎追摄至太湖鲈香亭下，以柁损修牢。是夕，风涛倾倒，月色如昼，子瞻自惟仓卒被拉去，事不可测，必是下吏，所连逮者多，如闭目窒身入水，顷刻间耳。既为此计，又复思曰：不欲辜负老弟。弟谓子由也，言己有不幸，则子由必不独生也。由是至京师，下御史狱，李定、舒亶、何正臣杂治之，侵之甚急，欲加以指斥之罪，子瞻忧在必死，尝服青金丹，即收其余，窨之土中，以备一旦当死，则并服以自杀。有一狱卒，仁而有礼，事子瞻甚谨，每夕必然汤为子瞻濯足。子瞻以诚谒之曰："轼必死，有老弟在外，他日托以二诗为诀。"狱卒曰："学士必不至如此。"子瞻曰："使轼万一获免，则无所恨。如其不免，而此诗不达，则目不瞑矣。"狱卒受其诗，藏之枕中，其一诗曰："圣主宽容德似春，小臣孤直自危身。百年未了先偿债，十口无依更累人。是处青山可藏骨，他年夜雨独伤神。与君世世为兄弟，更结人间未了因。"其后子瞻谪黄州，狱卒曰："还学士此诗。"子由以面伏案，不忍读也。子瞻好与子由夜话，对榻卧听雨声，故诗载其事。子瞻既出，又戏自和云："却对酒杯浑似梦，试拈诗笔已如神。"子瞻以诗句被劾，既作此诗，私自骂曰，犹不改也。

皇甫僎追取苏轼也，乞逐夜所至送所司案禁，上不许，以为只是根究吟诗事，不消如此，其始弹劾之峻，追取之暴，人皆为轼忧之。至是，乃知轼必不死也。其后果然。天子聪明宽厚，待臣下有礼，而小人迎望要为深刻，如僎类者，可胜计哉！

有人问秀州崇德县民："长官清否?"答曰："浆水色。"言不清不浊也。

秀州华亭鹤，胎生者真鹤也，形体紧小，不食鱼虾，惟食稻粱，人喂以饭则食之。其体大好食鱼虾、啄蛇鼠者，鹳鹤所生，乃卵生也。食稻粱者，虽甚驯熟，久须飞去，惟食鱼虾者不能去耳。

河豚瞑目切齿，其状可恶，治不中度多死。弃其肠与子，飞鸟不食，误食必死。登州濒海，人取其白肉为脯，先以海水净洗，换海水浸之，暴于日中，以重物压其上，须候四日乃去所压之物，傅之以盐，再暴乃成。如不及四日，则肉犹活也。太守李大夫尝以三日去所压之物，俄顷，肉自盆中跃出，乃知瀹之不熟，真能杀人也。

松江鲈鱼，长桥南所出者四腮，天生脍材也。味美肉紧，切至终日色不变。桥北近昆山大江入海，所出者三腮，味带咸，肉稍慢，迥不及松江所出。

虢石重重紫白相间，以笔描紫上，缓手剖之，紫去白见，随意所欲，作何物象。至于林木，亦可以药笔为之，以手试之，有参差龃龉者，皆伪物也。

枇杷须接，乃为佳果。一接，核小如丁香荔枝，再接，遂无核也。

京师有畜铁镜者，谓人曰："此奇物也。"以照人手，则指端见有白气，以气之长短，验人之寿夭。好事者乃以厚价取之，既而询之博物者，曰："此造作也。盖磨镜时只以往手，无以来手，则照指自见其端有如气者耳。"相船之法，头高于身者，谓之望路，如是者凶。双板者凶，只板者吉。只板谓五板、七板，双板谓六板、八板，以船底板数之也。造屋主人不恤匠者，则匠者以法魇主人，木上锐下壮，乃削大就小倒植之，如是者凶。以皂角木作门关，如是者凶。

许敏，明州人，张唐卿榜第一甲及第，为大理评事、知县。尝因用刑棰杀人，其后冤屡见，但相去尚远。经二十年，敏以太常博士通判苏州，其冤渐近，稍如榻，与敏夫妇同寝。其始敏夫妇在外，冤卧于内，既而，间隔卧于夫妇之间，知其为鬼，无如之何也。是时，诏索天下御容，令转运司差官护送入京，敏与太守林大卿不协，于上司求行，自京师归，至汴上青阳驿，其冤逼之，敏死驿中。

钟著作生二女，长嫁宋氏，生庠、祁；其季嫁常州薛秀才，生一女为尼，与僧居和大师私焉。亦生一女，嫁潘秀才。潘有子，名与稽，今为朝奉大夫,与稽之视居和,乃外祖父也。居和乃以牛黄丸疗风疾者也,饮酒食肉,不守僧戒。然用心吉良,每乡里疾疫,以药历诣诸家,救其所苦,或以钱赒之。薛尼于宋氏以姊妹亲常至京师,是时庠为翰林学士,尼还常州,和病,问尼曰:"京师谁为名族善人者?"尼曰:"吾所出入多矣,无如宋内翰家也。"和曰:"我死则往托生焉。"尼诮曰:"狂僧,宋家郡君已娠矣,安得托生?"和曰:"吾必往也。"既而和死,人画一草虫于其臂。是日,宋家郡君腹痛将娩,祁之妻往视产,见一紫衣僧入室,亟走避之。既而,闻见啼,曰:"急令僧去!吾将视吾姒。"人曰:"未尝有僧也。"乃知所生子乃和也。既长,形相酷似和,亦好饮酒食肉,隐然有草虫在其臂,名均国,为绛州太守卒。

偷能禁犬使不吠,惟牝犬不可禁也。或云,纹如虎斑亦难禁。

高若讷能医,以钟乳饲牛,饮其乳,后患血痢卒。或云,冷暖相薄使然。

韶州岑水场,往岁铜发,掘地二十余丈即见铜,今铜益少,掘地益深,至七八十丈。役夫云:"地中变怪至多,有冷烟气,中人即死。"役夫掘地而入,必以长竹筒端置火先试之,如火焰青,即是冷烟气也,急避之勿前,乃免。有地火自地中出,一出数百丈,能燎人,役夫亟以面合地,令火自背而过乃免。有臭气至腥恶,人间所无者也。忽有异香芬馥,亦人间所无者也。地中所出沙土,运置之穴外,为风所吹,即火起焰焰然。

虿不南行,阴类也。其性畏火,置之物上,随其所向以指南方,俄即避之,若有知也。种竹就西北,其根无不向东南行者,是亦物之性也。

江东芦贱而获贵,退滩之地,先一年所生者,芦也,明年所生者,获也。

张安道言:尝使北辽,方燕,辽主在廷下打球,安道见其缨绂诸物,鲜明有异,知其为辽主也,不敢显言,但再三咨其艺之精尔。接伴刘六符意觉,安道知之,色甚怍,云:"又与一日做六论不同矣。"

契丹鸭渌水牛鱼鳔,制为鱼形,妇人以缀面花。

辽人尤畏女真国,范纯礼尝闻彼使云:女真国人长马大,其境土之广，南北不知几千里也。徐禧覆于永洛，是时辽人方苦女真侵边，故帖然自守，不敢为中国患。

收冰之法，冬至前所收者，坚而耐久，冬至后所收者，多不坚也。黄河亦必以冬至前冻合，冬至后虽冻不复合矣。川中乳糖师子，冬至前造者，色白不坏，冬至后者，易败多蛀。阳气入物，其理如此。

华山下有西岳行宫，祈祷甚盛，云台观常以道士一人主之。有一道士，以施利市酒食畜妇人，巡检姓马者知而持之，共享其利。一夕，道士梦为官司所录，送五道将军殿中，并追马勘鞫，狱具，各决杖七十。既寤，觉脊间微疼，溃而为疮。自知不祥，亟往诣马，马亦在告矣。问其梦中所见皆同，马亦疽发于背，二人俱卒。

虢州朱阳镇，一夕凫雁之声满空，其鸣甚悲。逮旦，凫雁死于野中无数，或断头，或折翅，或全无所伤而血污其喙。村民载之入市，市人不敢买。盖此镇未尝有此物，怪之也。又一年，王冲叛，朱阳之民歼焉。

象耳中有油出，谓之山性发，往往奔逸伤人。牧者视象耳有油出，则多以索縻之矣。

京师语曰：宣医丧命，敕葬破家。盖所遣医官云，某奉敕来，须奏服药加减次第，往往必令饵其药，至死而后已。敕葬之家，使副洗手帨巾，每人白罗三匹，它物可知也。元祐中，韩康公病革，宣医视之，进金液丹，虽暂能饮食，然公老年真气衰，不能制客阳，竟以薨背。朝廷遣使问后事，病乱中误诺敕葬，其后子俛辞焉。

王彦祖学士自言，初到南省，试《天子全玉赋》，梦中有人告之云，天字在上不顺，天字在下则顺矣。须三次如此。是岁省下第，后过省，乃《严父莫大于配天赋》。及第乃《圆丘象天赋》。又二十七年，自岭南知雷州，召为馆职，试《明王谨于尊天赋》。凡三次题目，皆天字在下。彦祖名汾，今为朝议大夫集贤校理。

宗室至一品殡葬，朝廷遣礼官祓祭。旧制，知太常礼院官以次行事，得绢五十匹。陈侗、陈汝义俱在礼院，因朝会，见一皇亲年老行迟。侗私语曰："可祓矣。"汝义自后排之曰："次未当公，此吾物也。"传者以为笑。自元丰官制行，太常博士专领祓祭，所得绢四博士共之。行事十四匹,余十二匹。有数皇亲联骑而出,呵殿甚盛。一博士戏谓同列曰:"此皆铍材也。"

王雱,丞相舒公之子,不惠,有妻未尝接,其舅姑怜而嫁之,雱自若也。侯叔献再娶而悍,一旦叔献卒,朝廷虑其虐前夫之子,有旨出之,不得为侯氏妻。时京师有语云:"王太祝生前嫁妇,侯兵部死后休妻。"

羌人以自计构相君臣,谓之立文法。以心顺为心白人,以心逆为心黑人,自称曰倘,谓僧曰尊,最重佛法。居者皆板屋,惟以瓦屋处佛。人好诵经,不甚斗争。王子醇之取熙河,杀戮甚众,其实易与耳。

有一定僧在山谷中,汉军执之,此僧曰:"吾有银与汝,勿杀我也。"汉军受其银,斩其首,白乳涌出。

夏竦尝统师西伐,揭榜塞上云:"有得赵元昊头者,赏钱五百万贯,爵为西平王。"元昊使人入市卖箔,陕西荻箔甚高,倚之食肆门外,佯为食讫遗去。至晚,食肆窃喜,以为有所获也。徐展之,乃元昊购竦之榜,悬箔之端云:"有得夏竦之头者,赏钱两贯文。"比竦闻之,急令藏掩,而已喧播远近矣。竦大惭沮。

竦集幕职兵官,议五路进讨,凡五昼夜,屏人绝吏,所谋秘密,处置军马,分擘粮草,皆有文字,已成书。两人之力不能举,封钥于一大柜中,一夕,失之,竦进兵之议遂格,由此悬乞解罢,得知蔡州。其后韩绛西讨,河东起兵八万人。时太原遣卒三千,皆丁壮强硬,令至军前交割。晓夕奔走,饥不得食,困不得息。既而班师,不用遣还,形已如鬼,风吹即仆,假使见敌,则不战成擒矣。元丰四年西伐,西人远引,清野以老我师。高遵裕领众深入,不见一人一骑,直扣灵武。灵武壁甚坚,若有守者。我师营汉中治攻具,西人约降,遵裕信之,驻军五日不进,故彼得为计。中夕决河水至,我师溃焉。故责遵裕知坊州词云:"比以两路锐兵,进攻灵武,而亡士溃卒,职汝寡谋,遵裕再责郢州安置。"

夏竦薨,子安期奔丧至京师,馆中同舍谒见,不哭,坐榻茶棐如平时。又不引客入奠,人皆讶之。戊戌年,安期死,数日,子伯孙犹著衫帽接客,无毁容,愈肥泽焉。

邢昺疾亟，车驾幸其第，其子干恩泽，并乞不敕葬。王居白待制病，犹子侍疾，祈遗表奏荐焉。

张咏自益州寄书与杨大年，进奏院监官窃计之云："益州近经寇乱，大臣密书相遗，恐累我。"发视之，无它语，纸尾批云："近日白超用事否？"乃缴奏之。真宗初亦讶之，以示寇准，准微笑曰："臣知开封府有伍伯姓白，能用杖，都下但翘楚者，以白超目之，每饮席浮大觥，遂以为况。"真宗方悟而笑。

熊伯通有平蛮之功，太常卿范纯礼言，至蜀中亲闻其事。涓井蛮本诱之降，降者百余人。本授计主簿程之元、兵官王宣令毒之。本犹虑其变也，舣舟三十里外待之，密约云："若事谐，走马相报。"之元等以曼陀罗花醉降者，稍稍就擒，令走马报本，本急挐舟顺嘉陵江而下，顷刻至禽所，斩尚未已也。本就收此功，朝廷赏擢以制两广。

雄、霸沿边塘泊，冬月载蒲苇悉用凌床，官员亦乘之。

艺祖载诞，营中三日香，人莫不惊异。至今洛中人呼应天禅院为香孩儿营。

熙宁中，张唐民登对，其归美上德之辞云："臣寻常只见纸上尧舜，今日乃见活尧舜也。"

卷二

熙河之师，上意甚欲得木征，以内殿崇班钱五千贯购之。熙宁六年，木征降于常河诸城，王韶奏以为令王君万、韩存宝招呼，李宪奏以为与燕达纳其款，韶、宪争功，隙由此启。上尝对吕惠卿称宪禽木征之功，盖宪之面奏详于韶之条奏故也。安南之师，上欲遣宪与赵卨往，韶时在枢府，与王安石共争之，由是罢宪而遣郭逵。上不平二公之争，使宪举河西，既而逵败绩而宪有功，故上益以宪为可用焉。高若讷作中丞，与小黄门同监修祭器，遂同书奏状，议者非之。

宝元中，夏英公以陈恭公不由儒科骤跻大用，心不平之。恭公亦倾英公，英公除集贤，有台章，恭公启换为枢密使，英公知之，意愈快快。是时西北有警，英公能结内官，又得上心，乃撰一策题，如策试制科者，教仁宗以试两府大臣，欲以穷恭公之不学也。一日，仁宗御资政殿见两府，出此题，署云付陈执中等。两府跽受开读次，已见小黄门设矮卓子具笔砚矣。英公色欲挥翰，其余皆愕然相视，未知所为。宋郑公徐奏曰："陛下所问，皆臣等夙夜谋谟之事。臣等不职，陛下责之可也；若策试，乃朝廷所以待草茅之臣。臣备位执政，不可下同诸生。乞归中书，令中书、密院各具所见以对。"仁宗俯首面赤云："极是，极是。"既退，恭公谓郑公曰："适来非公之言，几至狼狈。"郑公曰："某为国惜体，非为诸君地也。"中书所对，皆出郑公之笔，极攻密院之失。是时显立仇雠矣。人言纷纷，英公不自安，欲晦其迹，又撰一策题，故为语言参差，或失粘，或不对，欲如禁中亲制者，教仁宗以策试两府、两制。然间有三两句绝好处，人亦识其为英公词也。仁宗宽容，亦听之。一日，召两府、两制对于迎阳门，又出此题付之。然英公之迹，终不能晦焉。

孙奭尚书侍读仁宗前，上或左右瞻视，或足敲踏床，则拱立不读，以此奭每读书，则上体貌益庄。王随佞佛，在杭州常对聋长老诵所作偈，此僧既聩，离席引首，几入其怀，实则不闻也，随叹赏之，以为禅机之妙。

仁宗祐享之际，雪寒特甚。上奉玉露腕，侍祠诸臣袖手执笏，见上恭虔，皆恐惕揎袖。

神宗以星变祗惧，许人上封事言得失。于是王安礼上书，语颇讦直，上微不悦，以示王珪。珪曰："观安礼所言，皆是臣等执政后来事，无一字及安石所为者，其意盖怨望安石在外，专欲讥切臣等耳。安礼每对臣言云，似尔名位，我亦须做。"上笑曰："大用岂不在朕，而安礼狂妄自许如此！"后一年，安礼自翰林学士迁尚书右丞。

修内前涉子木，计用方团三千三百条，再差职方员外郎陈昭素计之，只用三百条，京城侵窃之弊如此。昭素勾当三司修造案，半年减十五万，议者云：可罢陕西买木一年。雷太简判设案御厨，每日支面一万斤，后点检，每日剩支六千斤。先日宰羊二百八十，后只宰四十头。江邻几云："南郊赏给，旧七百万，今一千二百万；官人俸，皇祐中四千贯，今一万二千贯。合同司岁会支左藏库钱八九万贯，近岁至三十五六万贯。禄令皇太子料钱千贯，无公主料钱例。"宋次道云："李长主在宫中请十千，晚年增至七百千，福康出降后，月给千贯。"

景德中，天下二万五千寺，今三万九千寺。陈述古判祠部云：章伯镇勘会省案，岁给橡烛十三万条。内酒坊，祖宗朝糯米八百石，真庙三千石，仁宗八万石。

江南民言："正旦晴，万物皆不成。"元丰四年正旦，九江郡天无片云，风日明快，是年果旱。又曰："芒种雨，百姓苦。"盖芒种须晴明也。"春雨甲子，赤地千里；夏雨甲子，乘船入市。"乘船入市者，雨多也。又于四月一日至四日卜一岁之丰凶云：一日雨，百泉枯。言旱也。二日雨，傍山居。言避水也。三日雨，骑木驴。言踏车取水，亦旱也。四日雨，余有余。言大熟也。禅师惠南尝言，上元一夕晴，麻小熟；两夕晴，麻中熟；三夕晴，麻大熟。若阴雨，麻不登。占亦如此，云绝有效验。京东一讲僧云："云向南，雨潭潭；云向北，老鹳寻河哭；云向西，雨没犁；云向东，尘埃没。"老翁言云向南与西行则有雨，向北与东行则无雨，云亦有效验。大理少卿杜纯云，京东人言"朝霞不出门，暮霞行千里"，言雨后朝晴尚有雨也，须晚晴乃真晴耳。九江人畏下旬雨,云:"雨不肯止。"刘师颜视月占旱云:"月如悬弓,少雨多风;月如仰瓦,不求自下。"同州人谓雨沾足为烂雨。

金陵夏氏,能致紫姑神,神能属文,其书画似唐人,应对机捷。蒋山法泉长老曰:"问仙姑求一偈子。"神云:"神拜来,不惜口中口你为说破。"泉曰:"试说看。"神曰:"咄!"泉曰:"也是外学之流。"神曰:"去!"法泉曰:"公案未了。"神曰:"将拄杖来。"良久书颂曰:"钟山钟山,今古长闲。天边云漠漠,涧下水潺潺。"或写此一段语寄示李之仪,曰:"冤哉法泉!被三姑摧折。"之仪答曰:"法泉所谓雪上加霜也。"

司马迁误以子我为宰我,又以燕简公欲尽去诸大夫而立其宠人作宠姬。

紫姑者,厕神也,金陵有致其神者。沈邈尝就问之,即画粉为字曰:"文通万福。"邈问仙姑姓,答云:"姓竺,《南史》竺法明,乃吾祖也。"亦有诗赠邈。近黄州郭殿直家有此神,颇黠捷,每岁率以正月一日来,二月二日去。苏轼与之甚狎,常问轼乞诗,轼曰:"轼不善作诗。"姑书灰云:"犹里犹里。"轼云:"轼非不善,但不欲作尔。"姑云:"但不要及它新法便得也。"

人畜鹭鸶虽驯熟,然至饮秋水则飞去。京师夏间竞养铜觜,至九月多死。鸥生三子,内一子则鹰也。然鸥多生两子也。

小池中鱼至九月十月间,宜取投大水中,不尔,冬间俱冻死。鲩鱼惟食草,人刈草以饲之,至八月则不食,至三月复食如初。

马子烝其母则生驳马,此逆乱之气所为也。

鸡舌香即丁香也,日华子云:"鸡舌香治口气,故郎官含鸡舌香,取其便于奏对。"正是今之丁香。古方五香连翘汤用鸡舌香,千金五香连翘汤无鸡舌香,却有丁香,最为明验。俗医取乳香中如柿核无气味者,谓之鸡舌香,殊无干涉。新补《本草》重出二物,盖考之未精也。海东麻子大如莲实,陕西极边枸杞大可柱,叶长数寸。人有在韶州见自然铜,黄如金粉,价贵于金。邵化及为高丽国王治药,云人参极坚,用斧断之,香馥一殿。今之医者治病少效,殆亦药材非良也。

仁宗朝,王珪上言,请以正月为端月,为与上名音相近也。

　　欧阳永叔作校勘时，梦入一庙，于庭下谒神，与丁元珍同列，而元珍在上，庙前有石马无一耳。后责夷陵，元珍为判官，同谒黄牛庙，元珍职官在县令上，庙前有石马无一耳，宛如昔梦所见焉。

　　陈州有颛顼庙，狄青知州日，梦庙中有榜，题曰宰相蔡確。確是时方为举人。青访知姓字，召见之，语以所梦，云："善自爱。"確后果相神宗皇帝。

　　王汾作馆职，忤王荆公意，判鼓院凡四年，家贫俸薄，累乞外任，不许。一夕，梦神告之曰："子欲得郡，须求元公。"是时，元厚之为参知政事，汾亟往祷之。厚之云："荆公意思不婉顺，未可议也。然荆公屡争事不合，恐旦夕出矣，姑少俟之。"未几，荆公果出金陵。吴冲卿当国，汾又祷，即日得兖州，到官数月，寻绎此梦，所谓元公，乃兖州也。

　　林希于章衡榜下及第，在期集处，刘庠相揖云："久欲相见，有小事言之。"希问其故，曰："庠尝梦登第在公后三名，故识公也。"希自计，唱第时，刘庠始在第三甲，以前举不曾赴殿试，今举直赴殿试，例降一等作第四甲头，又隔数十名，方唤到希，以希尝为南庙解元，仁宗令升缀第三甲末。至第五甲唤到李寔，寔南省解元也，仁宗又令升缀第三甲，既而又令置希之上。明日唱明经第，张巨已于第四甲进士登科，又中明经。是时，中两科者，例升一等。于是升缀第三甲末。自希数至刘庠，正是第三名，凡两日之间更四人者，方符一梦焉。

　　元丰间，内臣李宪专领西方之事，叶康直为转运使，以粮草不办，一日，有御宝札子付宪，叶康直遽斩讫奏。宪近习也，秘而不宣，自料云："不过中夕，必别有指挥。"中夕，扣门甚急，果有札子至。叶康直至，以上札示之，云："须至奉押矣。"遂枷项送渭州取勘。既而，康直卒无事，任使如故，今以龙阁作帅秦州。

　　王荆公初拜仆射，握婿蔡卞手曰："吾止于此乎？昔年作举人时，梦升一厅事，人指其榜，有仆射厅字，曰：他日君当为此官。今梦验矣。"官制行，换为特进。元祐初，加司空。卞幸其梦之不应也，公让不拜，半年方报。再让，又数月方报。比告下，公薨八日矣，竟终于特进焉。卞为予言如此。

　　王曾在青州为举人时，或令赋梅花诗，曾诗云："而今未说和羹用，且向百花头上开。"识者已许曾必状元及第，仕宦至宰相。

　　王琪知歙州，吴感作《折红梅》小词寄之，云："山花冷落何曾折，一曲红梅字字香。"

　　王介甫有《江宁夹口》诗云："茅屋沧洲一酒旗，午烟孤起隔林炊。江清日暖芦花转，恰似春风柳絮时。"人或题之于壁，续其后云："江南村里老翁子，不解吟他富贵诗。"荆公闻之，但笑而已。

　　刘攽贡甫，性滑稽，喜嘲谑，与王汾同在馆中。汾病口吃，攽为之赞曰："恐是昌家，又疑非类，未闻雄鸣，只有艾气。"周昌、韩非、扬雄、邓艾，皆古之吃者也。熙宁中，为考官，出《临民以教思无穷论》，举人上请曰："此卦大象如何？"攽曰："要见大象，当诣南御苑。"马默为台官，弹奏轻薄，不当置在文馆。攽曰："既云马默，岂合驴鸣？"吕嘉问提举市易，曾布劾其违法，反得罪，嘉问治事如故。攽曰："岂意曾子避席，望之俨然。"嘉问，字望之。

　　石中立，字曼卿，初登第，有人讼科场覆考，落数人，曼卿是其数。次日，被黜者皆受三班借职，曼卿为诗曰："无才且作三班士，请士争如录事参。从此罢称乡贡进，且须走马东西南。"后试馆职，为直学士，性滑稽，善戏谑。尝出，驭者又失鞍，马惊，曼卿坠地，从吏遽扶掖升鞍，曼卿曰："赖我石学士，若瓦学士，岂不破！"次迁郎官，有上官弼郎中劝以谨口，对曰："下官口干上官鼻何事！"一日，又改授礼部郎中，时相勉之曰："主上以公清通详练，故授此职，宜减削诙谐。"对曰："某授诰云，特授礼部郎中，馀如故，以此不敢减削。"天禧为员外郎，时西域献狮子，畜于御苑，日给羊肉十五斤，率同列往观。或曰："吾辈忝预郎曹，反不及一兽。"石曰："若何不知分！彼乃苑中狮子，吾曹园外狼耳，安可并耶？"续除参政，在中书堂，一相曰："取宣水来。"石曰："何也？"曰："宣徽院水甘冷。"石曰："若司农寺水，当呼为农水也。"坐者大笑。

　　王汾嘲刘攽云："常朝多唤子。"盖常朝知班吏多云班班，谓之唤班。攽应声曰："寒食每寻君。"盖呼汾为坟耳。

　　元祐二年，辛雍自光禄寺丞移太常博士，顾子敦自给事中除河朔漕，付以治河。京师语曰："治礼已差辛博士，修河仍用顾将军。"子敦好谈兵，人谓之顾将军也。

苏子瞻与姜潜同坐，潜，字至之，先举令云："坐中各要一物是药名。"乃指子瞻曰："君，药名也。"问其故，对曰："子苏。"子瞻应声曰："君亦药名也。君若非半夏，便是厚朴。"问其故，曰："非半夏、厚朴，何故谓之姜制之？"

李公择于秘书省种竹，云："使后人见之，曰此李文正手植之竹也。"盖自许他日谥文正也。刘贡父适闻之，曰："李文政不特能系笔，又善种竹邪？"是时京师有李文政善系笔，士大夫多用之。

邢恕有文学辩论，然多不请而教人，士大夫谓之邢训。竟坐教朝士上书，夺中书舍人，出知随州。后自襄州移领河阳，彭器资作告词云："勉蹈所闻，无烦多训。"盖讥之也。

孙莘老为御史中丞，不甚言事，以疾辞位得宫观。刘贡父作告词云："未得闻生之奇论，今乃以疾而固辞。"亦讥之也。

朝士赵昶有两婢，善吹笛，知藤州日，以丹砂遗子瞻，子瞻以蕲笛报之，并有一曲，其词甚美。云："木落淮南，雨晴云梦，日斜风袅。"又云："自桓伊不见，中郎去后，孤负秋多少。"断章云："为使君洗尽蛮风瘴雨，作清霜晓。"昶曰："子瞻骂我矣。"昶，南雄州人，意谓子瞻以蛮风讥之。

刘子仪侍郎三入翰林，意望两府，颇不怿，移疾不出，朝士问候者，但云虚热上攻。石中立在坐云，只消一服清凉散，便安矣。盖谓两府始得青凉伞也。张唐公谥钱思公作文墨公，诸子服经邀执政诉之，石中立指其幼者云："此东山一寸金也。"

林瑀、王洙同作直讲，林谓王曰："何相见之阔也？"王曰："遭此霖雨。"瑀云："今后转更疏阔也。"王曰："何故？"答云："逢这短暑。"盖讥王之侏儒。

馆中铁火罩，郑天体戏王原叔云："此王将军兜鍪。"亦谓其侏儒也。

狄青、王伯庸同在枢密府，王常戏狄之涅文云："愈更鲜明。"狄云："莫爱否？奉赠一行。"伯庸为之大惭。

真宗东封,访天下隐士,得杞人杨朴。上问曰:"卿临行有人赠诗否?"朴对曰:"臣妻一首云:'更无落魄耽杯酒,切莫猖狂爱咏诗。今日捉将官里去,这回断送老头皮。'"上大笑,使之复还山。

梁灏八十二岁,雍熙二年状元及第,谢启云:"白首穷经,少伏生之八岁;青云得路,多太公之二年。"后终秘书监。

真宗朝,李沆、王旦同执政,四方奏报祥瑞,沆固灭裂之,如有灾异,则再三数陈,以为失德所招,上意不悦。旦退谓沆曰:"相公何苦违戾如此?似非将顺之意。"沆曰:"自古太平天子志气侈盛,非事奢侈,则耽酒色,或崇释老,不过以此数事自败。今上富于春秋,须常以不如意事裁挫之,使心不骄,则可为持盈守成之主。沆老矣,公它日当见之。"旦犹不以为然。至晚年,东封西祀,礼无不讲,时沆已薨,旦绘像事之。每胸中郁郁,则摩腹环行曰:"文靖,文靖。"盖服其先识也。文靖,沆谥也。

驾头者,祖宗即位时所坐也,相传宝之。中使出外勾当,皆责知委状,敢妄奏它事,皆伏军令,祖宗旧制也。

真宗禁销金,自东封归,杜健伃者,昭宪太后之侄女也,迎驾服之,上怒,送太和宫出家,由此人莫敢犯。

陆经多与人写碑铭,颇得濡润。人有问子履近日所写几何?对曰:"近日写甚少,总在街上喝道行里。"

施、黔州多白花蛇,螫人必死,县中板簿有退丁者,非蛇伤则虎杀之也。州连蛮獠,三月草长蛇盛,则当防戍。至九月,草衰蛇向蛰,则又防秋矣。居民造毒药,取蛇倒悬之,以刀刺其鼻下,以器盛其血,第一滴不用,以毒人立死故也。取第二第三四者,每血一滴,以面和作四丸,中此毒者,先吐血,须臾五脏壅满溃烂。李纯之少监云:惟朱砂膏可治此毒。纯之以药救人无数,仍刻其方以示土民。

吴长文使辽,辽人打围无所获,忽得一鹿,请南使观之。须臾,剥剔了,已昏夜矣。数兵煮其骨食之,皆呕血。吴左丞留双肾于银器中,云:"此最补暖。"且欲荐之。翌日,银器内皆黑色,乃毒矢所毙尔。不敢泄,埋之而去。辽地大寒,匕箸必于汤中蘸之,方得入口,不尔,与热肉相沾不肯脱。石鉴奉使,不曾蘸箸以取榛子,沾唇如烙,皮脱血流，淋漓衣服上。

丁讽病废，常令两女奴掖侍见客于堂中。讽之病以好色，既废亡赖，益求妙年殊质，以厌其心。客出不能送，又令一婢子送至中门曰："谢访。"以故宾客之至者加多，乃愈于未病时，盖其来不专为讽也。

宰臣食邑满万，始封国公。

郊礼：前省内官衣锦，后省衣绣。

后苑银作镀金，为水银所薰，头手俱颤。卖饼家窥炉，目皆早昏。贾谷山采石人，石末伤肺，肺焦多死。铸钱监卒无白首者，以辛苦故也。

丁讽以馆职病风废于家，一旦，有妄传讽死者，京师诸公竞致奠仪，纸酒塞门。讽曰："酒且留之，纸钱一任别作使用。"讽方乏资，由是获美酝盈室焉。

石曼卿，王氏婿也，以馆职通判海州，官满，载私盐两船至寿春，托知州王子野货之。时禁网宽赊，曼卿亦不为人所忌，于是市中公然卖石学士盐。

真皇上仙，执政因对奏寇准与南行一郡，丁谓至中书云："雷州司户。"王曾参政云："适来不闻有此指挥。"丁云："居停主人宜省言语。"王悚息而已。盖王是时僦寇宅而居。

晏殊言，作知制诰日，误宣入禁中，时真宗已不豫，出一纸文书，视之，乃除拜数大臣。殊奏云："臣是外制，不敢越职。"上颔之，召到学士钱惟演，殊奏臣恐泄漏，乞只宿学士院。翌日麻出，皆非向所见者，深骇之而不敢言也。

卷三

真宗上仙，明肃召两府入谕之，一时号泣。明肃曰："有日哭在，且听处分。"议毕，王曾作参政，当秉笔，至云："淑妃为皇太妃。"曾卓笔云："适来不闻此语。"丁崖州曰："遗诏可改邪？"众皆不敢言。明肃亦知之，始恶丁而嘉王曾之直也。

澶渊之幸，陈尧叟有西蜀之议，王钦若赞金陵之行，持迟未决。遣访寇准，准云："惟有热血相泼尔。"浸润者云："殊无爱君之心。"讲和之后，兵息民安，天意悦豫，而钦若激以城下之盟，欲报东门之役。既弗之许，则说以神道设教，镇服人心。祥符中所讲礼文，悉起于此也。

丁谓在崖州，方弈棋，其子哭而入云："适闻有中使渡海将至矣。"谓笑曰："此王钦若使人来吓我尔。"使至，谢恩毕，乃传宣抚问。

夏守恩作殿帅，旧例诸营马粪钱分纳诸帅，守恩受之，夫人别要一分，王德用作都虞候，独不受。又章献上仙，内官请坐甲，王独以为不须。兴国寺东火，张耆枢相宅近，须兵防卫，王不与。以此数事作枢密副使。

省试《王射虎侯赋》云："讲君子必争之艺，饰大人所变之皮。"贵老为其近于《亲赋》，云："睹兹黄翥之状，类我严君之容。"试官大噱。

永叔云：开封多为皇亲所扰，送一卒云，为鹁鸽飞而不下。

韩魏公尝梦崔侍郎在客位，及觉，问客"将有何官？"客云："崔县尉在客位。"乃崔台符也。台符明法出身，致位通显，官制行，合作尚书，而只除刑部侍郎，寄禄至光禄大夫，后夺一官，终于正议大夫。正议大夫，亦侍郎也。

魏氏有李后主画竹，题跋甚多，其一云：宗孟噪清臣诚一同观。又有李书云：元丰辛酉清明后三日，中书昭文位观。传正邃明邦直志题。三公执政，张诚一武人用事者耳。

程戡侍郎自言为御史时，接伴辽使，张观中丞教之曰："待之以礼,答之以简。"戡佩服其言。或云不然,使人见人语简,便生疑心,激恼人,不若旷然以诚接之。

吕文靖教马子山云:"事不要做到十分。"子山初未谕,其后语人云:"一生只用此一句不尽。"李若谷教一门生云:"清勤和缓。"门人曰:"清廉勤瘁和同,则闻命矣,缓安可为也?"李公曰:"天下甚事,不是忙后坏了?"韩稚圭教一门生云:"稳审著,大事将做小事做,小事将做大事看。"胡瑗教人:"心中稍疑事便不要做。"永叔言:"观人题壁,便可知其文章。"

熙宁中,福建贼廖恩攻剽数郡,杀害捕盗官,东南为之骚然。凡恩所经涉,监司守将,皆坐贬绌,其余相连得罪者,不可胜计。既乃招降予官,朝廷以其悍勇,颇任使之。一旦恩至三班院,供家状云:"自出身历任以来,并无公私过犯。"有一班行李师益亦同供状,乃云:"前任信州巡检,为廖恩事勒停。"都下相传以为笑焉。

杜祁公为枢密使,内降某人与近上班行,停之数日,同列促之,不听,中使宣催。公翌日奏:"某人是谁奏请? 容商量。"初不宣谕,再三论之,方云:"是贵妃诞育时产媪之子。"又再三论之,只除三班借职。又求监都商税院。公奏云:"此系三司举官,一岁四十万贯税额。"坚持不可,犹得南排岸。

大内都知张惟吉请谥,礼官以吉前持温成丧不当居皇仪殿,一夕争之至明,时宰阿谀顺旨,惟吉顿足泣下,缘此得谥忠惠。陈执中以不正谏前事,至死,礼官谥曰荣灵。

晏丞相知南京,王琪、张亢为幕客,泛舟湖中,只以诸妓自随。晏公把舵,王、张操篙,琪南方人,知行舟次第,至桥下,故使船触柱而横,厉声呼曰:"晏梢使舵不正也。"

范希文知邓州,是时法网疏阔,监司尚预游宴。张去惑为提点刑狱,醉中起舞,既而曰:"启谏议,坏了提刑也。"

朱崃之自言作滁州推官时,欧阳永叔为太守,杜彬作倅,晓音律。永叔自琅琊山幽谷亭醉归,妓扶步行,前引以乐,彬自亭下舞一曲破,直到州衙前,凡一里余。永叔诗云:"杜彬琵琶皮作弦。"元祐五年,彬子焯在金陵,或问"皮何以作弦?"焯云:"永叔诗词之过也。琵琶诚好,乃国初老聂工造,世间只有四面,今尚收藏在家,但无皮弦事尔。"

朱柬之云:昔年为宿州符离令,孙元规以节副安置,每来县中打球射弓,后以礼部侍郎致仕。英宗即位,起知庆州。元规私语朱云:当时作枢副,以不读温成册出,于水关外,濮王送书相别,称美其节概,亦有书答之。后来验书,乃英宗询翰。今日一起其端,自此人事倚伏,不可知也。

唐子正,桂州人。为举人时,入京,道中遇一道人,衣服破敝,人皆疑其盗也,疏之。道人者辞去,留一诗与蔡州门卒,候唐过予之,验其日,乃辞去之日也,相去已十程矣。诗曰:"知汝有心求富贵,到头无分学神仙。"又云:"直待角龙危燕会,好来黄壁卧林泉。"后三十年,子正以太子中舍通判邕州,交阯入城,子正自缢于官舍壁下,乃熙宁九年正月二日也。岁在丙辰,故曰角龙。正月二日危月燕直日,故曰危燕。予儿童时,已闻此诗,验于三十年后,乃知交阯一覆三州,杀人无数,亦非偶然尔。

贾易以谏官责知怀州,替郑偩赴阙。李之仪梦郑偩依旧知怀州,数数对亲朋言此梦。既而易以到官上表再贬知广德军,偩已知单州,待阙尚远,自言于朝廷,复以怀州还偩,之仪之梦遂验。

吴充病赘,仁宗见之掩鼻,既而谕执政者曰:"充病甚矣。"其后执政进拟差除,不敢公去充,但于姓名下小书"病"字,以是终仁宗世充罕至京师。一旦神宗即位,充历践二府,日在上左右,其赘比旧加大,穴且腥甚,而上不恶焉。则夫命之至也,虽病也,有物盖之矣。

滕元发云:一善医者云,取《本草》白字药服之多验。苏子容云,黑字是后人益之。

宋次道云:唐三百年,惟薛苹为滑帅,田弘正为魏帅,兴河役,力省工倍它时,未尝略为患也。

馆中同列疾王文穆,使陈越寝如文穆之尸,石中立作文穆之妻哭其旁,余人歌《虞殡》于前后。钦若闻之,密奏,将尽逐之,王文正持其奏不下。

苏涣郎中押伴夏人云,卖银五千两,买乐人幞头四百枚,薰衣香、龙脑、朱砂凡数百两,及买绫为壁衣。

陈执中作相，杜祁公引年，一表便许，止除少师，物论喧然。富彦国在郓，叶道卿在青，皆不平之。执中守亳，病甚，累表乞致仕，不允，移曹南，卧京第者逾年。又五年，方许致仕。是时富公作相，欲矫前事耳。

猴部头，猿父也，衣以俳优服，常在昭宗侧。梁祖受禅，张御筵，引至坐侧，熟视梁祖。忽奔走号踯，褫其衣冠。全忠大怒，叱令杀之。唐之旧臣，无不愧怍。

陈靖为吏部员外郎，晓三命，自言官高寿长。一旦卒，附婢子语平生，最厚薛向，向往见之，婢子冠带而出，语言动作，真靖也。向问："吏部平生自知命，何乃至此？"答云："某甚有官寿，皆如术数，但以不葬父母，乃被克折。"既而泣下。向欲质以一事，乃问以阴中善恶之报。靖言："世间所传，皆不诬也。只如张退传，官职寿康，人所仰望。然鄸都造狱明年三月成矣，不可不戒也。"向密记其说。明年，车驾游池，宣召张士逊。士逊至，向适于稠人中望见之，以为士逊精健如此，鬼语乃妄言耳。明日，闻士逊薨矣。

郭逵伐交州，行师无纪律，其所措置，殆可笑也。进兵有日矣，乃付诸将文字各一大轴，谓之将军下令，字画甚细，节目甚繁，又戒诸将不得漏泄。诸将近灯火窃观之。徐禧尝见之，云如一部尚书多，禧三日夜读之方竟。则诸将仓猝之际，何暇一一观也。内一事云：一，交人好乘象，象畏猪声，仰诸将多养猪，如象到以锥刺猪，猪既作声，象自退走。

余靖不修饰，作谏官，乞不修开宝塔。时盛暑，上入内云："被一汗臭汉薰杀，喷唾在吾面上。"

永叔梦为鹳鸰，飞在树上，意甚快悦，闻榆荚香特异。永叔尝自言，上有一兄，未晬而卒，母哭之恸，梦神人别以一子授之，白毫满身，母既娠，白毫无数，永叔生，毛渐退落。

宋庠罢参，郑戬罢枢，叶清臣罢计，吴安道罢尹，盖吕文靖恶其党盛也。时数公多以短封廋词相往来，如青骨不识字，米席子作版之类。青骨谓蒋堂，时谚谓知制诰为识字，待制为不识字。杨吉作发运，以饷权要，得户部副使。

李昭遘修撰自河中移知晋州，云母夫人年八十矣，事姑二十年，唯梳发髻，姑亡始戴冠。今士大夫家子妇三日已冠，而与姑宴饮矣。

吕文穆薄游一县，胡旦随父宰邑。客有誉吕，举其诗云："挑尽寒灯梦不成。"胡笑曰："乃是一渴睡汉耳。"吕明年中甲，寄声胡曰："渴睡汉状元及第矣。"胡答曰："待我明年第二人及第，输君一筹。"次榜果中首选。

举子以巨轴献胡旦，旦览之曰："旨哉，旨哉！"

王介得知常州，刘贡甫以语谑之，介曰："贡甫非岂弟君子乎！"贡甫曰："虽非岂弟君子，却是打爷知州。"常州风俗殴父，有桥名曰打爷桥。

白黑简心，此东汉书语也。或以命谢师直之告，讥其好弈也。

蔡立知江州，后娶崔氏，生一女，前妻一子娶袁縠之女，病瘵而死。凭于崔氏之女，凡语言皆怨其后母之薄也。云人死皆有一虫转以付人，以与崔氏之女。又以其先亡母劝之，令勿自残贼亲戚，今不与矣。其始已议攒殡，袁氏云："吾无儿女，它日谁葬我者，不如焚我也。"比至火作之时，袁氏所凭之语，忍痛之声闻于外焉。

沈文通说，故三司副使陈泊卒后，婢子附语云：坐不葬父母，当得为贵神，今为贱鬼，足胫皆生长毛。

福州奏贩盐贼，谋者四五人，从者四十人，大理断官赵衍、审刑详议祝谏尽断死罪。衍寻卒，临命自语曰："冤枉杀人。"祝谏通判扬州，未几亦卒。

知江州瑞昌县毕从范素健无所苦，一夕，会客，客前烛皆明，惟从范前烛数易屡灭。是夕，暴病卒。盖阴气先有所薄尔。

知虔州朝议李大夫自云，凡二十五子，今所有一子也。其母以屡失子，于病风作时啮臂志之，比再生子，齿痕隐然在其臂，乃知轮回再生之说为不诬尔。

太祖建隆六年，议改元，语宰相勿用前代旧号，改元乾德。后于内人镜背有乾德之号，学士陶穀曰："此伪蜀年号也。"太祖由是益重儒士。

国家开宝中钱，文曰宋通元宝，至宝元中，则曰皇宋通宝，近世钱文皆著年号，惟此二钱不然者，以年号有宝字故也。

太宗时，宋白、贾黄中、李至、吕蒙正、苏易简五人同拜翰林学士，承旨扈蒙赠诗云"五凤齐飞入翰林"，其后皆为名臣。

御史台故事，三院御史言事，必先白中丞，自刘子仪为中丞，始榜台中御史有所言，不须先白中丞，至今如此。

真宗虽以文词取士，然必视其器识。每赐进士及第，必召高第三四人，并列于庭，更察其形神磊落者，始赐第一人及第，或取其所试文词有理趣者。徐奭《铸鼎象物赋》云："足惟下正，讵闻公悚之敧倾；铉乃上居，实取王臣之威重。"遂以为第一。蔡齐《置器赋》云："安天下于覆盂，其功可大。"遂以为第一。

故事，学士在内中，院史朱衣双引。太祖朝，李昉为学士，太宗在南衙，朱衣一人前引，昉因去其一。往时学士入札子，不著姓，但云学士某。盛度、丁度并为学士，遂著姓以别之，后皆著姓。

吕文穆公蒙正为相，有朝士藏古鉴，能照二百里，欲因弟献以求知。公曰："吾面不过楪子大，安能照二百里？"闻者叹服，以为贤于李卫公远矣。

唐人奏事非表非状者，谓之榜子，亦曰录子，今谓之札子。

真宗临轩策士，夜梦下有菜，一苗甚盛，与殿基相高。及拆第一卷，是乃蔡齐。上见其容貌，曰："得人矣。"特诏执金吾七人清道，自齐始。

范仲淹字希文，知开封府事，决事如神，京师谣曰："朝廷无忧有范君，京师无事有希文。"每奏事，多陈治乱，历诋大臣不法。言者以仲淹离间君臣，落职知饶州。宝元中，元昊叛，上知其才兼文武，起帅延安，日夕训练精兵。贼闻之曰："无以延州为意，今小范老子腹中有数万甲兵，不比大范老子可欺也。"戎人呼知州为老子，大范谓雍也。后知庆州，时王师定川之败，议点乡军，仲淹令刺其手，及兵罢还庆路，皆复得为农。上以四路诸招讨委之，仲淹与韩琦谋，必欲收复灵夏横山之地，边上谣曰："军中有一韩，西贼闻之心骨寒；军中有一范，西贼闻之惊破胆。"元昊闻而惧之，遂称臣。

陈尧佐字希元，修《真宗实录》，特除知制诰。旧制须召试，唯杨亿与尧佐不试而授。兄尧叟，弟尧咨，皆举进士第一。时兄弟贵盛，当世少比。尧佐退居郑圃，尤好诗赋，张士逊判西京，以牡丹花及酒遗之，尧佐答曰："有花无酒头慵举，有酒无花眼懒开。正向西园念萧索，洛阳花酒一时来。"

狄青字汉臣，元昊叛，屡将兵出战，四年间大小二十五阵，八中流矢，人呼为狄天使。上观其仪表，曰："朕之关、张也。"于是有敌万之称，谓以一足以敌万也。初，青在军伍间，韩魏公、范文正公一见之，皆称其有将相之器，果能为国立功，为时名将。

王旦字子明，为翰林学士。尝奏事下殿，真宗目送之，曰："与朕致太平，必斯人也。"后拜平章事，外抚诸边，内安百姓，官吏得职，天下富庶，颂声洋溢，旦之力也。

石介字守道，徂徕山人也。文章学术，天下宗师，皆呼为徂徕先生。著《宋颂》十篇，猗那、清庙，无以加也。庆历三年，天下所谓贤士大夫，必用于两府侍从台谏之官，宋之用人，于兹为盛，介作《庆历圣德》诗。

范文正公幼孤，随母适朱氏，因冒朱姓，后复本姓。谢启曰："志在投秦，入境遂称于张禄；名非霸越，乘舟乃效于陶朱。"以范雎、范蠡尝改姓故也。伪蜀范禹偁亦尝冒张姓，谢启云："昔年上第，误标张禄之名；今日故园，复作范雎之裔。"然不若文正谢启之精切也。

景德中，夏文庄公初授馆职。时方早秋，上在拱辰殿按舞，命中使索新词，公立进《喜迁莺》曰："霞散绮，月沉钩，帘卷未央楼。夜凉河汉截天流。宫阙锁新秋。　瑶阶曙，金茎露，凤髓香和云雾。三千珠翠拥宸游。水殿按梁州。"上大悦。

王文康公诗云："枣花至小能成实，桑叶虽柔解吐丝。堪笑牡丹如斗大，不成一事又空枝。"亦重厚者之辞也。

裴晋公作《铸剑戟为农器赋》云："我皇帝嗣位三十载，寰海镜清，方隅砥平，驱域中尽归力穑，示天下弗复用兵。"则平淮西一天下，已见于此赋矣。

范文正公作《金在镕赋》云："如令区别妍媸，愿为轩鉴；若使削平祸乱，请就干将。"则公负将相器业，文武全材，亦见于此赋矣。公为

《水车赋》云："方今圣人在上，五日一风，十日一雨，则斯车也，吾其不取。"意谓水车唯施于旱，不旱则无所施。公在宝元、康定间，边鄙有事，骤加进擢，晏静则置而不用，亦与水车何异？

王沂公《有物混成赋》云："不缩不盈，赋象宁穷于广狭；匪雕匪斫，流形罔滞于盈虚。"则宰相陶钧之意可见矣。又云："得我之小者，散而为草木；得我之大者，聚而为山川。"则择任抡材，使大小各得其所，又可见矣。

寇准以员外郎奏事，直言触犯，太宗怒而起，准遽以手引赭袍，请上复御坐亲决其事乃退。上嘉纳之。太宗曰："朕得寇准，如唐太宗得魏郑公。"

太平兴国七年季冬大雪，上赐学士诗曰："轻轻相亚凝如酥，宫树花装万万株。今赐酒卿时一盏，玉堂闲话道情无。"

钱俶进宝带，太祖曰："朕有三条带，与此不同。"俶请宣示，上笑曰："汴河一条，惠民河一条，五丈河一条。"俶大愧服。

夏英公言："杨文公文如锦绣屏风，但无骨耳。"议者谓英公文譬如泉水，迅急湍悍，至于浩荡汪洋，不如文公也。

田元均治成都有声，有诉讼，其懦弱不能自伸者，必委曲问之，蜀人谓之照天蜡烛。

刘随待制为成都通判，严明通达，人谓之水晶灯笼。

仁宗暑月不挥扇，以拂子殴蚊蝇而已。冬月不须炉。医者云，体备中和之气则然。

姚跋回云："自来奉使北朝，礼遇之厚，无如王拱辰。预钓鱼放鹘之会，皇帝亲御琵琶以侑酒。"是时先父馆伴，相得甚欢。拱辰谓先父曰："南朝峭汉推吾。"异日先父为上道此语，上曰："拱辰答问似此语言极多，其才器不在人下，然识量不足，难于远到。吾见奉使之人，惟富弼不可量也。"因问："南朝如卿人才有几？"弼曰："臣斗筲之器，不足道也。本朝人才胜如臣者，车载斗量，不可数计。"察斯人大未可量也。

卷四

太祖大燕，雨暴作，上不悦。赵普奏曰："外面百姓正望雨，官家大燕何妨？只是损得些陈设，湿得些乐官衣裳。但令雨中作杂剧，更可笑。此时雨难得，百姓快活时，正好饮酒燕乐。"太祖大喜，宣令雨中作乐，宣劝满饮，尽欢而罢。

《阁下法帖》十卷，淳化中所集，其中多吊丧问疾。唐国子祭酒李浩所撰《刊误》云："短启出于晋、宋兵革之余，时国禁书疏，非吊丧问疾，不得辄行尺牍。故羲之书首云'死罪'，是违制令也。"

前世钱文未有草书者，淳化中，太宗始以宸翰为之。既成，以赐近臣。王元之有诗云："谪官无俸突无烟，唯拥琴书尽日眠。还有一般胜赵壹，囊中犹贮御书钱。"

元祐中，元夕，上御楼观灯，有御制诗。时王禹玉、蔡持正为左右相，持正叩禹玉云："应制上元诗如何使故事？"禹玉曰："鳌山、凤辇外不可使。"章子厚笑曰："此谁不知？"后两日登对，上独赏禹玉诗，云："妙于使事。"诗云："雪消华月满仙台，万烛当楼宝扇开。双凤云中扶辇下，六鳌海上驾山来。镐京春酒沾周宴，汾水秋风陋汉才。一曲升平人尽乐，君王又进紫霞杯。"是夕，以高丽进乐，又添一杯。

山谷作《茶磨铭》云："楚云散尽，燕山雪飞，江湖归梦，从此祛机。"

京师上元放灯三夕，钱氏纳土进钱买两夜，今十七十八夜是也。

陶榖久在翰林，意希大用。其党因对言榖宣力实多，微伺上旨。太祖曰："翰林草制，皆检前人旧本，俗所谓依样画葫芦耳，何宣力之有？"榖作诗曰："官职须由生处有，才能不管用时无。堪笑翰林陶学士，年年依样画葫芦。"

真宗次澶渊，曰："敌骑未退，天雄军横截其后，万一陷没，则河朔皆敌土也。何人为朕守？"魏公曰："智将不如福将，王钦若福禄未艾，宜以为守。"王公闻命，茫然自失。魏公酌大白饮之，曰上马杯，且曰：

"参政勉之，不日即为同列。"王入魏，敌骑满野，屯塞四门，终日兀坐，越七日敌退，召为平章事。

陈恭公判亳州，遇生日，亲族多献《老人星图》，侄世修独献《范蠡游五湖图》，且赞曰："贤哉陶朱，霸越平吴。名遂身退，扁舟五湖。"公即日纳节，明日致仕。

太祖尝与赵普议事不合，上曰："安得宰相如桑维翰者，与之谋乎？"普曰："使维翰在，陛下亦不用，盖维翰爱钱也。"上曰："苟用其长，当护其短，措大眼孔小，赐与十万贯，则塞破屋子矣。"

慈圣光献皇后薨，上悲慕甚。有姜识自言神术可使死者复生，上试其术，数旬不效，乃曰："臣见太皇太后方与仁宗宴，临白玉栏干，赏牡丹，无意复来人间也。"上知诞妄，但斥于郴州。蔡承禧进挽词曰："天上玉栏花已折，人间方士术何施。"

庆历中，西师未解，晏元献为枢密使。会大雪，置酒西园，欧阳永叔赋诗云："须怜铁甲冷彻骨，四十余万屯边兵。"晏曰："昔韩愈亦能作言语，赴裴度会，但云'园林穷胜事，钟鼓乐清时'，不曾如此合闹。"

旧制，宰相早朝，上殿命坐，有军国大事则议之，从容赐茶而退。自余号令除拜，刑赏废置，事无巨细，并执状进入，止于禁中亲览，批纸尾用御宝可其奏，谓之印画，降出奉行。自唐至五代，其制不改，古所谓坐而论道者也。国初，范质、王溥等自以前朝旧相，居不自安，共奏请中书庶务大者，且札子面取进止，朝退各行其事。自是奏御浸多，或至旰昃，赐坐啜茶之礼遂废，固不暇于论道矣，遂为定制。

太祖以神武定天下，儒学之士未甚进用，及卜郊乘大辂，翰林学士卢多逊执绥备顾问，占对详敏，他日上曰："作宰相当用儒者。"卢果大用。

真宗诏种放至阙，韦布长揖，宰执杨大年嘲曰："不把一言裨万乘，只叉双手揖三公。"上召杨曰："卿安知无一言裨朕乎？"出皂囊十轴书，乃放所奏也。书曰十议，所谓议道、议德、议仁、议义、议兵、议刑、议政、议赋、议安、议危。亿曰："臣当负荆谢之。"

杨大年年十一，举神童至阙下，参政李至喜令赋朝京阙诗，有云："七闽波渺邈，双阙气岩峣。晓登云外岭，夜渡月中潮。"断句云："愿秉清忠节,终身立圣朝。"

元祐中,秘阁上巳日集西池,王仲至有诗,张文潜和最工,云:"翠浪有声黄伞动,春风无力彩衫垂。"秦少游云:"帘幕千家锦绣垂。"王笑曰:"又待入小石调也。"

太宗善弈棋,谏臣乞窜待诏贾玄于南州者,言玄每进新图妙势,悦惑明主,恐壅遏万几。上曰:"朕非不知,聊避六宫之惑耳。"

太宗八子,真宗第三,封寿王。诏一异僧遍相诸公,僧已见七王,惟寿王未起。僧奏曰:"遍观诸公,皆不及寿王。"上曰:"卿未见,安知之?"僧曰:"适见三仆立于门,皆将相材器,其仆即尔,主可知矣。"三仆乃张相耆、杨相崇勋、郭太尉承祐也。

李侍读仲容善饮,号李万回。真宗饮量无敌,欲对饮,则召公。一夕,上命巨觥,仲容曰:"告官家免巨觥。"上因问:"何故谓天子为官家?"仲容述蒋济《万几论》,三皇官天下,五帝家天下,兼皇帝之德,故曰官家。上大喜,曰:"真所谓君臣千载一遇也。"

陈文惠公尧佐与弟尧叟俱位至宰相,弟尧咨尤精弧矢,自号小由基。祥符中,守荆南回,其母冯氏曰:"汝典名藩,有何异政?"尧咨曰:"路当冲要,将迎殆无虚日。然弓矢众无不服。"母曰:"汝父以忠孝裨补国家,不务仁政善化,而专卒伍一夫之役。"以杖杖之,金鱼坠地。

太祖问王官侍讲曰:"秦王学业何如?"曰:"近日所作文词甚好。"上曰:"帝王家儿不必要会文章,但令通晓经义,知古今治乱,他日免为侮文弄法吏欺罔耳。"

古者三公开阁,而郡守比古诸侯,亦有阁,故有阁下之称。前辈与大官书,多呼"执事"与"足下",刘子元与宰相书曰"足下",韩退之与张仆射书曰"执事",即其例也。记室本王侯宾佐之称,他人不可通用,惟执事则指左右之人,尊卑皆可通称。及又自卑达尊,如云座前,尤非也。阁下降殿下一等,座前降几前一等,岂可僭用哉!

韩魏公知泰州,卧疾数日,忽曰适梦以手捧天者再。其后援英宗于藩邸,翼神庙于春宫。

国朝翰林学士佩金带,朱衣吏一人前道,两府则两人,笏头带佩鱼曰重金。居两制久者,则曰眼前何日赤,腰下甚时黄。处内庭久者,又曰眼赤何时两,腰黄甚日重。

李藩未第时,有僧告曰:"公是纱笼中人。"藩问其故,曰:"凡宰相,冥司必立其像,以纱笼护之。"后果至台辅。

昆吾山有兽如兔,食铜铁,胆肾皆如铁。吴国武库中兵刃俱尽,而封署如故,得双兔杀之,有铁胆肾,方知兵刃为食。乃铸肾为二剑,雄为干将,雌为莫邪。

王严光有才不达,自号钓鳌客,巡游都邑,求麻铁之资,以造钓具。有不应者,辄录姓名置篚中,曰:"下钓时取此等蒙汉为饵。"其狂诞类此。张祜谒李绅,亦称钓鳌客,李怒曰:"既解钓鳌,以何为竿?"曰:"以虹为竿。""以何为钩?"曰:"以日月为钩。""以何为饵?"曰:"以短李相为饵。"绅默然厚赠之。

士人初登第,必展欢宴,谓之烧尾。说者云,虎化为人,惟尾不化,须为烧去,乃得成人。又说新羊入群,诸羊抵触,不相亲附,烧其尾乃定。又说鱼跃龙门,化龙时,必须雷电为烧其尾乃化。

李封为延陵令,吏人有罪,不加杖罚,但令襄碧巾以辱之。州乡大以为耻,竟不捶一人。

叶法善有道术,居玄真观,一日,会数朝士,满座思酒。忽有一人敲门,称麹秀才,突入坐,少年秀美,谈论不凡,法善潜以小剑击之,应手堕地,化为瓶榼。中有美酒,遂共饮之。皆曰:麹生风味,不可忘也。

韩退之诗云:"且宜勤买抛青春。"《国史补》云,酒有郢之富水,乌程之若下,荥阳之土窟春,富平之石冻春,剑南之烧春。杜子美诗云:"闻道云南曲米春。"裴铏《传奇》亦有酒名松醪春。乃知唐人名酒多以春。

柳子厚诗云:"盛时一失贵反贱,桃笙葵扇安可常。"不知桃笙为何物。因阅《方言》,宋、魏之间簟谓之笙,乃悟桃笙以桃竹为簟也。

欧公尝曰:少时有僧相我耳白于面,名闻天下,唇不著齿,无事得谤,其言颇验。耳白于面,则众所共见;唇不著齿,余不敢问公,不知何也。

眉州有人家畜数百鱼深池中,以砖甃,四围皆屋,凡三十余年。

一日，天晴无雷，池中忽发大声如风雨，皆跃起羊角而上，不知所往。旧说不以龟守，则为蛟龙所取。余以谓蛟龙必因风雨，疑此鱼圈局三十余年，日有腾拔之志，精神不衰，久而自然达理。

上元燃灯，或云沿汉祠太一自昏至昼故事。梁简文帝有《列灯赋》，陈后主有《光壁殿遥咏山灯》诗，唐明皇先天中东都设灯，文宗开成中以灯迎太后，则是唐以前，岁不常设。

唐日历上元三年三月敕云，制敕施行，既为永式，皆用白纸，多有蠹食。自今尚书省颁下诸司及州下县，并用黄纸书之。

唐徐坚撰《初学记》，中山刘子仪爱其书，曰："非止初学，真可为终身记耳。"

吕蒙正方应举，就舍建隆观，沿干入洛，锁室而去。自冬涉春方回，启户视之，床前槐枝丛生，高二三尺，蒙茸合抱。是年登科，十年作相。

唐内库有青酒杯，纹如乱丝，其薄如纸，以酒注之，温温然有气相次如沸汤，名之曰"自暖杯"。

龟兹国进一枕，色如马脑，枕之则十洲、三岛、四海、五湖尽在梦中，明皇因名为游仙枕。

李太白少时，梦笔头生花，后天才赡逸，名闻天下。

新进士及第，以泥金书帖子报其家，谓之喜信。至文宗时，遂寝此仪。

宫中寒食时，竞立秋千为乐，明皇呼为半仙之戏。

宋璟爱民恤物，时人谓之有脚阳春，言所至之处，如阳春及物也。

李白与人谈论，皆成句读，如春葩丽藻，灿于齿牙，时人号为粲花之论。

都人士女正月十五后，乘车跨马郊野中，为探春之宴。

唐明皇命相，先以八分书书姓名，金瓯覆之。

有书生谒李林甫云管子文，后化为笔。

郭子仪自同州归，诏大臣就宅作软脚局。

院中有双鹊栖于玉堂之后海棠树，每学士会食，必徘徊翔集，或鸣噪，必有大诏令或宣召之事，因谓之灵鹊。故晁翰林诗云："却闻灵鹊心应喜。"并予诗云："灵鹊先依玉树栖。"盖为此也。

赏花钓鱼，三馆惟直馆预坐，校理以下赋诗而退。太宗时，李宗谔为校理，作诗云："戴了宫花赋了诗，不容重见赭黄衣。无憀却出宫门去，还似当年下第时。"上即令赴宴，自是校理而下皆与会也。

祥符八年，蔡文忠状元及第，上视其秀伟，顾宰相曰："得人矣。"因诏金吾给驺从，传呼状元始于此也。

吕公弼，申公之次子。始秦国妊娠而疾，将去之，医工陈逊煮药将熟，已三鼓，坐而假寐。忽然鼎覆，再煮再覆。方就榻，梦神人被金甲持剑叱曰："在胞者本朝宰相，汝何人也，敢以毒加害！"逊惧而悟，以白相国。后生公弼，熙宁中位枢密使。

前辈作花诗多比美女，如曰："若教解语应倾国，任是无情也动人。"黄鲁直《酴醿》诗云："露湿何郎试汤饼，日烘荀令炷炉香。"乃比美丈夫。渊材作《海棠》诗云："雨过温泉浴妃子，露浓汤饼试何郎。"意尤工也。

元厚之少时梦人告曰："异日须兄弟数人，同在翰林。"厚之自思素无兄弟，疑梦不然。熙宁中学士者五人，先后同在翰林。韩持国维、陈和叔绎、邓文约绾、杨元素绘并厚之，名皆从系，始悟兄弟之说。

古者未有纸，削竹木以书姓名，故谓之刺。后以纸书，故谓之名纸。唐李德裕为相，极其贵盛，人之加礼，改具衔候起居之状，谓之门状。

后赵石季龙置戏马观，观上安诏书，用五色纸衔于木凤之口而颁行之，故罗隐曰："锁闼千里，更无人到，丝纶五色，惟其凤衔。"

古者朝宴，衮服中有白纱中单，百官郊享服中有明衣，皆汗逐之状。汉高祖与项羽战争之际，汗透中单，改名汗衫。

三代以韦为算袋，盛算子及小刀磨石等，魏易为龟袋。唐永徽中，四品官并给随身鱼，天后改鱼为龟。唐初，卿大夫没，追取鱼袋，永徽中，敕生平在官用为褒饰，没则收之，情意不忍，五品以上薨，鱼更不追取。

古有革带，反插垂头，秦二世始名腰带。唐高祖诏令向下插垂头，取顺下之义。

官衔之名，当时选曹补授，须存资历，开奏之时，先具旧官名品于前,次书拟官于后,使新旧相衔不断,故曰官衔,亦曰头衔,如人口衔物,取其连续之意。如马有衔以制其首,前马已进,后马续来,相次不绝。古人谓之衔尾相属,即其义也。

妇人面饰用花子,起自上官昭容,以掩点迹。大历以前,士大夫妻多妒悍者,婢妾小不如意,辄印面,故有月点钱。

梁职仪,八座尚书以紫纱裹手版,垂白丝于首如笔。《通志》曰:仆射尚书手版,以紫衣裹之,名曰笏。梁中世以来,唯八座执笏者,白笔缀头,以紫囊之,其余公卿但执手版。陈希烈不便执笏骑马,以帛裹,令左右执之,于右座云,便为将来故事。

蔡州丁氏精于女工,每七夕祷以酒果,忽见流星坠筵中,明日,瓜上得金梭,自是巧思益进。

寇莱公守北门,辽使经由,问曰:"相公望重,何以不在中书?"答曰:"主上以朝廷无事,北门锁钥,非准不可。"

齐李崇为兖州刺史,州多盗,崇乃村置一楼,楼悬一鼓,盗发之处,槌鼓乱击。诸村始闻者,挝鼓一通,次闻者,复挝以为节。俄顷之间,声布百里,伏其险要,无不擒获。诸村置鼓楼,自此始也。

宋孝王问司天膺之后魏、北齐赦日树金鸡事,膺之曰:"按海中星占云,天鸡星动为有赦。北齐赦日,令武库设金鸡于阙门右,挝鼓千声。宣赦建金鸡,或云起于西京吕光。究其旨,盖西方主兑,为泽,鸡者巽之神,巽为号令,故合二物制其形,揭长竿使众人睹之。"

选人不得乘马入宫门,天圣中,选人为馆职,始欧阳永叔辈,皆自左掖门下马入馆,时号步行学士。

江南徐铉善小篆,映日视之,书中心有一缕浓墨,正当其中。至屈折处,亦当中无偏侧。乃笔锋直下不倒侧,故锋常在画中,此用笔之法也。

古人以散笔作隶书,谓之散隶。蔡君谟以散笔作草书,谓之散草,或曰飞草。其法皆生于飞白,亦自成一家也。

北方有白雁,似雁而小,色白,秋深至则霜降,河北人谓之霜信。杜甫诗云"故国霜前白雁来",即此意也。

老杜诗曰:"笋根稚子无人见。"唐人《食笋》诗云:"稚子脱锦棚,骈头玉香滑。"则稚子为笋明矣，故一名曰稚子。

　　白乐天每作诗，令一老妪解之，问曰："解否？"妪曰解，则录之；不解，则又改之。故唐末之诗近于鄙俚。

　　太宗好文，每进士及第，赐闻喜宴御制诗，遂为故事。仁宗诗尤多，有云："寒儒逢景运，报国合何如。"

　　今人谓驵侩为牙，本谓之互郎，主互市事也。唐人书互作马，马似牙字，因转为牙。今人谓万为方，千为撇，但数目可按，故能存本字，不然亦若马牙耳。

　　山谷云：作诗正如杂剧，初时布置，临了须打诨，方是出场。盖是读秦少章诗，恶其终篇无所归也。

　　谢朓云：好诗圆美流转如弹丸。故东坡云"中有清圆句，铜丸飞柘弹"，盖诗贵圆也。然圆熟多失之平易，老硬多失之干枯，能不失二者之间，则可与古诗者并驱矣。

　　王元长曰，小儿五岁曰鸠车之戏，七岁曰竹马之游。

江邻幾杂志

［宋］江休复　撰

孔　一　校点

校 点 说 明

《江邻幾杂志》一卷，宋江休复（1005？—1060）撰。休复字邻幾，开封陈留（今河南开封）人。举进士，官至刑部郎中，修起居注。博览群书，为文淳雅，尤工于诗。淡泊名利，与苏舜钦、欧阳修等交游。另有《唐宜鉴》十五卷、《春秋世论》三十卷及文集二十卷，均佚，惟此书传世。

本书有多种丛书收录，书名卷数不尽相同：《江邻幾杂志》一卷（《宝颜堂秘笈》、《稗海》等）、《邻幾杂志》一卷（《续百川学海》等）、《嘉祐杂志》一卷（文渊阁《四库全书》，《四库全书总目》著录为二卷，误）、《醴泉笔录》二卷（《学海类编》）、《杂志》不分卷（商务印书馆《说郛》）。

本书所载，多为唐、五代至作者晚年嘉祐间杂事，有《嘉祐杂志》之名，或以其创作于嘉祐年间。所载涉及典章礼仪、选举职官、文坛掌故、市井轶闻等项内容。作者交游多一时胜流，耳濡目染，颇有可观，晁公武《郡斋读书志》称"其所记精博，绝人远甚"。

这次校点，以收录较多的《稗海》本（约二百五十余条）为底本，以文渊阁《四库全书》本《嘉祐杂志》及有关史料参校。《稗海》本所据似亦经辑录之本而非祖本，如称"洁白而陋"的乐伎为"雪兽头"即前后两见，惟繁简略异，故两存之。不当之处，尚祈读者批评指正。

江邻幾杂志

都下鄙俗，目军人为赤老，莫原其意，缘尺籍得此名耶？狄青自延安入枢府西府，逄者累日不至，问一路人，不知乃狄子也，既云未至，因谩骂曰："迎一赤老，累日不来。"士人因呼为赤枢。伯庸常戏其涅文云："愈更鲜明。"狄答云："莫爱否？奉赠一行。"王大惭恶。

李后主于清微歌"楼上春寒水四面"，学士刁衎起奏："陛下未睹其大者远者尔。"人疑其有规讽，讯之，云："风乍起，吹皱一池春水。"又作红罗亭子，四面栽红梅花，作艳曲歌之。韩熙载和云："桃李不须夸烂熳，已输了春风一半。"时已割淮南与周矣。

大历十才子：卢纶、钱起、郎士元、司空曙、李端、李益、李嘉祐、耿沣、苗发、皇甫曾、吉中孚，共十一人。或无吉中孚，有夏侯审。

省试《王射虎侯赋》云："讲君子必争之艺，饰大人所变之皮。"《贵老为近亲赋》："见龙钟之黄耉，思仿佛于吾亲。"试官掩卷大噱，传为口实。

章伯镇珉学士云："任京有两般日月：望月初请料钱，觉日月长；到月终供房钱，觉日月短。"

歙州黄山俞侍郎献卿，尝与友人肄业山中。一日，深入山中，见松树有大黄实，抛石击落一枚，甚坚而香，俄落深涧中。翌日再寻，则失所在。或云《抱朴子》所谓招葳，食之可仙。

晏相有"春风任花落，流水放杯行"之句。

惠崇《游长安》诗有"人游曲江少，草入未央深"之句。

贩鳝者器中置鳅，云："鳝喜睡，鳅好游。不尔，睡死。"

长安姚嗣宗诗："蹋碎贺兰石，扫清西海尘。布衣能办此，可惜作穷鳞。"韩稚圭安抚关中，荐试为大理评事。

供奉官罗承嗣住州西，邻人每夜闻击物声，穴隙视之，乃知寒冻齿相击耳。赠之毡，坚不受。妻母来见，其女方食枕中豆，赠之米面，亦不敢纳。遂挈其家居州南，聚赡穷亲四十口。尝辞水路差遣云：

“法乘官舟载私物，不得过若干斤重。恐其罹此罪，乞与陆路差遣。”

祖择之押字直作一口字。人问之，云：“口无择言。”

江南一节使召相者，命内子立群婢中，令辨之。相者云：“夫人额上自有黄气。”群婢皆窃视之，然后告云：“某是。”舵工火儿杂立，使辨何者是舵人，云：“面上有波纹是。”亦用前术。

长安北禅寺廊右，郑天休资政题十字：“春至不择地，路旁花自开。”

向相延州诗：“四时常有烟棚合，三月犹无菜甲生。”又有人嘲同州诗云：“三春花发惟楇树，二月莺啼是老鸦。”

真庙将立明肃为后，令丁晋公谕旨杨大年。丁云：“不忧不富贵。”大年答：“如此富贵亦不愿。”

梅圣俞过扬州，宋相公庠送鹅，作诗谢之云：“常游凤池上，曾食凤池萍。乞与江湖去，从教养素翎。”得之不怪。

康定中，侍禁李贵为西边寨主，妻为昊贼所虏去。家中白犬颇驯扰，妻祝曰：“我闻犬之白，乃前世为人也。尔能送我归乎？”犬俯仰如听命。即裹粮随之。有警则引伏草间，渴即濡身而返。凡六七日，出贼境。其夫无恙。朝廷封崇信县君。

占城进狮子。杨文公馆阁读书，进诗贺云：“渡海鲸波息，登山豹雾清。”当时激赏。

好事者记：一春好天气，不过二十日。

朱巽草制云：“某官夙负材。”真庙令出典藩。

同州民谓沾足为烂雨。

江州琵琶亭诗板甚多，李卿孙惟留一篇夏英公诗：“流光过眼如车毂，薄宦拘人似马衔。若遇琵琶应大笑，何须拉泪湿青衫？”

某人眷一乐妓，洁白而陋，人目曰雪兽头。

刘师颜视月占旱，问之，云：“谚有之：月如悬弓，少雨多风；月如仰瓦，不求自下。”

田元钧狭而长，鱼轩富彦国女弟，阔而短，在馆中，石曼卿目之为龟鹤夫妻。

曾会，泉南人，不改乡音。尝闻叩户声，呼童视之，云：“无读作模。

客,是狗抓痒。"遽起云:"请门客自朝汤。"胡巽嫁女与侯询,云:"嫁女与侯孙。"

凌景阳都官与京师豪族孙氏成姻,嫌年齿,自匿五岁。既交礼,乃知其妻匿十岁。王素作谏官,景阳方馆职,坐娶富民女论罢。上知景阳匿年以欺女氏,素因奏孙氏所匿,上大笑之。

王贻永久冠枢府,持慎少所发明。杨怀敏自河朔入奏堤塘事,所欲升黜者数十人,两府聚听敏来白事,相府为具呼为太傅称说云云,莫敢发言。独贻永颣怒云:"押班如此,莫誉倒人甚多,未为稳便。"敏缩头而退。时庞相、吴左丞为枢副,退而言曰:"尝得此老子恶发,大好事!"政府呼太傅者有惭色矣。

杨大年行酒令:"李耳生,指李树为姓,生而知之。"黄宗旦应云:"马援死,以马革裹尸,死而后已。"

夏英公少年作诗,语意惊人,有"野花无主傍人行"之句。

狄青讨邕州侬贼,发西边蕃落马,用毡裹蹄。

唐相李程子廓,从父过三亭渡,为小石隐足,痛以呼父。程云:"太华峰头,□□□仙人手迹;黄河滩里,争知有隐人脚跟。"

晏相改王建诗"黄伞覆鞍呈马过,红罗缠项斗鸡回"为"呈过马"、"斗回鸡",为其语不快也。

吕文靖诗:"贺家湖上天花寺,一一轩窗向水开。不用闭门防俗客,爱闲能有几人来?"

陕府昭宗御诗云:"何处有英雄,迎归大内中。"与河中逍遥楼太宗诗:"昔乘匹马去,今驱万乘来。"气象不侔矣。

王文穆罢相知杭州,朝士送诗,唯陈从易学士云:"千重浪里平安过,百尺竿头稳下来。"冀公称重之。

刘子仪侍郎三入翰林,意望入两府,颇不怿。诗云:"蟠桃三窃成何事?上尽鳌头迹转孤。"称疾不出。朝士问候者继至,询之,云:"虚热上攻。"石八中立在坐中云:"只消一服清凉散。"意谓两府始得用青凉伞也。

石中立、丁度在翰林,丁前行,石从后呼之,提瓦栏筒云:"忘却帽子头了去也。"

契丹谓圭为曜辣。

王随相讳德，幕宾谓德为可已，优人赞祝云：“此相公之可已。”梁相讳颢，优人□口号为芜辞。宋相讳巳，一班行参见，爱其敏俊，问谁荐举，云：“杜与待制。”久之方悟。

真宗宴近臣禁中，语及《庄子》，忽命呼秋水，至则翠环绿衣小女童也，诵《秋水》之篇。闻者莫不悚异。

举子有以巨轴而贽胡旦者，览之云：“旨哉，旨哉！”

林逋傲许洞，洞作诗嘲逋，余杭人以为中的：“寺里掇斋饥老鼠，林间咳嗽病猕猴。豪民遗物鹅伸颈，好客临门鳖缩头。”

南唐一诗僧赋中秋月诗云“此夜一轮满”，至来秋方得下句云：“清光何处无。”喜跃，半夜起撞寺钟，城人尽惊。李后主擒而讯之，具道其事，得释。

长安张诗以能医称，孙之翰重之。予至关中，屡见人说医杀者甚众，尤好用转药。关中谚云：“既服黄龙丹，便乘白虎车。”

章相性简静，差试举人，出《人为天地心赋》。举子白云：“先朝尝开封府发解出此题，郭积为解元，学士岂不闻乎？”曰：“不知，不知！”匆遽别出一题目《教由寒暑》，既非己豫先杼轴，举人上请：“题出《乐记》，此教乃乐教也，当用乐否？”应曰：“诺。”又一举人云：“上在谅阴，而用乐事，恐或非便。”纷纭不定，为无名嘲曰：“武成庙里沽良玉，开封府举人就武成王庙试《良玉不琢赋》。夫子门墙弄簸箕。国学试《良弓之子必学为箕赋》。惟有太常章得象，往来寒暑不曾知。”

黄通，闽人，累举不第。作官数任，年将耳顺，锁厅应举。或嘲云：“老妓舞柘枝，剩员呈武艺。”

都下一小儿，才三岁，无有难曲，按皆中节，都市观者如堵，教坊伶人皆称其妙。在母怀食乳，捻手指应节，盖宿习也。

高琼作旧城县巡检，忽逢涪陵被谴出城，街次唱喏，责受许州马步军指挥使。剧贼青脚狼将袭知州牛冕给事，琼擒之，遂复入。

司马十二说，党太尉画真，观之大怒，诘画师云：“我前画大虫，犹用金箔贴眼。我便不消得一对金眼精！”

天台竹沥水，被人断竹梢屈而取之，盛以银瓮。若以他水杂之，则呕败。

苏才翁尝与蔡君谟斗茶。蔡茶精,用惠山泉;苏茶劣,改用竹沥水煎,遂能取胜。

张乖崖知江宁府。僧陈牒出,公据判送司理院勘杀人贼。翌日,群官聚厅,不晓其故。乖崖召僧至,讯云:“作僧几年?”对:“七年。”复讯之云:“何故额有系头巾痕?”僧惶怖服罪。至今案牍尚在。初知益州,斩一猾吏,前后郡吏所倚任者,吏称无罪诛,封判令至曹方读示之。既闻断辞,告市人曰:“尔辈得好知府矣。”李顺尝有死罪系狱,此吏故纵之也。

苏仪甫侍读知孟州,为医误投以转药,垂死,命杖医背四十余。医出城,苏下厅阶,死焉。

陈执中馆伴虏使,问随行仪鸾司:“缘何有此名?”不能对。或云隋大业中鸾集于供帐库,遂名此。

陆参宰邑,判讼田状云:“汝不闻虞芮之事乎?”耆司不受,再执诣县云:“不晓会得。”再判云:“十室之邑,必有忠信。”

李戢宰邑,问民间十否,莫有疾否、莫有孝悌否之类。

有一患大风者,药云:“吾不能疗尔。”

都下有弄蝎尾,有五毒者、三毒者,云城西剥马务蝎食马血尤毒。己亥岁,京中屡有螫死者。

毒虺断首,犹能飞以噬人。

御史台阁门移文用捺头牒。章郇公判审官院,张观为中丞,常用此例。移审官时,章为翰林学士辨之,张以故事而止。

客有投缙云山寺中宿者,僧为具馔馐,鳖甚美,但讶其无裙耳。入后屋,见黄泥数十团,大如缶。问行者,即向所食在其中,取龟以黄泥裹之,三日,龟服气,肥息特异。

章仲镇云,章伯镇勘会案,岁给禁中橡烛十三万条,内酒坊祖宗庙用糯米八百石,真宗三千石,今八万石。

王介甫云,明州有一讲僧,夜中为鬼物来请讲,欣然从命。异行数十里,置在猪圈中。比晓,方悟为鬼所侮。

张枢言说杨大年临卒,戒家人:“吾顶赤跣坐,汝辈勿哭惊吾。”既而果然。家人惊号，则复寤而寝，遂卒。释教顶赤生天，腹赤生人，足赤沉滞。

梅圣俞云，叔父为陕西漕知，客卒。浴敛毕，他婢欲窃其衣，其尸热如火。惊告家人，遂传于外。或云："不祥。此当有重丧。"俄而婢氏卒。

持国按乐，见弦断结续者，笙竽之类吹不成声，诘之，云："自有私乐器。国家议黍尺，数年乃定；造乐器，费以万计。乃用乐工私器以享宗庙。"又七庙共用羊一，五方帝亦然。温成庙用羊豕各二。疑郊本用特，后去特，以一羊豕代之。符后以永熙不可虚配，遂得升祔，明德尚在故也。后庙：神德贺、宋；二宗尹、潘；奉慈刘、李、杨，刘、李升祔，今独章惠。

永叔书法最弱，笔浓磨墨，以借其力。

范希文戍边。行水边，甚乐之。从者前云："此水不好，里面有虫。"声如陈，秦声。谓之虫，乃是鱼也。答云："不妨，我亦食此虫也。"

原父《五十谥法》一篇，神化无方曰尼，耄期称道曰耼，厄言曰出曰周，洁白不污曰皓。

楠树直辣，枝叶不相妨，蜀人谓之让木。

胡瑗翼之卒，凶讣至京，钱公辅学士与太学生徒百余人，诣兴国戒坛院举哀。又自陈师丧，给假二日。近时无此事。

王景芬职方，邵氏婿，常州人。小儿四五岁，甚俊爽，病且卒，忽言："翁婆留取某，某长大，必能葬翁婆。"景芬大骇，始改葬其父母。邵不疑云。

沈文通说，故三司副使陈洎卒后，婢子附语亦云"坐不葬父母，当得为贵神，今谪作贱鬼，足胫皆生长毛"云。

司马君实充史讨，白执政，时政记、起居注皆并不载元昊叛命北戎请地事，欲就枢密府检寻事迹，以备载录。庞相自至史院商量，孙朴兼修国史之任，云："国恶不可书。"会庞去相，遂寝。

吴充卿说，其先君为江州瑞昌令，一卒力啖巴豆如松子，问其由，始用饭一碗，巴豆两粒，研和食，稍加如药丸，尽则加巴豆减饭，积以岁月，至于纯食巴豆。此亦习啖葛之类。曹操尝啖葛。

掌老太卿判太仆供祫享太牢，只供特牛，无羊豕，去问直礼官。如此，不知羊豕牛俱为太牢。

太学生郑叔雄用善医，王尚书举正、知杂吴阙名。荐为秘书省校书郎、起居舍人。范师道论列云："山林有道之士，大臣荐之不报，而方技援例辄行。"于是汝州孔旼除直隶扬州，孙侔除试校书、州学教授。

入内都知张惟吉请谥，礼官以惟吉前持温成丧，不当居皇仪，争之至力。时宰不知典则，阿谀顺旨，惟吉顿足泣下，缘此得谥忠惠。

陈执中死，礼官以前事不正，谏请谥荣灵。宠禄光大曰荣，勤不成名曰灵。

大名府学进士刘建侯，盗官书卖之，搜索既切，遂焚之。又与妻同杀人，取其金。前杀士人事明白，犹且称冤，府中谓之始皇，以其焚书坑儒也。程琳尚书知府日杀之，其容貌堂堂，言词辨博，庄生大儒之盗也。

药方中一大两，即今之三两，隋合三两为一两。

宋相云，中朝书人，唯郭忠恕可对二徐，书《佩觿集》三卷。

杨弦望之当官，凡私家上历，亦自买纸。为江南转运使，先移文江宁府，要府官月俸米麦，何人担负磨面，曾支脚钱。

司马君实侍先君知凤翔府。竹园中得一物，如蝙蝠，巨如大鸥，莫有识者。有自南山来者云："此鼺鼠也，一名飞生。飞而生子，每欲飞，则缘树至颠，能下不能高也。"

判尚书礼部，则尚书之职；判礼部贡院，则侍郎之职也；其名表，则员外之任也。王禹玉带馆职，判礼部，作三字，犹不解百官谢衣表御史中丞署状，而舍人作表，是兼尚书员外之职也。

陈执中在枢府建排墙，殒夏偾使人。上叹枢府不得人，于是王鬷、张观与执中皆罢。

孙承旨自称韩持国作维国，齐大卿呼邵兴宗作亢宗。

祫享昭穆各有幄次，谓之神帐，云陈彭年所建。

礼，牲体贵贱以为俎实。肩臂臑肫胳觳，左右前后，宾主有仪，今不复用。司马公说，曾在并州见蕃俗颇存此礼，其最尊者得羊臅骨，其次项琐骨。又说妇人不服宽裤与襦，制旋裙必前后开胯以便乘驴。其风闻于都下妓女，而士人家反慕效之，曾不知耻辱如此。又凉衫以褐绸为之，以代毳袍。韩持国云，始于内臣班行，渐及士人，今两府亦然，独不肯服。予读《仪礼》，妇人衣上之服制如明衣，谓之景。景，明也，所以御尘垢而为光明也。则凉衫亦所以护朝衣，虽出近俗，不可谓之无稽。

君实又说，夹拜，今陕府村野妇人皆如此。男子一拜，妇人两拜。城外则不然。

子容判礼院，谓君实八音克谐，无相夺伦。今乐悬，但闻金声，余乐掩而不闻，宜罢连击，次第见其声。

欧阳永叔修《唐书》，求罢三班院，乞一闲慢差遣。俄除太常礼院，因巡厅言朝廷将太常礼院作闲慢差遣耶？

子容说，周庙制：户在东，牖在西，当中之分则扆也。近代宗室南向，祫室犹在西壁，祫享犹设昭穆位于户外，南北相对。

武功常景主簿说，庆善宫有唐碣，为民藏窖。盖民恐他人见之，理认远祖土田。傍有慈德寺，太宗所建，会昌废寺犹遭毁折，武宗可谓能行令矣。至大中复建，碑记尚存。

肆赦宣德门登降用乐悬又排仗，盖如外朝之仪。

《六典》：礼部吉仪五十有五日，其有二十九日祭五龙坛。予奉敕于五龙庙请晴，庙廊并颓毁，寓宿殿东道士之室，亦无坛也。

仪仗内五牛旗刻画五色木牛，竖旗于背，载以舆床，四人昇之。按《六典》，卫尉三十二旗，十八曰五牛旗，皆是绣绘旗幅若五牛，以牛载。则其他麟凤之类，亦当如此矣。

祫享行礼之际，雪寒特甚，上秉圭露腕助祭。诸臣见上恭虔，裹手执笏者惕然皆揎袖。

庙主，帝用白柏，后用青柏覆，行礼则废之。方木为趺，荐以重褥，置主于其上。

廛俗呼野人为沙块，未详其义，士大夫亦颇道之。永叔戏长文："贤良之选，既披沙而拣金。"吴颇憾之，迁怒于原父云："某沙于心，不沙于面。君侯沙于面而不沙于心。"愈怒焉。

又尝戏马遵:"旧日沙而不哨,如今哨而不沙。"

永叔云,令狐揆著书,数年乃成。托宋公序,投献李夷庚,庚问何人作序,讯知其人,使送银二笏。

庞相令制后舍人自署其名,永叔云:"诰身后惟吏部判官,诰院者当押字尔。"

林瑀、王洙同作直讲。林谓王:"何相见之阔也?"答云:"遭此霖雨,今后转更疏阔也。"王曰:"何故?"答云:"值这短暑。"盖诋其侏儒矣。

太祖忌,宰相马不入寺,宗王许相乘马入至佛殿东,素无定制也,驾往寺观烧香,中丞不从由入台。翌日,幸慈孝集禧,宣召乃赴。

秘书丞沈士龙者,尝建言害民事数十条,漕司不行,遂弃官归,关门不放过,诉云:"母老病,拘滞于此,母必不全,亦关吏之罪也。"士龙竟坐擅去官守,追官勒停举,主关吏一例见劾。

李照讥王朴编钟不圆。后得周编钟,正与朴同,议者始知照之妄。

次道见郑毅夫除省判诰词中间具官某,又云云,当诰词前具衔云云,中当云以尔云云。

程侍郎言,某为御史接伴虏使,中丞张观云:"待之以礼,答之以简。"戡佩服其言。又说高敏之奉使接伴虏使,走马坠地,前行不顾。翌日,高马蹶坠地,戎使亦不下马。张唐公将奉使,王景彝云:"某接伴时,旧例:使副每日早先立驿厅,戎使方出相揖。某则不然。先请戎使立阶下,然后前揖登阶。"唐公云:"我出疆,彼亦如此,奈何?"遂如旧例。

王景彝判三班院云:"某总记,上凡使臣八千五百人,差殿中丞苏宛作簿。簿成,只有七千六人,其余搜括并未见。"

苏仪甫使虏,至虏庭,传宣求紫鱼,答云:"虽是某乡中物,偶不赍来。"又云:"某箧中恐有。"试搜之,得获。乃家中纳楮中,忘告之也。

韩忠宪使虏,其介刘太后之姻,庸而自专,私于虏使云:"太后言两朝欢好,传示子孙。"韩了不知。忽置一筵,遣臣来伴,因问:"太后有此语,何故不传?"忠宪答云:"皇太后每遣使,使人帘前受此语,戒使人，令慎重尔。"于是以手顶礼云："两朝生灵之福也。"

文思院使，不知缘何得此名。或云量名"时文思索"，或说殿名聚工巧于其侧，因名之曰文思院。

李昉相致仕后，陪位南郊，病伤寒卒。子宗谔内翰，为玉清昭应宫副使，自斋所得疾卒。宗谔子昭述右丞，袷享奏告景灵，得疾卒。三世皆死于祠祭之所。

裴如晦云，景德澶渊之幸，军费二十余万。郊赉用度，时一郊费六百万。今千万余贯矣。

宋次道集颜鲁公文为十五卷，诗才十八首，多是湖州宴会联句诗，公必在其间。又有《大言》、《小言》、《乐语》、《滑语》、《谗语》、《醉语》。又《和政公主碑》肃宗女，代宗母妹。潼关失守，辍夫柳潭乘以济嬬妹。首云："平阳兴娘子之军于司竹，襄城行匹庶之礼于宋公，常纠匡复之师于武后。"皆前代所未有也。

鲁公颜元孙墓志："省试《九河铭》、《高松赋》。考刘奇榜曰：'铭赋音律既丽且新，时务五条辞高理赡，惜其贴经通六，所以屈从常第。'葬东京鹊店。"今作曜字。

予奉使迓贺正使于雄州，介曰："唐中和自作借职，割俸钱与弟请，至今四十年，士大夫恐罕能如此。"

文州云："羌人旄牛酥绝美。"又云："河朔人食油汤鲙，以荐酸浆粟饭。"

冀州城南张耳墓，在送客亭边。戎使林迓者，由翰林学士问知州王仲平，告之不知张耳何代人也。大使耶律防谢曰："契丹家翰林学士，名目而已。"

峨眉雪蛆大，治内热。

己亥历日十一月大尽，契丹历此月小。十二月十四日夜才昏，月蚀，戎使言窃谓为已望。时修《唐书》，问刘希叟，云："见用楚衍历，差一日。宣明历十一月当小尽。"

雄、霸沿边塘泊，冬月载蒲苇，悉用凌床，官员亦乘之。

李昭遘右丞谓枢密程侍郎："近日与蒲豕刺权门事，谓之小火下。"程答云："不惟小火下，兼有大教头。"

　　谢师直说，北都李昭亮相，为宠嬖三夫人作水陆道场，嬴州店叟张三郎处主位，李之祖父在宾位，焚香拜跪，不胜其劳。

　　北虏冰实羊肠，文州羌取蛇韬首绕头上治上热。

　　虏使云："青貂穴死牛腹掩取之，紫貂升木射取之，黄色乃其老者。银貂最贵，契丹主服之。"又云："驼鹿重三百斤，效其声致之。茸如茄者切食之。"又云："大寒之毒，如中汤火，着人皮肤成紫疱。"又云："轵辒界上，猎围中获一野人，披鹿皮，走及奔鹿。"又云："女真国即挹楼之地，高丽、新罗今是一国，其主王辉，用契丹正朔。"

　　太子中舍柴余庆说，其从叔内殿承制肃蔡州日，掠虏缯五千，其忧愁焦煎之貌尝如负人百千万债者。尝在病，几死，才开目，问其子曰："今日费几钱？"

　　胡武平内翰丁母忧。前一岁，常州宅中海棠开白花。平妹夫王伯先为金坛县令尉胡宾说。

　　己亥秋，颍、寿民小不稔，群盗劫禾。颍上令捕得，囚遣之，缘是益炽，不可禁。漕司劾令且严其禁。

　　橄榄木并木花如栌。将采其实，剥其皮，以姜汁涂之，则尽落。

　　余奉敕五龙庙谢晴。司天监择日供神位板，太仆供羊，司农供猪、粟、黄白盐、馔油、肫脂、韭、菁葱、明油，太府供币帛温香，少府供蜡烛，将作供神位水火，光禄供礼料、莲子、鸡头、胡桃、干枣、馔盐、笋俎、干鱼、玉鲅、鹿脯、姜椒、橘豉、鱼、兔、鹿、羊、醢饧、醋、酒、柴、炭，将作所供疊沉水香饼尔。

　　梅圣俞转都官员外郎，原甫戏之："诗人有何水部，其后有张水部，郑都官，复有梅都官。郑有鹧鸪诗，时呼郑鹧鸪；梅有河豚诗，可呼梅河豚耶？"

　　张唐公璪修起居注，同知太常礼仪事，再疏乞毁温成后庙，皆不降出。

　　齐廊公辟大卿，曾为三司检法。时李士衡充使，章得象洎黄宗旦为判官。公暇，省中棋饮谈谑。每值雪天，毕命僚属酒炙相乐，李谘为使置酒设骰乐梅而已。今都无此例。

　　潍守解宾王，怨登州交代胡偮，讦其伐官树。法官引盗傍人得捕，或以潍之于登不得为傍，又条有误伤傍人，谓在傍则判审刑。钱象先待制云："旁求儒雅，胡竟坐自盗？"特勒停宾王落馆职，知建昌军。

吴春卿葬新郑，掘地深二丈五尺，中更掘坑子，才足容棺。既下棺，于坑口上布柏团以遮之，即下土筑，不用砖甓。吴氏葬其先亦如此。钱君倚学士说，江南王公大人墓莫不为村人所发，取其砖以卖之。是砖为累也。近日，江南有识之家不用砖葬，唯以石灰和筛土筑实，其坚如石。此言甚中理。

沈文通学士与高继方同事，贺北虏正旦于幽州，亦效中国排仗法服宫驾。

《史记·历书》云："秭鴂先滜。"庞相云：见夏英公文字中用滜作坡泽之泽。余见宋子京《谢历表》滜作号叫之号。

二月三日疏决罪人，开封府罪人宿车院。中夜，车上有人伏其中，执而殴之至死。有司以为大辟论。上云："决臀杖二十，刺配牢城。"宰相以为大辟当为流耳，再奏云。上又云："决臀杖二十。"诸公下殿，方悟圣断之精审。盖此狱情可矜，则当上请固降为流，今经疏决，则流下降为杖矣。

秘书监马怀素编次图书，乃奏用左散骑常侍元行冲等二十六人，同于秘阁详录四部。

韦述勒成国史，萧颖士以为谯周、陈寿之流。

钱君倚云：《汉书·律历志》："钧著一月之象。"又云："辅弼执玉以翼天子。"科场举人以为赋题。著疑是者，玉疑是之字，监本之误也。

杨畋待制云：经筵读《后汉书》，宦官乱政事多为前侍读削去，如《何进传》都无诛内官事，如《孔融》、《符融传》但记孔老通家之旧、谈辞如云等。诣乐道辈将旧稿削去之，复采关治道者以备进读。

王随作相，病已甚，好释氏。时有献嘲者云："谁谓调元地，番成养病坊。但见僧盈室，宁忧火掩房。"在杭州，常对一聋长老诵己所作偈。僧既聩，离席引首，几入其怀，实无所闻。番叹赏之，以为知音之妙。施正吕说此。

王逵知越州，修城卒，暴民至发墓砖。钱公辅作倅，视砖文有永和年号，亦有孝子姓名者。先葬无主枯骨，寻亦见掘矣。

京师神巫张氏，灯焰烧指针疗诸疾，多效于用针者。范景仁说，其兄忽被神祟，饮水并食瓷碗。召巫者视之，既退，欲邀厚货，偃蹇不应命。巫之神辄附兄之婢子云："使汝救人苦，却贪财利不来。"索香火如巫所禁祝之，遂愈。婢子亦不自知也。

王介甫知鄞县日，奉行敕书节文，访义夫节妇，得三人，其间一人可采。姓童，为人主典库，谓之判子。家中养疏属数口；奉寡姊，承顺不违；甥不事家业，屡负人债，辄为偿之而不以告姊。方欲奏上而代到，不果闻。以讹误之过，为后宰所笞。部中有两道者，常善遇之。每有堤塘桥道之役，令化募闾里修筑，不劳而成。

故事：状元及第，到任一年，即召试充馆职。自蔡文忠始进文字得试。

孙奭尚书侍经筵，上或左右瞻瞩，或足敲踏床，则拱立不讲。以此，奭每读书，则体貌益庄。

宋、贾二相，布衣时同诣宋三命，云："二公俱当作相，更相陶熔。宋发却不同，贾虽差迟向后，宋却相趁尔。"宋状元及第知制诰，贾在经筵舍人院试出身。宋入参大政，贾试舍人。道命隔幕闻宋语，二相道及前事。自后宋罢为散坡，自杨徙郓。贾既入参，一旦有内降札子，启封，则宋庠、吴育可参知政事。贾手写奏状，且喜前言之验。贾今为仆射侍中，宋吏部尚书枢密事使同平章事。韩钦圣好阴阳，见二公说。

圣节道场起建十三日，枢府学士以下皆赴。十四日，中书会，独舍人与大卿监上，不过七八人。

审刑奏案，贴黄上更加撮白，撮白上复有贴黄。

国朝诸祠牲牢之类数不等，七室共一羊豕，后庙温成亦一羊豕，蜡享百神亦然。然行事有滑稽者，诮其分张之微，谓之迎猫也。

张瓌为礼官，议钱惟演谥文墨，钱氏诸子缞绖迎执政诉其事。石中立指其幼者以告同列云："此一寸金也。"诸钱数张有"二亲在堂，十年入舍"之语。

介甫云："辅嗣忘象。"谓马者必显之物。钦圣云："咸感之义，自脢而上至心。"则谓正吉悔亡。

纣作炮烙之刑，陈和叔云："《韩诗》作烙，《汉书》作格。"

吴冲卿云："《庄子》姑射，今人尽读作怿，《音义》惟有夜社二切。"

原甫云："《南陔》、《白华》六篇，有声无诗，故云笙，不云歌也。有其义，亡其辞，非亡失之亡，乃无也。"

司马君实说，据《禹贡》，河自大伾大陆又北为九河，则是河循太行北流，乃东入海。兖州境包今之河朔，处势高，地又坚，故少水患。又汉兖州界在今之河南，非《禹贡》旧境也。

王禹玉上言，请以正月为端月，正音与上名相近也。

冯章靖云："昏字本从民，避唐文皇讳，乃作氏尔。"孙文公云："从高低之低。"冯阅《说文》，始知己说未博。

宋子京判国子监，进《礼记》石经本，并请邵必不疑同上殿，以备顾问。无何，上问："古文如何？"必对："古文大篆，于六体义训不通。今人之浅学，遂一字之中，偏傍上下，杂用古文，遂致乖乱。"又问林氏小说，必云："亦有长义。然亦有好怪处。"上一一问之，对云："许慎《说文》归字从堆、从止、从帚，从堆为声；林氏云从追，于声为近，此长于许矣。许氏哭从吅、从狱省文；林乃云象犬嗥，此怪也。"

董仲舒云："以仁治人，以义治我。"原甫云："仁字从人，义字从我，岂造文之意耶？"

李白诗："君不见裴尚书，古坟三尺蒿棘居。"问修《唐书》官。吕缙叔云是灌，又云冕。宋次道云："是检校官与李北海作对，非觐觌人也。"

敬字左纪力反，右普木反。避庙讳改姓者，为苟且之苟、文章之文，误矣。今雍相是也。

邯郸公周陵诗："才及春羔鼎阼移。"王介甫云："春羔鼎阼，不成诗语。"

王右丞济州诗云"汶阳归客"，司马君实云："其地则唐济郸州，今易地矣。"又崇梵僧诗，初谓是僧名，乃寺名，近东阿覆釜村。

司马君实谓《礼》"奏假无言"为是，"汤孙奏假"为证。予以"禋假无言”为是，据《传》，晏子和与同异引此，《诗》“骏假无言”为证矣。

齐桓公以燕公送出境，乃割地予燕。然专割地之罪重于出境矣。欲称桓公之善，反毁之也。

张枢言太博云：“四明海物，江瑶柱第一，青虾次之。”介甫云：“瑶字当作珧，如蛤蜊之类，即韩文公所谓马甲柱也。二物无海腥气。鳆鱼，今之牡蛎是。王莽食鳆鱼，当干者尔。《褚彦回传》：自淮属北海，江南无鳆鱼，有饷三十枚者，一枚直千钱，不以头数之。又读如鲍，非乱臭者也。”

胡公谨云：“登州城山出鳆鱼，俗云决明，可干食。”

君实云：“《论语》‘博我以文’、‘博学于文’，此二‘文’，谓六艺之文。”

《棫朴》诗云“遐不作人”，毛“远不为人”，郑“初作人”，于义未安。《左氏》栾武子能善用人，引此诗，杜预云：“作，用也。言文王能用善人。”合于能官人矣。

司马迁误以子我为宰我，又以燕简公欲尽去诸大夫而立其宠人作宠姬。

白马寺后有李毂、苏禹珪、李沇等十宰相墓。

退传相公，光化军人。少时薄游武当村舍，主人将杀以祀鬼。安卧室中，诵六天北地咒。巫者见星宿覆其上，怖而却走。退传孙婿吕海太博云。

白水县尧山民掘得志石，是员半千墓。云十八代祖凝自梁入魏，本姓刘氏，彭城人。以其雅正似伍员，遂赐姓员。

左冯龙兴寺殿，隋氏所构，至和二年重建，柏橡大径尺。相僧守元八十三矣，云：“此本出于许原，今郡百十余里，世称同州枋，亦云许枋。”今为民田，无寸枋矣。

洛阳北有山泉，即汤所祷桑林之地。有庙，即天乙之祠，俗号为圣王。近因旱，中使请祷得雨，乃奏请封为清渊侯，失于检详地志，致此缪。

丁晋公谓曹马为圣人。夏英公尝美李林甫之作相。

《梁书·儒林传》：伏曼容厅事施高坐，有宾客，辄升高坐为讲说。今私家无畜此者。

李宗咏谏议,松相孙。其父匿于李昉家,免难。于李愚俱赵州三房。苏为郎中,逢吉相孙,其父藏李沆相家,免祸。

上坡任长安倅,眷一乐籍,为内所制,则自求死。家人惧而从之。后为陕漕,竟留于家,洁白而陋,目曰雪兽头。

长安有宝贝行,搜奇物者必萃焉。唐诸陵,经五代发掘皆空,太平兴国中具衣冠掩塞,长老犹见之。

苏倅言,绵州二岁,断大辟一人;凤翔半年,断二十余人。

权文公不避公讳,论子举谟事。

蒲城县胡珣神道碑,韩文公撰,胡证书。在尉厩支槽,近置夫子庙。访坟不获矣。

赵龙图师民,自耀过同,说祋祤城有祋祤庙。疑祋祤亦是一兵械,其秦祷兵之所乎?

赵师民罢华原,过左冯,同登排云楼,指中条山:"此所谓襄山,扬雄赋'爪华蹈襄'。"检余靖初校《汉书》监本作"衰",驰介问之,云:"据《郊祀志》,襄字误之矣。"

薛侏比部待阙蒲中,出协律郎萧悦画竹两轴,乃乐天作诗者。薛畜画颇多,此两画尤佳也。

昭应温泉,郑文宝诗云:"只见开元无事久,不知贞观用功深。"

安道侍郎云:"赵韩王客长安,购唐太宗骨葬昭陵下。一豪姓畜脑骨,比求得甚艰。"

吴宣徽自延州以宿疾求蒲中,乞免院职,改大资政尚书左丞。左右呼大资,不呼左丞。府寮识体者,门状添政字。

韩稚圭善饮。后以疾,饮量殊减。吴资政云:"道书云:人多困于所长。有旨哉!"

温仲舒判开封府。一进士早出探榜,其妻续有人报其父母船至水门,亟俶驴往省之。至宋门,为醉人殴击。俶驴者又惧证佐留滞,潜遁去。府中人以醉人亦有指爪痕,俱杖而遣之。归家号泣,夫自外亦落第而泣,两不相知其由。徐知妻被杖,诣所司诉冤,不听。于州桥夫妻投河溺死。天汉桥俗呼为州桥。真宗闻之,怒,知府以下悉罢去。

吴冲卿云："小刑责亦不可不慎也。"

京师四门外赤尉专决斗竞事，城里悉府尹主之。每三大节，他官皆有休假，唯府事愈多。节日清明，尤甚斗竞，日至数百件。

长安有宝货行，有购得名玉鱼者，亦名玉梁，似今所佩鱼袋，有玉者、铜者。文丞相五千市一马瑙者，府中莫知何用，多云墓中得之。薛俅比部庆成军观太宁宫醮，见礼服剑室贯绡者，形正相似。

梅挚、陈泊、刘湜，假少常使虏。后俱作省签。北使宴阁门从之，签坐朵殿。梅等以假官有升无降故事，副缀两制坐殿上，逡巡不赴。阁门副使张得一奏嫌坐位低，不赴坐，遂贬。苏卢衮上前端笏，移南山不诬矣。

张得一自阁门副求正，副使引曹佾、李璋例，王贶作枢，吴庞为副，以曹、李中宫外舍之亲，张未服，云："公朝岂私亲耶？"吴云："阁副，侍中子若孙，恩泽差别，疏亲又差降，岂非用亲耶？"意小绌，又引非亲例。王云："此边任。"张云："请边任。"遂正使名，除潞州。以潞州非人使路，改贝州，宣旨候代。至赴清河，又请不候代。至贝五日，王则据城叛，张伏法京师。

夏守恩太尉作殿帅。旧例，诸营马粪钱分纳诸帅。夏既纳一分，鱼轩要一分。时王相德用作都虞候，独不受。又章献上仙，内臣请坐甲，王独以谓不当尔。兴国寺东火，枢貂张耆相宅近，须兵防卫，不与。以此数事，擢为枢密副使。

吕文靖说，作正字日，值旬休，丁晋公宅会客，忽来招，遂趋往。至则怀中出词头，帘外草寇莱公判雷州制。既毕，览之不怿，曰："舍人都不解作文字邪？"吕逊谢再三，乞加增损，遂注两联云："当孽竖乱常之日，乃先皇违豫之初。"缘此震惊，遂至沉极。

曹貂利用将赴汉东，入内供奉官杨怀敏尽逐其左右。旦将上马，坐驿厅，无人至，使数辈立屏后，时引首来窥，杨则挥手令去。曹夙怀忧惧，睹此，疑将就刑。杨又徐进云："侍中且宜歇息。"遂闭堂自经。

丁晋公在崖州，方弈棋，其子哭而入。询之，云："适闻有中使渡海，将至矣。"笑曰："此王钦若使人来骇我耳。"使至，谢恩毕，乃传宣抚问也。

开封府尹大厅,自周起侍郎奏真皇云:"陛下昔日居此,臣不敢坐。"自尔遂空不复居。

李□兵部使陕西转运使,尝至一州,军伶白语但某叨居兵部,缪忝前行。李大怒。李文靖相判许田,柳灏作漕,府宴,优人云:"尔是防城举人,有何文学?"柳即泣诉相坐:"此必官员有怨嫌者,故令辱某。"不得已,送狱鞫问,遂至配。

章相在翰林日,尝差知权开封府二十七日,请僧在家设七昼夜道场,惧冤滥也。

近岁都下裁翠纱帽,直一千,至于下俚耻戴京纱帽。御帽例用京纱,未尝改易也。

宋子京说,许相公序开西湖诗:"凿开鱼鸟忘机地,展尽江湖极目天。"

李丕绪少卿说,师颃作永兴重进幕客时,府前有十余堵大墙,蔽荒隙,军府萧条,寂无民事。因搜访碑碣,凡打三千余本。姜遵知府日,内臣曾继华来造塔,遵希明肃旨,近城碑碣尽辇充塔基。继华死于塔所,人谓之鬼诛也。

紫阁山老僧文聪说,晏相来游山,猕猴万数,遍满山川。僧言未尝如此多也,晏诗寻添猕猿之句。

凤翔李茂贞,幽昭宗于红泥院,制度殊褊小。自据使宅,令其家供养真衫衣赭袍龙凤扇。民献善田,令簿出租以佃之,称秦王户,后子孙以券收田。有二孙,府西上腴各百余顷,不十年荡费尽,今丐于市。

岐府便斋前百叶桃,谷雨十日后,实大如拳。

猴部头,狨父也。衣以绯优服,常在昭宗侧。梁祖受禅,张御筵,引至坐侧,视梁祖,忽奔走号掷,褫其冠服。全忠怒,叱令杀之。唐之旧臣,无不愧怍。

安辔初,唐教坊优人,事李茂贞,一日忤意,将戮之,遂逃遁。经年复来,茂贞云:"无容身处,还却来耶?"时茂贞燔长安,绝还都之望,答云:"暂来看大王耳。归长安,卖麸炭,足过一生,岂无容身地耶?"

仪州唐神策义宁军,置使统之。

大和年,姚说充使,李茂贞墨制义州王公寺碑,魏晋秦年督护汉炽太守王宝贵,此即汉炽城矣。又有白马令,其碑所在亦名白马寺。按《图经》并不载,恐后湮灭,聊书记之。

制胜关,旧日山林深,饶雪霜,今垦辟为稼土,气候与旧不同。

李程画像在开元寺,因雨摧坏。吴冲卿云:"寺僧不好事,可惜!"或云此有拓本,可令重画。如此李程。有缺。

高敏之以钟乳饲牛,饮其乳。后患血痢,卒。或以为冷热相激所致。

川峡呼梢工篙手为长年三老。杜诗:"长年三老长歌里,白昼摊钱高浪中。"得名旧矣。

府史胥徒乃四名,男臣女妾是两号。都下吏人连名府史,妇女表状皆称臣妾,皆非也。

韩文公郑儋碑文自号白云翁,令狐楚白云表奏取使府为名耳。

杨文公《谈苑》说《樊南集》故事灰钉云:"扬雄赋殊非。《南史·徐勉传》'属纩才毕,灰钉已具'。"

《司马法》有虞城馘于中国。《唐韵》:"饬也。"

《司马法》:"夏执玄戈,殷执白戚,周左杖黄钺。"

教坊伶人嘲钧容直乐云:"钧容击杖鼓,百面如一。教坊不如他齐整,打一面如打百面。"可谓婉而绞矣。

汉三辅县谷口、今醴泉。重泉、奉先。池阳、三原。秦骊邑、汉新丰、武后庆山,天宝改为会昌。又昭应,今临潼。新丰、渭南。平陵、槐里、茂陵、兴平。频阳、美阳、祋祤、华原同官。莲勺。在下邽东。

峡江船须土人晓水势行之。周湛郎中作爨漕,建言不得差扰,俄自沉一舟。众颇怪之。

长安王渎任度支员外郎,卒。妻高氏,节度使琼第九女。前妻子经,不孝,供养殊阙。渎卒后十余年,经二子皆成立,相继卒,亦丧明,始自悔前咎,克己反善,云:"皆水丘妇并兄弟教经如此。"早夜策杖,不废定省,止之不辍。卒后,水丘妇病瘫,其弟兄俱卒。水丘氏遂绝。水丘无逸作屯田员外郎。人谓神理不可诬矣。

解池盐岁课愈多而不精,耆老云:"每南风起,盐结,须以杷翻转令风吹，则坚实。今任其自熟，其晬下者率虚软。"吴左丞冲卿云：初任临安日，捕到盐，令铺户验之，外界官盐则刑轻，私盐则刑重。患为铺户所欺，列于庭下，各取数纸裹之，外用帖子题记，置案上。分铺户作两番，去帖隔验之，然后绝欺弊。始靳其验法，细诘之，乃肯道云："煮盐用莲子为候。十莲者，官盐也；五莲以下卤水漓，为私盐也。私盐色红白，烧稻灰染其色以效官盐。"于是嗅以辨之。自是不用铺户，自能辨矣。

曹佾太尉，长秋母弟张貌耆之坦床。始成婚，资妆甚盛，请衣帐者增二十缣，三日后尽敛持去。讯之，云："本房卧制未办，此皆假借来。"推延五六年，竟不致一物。吴大资与曹宣献同馆伴话及此。

钱明逸知开封府时，都下妇人白角冠阔四尺，梳一尺余。谏官上疏禁之，重其罚，告者有赏。

京师风俗，将为婚姻者，先相妇，相退者为女氏所告。依条决此妇人，物议云云，以为太甚。

京师上元放灯三夕，钱氏纳土进钱买两夜。今十七、十八两夜灯，因钱氏而添之。

诗僧惠崇，多剽前制，缁弟作诗嘲之："河分岗势司空曙，春入烧痕刘长卿。不是师兄多犯古，古人言语似师兄。"

王重盈陕府构寺，募巧工图壁毕，悉沉于河。今建初院六祖等，人多模写。

杨文公在馆中，文穆或继至，必径出，他所亦然，几类爱晁故事。文穆去，举朝皆有诗，独文公不作。文穆辞日奏真庙，传宣令作诗，竟迁延不送。

吴春卿云："往年学中置一桑螵蛸于笔格上，旦扑缘者无数。检月令视之，乃螳螂生月日也。"

丁崖州虽险诈，然亦有长者言。真宗常怒一朝士，再三语之，丁辄稍退不答。上作色曰："如此叵耐，问辄不应！"谓进曰："雷霆之下，臣若更加一言，则齑粉矣。"真宗欣然嘉纳。

天圣中，后殿中欲放榜，王沂公作相，端笏立。时有论奏近岁陈宠作相，案前搢笏读姓名，与百执无别。

吴春卿殿试《圣有谟训赋》，用"答扬"二字，自谓颇工。考官张希颜不晓，云："只有对扬休命，岂有答扬者耶？"旁一人云："答即对也，乃及时文耳。"遂加一抹。宋宣献公绶编排卷子，知其误，不敢移易也。

晏相言："昨知制诰误宣入禁中，真宗已不豫，出一纸文字，视之，乃除拜数大臣奏。臣是外制，不敢越职领之。"须臾，召到学士钱惟演。晏奏："臣恐泄漏，乞宿学士院。"翌日，麻出，皆非向所见者，深骇之，不敢言。

真宗上仙，明肃召两府谕之，一时号泣。明肃曰："有日哭在，且听处分。"议毕，王文正曾作参政，秉笔至淑妃为皇太妃，卓笔曰："适来不闻此语。"丁崖州曰："遗诏可改邪？"众亦不敢言。明肃亦知之，始恶丁而嘉王之直。

宋相与高𫘝同发天府解。《日月为常赋》象字韵之押状者，以落韵先剥放近百人。无何，一人投牒云："某不落韵。"取卷视之，状下有可想二字，然赋亦纰缪，其如落韵剥放。举人不伏。高与甲_{不记姓名}忧闷，或醉或睡。洎庠更点检，诗只五韵，急呼二人起视之。二君欢忻，举子惭作而已。

嘉祐二年，欧阳永叔主文，省试《丰年有高廪》诗，云出《大雅》。举子喧哗，为御史吴中复所弹，各罚金四斤。

文相作吏部员外郎，四年始迁官。首尾五年，作本曹尚书。

陈彭年奸谄，时有九尾野狐之号。晚节役用心神太过，遂成健忘。晁迥忽如奏，对状云："晁迥独不信天书。"

澶渊之幸，陈尧叟有西蜀之议，王钦若劝金陵之行。特疑未决，遣访上谷，云："直有热血相泼尔。"后浸润者以为殊无爱君之心。讲和之后，民安兵弭，天意悦豫，而妄相激，以城下之盟为耻，须训兵积财以报东门。既弗之许，则说以神道设教填服戎心。祥符中所讲礼文，悉起于此。蒲卿云。

莱公性自矜，恶南人轻巧。萧贯当作状元，莱公进曰："南方下国，不宜冠多士。"遂用蔡齐。出院顾同列曰："又与中原夺得一状元。"时为枢密使。

　　王大同太尉嗣宗知西京，年逾耳顺。有一郎监当亦年老，以吏事被责。大同忘己之年，遽云："年已老，何不休官作甚！"徐悟，顾洛阳知县燕肃秘丞云："我只要料钱养家。"

　　上在东宫，苦腮肿，用赤小豆为末傅之，立愈。

历代笔记小说大观总目

汉魏六朝

西京杂记(外五种)　〔汉〕刘歆 等撰　王根林 校点

博物志(外七种)　〔晋〕张华 等撰　王根林 等校点

拾遗记(外三种)　〔前秦〕王嘉 等撰　王根林 等校点

搜神记·搜神后记　〔晋〕干宝 陶潜 撰　曹光甫 王根林 校点

世说新语　〔南朝宋〕刘义庆 撰　〔梁〕刘孝标注　王根林 标点

唐五代

朝野金载·云溪友议　〔唐〕张鷟 范摅 撰　恒鹤 阳羡生 校点

教坊记(外七种)　〔唐〕崔令钦 等撰　曹中孚 等校点

大唐新语(外五种)　〔唐〕刘肃 等撰　恒鹤 等校点

玄怪录·续玄怪录　〔唐〕牛僧孺 李复言 撰　田松青 校点

次柳氏旧闻(外七种)　〔唐〕李德裕 等撰　丁如明 等校点

西阳杂俎　〔唐〕段成式 撰　曹中孚 校点

宣室志·裴铏传奇　〔唐〕张读 裴铏 撰　萧逸 田松青 校点

唐摭言　〔五代〕王定保 撰　阳羡生 校点

开元天宝遗事(外七种)　〔五代〕王仁裕 等撰　丁如明 等校点

北梦琐言　〔五代〕孙光宪 撰　林艾园 校点

宋元

清异录·江淮异人录　〔宋〕陶毂 吴淑 撰　孔一 校点

稽神录·睽车志　〔宋〕徐铉 郭象 撰　傅成 李梦生 校点

贾氏谭录·涑水记闻　〔宋〕张洎 司马光 撰　孔一 王根林 校点

南部新书·茅亭客话　〔宋〕钱易 黄休复 撰　尚成 李梦生 校点

杨文公谈苑·后山谈丛　〔宋〕杨亿口述、黄鉴笔录、宋庠整理　陈
　　师道 撰　李裕民 李伟国 校点

归田录(外五种)　〔宋〕欧阳修 等撰　韩谷 等校点

春明退朝录(外四种)　〔宋〕宋敏求 等撰　尚成 等校点

青琐高议　〔宋〕刘斧 撰　施林良 校点

渑水燕谈录·西塘集耆旧续闻　〔宋〕王辟之 陈鹄 撰　韩谷 郑世刚
　　校点

梦溪笔谈　〔宋〕沈括 撰　施适 校点

麈史·侯鲭录　〔宋〕王得臣 赵令畤 撰　俞宗宪 傅成 校点

湘山野录 续录·玉壶清话　〔宋〕文莹 撰　黄益元 校点

青箱杂记·春渚纪闻　〔宋〕吴处厚 何薳 撰　尚成 钟振振 校点

邵氏闻见录·邵氏闻见后录　〔宋〕邵伯温 邵博 撰　王根林 校点

冷斋夜话·梁溪漫志　〔宋〕惠洪 费衮 撰　李保民 金圆 校点

容斋随笔　〔宋〕洪迈 撰　穆公 校点

萍洲可谈·老学庵笔记　〔宋〕朱彧 陆游 撰　李伟国 高克勤 校点

石林燕语·避暑录话　〔宋〕叶梦得 撰　田松青 徐时仪 校点

东轩笔录·嬾真子录　〔宋〕魏泰 马永卿 撰　田松青 校点

中吴纪闻·曲洧旧闻　〔宋〕龚明之 朱弁 撰　孙菊园 王根林 校点

铁围山丛谈·独醒杂志　〔宋〕蔡絛 曾敏行 撰　李梦生 朱杰人 校点

挥麈录　〔宋〕王明清 撰　田松青 校点

投辖录·玉照新志　〔宋〕王明清 撰　朱菊如 汪新森 校点

鸡肋编·贵耳集　〔宋〕庄绰 张端义 撰　李保民 校点

宾退录·却扫编　〔宋〕赵与时 徐度 撰　傅成 尚成 校点

桯史·默记　〔宋〕岳珂 王铚 撰　黄益元 孔一 校点

燕翼诒谋录·墨庄漫录　〔宋〕王栐 张邦基 撰　孔一 丁如明 校点

枫窗小牍·清波杂志　〔宋〕袁褧 周辉 撰　尚成 秦克 校点

四朝闻见录·随隐漫录　〔宋〕叶绍翁 陈世崇 撰　尚成 郭明道 校点

鹤林玉露　〔宋〕罗大经 撰　孙雪霄 校点

困学纪闻　[宋]王应麟 撰　栾保群 田松青 校点

齐东野语　[宋]周密 撰　黄益元 校点

癸辛杂识　[宋]周密 撰　王根林 校点

归潜志·乐郊私语　[金]刘祁　[元]姚桐寿 撰　黄益元 李梦生
　　校点

山居新语·至正直记　[元]杨瑀 孔齐 撰　李梦生 庄葳 郭群一
　　校点

南村辍耕录　[元]陶宗仪 撰　李梦生 校点

明代

草木子(外三种)　[明]叶子奇 等撰　吴东昆 等校点

双槐岁钞　[明]黄瑜 撰　王岚 校点

菽园杂记　[明]陆容 撰　李健莉 校点

庚巳编·今言类编　[明]陆粲 郑晓 撰　马镛 杨晓波 校点

四友斋丛说　[明]何良俊 撰　李剑雄 校点

客座赘语　[明]顾起元 撰　孔一 校点

五杂组　[明]谢肇淛 撰　傅成 校点

万历野获编　[明]沈德符 撰　杨万里 校点

涌幢小品　[明]朱国祯 撰　王根林 校点

清代

筠廊偶笔 二笔·在园杂志　[清]宋荦 刘廷玑 撰　蒋文仙 吴法源
　　校点

虞初新志　[清]张潮 辑　王根林 校点

坚瓠集　[清]褚人获 辑撰　李梦生 校点

柳南随笔 续笔　[清]王应奎 撰　以柔 校点

子不语　[清]袁枚 撰　申孟 甘林 校点

阅微草堂笔记　[清]纪昀 撰　汪贤度 校点

茶余客话　[清]阮葵生 撰　李保民 校点

檐曝杂记·秦淮画舫录　〔清〕赵翼 捧花生 撰　曹光甫 赵丽琰
　　校点

履园丛话　〔清〕钱泳 撰　孟斐 校点

归田琐记　〔清〕梁章钜 撰　阳羡生 校点

浪迹丛谈 续谈 三谈　〔清〕梁章钜 撰　吴蒙 校点

啸亭杂录 续录　〔清〕昭梿 撰　冬青 校点

竹叶亭杂记·今世说　〔清〕姚元之 王晫 撰　曹光甫 陈大康 校点

冷庐杂识　〔清〕陆以湉 撰　冬青 校点

两般秋雨盦随笔　〔清〕梁绍壬 撰　庄葳 校点